Rudolf Large
**Logistikmanagement**

Rudolf Large

# Logistik-management

Betriebswirtschaftliche Logistik Band 2

**DE GRUYTER**
OLDENBOURG

ISBN 978-3-486-59825-4
e-ISBN (PDF) 978-3-486-75406-3
e-ISBN (EPUB) 978-3-11-039851-9

**Library of Congress Cataloging-in-Publication Data**
A CIP catalog record for this book has been applied for at the Library of Congress.

**Bibliographic information published by the Deutsche Nationalbibliothek**
Die Deutsche Nationalbibliothek verzeichnet diese Publikation in der DeutschenNationalbibliografie; detaillierte bibliografische Daten sind im Internet über http://dnb.dnb.de abrufbar.

© 2016 Walter de Gruyter GmbH, Berlin/Boston
Coverabbildung: Diego Cervo/thinkstockphotos
Druck und Bindung: CPI books GmbH, Leck
♾ Gedruckt auf säurefreiem Papier
Printed in Germany

www.degruyter.com

Für Jana

# Vorwort zum zweiten Band

Gegenstand des ersten Bands der betriebswirtschaftlichen Logistik sind die einzelnen logistischen Teilfunktionen, die aus der allgemeinen Funktion der Logistik für die Wirtschaft und damit für die Menschheit abgeleitet werden. Im nun vorliegenden zweiten Band stehen die Koordination dieser logistischen Teilfunktionen und folglich das Logistikmanagement im Mittelpunkt. Dazu werden in klassischer Gliederung die Logistikplanung, die Logistikführung, die Logistikorganisation und die Logistikkontrolle ausführlich behandelt und hinsichtlich ihres Beitrags zur Koordination der Logistik untersucht.

Wiederum liegt den Ausführungen ein handlungsorientiertes Verständnis der Logistik zugrunde. Die handlungsorientierte Logistik betrachtet den Menschen und seine Arbeit als Ursache der logistischen Wertschöpfung. Ausführlicher als in einem Logistiklehrbuch gemeinhin üblich werden deshalb logistische Berufe dargestellt und die Bedingungen und Wirkungen der Arbeit in der Logistik beleuchtet. Ebenso finden sich Überlegungen zur Partizipation und Selbstabstimmung in der Logistik.

Der zweite Band richtet sich in erster Linie an Studierende der Hochschulen und Universitäten, welche bereits über grundlegende Kenntnisse hinsichtlich der einzelnen logistischen Teilfunktionen verfügen und dieses Wissen durch intensives Studium eines übergreifenden und koordinierenden Logistikmanagements vertiefen möchten. Es wird jedoch auch allen Logistikmanagerinnen und -managern eine wertvolle Quelle sein, die jenseits der alltäglichen Detailprobleme eine wissenschaftlich fundierte Darstellung der Gesamtzusammenhänge des Logistikmanagements suchen.

Auch beim Schreiben des zweiten Bands war ich deshalb bemüht, in guter Tradition deutscher Lehrbücher gesichertes Lehrbuchwissen mit aktuellen Forschungsergebnissen zu verbinden. Dabei zeigten sich allerdings zahlreiche Forschungslücken, denn nicht selten werden zentrale Fragestellungen des Logistikmanagements nicht oder nicht mehr in der Forschung bearbeitet. Andererseits ist hinsichtlich einzelner Spezialfragen, denen in einem Lehrbuch lediglich einige Zeilen gewidmet werden können, eine Flut von aktuellen Forschungsbeiträgen zu verzeichnen. Wünschenswert wäre es deshalb, wenn die Logistikforschung ihren Auftrag, einen Beitrag zur Lehre der Logistik zu leisten, auch für scheinbar unattraktive oder „altmodische" Fragestellungen wahrnehmen würde.

Die Entstehung des zweiten Bands hat sich über einen Zeitraum erstreckt, der ursprünglich nicht vorgesehen war. An erster Stelle möchte ich deshalb dem De Gruyter Oldenbourg Verlag und insbesondere Herrn Dr. Stefan Giesen für ihre Geduld danken. Für die mühevolle Durchsicht des Manuskripts und für die zahlreichen kritischen Anmerkungen danke ich den Mitgliedern des Lehrstuhlteams an der Universität Stuttgart: Frau Johanna Meisel, Herrn M. Sc. Christian Brendler, Herrn Dipl.-Kfm. techn. Tobias Breitling, Herrn Dr. Nikolai Kramer, Frau Dipl.-Kffr. techn. Raheleh Peirowfeiz, Frau M.A. Ann-Kathrin Radig und Herrn M. Sc. André Sulzbach. Meiner Frau Birgit möchte ich in besonderer Weise danken, da sie mir über den langen Zeitraum der Entstehung des Buchs stets die erforderlichen Freiräume für dieses Vorhaben gewährt hat.

Im Juni 2015 wurde meine Enkeltochter Jana Katharina geboren. So entstanden die letzten fünfzig Seiten des Manuskripts zwischen Windeln und Fläschchen und im Gefühl einer tiefen Dankbarkeit und Zufriedenheit, welches selbst einen bewährten Großvater beim Anblick eines neuen Erdenbürgers befällt. Ihr ist deshalb dieses Buch gewidmet.

Weinheim und Stuttgart im September 2015                           Rudolf Otto Large

# Inhalt

# 1 Grundlagen des Logistikmanagements

## 1.1 Handlungen und Handelnde der Logistik

### 1.1.1 Logistik als Phänomen, Lehre und Wissenschaft

Am Anfang des ersten Bands der betriebswirtschaftlichen Logistik steht eine detaillierte Auseinandersetzung mit dem **Begriff der Logistik** und seiner historischen Entwicklung.[1] Die dort geführte Diskussion wird in diesem Abschnitt verkürzt wiedergegeben, um die für eine Betrachtung des Logistikmanagements erforderlichen terminologischen Grundlagen zu schaffen. Die Logistik kann danach als Phänomen, als Lehre und als Wissenschaft definiert werden.

Legt man ein arbeitsorientiertes Verständnis der Wirtschaft zugrunde, welches die Handlungen arbeitender Menschen und deren Wertschöpfung in den Mittelpunkt der Betrachtung stellt, kann das **Phänomen der Logistik** als Gesamtheit der Handlungen der Planung, Steuerung und Ausführung des Transfers von Gütern und Abfällen umschrieben werden. Die Handlungen des räumlichen und zeitlichen Transfers sind insbesondere in entwickelten Volkswirtschaften notwendig, um die faktische Verfügbarkeit von Gütern für konsumtive und produktive Prozesse herzustellen und Abfälle zu entsorgen. Solche Volkswirtschaften sind durch das Auseinanderfallen von Produktion und Konsum sowie durch einen hohen Grad an Arbeitsteilung geprägt. Die Logistik erfüllt in dieser Situation eine unverzichtbare Unterstützungsfunktion für die Wirtschaft. Sie dient deshalb jedem einzelnen Individuum und der menschlichen Gemeinschaft als Ganzes.

Diese Funktion lässt sich hinsichtlich der unterschiedlichen Arten von Transferprozessen in mehrere **logistische Teilfunktionen** zerlegen, die im ersten Band der Betriebswirtschaftlichen Logistik ausführlich behandelt werden. Dabei kann zunächst auf die Dimensionen der faktischen Verfügbarkeit zurückgegriffen werden, um die beiden primären Hauptfunktionen Transport (räumlicher Transfer) und Lagerung (zeitlicher Transfer) abzugrenzen. Der Transport wird üblicherweise in die beiden Teilfunktionen außerbetrieblicher Transport und innerbetrieblicher Transport unterschieden. Die Lagerung umfasst zunächst als wesentliche logistische Teilfunktion die physische Lagerung. Weiterhin zählt hierzu die Teilfunktion der Lagerhaltung, welche solche dispositive Aufgaben zum Gegenstand hat, die einen Einfluss auf die Bestände in Lagern haben. Schließlich kann als fünfte logistische Teilfunktion die Logis-

---

[1] Siehe Large (2012), S. 1–22.

tikeinheitenbildung angeführt werden, die zwar im strengen Sinne nicht auf Handlungen des Gütertransfers basiert, die jedoch eine unmittelbare Voraussetzung für solche Handlungen darstellt.

Um die Funktion der Logistik und die daraus abgeleiteten Teilfunktionen zu erfüllen, benötigen Handelnde das hierfür notwendige Wissen und die erforderlichen Fertigkeiten. Diese müssen erlernt und an nachfolgende Generationen weitergegeben werden. Die Existenz von **Lehren des räumlichen und zeitlichen Transfers** von Gütern und Abfällen überrascht deshalb nicht. Seit den 60er Jahren in den USA und seit den 70er Jahren in Deutschland findet sich zur Kennzeichnung einer solchen Lehre der Terminus „Logistik".

Die Logistik als Lehre vermittelt die richtigen Handlungen der Planung, Steuerung und Ausführung des Transfers von Gütern und Abfällen.

Die Logistik als Lehre manifestiert sich insbesondere in einem Fundus an Lehrbüchern und anderen Lehrmaterialien sowie an entsprechenden Aus- und Weiterbildungsangeboten. Zur Beurteilung der Richtigkeit von zu lehrenden Handlungen, bedarf es Kriterien, denen diese Handlungen genügen sollen. Diese werden im ersten Band ausführlich dargelegt.[2]

Die **Logistik als Wissenschaft** strebt das Erklären und Verstehen von Handlungen der Planung, Steuerung und Ausführung des Transfers von Gütern und Abfällen an. Dies umfasst auch das Erklären und Verstehen der Bedingungen und der Auswirkungen dieser Handlungen. In diesem Sinne generiert die Logistik Wissen über ihr Erfahrungsobjekt,[3] also einzelne logistische Phänomene, und gliedert dieses Wissen in den Wissensvorrat der Logistik als Lehre ein. Sichtbare Zeichen einer entwickelten Logistikwissenschaft sind ein Diskurs über das Wissenschaftsprogramm der Logistik, der insbesondere in speziellen wissenschaftlichen Logistikzeitschriften geführt wird, die Realisierung von wissenschaftlichen Konferenzen und die Existenz von wissenschaftlichen Vereinigungen, wie der Wissenschaftlichen Kommission Logistik im Verband der Hochschullehrer für Betriebswirtschaft e.V. (VHB).

Jede dieser drei Sichtweisen – Logistik als Phänomen, als Wissenschaft und als Lehre – hat elementare Bedeutung. Logistische Phänomene sind das Erfahrungsobjekt der Logistik als Wissenschaft. Aus dem Erfahrungsobjekt lassen sich durch wissenschaftliche Denkprozesse spezielle Erkenntnisobjekte ableiten. Über diese werden wissenschaftliche Aussagen gewonnen, die einen Rückschluss auf die Realität erlauben und auf diese Weise die Lehre von der Logistik mit dem erforderlichen Wissen anreichern. Schließlich wird die Lehre die Handlungen von Individuen und Kollektiven lenken und auf diese Weise logistische Phänomene in ihrer konkreten historischen Ausformung beeinflussen. Damit schließt sich der Kreis. **Wissenschaft, Lehre und Phänomen bilden eine Einheit von Erkenntnis, Vermittlung und Anwendung** und treiben so die Entwicklung der Logistik voran.

---

[2]  Siehe dazu ausführlich Large (2012), S. 22–42.
[3]  Zur Unterscheidung von Erfahrungs- und Erkenntnisobjekt siehe grundlegend Amonn (1927), S. 21–25.

## 1.1.2  Handlungen der Logistikausführung und des Logistikmanagements

Im vorangegangenen Abschnitt wurde die Logistik u.a. als Lehre eingeführt, welche die richtigen Handlungen der Planung, Steuerung und Ausführung des Gütertransfers vermittelt und sich deshalb in **zwei interdependente Teillehren** zerlegen lässt: in eine Management-lehre „Logistikmanagement" und in eine Lehre von den Handlungen der Logistikausführung.

Die **Logistikausführung** ist auf die Realisation der Logistikfunktion ausgerichtet und wurde im ersten Band der Betriebswirtschaftlichen Logistik ausführlich behandelt. Die Logistikaus-führung stellt ein Phänomen dar, zu dem analog eine Lehre und eine Wissenschaft existieren.

Logistikausführung als Phänomen umfasst alle Handlungen des Vollzugs zeitlicher und räumlicher Transfers von Gütern und Abfällen.

Die Handlungen der Logistikausführung lassen sich gemäß den logistischen Teilfunktionen gliedern. Entsprechend können zunächst Handlungen der Ausführung des außerbetrieblichen Transports und des innerbetrieblichen Transports unterschieden werden, wie beispielsweise das Fahren eines Lastkraftwagens bzw. eines Gabelstaplers. Ein Beispiel für ausführende Handlungen der physischen Lagerung stellt die Kommissionierung nach dem Prinzip „Mensch-zur-Ware" dar. Die Erfüllung der Teilfunktion Lagerhaltung erfordert dagegen primär dispositive Aufgaben, z.B. die Durchführung von Bestellungen oder die Festlegung von Sicherheitsbeständen. Ausführende Handlungen beschränken sich dagegen auf reine Unterstützungstätigkeiten, wie z.B. die Datenerfassung. Diese Besonderheit wird gerade bei Verwendung der angelsächsischen Bezeichnung „inventory management" zur Kennzeich-nung dieser logistischen Teilfunktion deutlich.[4] Die Logistikeinheitenbildung ist wiederum durch eine Vielzahl unterschiedlicher Ausführungshandlungen, z.B. des Verpackens oder des Befüllens geprägt.

Ebenso wurde im ersten Band das **Logistikmanagement** als eine Managementlehre, genauer als die Lehre von den Handlungen der Planung und Steuerung des Transfers von Gütern und Abfällen, definiert.[5] Analog dazu lässt sich Logistikmanagement als ein Forschungsgebiet innerhalb der Logistik als Wissenschaft und als ein Bereich des Phänomens Logistik verste-hen. Der Begriff Logistikmanagement als Phänomen kennzeichnet somit das Management der Logistik.

Diese zunächst trivial erscheinende Feststellung eröffnet jedoch die Möglichkeit, zur weite-ren **Gliederung des Logistikmanagements** auf die Arten von Managementhandlungen zurückzugreifen, die sich in der Lehrbuchliteratur des Allgemeinen Managements finden. In der Regel geht die Einteilung des Managements auf frühe Veröffentlichungen aus der ersten Hälfte des letzten Jahrhunderts zurück.[6] Der Ingenieur *Fayol* grenzte bereits im Jahre 1916 aufgrund seiner eigenen Erfahrungen fünf „Verwaltungsverrichtungen" (opérations administ-

---

[4]   Vgl. Stock/Lambert (2001), S. 230–235.

[5]   Vgl. Large (2012), S. 6.

[6]   Siehe dazu Perridon (1986).

ratives) in Unternehmungen ab: die Vorausschau (prévoyance), die Organisation (organisation), die Anweisung (commandement), die Koordination (coordination) und die Kontrolle (contrôle).[7] Später entwickelte *Gulick* auf Grundlage der Fayol'schen Einteilung die vor allem im angelsächsischen Raum bekannte POSDCORB-Gliederung, welche die Managementfunktionen Planning, Organizing, Staffing, Directing, Coordination, Reporting und Budgeting umfasst.[8] Aufbauend darauf sollen im Folgenden **vier Handlungsbereiche des Logistikmanagements** unterschieden werden: (1) die Logistikplanung, (2) die Logistikführung, (3) die Logistikorganisation und (4) die Logistikkontrolle. Die letzten drei Teilbereiche können dabei zur Logistiksteuerung zusammengefasst werden.[9]

**Zu 1:** Die **Managementhandlungen der Planung** stehen für das rechtzeitige Durchdenken von zukünftigen Handlungsalternativen.[10] *Gutenberg* bezeichnet Planung grundlegend als „die Vorwegnahme einer künftigen Form des Ablaufs bestimmter Geschehnisse."[11] Die Planung „stellt einen bewussten geistigen Prozess dar, durch den zukünftiges Geschehen gestaltet werden soll"[12] und steht somit dem rein intuitiven Handeln gegenüber.[13] Ziel der Planung ist das der eigentlichen Handlung zeitlich vorgelagerte Aufdecken der besten Handlungsalternative, die in entsprechenden Plänen dokumentiert wird. Durch die Festlegung auf bestimmte Handlungsabsichten im Voraus trägt die Planung dazu bei, Unsicherheit über das eigene zukünftige Handeln zu reduzieren. „Planung will einen ruhigen und geordneten, gegen Störungen abgesicherten Gang für das betriebliche Geschehen."[14] Folgt man einem entscheidungsorientierten Verständnis der Planung, kommt der Entscheidungsvorbereitung und dem Entscheidungsakt besondere Bedeutung zu.[15] Eng verbunden mit der Planung sind deshalb Handlungen der Informationsversorgung, die Wissen über Rahmenbedingungen, Zusammenhänge aber auch über das eigene Wollen, Können und Dürfen generieren.[16]

Diese allgemeinen Gedanken lassen sich auf die Logistik übertragen und zur Definition der **Logistikplanung** als Teilbereich des Logistikmanagements sowie analog dazu als Teil der Lehre und der Wissenschaft der Logistik heranziehen. Dabei werden sowohl die Planung der Logistikausführung als auch die Planung des Logistikmanagements selbst, d.h. die Planung von Planungs- und Steuerungshandlungen, berücksichtigt.

Logistikplanung als Phänomen umfasst alle Handlungen des rechtzeitigen Durchdenkens zukünftiger Handlungsalternativen der Planung, Steuerung und Ausführung des Transfers von Gütern und Abfällen sowie des Festlegens auf die richtigen Handlungen im Voraus.

---

[7]    Siehe dazu Fayol (1950).

[8]    Vgl. Gulick (1937), S. 13.

[9]    Siehe zum Folgenden Large (2012), S. 5.

[10]   Vgl. Large (1995), S. 87.

[11]   Gutenberg (1958), S. 47.

[12]   Küpper (2004), Sp. 1150.

[13]   Vgl. Stölzle (2007), Sp. 1383.

[14]   Gutenberg (1958), S. 47.

[15]   Vgl. Küpper (2004), Sp. 1150.

[16]   Vgl. Large (1995), S. 82–86.

Wie im allgemeinen Management üblich, werden auch die mannigfachen **Handlungen der Logistikplanung** drei unterschiedlichen Ebenen zugeordnet: der strategischen, taktischen und operativen Planungsebene. Diese werden ausführlich in Kapitel 2 behandelt.

Zu dem Durchdenken zukünftiger Handlungsalternativen in diesem Sinne können auch jene manifesten Handlungen gerechnet werden, welche durch die **Anwendung von Planungsmethoden und Planungswerkzeugen** die Bewertung, Auswahl und Dokumentation von Handlungsalternativen unterstützen. Beispiele dafür liefern die im ersten Band angewendeten Methoden zur Lösung von klassischen Transportproblemen, kapazitierten Lagerstandortproblemen oder von Tourenplanungsproblemen. Neben manuellen Planungsmethoden werden hierbei vor allem im operativen Bereich computerbasierte Verfahren und spezielle Algorithmen eingesetzt. Diese beiden Aspekte – Denken und manuelles oder rechnergestütztes Anwenden von Methoden – rechtfertigen es, trotz des prinzipiell geistigen Charakters der Planung von Planungshandlungen zu sprechen.

**Zu 2:** Der **Führungsbegriff** wird in der Betriebswirtschafslehre in unterschiedlicher Weise gebraucht. Man kann von zwei Ebenen des betriebswirtschaftlichen Führungsbegriffes sprechen.[17] Insbesondere in der älteren Lehrbuchliteratur wird Führung im Sinne von Unternehmensführung als Synonym für Management verstanden. Entsprechend werden als Instrumente der Unternehmensführung die Planung, Organisation und die Kontrolle angeführt.[18] Eine zweite Ebene bildet die **Führung als Menschenführung**.[19] Führungshandlungen sind auf Menschen gerichtet, die von den Führenden als Geführte betrachtet werden. „Führung heißt andere durch eigenes, sozial akzeptiertes Verhalten so zu beeinflussen, dass dies bei den Beeinflussten mittelbar oder unmittelbar ein intendiertes Verhalten bewirkt.“[20] Führungshandlungen sind somit Steuerungshandlungen. Auch in Bereichen außerhalb der Betriebswirtschaftslehre wird ein solches Begriffsverständnis der Führung in der Regel zugrunde gelegt. Als Beispiel kann die Feuerwehrdienstvorschrift 100 angeführt werden, die innerhalb des gesamten Katastrophenschutzes Verwendung findet: „Führung ist die Einflussnahme auf die Entscheidungen und das Verhalten anderer Menschen mit dem Zweck, mittels steuerndem und richtungsweisendem Einwirken vorgegebene und aufgabenbezogene Ziele zu verwirklichen. Das bedeutet, andere zu veranlassen, das zu tun, was zur Erreichung des gesetzten Zieles erforderlich ist.“[21] Auch ein solches Verständnis der Führung als Menschenführung ist jedoch zu breit angelegt, da es auch das Setzen von dauerhaften Ordnungen beinhalten würde. Das Schaffen von Ordnungen wird jedoch im Folgenden den Managementhandlungen der Organisation zugerechnet. Im Vergleich zu diesen eher unpersönlichen und dauerhaft wirkenden Handlungen der Verhaltensbeeinflussung sollen unter den Führungshandlungen solche subsumiert werden, die eine persönliche und fallbezogene Einflussnahme auf Logistikausführende sowie Logistikmanager und Logistikmanagerinnen ermöglichen.[22]

---

[17]   Vgl. Weibler (2004), Sp. 296.

[18]   Siehe z.B. Gutenberg (1958), S. 47.

[19]   In ähnlicher Weise finden die Begriffe Personalführung und Leadership Verwendung.

[20]   Weibler (2004), Sp. 296.

[21]   Ausschuss Feuerwehrangelegenheiten, Katastrophenschutz und zivile Verteidigung (1999), S. 7.

[22]   Vgl. Large (1995), S. 96–99.

Die Einflussnahme auf Menschen wird innerhalb von Betrieben in der Regel durch Weisungen einer Führungskraft bewirkt. Bezogen auf die Logistik kann somit die folgende Umschreibung der **Logistikführung** als Phänomen vorgenommen werden.[23]

Logistikführung als Phänomen umfasst alle Handlungen der Einflussnahme auf Handelnde der Logistik und damit auf deren Handlungen der Planung, Steuerung und Ausführung des Transfers von Gütern und Abfällen durch persönliche Weisungen und Abstimmungen.

Die Grundlage von Weisungen innerhalb eines Unternehmens bildet das **Weisungsrecht des Arbeitgebers**. Daneben ist es möglich und oft auch rational, statt Weisungen zu erteilen andere Menschen an Entscheidungen zu beteiligen und hierdurch Abstimmungen über vorzunehmende Handlungen zu erzielen. Um dabei den Einfluss auf die Entscheidungsergebnisse und damit die resultierenden Handlungen zu wahren, werden entsprechende Rahmenbedingungen für die Handelnden, z.B. durch Anreize, gesetzt. Die Führungshandlungen der Logistik und deren Voraussetzungen werden in Kapitel 3 behandelt.

**Zu 3:** Der Steuerung durch Führung mangelt es an Effizienz, wenn zu beeinflussende Handlungen keinen spezifischen Charakter aufweisen und mit gleichem oder zumindest ähnlichem Inhalt im Zeitablauf wiederkehren. In diesen Fällen müssten Führungshandlungen immer wieder vollzogen werden, obwohl diese nahezu identischen Inhalt hätten. Gleiches gilt für gleichartige Handlungen, die von mehreren Handelnden unabhängig voneinander zur gleichen Zeit vollzogen werden. Liegen solche Situationen vor, kann häufig die direkte und fallbezogene Entscheidung und Einflussnahme mit Hilfe von Führungshandlungen durch die Vorgabe von generellen Regeln ersetzt werden, die dauerhafte Ordnungen schaffen. Neben die Führung tritt dann die **Organisation** als weitere Form der Beeinflussung von Menschen. Die zunehmende Ersetzung von Führungs- durch Organisationshandlungen im Fall von unspezifischen Steuerungsbedarfen wird traditionell als Substitutionsgesetz der Organisation bezeichnet.[24]

Solche Regelungen können sich einerseits auf arbeitsteilige Sozialgebilde als Ganzes beziehen oder andererseits auf einzelne Handlungsfolgen, die von arbeitenden Menschen vollzogen werden. Entsprechend ergeben sich zwei unterschiedliche, wenn auch interdependente, Gruppen von Organisationshandlungen. Traditionell wird im ersten Fall von Aufbauorganisation, im zweiten von Ablauforganisation gesprochen. Die **Aufbauorganisation** hat die „Gliederung der Unternehmung in aufgabenteilige Einheiten und ihre Koordination"[25] zum Gegenstand. Die Art und Weise der Aufbauorganisation wird durch die individuelle Ausprägung der Dimensionen der formalen Organisationsstruktur gekennzeichnet.[26] Die **Ablauforganisation** gibt Regeln vor, mit deren Hilfe Handlungsfolgen im Sinne von Arbeitsprozessen inhaltlich und zeitlich geordnet werden. Der Arbeitsprozess wird dabei als „raumzeitlich sich abspielender Vorgang, der zur Zielerreichung hinführt und sie bewirkt",[27] verstanden. Durch

---

[23]   Wiederum ließe sich die Logistikführung analog als Lehre und Wissenschaft abgrenzen.

[24]   Vgl. Gutenberg (1958), S. 50, Gutenberg (1983), S. 238.

[25]   Kosiol (1962), S. 37.

[26]   Vgl. Kieser/Walgenbach (2010), S. 71.

[27]   Kosiol (1962), S. 185.

die Ablauforganisation wird somit insbesondere eine bestimmte Abfolge von Einzelhandlungen festgelegt.

Auch hinsichtlich logistischer Handlungen und Handlungsfolgen ist die Steuerung durch Organisation sinnvoll, wenn die Teilung der logistischen Arbeit und deren Abstimmung nicht effizient durch einzelne Dispositionen, d.h. durch individuelle Anordnungen, vollzogen werden kann, sondern generelle und dauerhafte Ordnungen verlangt.[28] Gegenstand der Organisation können wiederum Handlungen der Logistikausführung als auch Handlungen des Logistikmanagements selbst sein. Hieraus ergeben sich das **Phänomen der Logistikorganisation** sowie analog dazu die Logistikorganisation als Lehre und als Wissenschaft.

Logistikorganisation als Phänomen umfasst alle Handlungen der Einflussnahme auf Handelnde der Logistik und damit auf deren Handlungen der Planung, Steuerung und Ausführung des Transfers von Gütern und Abfällen durch die Vorgabe von Regeln, die zu beständigen Ordnungen führen.

Gemäß der vorangegangenen Abgrenzung lassen sich die einzelnen **Handlungen der Logistikorganisation** zwei Teilbereichen – der Logistikaufbauorganisation und der Logistikablauforganisation – zuordnen. Diese Handlungen werden ausführlich in den Hauptabschnitten 4.1 bzw. 4.2 vorgestellt und diskutiert. Ebenso sollen Einflussgrößen und Wirkungen unterschiedlicher Ausprägungen der Logistikorganisation betrachtet werden.

**Zu 4:** Auch hinsichtlich der **Kontrolle** existiert kein einheitliches Begriffsverständnis innerhalb der Betriebswirtschaftslehre. Allgemein steht der Terminus für Handlungen der Aufsicht, der Überwachung und der Prüfung. Im engeren Sinne stellen Handlungen der Kontrolle Vergleiche von quantitativen oder qualitativen Größen und die dazugehörigen Entscheidungen über die Tolerierbarkeit von Abweichungen dar.[29] Häufig wird dabei ein Zusammenhang zwischen der Planung und der Kontrolle hergestellt.[30] Die Kontrolle ermittelt nach dieser Sichtweise die Abweichung der Realität gegenüber einem Plan und wird deshalb primär als Soll-Ist-Vergleich interpretiert.[31]

Wird dieses Verständnis der Kontrolle auf die Logistik übertragen und damit der Gegenstand der **Logistikkontrolle** abgegrenzt, so lassen sich als Kontrollobjekte logistische Handlungen und Handlungsfolgen selbst, jedoch auch deren Wirkungen und Bedingungen anführen.

Logistikkontrolle als Phänomen umfasst alle Handlungen der Überwachung von Handlungen der Planung, Steuerung und Ausführung des Transfers von Gütern und Abfällen sowie der Überwachung der Wirkungen und Bedingungen dieser Handlungen.

Die **direkte Handlungskontrolle** kann jedoch in Einzelfällen ethischen oder rechtlichen Normen widersprechen. Oftmals entziehen sich zudem die Handlungen der Planung, Steue-

---

[28]  Zur Unterscheidung von individueller Disposition und Organisation siehe grundlegend Grochla (1972), S. 13.

[29]  Vgl. Large (1995), S. 100–101, Fallgatter (2004), Sp. 668, Large (2013), S. 220.

[30]  Vgl. Gutenberg (1958), S. 51.

[31]  Siehe z.B. Pfohl/Stölzle (1997), S. 3.

rung und Ausführung des Transfers von Gütern und Abfällen einer direkten Beobachtung. Die Handlungsausführung bleibt für Dritte verborgen oder kann nur mit vergleichsweise hohem Aufwand direkt kontrolliert werden. Diese Situation weist somit Merkmale der sogenannten Hidden Actions der Agency Theory auf.[32] Allerdings sind die Wirkungen dieser verborgenen Handlungen festzustellen. Viele logistische Kontrollobjekte lassen sich deshalb eher als Wirkungen von Handlungen oder Unterlassungen interpretieren. Entsprechend der daraus resultierenden Fülle der potenziellen Kontrollobjekte ist die Logistikkontrolle ausgesprochen vielfältig. In Kapitel 5 werden als wesentliche Gruppen von Kontrollhandlungen die Überwachung von Flüssen und Beständen (5.1) sowie von logistischen Leistungsquanten, Leistungsqualitäten, Kosten und Erlösen (5.2) vertiefend behandelt.

Zu den **Handlungen der Logistikkontrolle** zählen neben den vergleichenden Handlungen im engeren Sinne auch vorbereitende Handlungen zur Generierung von Daten, Handlungen der Dokumentation und die abschließenden Entscheidungen über die Tolerierbarkeit von Abweichungen. Neben dem Wesenszug des Vergleichens ist ein weiterer Aspekt der Kontrolle für das Logistikmanagement von Belang: Angekündigte oder bereits erfolgte Kontrollen beeinflussen handelnde Personen und damit deren Handlungen. Kontrollen, im Sinne einer Überwachung von Handlungen oder von Handlungsergebnissen, wirken auf zukünftige Aktivitäten, denn sie bewegen Menschen dazu, ihre Handlungen auf Vorgaben auszurichten. Die Kontrolle stellt deshalb auch eine Form der Verhaltensbeeinflussung dar und kann somit als Teil der Steuerung verstanden werden.[33]

Die Logistikkontrolle sollte allerdings nicht mit dem sogenannten **Logistikcontrolling** gleichgesetzt werden, wenngleich die Betonung des Steuerungsaspekts der Kontrolle dies nahe legt. Obwohl das Logistikcontrolling als Phänomen und als Lehre im deutschsprachigen Raum eine weite Verbreitung aufweist, hat sich kein einheitliches und schlüssiges Verständnis davon durchgesetzt. Diese begriffliche Unschärfe beruht zum einen auf **heterogenen Verständnissen der Logistik** selbst. Als Beispiel sei das sogenannte Phasenkonzept der Logistikentwicklung genannt,[34] welches den Gegenstand der Logistik und somit auch des Logistikcontrollings in Abhängigkeit von der „Entwicklungsstufe" eines Unternehmens abgrenzt und somit zu keinem einheitlichen Verständnis des Logistikcontrollings führt.[35]

Zum anderen ergeben sich Unklarheiten hinsichtlich der Handlungen des Logistikcontrollings aufgrund der nicht abgeschlossenen **Diskussion zur Konzeption des Controllings** insgesamt. Bis heute hat sich kein einheitliches Verständnis des Controllings durchgesetzt. *Küpper et al.* sehen beispielsweise drei Entwicklungsperspektiven des Controllings: eine enge informationsorientierte Konzeption im Sinne des internen Rechnungswesens, das Controlling als Koordination des Führungssystems oder das Aufgehen im Bereich des Managerial Accounting.[36] Letztere trägt dem Umstand Rechnung, dass der Begriff des Controllings außerhalb des deutschsprachigen Raums nahezu keine Verwendung findet.

---

[32] Vgl. Alchian/Woodward (1987), S. 117.
[33] Vgl. Large (1995), S. 100.
[34] Vgl. Weber/Dehler (2000), S. 48–53.
[35] Vgl. Weber/Blum (2001), S. 276–277.
[36] Vgl. Küpper et al. (2013), S. 56–57.

In frühen Veröffentlichungen wird dem Controlling häufig die Funktion der Unterstützung der Unternehmensführung durch die Koordination des Führungsgesamtsystems zugewiesen und entsprechend als Gegenstand des Logistikcontrollings die Koordination der Managementaufgaben der Logistik betrachtet.[37] Dieses Grundverständnis spiegelt sich auch in der aktuellen Lehrbuchliteratur zum Logistikcontrolling wieder.[38] Allerdings ergeben sich sogar bei einer solchen auf den ersten Blick klaren Fassung des Controllings **kaum lösbare Abgrenzungsprobleme** gegenüber dem Management insgesamt, da dieses selbst in hohem Maße koordinierende Handlungen umfasst. Diese Problematik überträgt sich auch auf den Spezialfall des Logistikmanagements. Eine Trennlinie zwischen Handlungen des Logistikcontrollings und solchen der Logistikplanung und -steuerung ist in vielen Fällen kaum möglich. So bezeichnet beispielsweise *Göpfert* das Logistikcontrolling vage als „einen Schwerpunktbereich innerhalb der umfassenden Konzeption des Logistikmanagements"[39] und weist diesem u.a. „die konzeptionelle Gestaltung und Koordination des Planungs- und Kontrollsystems für die Zwecke der Logistik"[40] zu. Handelt es sich jedoch dabei nicht um eine originäre Aufgabe der Logistikplanung und -steuerung? Als Konsequenz wird in diesem Buch das Logistikcontrolling nicht als abgrenzbarer Handlungsbereich innerhalb des Logistikmanagements betrachtet. Vielmehr werden Handlungen, die häufig dem Logistikcontrolling zugerechnet werden, direkt dem Logistikmanagement bzw. den vier aufgezeigten Handlungsbereichen zugeordnet.

### 1.1.3 Berufe der Logistikausführung und des Logistikmanagements

Logistische Handlungen sind vielfältig. Dies spiegelt sich in einer Vielzahl von Berufen wider. Folgt man der im vorangegangenen Abschnitt eingeführten Unterscheidung, können grundsätzlich Berufe der Logistikausführung und solche des Logistikmanagements unterschieden werden.

Die Bundesagentur für Arbeit führt in der „Klassifikation der Berufe 2010" (KldB 2010) weit über 5000 verschiedene Berufsbenennungen auf,[41] von denen sich etwa 60 als **Berufe der Logistikausführung** charakterisieren lassen. Entsprechend dem Spektrum der logistischen Teilfunktionen finden sich beispielsweise die Berufe Lagerhelfer/in, Fachkraft Lagerlogistik, Kommissionierer/in, Gabelstaplerfahrer/in, Etikettierer/in, Packer/in, Belader/in, Stauer/in, Hafenfacharbeiter/in, Transporthelfer/in, Berufskraftfahrer/in, Lokführer/in und Binnenschiffer/in. Ähnlich finden sich in der allerdings weniger fein untergliederten International Standard Classification of Occupations (ISCO 08) der International Labour Organization (ILO) mehrere Berufe, die sich der Logistikausführung zuordnen lassen, z.B. Freight

---

[37] Vgl. Küpper (1992), S. 124–125.

[38] Vgl. Pfohl (2004), S. 201, Göpfert (2013), S. 57, Küpper et al. (2013), S. 591.

[39] Göpfert (2013), S. 57.

[40] Göpfert (2013), S. 57.

[41] Vgl. Bundesagentur für Arbeit (2010a). Zur Methodik der KldB 2010 siehe Bundesagentur für Arbeit (2010b).

handlers, Lifting truck operators, Shelf fillers, Hand packers, Heavy truck and lorry drivers, Locomotive engine drivers.[42]

Die Grundlage der Arbeit in einem Logistikberuf bilden die persönlichen Fähigkeiten sowie die berufsbezogenen Fertigkeiten der Handelnden, die im Laufe der Zeit im Rahmen einer entsprechenden Tätigkeit erworben werden können. In vielen Berufen der Logistikausführung ist diese Form der Qualifizierung noch immer die Regel. Darüber hinaus können logistische Fertigkeiten auch im Rahmen von speziellen **Ausbildungen** erlernt werden, die mehr oder weniger standardisiert angeboten werden. Besondere Bedeutung innerhalb der Gruppe der Logistikausführungsberufe haben die anerkannten Ausbildungsberufe, die ein definiertes Berufsbild aufweisen.

Das Bundesministerium für Wirtschaft und Technologie oder das sonst zuständige Fachministerium kann im Einvernehmen mit dem Bundesministerium für Bildung und Forschung durch Rechtsverordnung Ausbildungsberufe staatlich anerkennen.[43] Solche Ausbildungsberufe basieren auf einer **Ausbildungsordnung** im Sinne des §5 Berufsbildungsgesetzes (BBiG). Dem Bereich der Logistikausführung lassen sich die folgenden anerkannten Ausbildungsberufe zuordnen:

- Fachlagerist/Fachlageristin und Fachkraft für Lagerlogistik (LWLogAusbV),
- Fachkraft für Kurier-, Express- und Postdienstleistungen (KEPFachAusbV),
- Fachkraft für Hafenlogistik (HafenlogAusbV),
- Eisenbahner im Betriebsdienst / Eisenbahnerin im Betriebsdienst (EBBAusbV),[44]
- Binnenschiffer / Binnenschifferin (BinSchAusbV),
- Hafenschiffer / Hafenschifferin (HafenSchAusbV),
- Berufskraftfahrer / Berufskraftfahrerin (BKV),
- Servicefahrer / Servicefahrerin (ServicefahrerAusbV).

Neben der Bezeichnung des Ausbildungsberufes, der Ausbildungsdauer, dem Ausbildungsrahmenplan und den Prüfungsanforderungen enthält eine Ausbildungsordnung die Beschreibung der „beruflichen Fertigkeiten, Kenntnisse und Fähigkeiten, die mindestens Gegenstand der Berufsausbildung sind"[45] und somit das sogenannte **Ausbildungsberufsbild**. Dieses soll exemplarisch am Beispiel der Verordnung über die Berufsausbildung im Lagerbereich erläutert werden. Diese umfasst zwei Ausbildungsberufe: die zweijährige Ausbildung zum Fachlagerist bzw. zur Fachlageristin sowie die dreijährige Ausbildung zur Fachkraft für Lagerlogistik. Die Berufsbilder dieser beiden Berufe umfassen spezifische Anforderungen über **Fertigkeiten und Kenntnisse** u.a. hinsichtlich der Annahme, Lagerung, Kommissionierung und Verpackung sowie dem Versand von Gütern,[46] die durch jeweilige Ausbildungsrahmenpläne und zugehörige Anlagen konkretisiert werden. Beispielsweise enthält der Bereich „Versand von Gütern" des Ausbildungsrahmenplans eines Fachlageristen bzw. einer Fachlageristin die

[42]   Vgl. International Labour Organization (2008a).
[43]   Vgl. §4 BBiG.
[44]   Die Ausbildungsordnung für Eisenbahner im Betriebsdienst/Eisenbahnerin im Betriebsdienst umfasst auch das Berufsbild „Lokführer und Transport".
[45]   §5 BBiG.
[46]   Vgl. §7 bzw. §11 LWLogAusbV.

folgenden zu vermittelnden Fertigkeiten und Kenntnisse: „Sendungen für vorgegebene Verkehrsmittel verladefertig bereitstellen, Gewicht und Raumbedarf von Gütern ermitteln, Ladelisten und Beladepläne unter Beachtung der Ladevorschriften erstellen, Sendungen entsprechend der Gütereigenschaften und der Verkehrsmittel verladen und verstauen, Ladungen sichern und Verschluss-Vorschriften anwenden."[47] Darüber hinaus soll eine Fachkraft für Lagerlogistik in die Lage versetzt werden, unter Beachtung von außenwirtschaftlichen Vorschriften Versand- und Begleitpapiere zu bearbeiten und bei der Erstellung des Tourenplans mitzuwirken.[48] An diesen beispielhaften Auszügen aus der Ausbildungsordnung wird deutlich, dass Logistikausführende, wie z.B. Fachkräfte für Lagerlogistik, zwar überwiegend körperliche Arbeit verrichten, das Tätigkeitsspektrum jedoch darüber hinaus auch planerische und steuernde Handlungen umfasst.

Durch die Anerkennung von logistischen Berufen als Ausbildungsberufe und die damit verbundene duale Berufsausbildung ist eine wesentliche Aufwertung logistischer Tätigkeiten im operativen Bereich einhergegangen. Im Jahr 2014 befanden sich in Deutschland 24693 Personen (davon 21747 Männer) in Ausbildung zu einer **Fachkraft für Lagerlogistik**.[49] Hinsichtlich der Anzahl von Auszubildenden nahm dieser Beruf bei Männern den Rang 9 unter den Ausbildungsberufen ein und liegt damit vor traditionellen Berufen, wie etwa Zerspanungsmechaniker, Maler und Lackierer oder Tischler.[50] Hinzu kommen 10029 Fachlageristen und Fachlageristinnen.[51]

Neben den Lagerberufen, die früher lediglich als Hilfstätigkeiten betrachtet wurden, trifft die These einer Aufwertung der Logistikausführung vor allem für den Beruf des LKW-Fahrers zu, der mit der dreijährigen Ausbildung zum **Berufskraftfahrer** bzw. zur **Berufskraftfahrerin** deutlich an Ansehen gewonnen hat. Dies bezeugen 7131 Auszubildende, davon 6876 Männer.[52] Allerdings ist bisher der Anteil der LKW-Fahrer / LKW-Fahrerinnen mit abgeschlossener Ausbildung zum Berufskraftfahrer / zur Berufskraftfahrerin insgesamt noch immer gering.[53] Dazu trägt auch die vergleichsweise hohe Vertragslösungsquote dieser Ausbildung bei, die mit 45,5% weit über dem Durchschnitt liegt.[54] Aufgrund des hohen Anteils angelernter Kraftfahrer und Kraftfahrerinnen kommt dem 2006 in Kraft getretenen Berufskraftfahrer-Qualifikations-Gesetz (BKrFQG) in Verbindung mit der Berufskraftfahrer-Qualifikations-Verordnung (BKrFQV) besondere Bedeutung zu, da diese eine Grundqualifikation fordern, die entweder durch eine einschlägige Berufsausbildung, insbesondere zum Berufskraftfahrer / zur Berufskraftfahrerin, oder durch eine Prüfung bei einer Industrie- und Handelskammer nachgewiesen wird.[55] Darüber hinaus findet sich darin die Verpflichtung zur regelmäßigen Weiterbildung.

---

[47]   Anlage 1 (zu §8) LWLogAusbV.

[48]   Anlage 2 (zu §12) LWLogAusbV.

[49]   Vgl. Statistisches Bundesamt (2015b), S. 133.

[50]   Vgl. Statistisches Bundesamt (2015b), S. 28.

[51]   Vgl. Statistisches Bundesamt (2015b), S. 133.

[52]   Vgl. Statistisches Bundesamt (2015b), S. 134.

[53]   Vgl. Bundesamt für Güterverkehr (2011), S. 3.

[54]   Vgl. Bundesinstitut für Berufsbildung (2015), S. 197.

[55]   Vgl. §4 Abs. 1 BKrFQG. Siehe dazu ausführlich Bundesamt für Güterverkehr (2011).

Eine anerkannte Ausbildung ist zudem für Logistikausführende eine solide Basis für eine innerbetriebliche berufliche Weiterentwicklung z.B. als Lagerleiter/Lagerleiterinnen oder Disponenten/Disponentinnen. Ein wesentlicher formaler Karriereschritt auf Facharbeiterebene ist die **Möglichkeit der Meisterprüfung** und damit die Berechtigung zur Ausübung einer Meisterfunktion. Neben der Prüfung zum anerkannten Fortbildungsabschluss Geprüfter Meister für Kraftverkehr und Geprüfte Meisterin für Kraftverkehr,[56] die vor allem Berufskraftfahrern und Berufskraftfahrerinnen nach entsprechender beruflicher Fortbildung möglich ist, existiert eine Prüfung zum anerkannten Fortbildungsabschluss Geprüfter Logistikmeister / Geprüfte Logistikmeisterin.[57] Damit eröffnet sich für logistische Ausbildungsberufe eine Möglichkeit der beruflichen Fortbildung, die noch vor einigen Jahren nur den produktionsnahen Berufen der Industrie und des Handwerks zur Verfügung stand.

Mit dem Meister sind bereits **Berufe des Logistikmanagements** angesprochen. Logistikmanager und Logistikmanagerinnen sind Personen, die überwiegend Managementtätigkeiten, also Planungs- oder Steuerungstätigkeiten, im Bereich der Logistik ausüben. Wiederum zeigt ein Blick in die **Klassifikation der Berufe 2010** der Bundesagentur für Arbeit ein buntes Bild der Berufe auf, die dieser Gruppe zugewiesen werden können:[58]

- Meister/Meisterinnen: Decksmeister/in, Hafenmeister/in, Hafenumschlagsmeister/in, Meister/in – Lagerwirtschaft, Industriemeister/in – Kraftverkehr, Meister/in - Bahnverkehr
- Kaufleute: Kaufmann/-frau - Spedition und Logistikdienstleistung, Fachkaufmann/-frau – Logistik, Kaufmann/-frau - Eisenbahn- und Straßenverkehr, Luftverkehrskaufmann/-frau, Schifffahrtskaufmann/-frau, Kaufmann/-frau - Kurier-, Express- und Postdienstleistungen
- Leiter: Leiter/in – Lagerwirtschaft, Ladebetriebsleiter/in, Versandleiter/in, Fahrdienstleiter/in, Fuhrparkleiter/in, Betriebsleiter/in – Eisenbahnen, Logistikleiter/in, Materialwirtschaftsleiter/in
- Disponenten: Disponent/in – Frachtverkehr, Fuhrparkdisponent/in, Disponent/in – Güterverkehr, Disponent/in – Lager, Beschaffungsdisponent/in,
- Manager: Supply-Chain-Manager/in, Transportmanager/in

Darüber hinaus findet sich in dieser Klassifikation der Beruf „Logistiker/in" (51624) in der Gruppe der Speditions- und Logistikkaufleute (5162). Logistikmanager als Berufsbezeichnung werden dagegen in dieser Systematik nicht explizit genannt. Auch die Klassifikation ISCO-08 der International Standard Classification of Occupations der International Labour Organization (ILO) führt keine „Logistics managers" an.[59] Allerdings weist eine Erläuterung zur Klassifikation Logistics manager, Supply chain manager und Warehouse manager als mögliche Ausprägung des Berufsfeldes „Supply, distribution and related managers" (1324) aus. Danach wird den Angehörigen dieses Berufsfelds die folgenden Aufgaben zugeordnet:

[56]   Siehe dazu KVMeistPrV.
[57]   Siehe dazu LogMstrV.
[58]   Vgl. Bundesagentur für Arbeit (2010a).
[59]   Vgl. International Labour Organization (2008a).

„Supply, distribution and related managers plan, direct and coordinate the supply, transportation, storage and distribution of goods.“[60]

Neben den bereits angesprochenen **Meistern der Logistik**, die Aufgaben der Planung und vor allem Steuerung in unmittelbarem Zusammenhang mit der Logistikausführung leisten und deshalb zuweilen auch direkt ausführende Tätigkeiten ausüben, bilden die **Kaufleute der Logistik** eine wesentliche Gruppe innerhalb der Logistikmanager. Häufig handelt es sich dabei um kaufmännische Ausbildungsberufe die ebenso wie viele Berufe der Logistikausführung auf einer Ausbildungsordnung im Sinne des Berufsbildungsgesetzes beruhen.[61] Dieser Berufsgruppe lassen sich z.B. die folgenden anerkannten **Ausbildungsberufe** zuordnen:

- Kaufmann für Spedition und Logistikdienstleistung/Kauffrau für Spedition und Logistikdienstleistung (SpedKfmAusbV)
- Kaufmann für Kurier-, Express- und Postdienstleistungen/Kauffrau für Kurier-, Express- und Postdienstleistungen (KEPKfmAusbV)
- Industriekaufmann/Industriekauffrau (IndKfmAusbV)
- Kaufmann im Groß- und Außenhandel/Kauffrau im Groß- und Außenhandel (GrHdlKfmAusbV)
- Kaufmann im Einzelhandel/Kauffrau im Einzelhandel (EzHdlAusbV)

Bei den ersten beiden Berufen handelt sich um originäre Ausbildungen zu Kaufleuten der Logistik, die primär in der Logistikdienstleistungswirtschaft Anwendung finden. Dagegen bildet der Einsatz in der Logistik nur ein mögliches Arbeitsfeld für Kaufleute der Industrie und des Handels. Deren Ausbildungsrahmenpläne enthalten jedoch explizit zu vermittelnde Fertigkeiten und Kenntnisse aus dem Bereich der Logistik. Beispielsweise umfasst der Ausbildungsrahmenplan für die Berufsausbildung zum Industriekaufmann/zur Industriekauffrau u.a. die folgenden Kenntnisse und Fertigkeiten: „Ziele, Konzepte, Aufgabenträger und Objekte in der Logistikkette erläutern, Transportträger und –mittel unter wirtschaftlichen Aspekten beurteilen, produktspezifische Transport- und Lagervorschriften berücksichtigen, Versanddispositionen durchführen.“[62]

Für Kaufleute des Verkehrs, der Industrie und des Handels sowie für andere Personengruppen, die hinreichende praktische Erfahrungen in der Logistik vorweisen können, besteht darüber hinaus die Möglichkeit, zur Dokumentation einer **beruflichen Aufstiegsfortbildung** die Prüfung zum anerkannten Fortbildungsabschluss Geprüfter Fachkaufmann für Logistiksysteme bzw. Geprüfte Fachkauffrau für Logistiksysteme abzulegen.[63] Ein ähnliches Angebot besteht mit dem Fortbildungsabschluss Geprüfter Fachwirt für Güterverkehr und Logistik bzw. Geprüfte Fachwirtin für Güterverkehr und Logistik.[64] Somit existiert im Bereich der Beruflichen Bildung ein weites Spektrum der Qualifikation von Logistikmanagern und Logistikmanagerinnen. Dieser Personenkreis hat damit prinzipiell auch die Möglichkeit, die in

---

[60]   International Labour Organization (2008b).

[61]   Vgl. §5 BBiG.

[62]   Anlage 1 (zu § 5) IndKfmAusbV.

[63]   Vgl. §2 FachkLogSystPrV.

[64]   Vgl. GüLogFachwPrV.

der Klassifikation der Berufe der Bundesagentur für Arbeit angeführten Berufe von Leitern oder Disponenten in der Logistik auszuüben.

Allerdings können heute viele Logistikmanager und Logistikmanagerinnen **eine akademische Bildung** in Form eines Hochschulstudiums der Logistik vorweisen, der im Gegensatz zur beruflichen Bildung kein rechtlich normiertes Ausbildungsberufsbild zu Grunde liegt. Studiengänge, welche Logistik in ihrer Bezeichnung tragen, finden sich mit sehr unterschiedlichen Inhalten und Ausrichtungen z.B. an der Dualen Hochschule Mosbach, der Hochschule Heilbronn, der Hochschule für Technik und Wirtschaft des Saarlandes und an der Technischen Universität Dortmund. Daneben verfügen sehr viele Studiengänge der Wirtschaftswissenschaften, der Ingenieurwissenschaften und der Verkehrswissenschaft über Vertiefungsmöglichkeiten im Bereich der Logistik. Selbst bei einer Eingrenzung auf Ausbildungen an Universitäten und Fachhochschulen sind damit Berufsbilder des Logistikmanagements ausgesprochen unbestimmt und vielschichtig.[65] Sie entsprechen daher eher einem beruflichen Profil im Sinne des englischen Begriffs „job profile". Nach *Mulder, Wesselink* und *Bruijstens* bestehen diese vereinfacht gesprochen aus „a description of the content and structure of the profession."[66]

Die Berufsbilder akademisch ausgebildeter Logistikmanager definieren sich nicht über einen verbindlich vorgegebenen Ausbildungsrahmenplan. Sie stellen zu erklärende Phänomene dar und sind somit Erfahrungsobjekt der Logistikforschung.

Traditioneller Kern der **Berufsbildforschung in der Logistik** ist deshalb die Erfassung von logistischen Tätigkeiten oder Aufgaben und deren Zuordnung zu einzelnen Berufsgruppen des Logistikmanagements.[67] Solche Aufstellungen variieren jedoch mit der Breite des Logistikverständnisses der Befragten und der Befragenden. Ein wichtiger Beitrag zur frühen Berufsbildforschung in der Logistik ist die Untersuchung von *Pfohl* und *Dubbert*, die auf Basis von Interviews mit einzelnen Logistikführungskräften neun unterschiedliche Berufsfelder der Logistik in Industrie und Handel sowie in Logistikunternehmen ableiten konnten.[68] Diese decken die üblichen Aufgabenfelder des Logistikmanagements, wie z.B. Logistikleitung, Disposition usw., ab und reichen darüber hinaus in angrenzende Gebiete, z.B. das Marketing und die Produktionsplanung und -steuerung. Mitte der 90er Jahre hat das Technical Committee 273 „Logistics" im Comité Européen de Normalisation (CEN) in Zusammenarbeit mit der European Logistics Association (ELA) auf Basis einer Befragung von 1555 europäischen Logistikmanagern 32 Tätigkeitsprofile (occupational profiles) ermittelt, die nochmals in 7 Gruppen gegliedert wurden.[69] Leider sind diese Ergebnisse nur als CEN-Arbeitsbericht erschienen und haben keinen Eingang in die wissenschaftliche Diskussion gefunden. Unter den ermittelten Profilen finden sich unterschiedlichste Berufsbilder der Logistikausführung und des Logistikmanagements, wie z.B. Logistics Manager, Inventory

---

[65]   Vgl. Engelhardt-Nowitzki, 2006, S. 3–4.
[66]   Mulder/Wesselink/Bruijstens (2005), S. 186.
[67]   Siehe zum Folgenden auch Large (2010a), S. 67–69, Large (2010b), S. 206–209.
[68]   Vgl. Pfohl/Dubbert (1988), S. 7–31, Dubbert (1991), S. 131–135.
[69]   Vgl. Comité Européen de Normalisation (1997).

Manager, Distribution Manager, Warehouse Manager, Stock Supervisor, Transport Planner, Fleet Manager bis hin zu Warehouseman, sowie auch solche, die nur bei einem extrem weiten Logistikverständnis als Handelnde der Logistik bezeichnet werden können. Hierzu zählen u.a. die Berufe Production Planner und Sales/Marketing Supervisor.

Der zunehmende Einfluss des **Supply Chain Managements**[70] auf die Logistik zum Ende des Jahrtausends gab Anlass, die Frage nach modifizierten und ggf. neuen Berufsbildern von Logistikmanagern zu stellen. Auf Basis konzeptioneller Überlegungen hat *Pfohl* vier sogenannte „Berufsbilder des Logistikmanagers im Tätigkeitsfeld der Supply Chain" entworfen: den Supply Chain Agenten, den Supply Chain Koordinator, den Supply Chain Auftragsmanager und den Supply Chain Auditor.[71] *Rossetti* und *Dooley* identifizieren den Integrated Logistics Manager und den Outbound Logistics Manager innerhalb eines Systems von acht Berufsgruppen des Supply Chain Managements.[72] Grundlage dafür ist eine Textanalyse auf Basis von 546 Stellenanzeigen.

*Large* und *Kenner* haben die Einflüsse der zunehmenden **Supply Chain Orientierung** und der verstärkten **Fremdvergabe logistischer Leistungen** auf das Berufsbild von Logistikmanagern und Logistikmanagerinnen untersucht.[73] Die Zunahme der Supply Chain Orientierung wurde mit Hilfe des Anstiegs der interfunktionalen Koordination und jener der interorganisatorischen Koordination in den letzten fünf Jahren abgebildet. Obwohl die Befragten eine nennenswerte Veränderung ihres Berufs und der daraus resultierenden Anforderungen in den letzten fünf Jahren wahrnehmen, konnten lediglich Hinweise für einen Einfluss der interfunktionalen Koordination gewonnen werden. Die Wirkungen der zunehmenden Fremdvergabe und der ansteigenden interorganisatorischen Koordination waren in dieser Untersuchung nicht signifikant.

## 1.1.4 Handelnde der Logistik

Bisher wurden die Handlungen der Logistik diskutiert und eingeordnet. Handlungen können jedoch nicht unabhängig von den handelnden Personen erklärt und verstanden werden, denn wie in Band 1 dargelegt, bildet die **menschliche Arbeit die Grundlage** aller logistischen Handlungen.[74] Nur in der menschlichen Arbeit ist die schöpferische Kraft enthalten, die wertbildende Substanz des menschlichen Körpers und Geistes. Auch die Betriebsmittel und die Betriebsstoffe, die Menschen bei ihrer Arbeit einsetzen, erhalten ihren Gebrauchswert lediglich durch die darin materialisierte Arbeit.[75] Damit rücken die Handelnden der Logistik als Erfahrungsobjekt in den Mittelpunkt wissenschaftlicher Betrachtung.

---

[70]   Siehe dazu Abschnitt 1.3.5.
[71]   Vgl. Pfohl (1999), S. 192–219.
[72]   Vgl. Rossetti/Dooley (2010), S. 49.
[73]   Vgl. Large/Kenner (2012).
[74]   Vgl. Large (2012), S. 1.
[75]   Vgl. Marx (2008), S. 52–53.

Handlungen der Planung, der Steuerung und der Ausführung des Transfers von Gütern und Abfällen bedingen arbeitende Menschen, die als Individuen oder Kollektive unter Nutzung von logistischen Betriebsmitteln und Betriebsstoffen diese Handlungen vollziehen und hierdurch Wert schöpfen.

Menschen können logistische Leistungen für eigene Zwecke und Zwecke ihrer Familie sowie als unentgeltliche Freiwilligenarbeit oder als Erwerbsarbeit für Dritte erbringen. Zu den **Erwerbstätigen der Logistik** zählen neben den Selbstständigen und mithelfenden Familienangehörigen vor allem Arbeitnehmerinnen und Arbeitnehmer. *Kille* und *Schwemmer* beziffern die Anzahl der Erwerbstätigen der Logistik in Deutschland auf etwa 2,9 Mill. Personen, wobei etwa 0,4 Mill. in sogenannten indirekten Bereichen[76] und 2,5 Mill. direkt in der Logistik beschäftigt sind.[77] Die Gesamtzahl der Erwerbstätigen in der Logistik verteilt sich danach auf Industrie und Handel (1,2 Mill.), Logistikunternehmen (1 Mill.) und sonstige Wirtschaftszweige (0,6 Mill.). Basis dieser Abschätzungen bildet die Übersicht der sozialversicherungspflichtig Beschäftigten nach Berufen der Bundesagentur für Arbeit.[78] Da sich die angeführten Verkehrsberufe, z.B. Schienenfahrzeugführer, auch im Personenverkehr finden, mussten die Autoren Annahmen über den Anteil, der in der Logistik Beschäftigten treffen. Ein weiteres Problem bildet die Berechnung der Erwerbstätigen der Logistik aus den sozialversicherungspflichtigen Beschäftigten mit Hilfe eines einfachen Aufschlags von 20%. Ebenso beruht die Bestimmung der in indirekten Bereichen mit logistischen Handlungen betrauten Personen auf Annahmen. Trotz dieser methodischen Probleme ermöglicht die abgeschätzte Größenordnung einen ersten Eindruck zum Umfang menschlicher Arbeit in der Logistik.

Es läge zunächst nahe, Handelnde der Logistik als **Logistiker** bzw. **Logistikerinnen** zu bezeichnen. Allerdings wären diese Bezeichnungen, die für alle Experten und Expertinnen der Logistik gelten würden, zu unbestimmt. Einerseits würden dazu auch Forschende und Lehrende der Logistik zählen, die im obigen Sinne keine Handelnden der Logistik sind. Andererseits werden häufig nur akademisch ausgebildete Personen als Logistiker und Logistikerinnen bezeichnet. Das breite Spektrum an Handelnden der Logistik würde damit nicht erfasst. Im vorangegangenen Abschnitt wurde zwischen der Logistikausführung und dem Logistikmanagement unterschieden. Das Logistikmanagement schließt Handlungen der Planung, der Führung, der Organisation und der Kontrolle des Transfers von Gütern und Abfällen ein. Damit können **Logistikmanagerinnen** und **Logistikmanager** in der Gruppe der Handelnden der Logistik abgegrenzt werden.

Als Logistikmanagerinnen bzw. Logistikmanager werden Personen bezeichnet, die überwiegend Handlungen der Planung und Steuerung des Transfers von Gütern und Abfällen vollziehen.

---

[76]  Darunter subsumieren die Autoren nicht-logistische Berufe, z.B. Buchhalter, sowie Unternehmer, die anteilig jedoch wesentliche Unterstützung für die Logistik leisten.

[77]  Vgl. Kille/Schwemmer (2014), S. 61.

[78]  Siehe dazu ausführlich Bundesagentur für Arbeit (2015).

Diese Personen werden oft auch Führungsaufgaben gegenüber unterstellten Personen erfüllen und damit gleichzeitig **Logistikführungskräfte** sein. Im Gegensatz zur häufig vertretenen Position[79] wird das Merkmal der Führungsverantwortung jedoch nicht als konstituierend für Logistikmanagerinnen und Logistikmanager betrachtet. Zur Gruppe der Logistikmanagerinnen und -manager zählen nach dem hier zugrunde gelegten Verständnis beispielsweise auch Personen in Logistikstäben, die überwiegend planerische Aufgaben durchführen und damit Entscheidungen und nachfolgende Weisungen lediglich vorbereiten. Ebenso umfasst die obige Definition auch solche Disponentinnen und Disponenten, deren Weisungsbefugnisse sich lediglich auf Lieferanten oder Logistikunternehmen erstrecken, jedoch nicht auf Arbeitnehmerinnen und Arbeitnehmer des eigenen Unternehmens.

Im Gegensatz dazu beschäftigen sich **Logistikausführende** überwiegend mit dem Vollzug von zeitlichen und räumlichen Gütertransfers, also mit operativen Handlungen an den zu lagernden und transportierenden Gütern und Abfällen.

Als Logistikausführende werden Personen bezeichnet, die überwiegend Handlungen der Ausführung des Transfers von Gütern und Abfällen vollziehen.

Beispiele für **ausführende Handlungen** sind der Transport einer Ladung mit einem LKW, die Einlagerung einer Palette, die Kommissionierung und Verpackung bestellter Waren usw. Auch Logistikausführende vollziehen, wenngleich in geringem Umfang, Managementhandlungen. Beispielsweise darf und muss ein LKW-Fahrer selbständig die Reihenfolge der zu beliefernden Kunden planen, falls ihm diese nicht durch einen Disponenten im Rahmen der Tourenplanung verbindlich vorgegeben wurde. Umgekehrt wird ein Transportdisponent oder ein Lagermeister gerade in Engpasssituationen selbst Hand anlegen, um z.B. bei der Beladung eines LKW oder bei Umlagerungen zu helfen.

Im Bereich der Arbeitswissenschaften wird grundsätzlich zwischen **informatorischer und energetischer Arbeit** unterschieden.[80] Diese beiden idealtypischen Arbeitsformen werden jedoch in der Realität als Mischformen auftreten. Solche Mischformen lassen sich wiederum in mehrere Arten der Arbeit gliedern, die durch einen ansteigenden Anteil von informatorischer Arbeit und durch einen abnehmenden Anteil von energetischer Arbeit gekennzeichnet sind:[81]

- Mechanische Arbeit: Abgabe von Kräften
- Motorische Arbeit: Ausführung von genauen Bewegungen mit geringer Kraft
- Reaktive Arbeit: Aufnahme von Informationen und reaktive Handlungen
- Kombinative Arbeit: Kombinieren von Informationen durch Denken
- Kreative Arbeit: Erzeugen neuer Informationen

Die Handlungen der Logistikausführung sind somit eher als mechanische, motorische und reaktive Arbeit zu charakterisieren, während das Logistikmanagement eher reaktive, kombi-

---

[79] Siehe z.B. Pfohl (1999), S. 179.

[80] Vgl. Schlick/Bruder/Luczak (2010), S. 223.

[81] Vgl. Schlick/Bruder/Luczak (2010), S. 224.

native und kreative Arbeit erfordert. Allerdings sei nochmals darauf hingewiesen, dass auch Logistikmanagerinnen und Logistikmanager zuweilen, z.B. auf der Meisterebene, energetische Arbeit verrichten und viele Tätigkeiten der Logistikausführung auch kombinative und kreative Arbeiten erfordern. Zur genauen Beschreibung der unterschiedlichen Handelnden des Logistikmanagements und der Logistikausführung werden im Folgenden die Berufe der Logistik vorgestellt.

## 1.2 Bedingungen und Wirkungen der Arbeit in der Logistik

Abschnitt 1.1 hat die Bedeutung von Handelnden für die Logistik aufgezeigt. Dabei wurde die Stellung ihrer Arbeit deutlich. Arbeit besitzt die Eigenschaft, Quelle von Wert zu sein.[82] **Arbeit ist jedoch mehr als Arbeitskraft** und damit eine im Produktionsprozess eingesetzte Ware. Menschen handeln als Individuen und Kollektive. „Als Person ist der Mensch daher Subjekt der Arbeit. Als Person arbeitet er und vollzieht die verschiedenen Handlungen, die zum Arbeitsprozess gehören; unabhängig von ihrem objektiven Inhalt müssen diese alle der Verwirklichung seines Menschseins dienen, der Erfüllung seiner Berufung zum Personsein, die ihm eben aufgrund seines Menschseins eigen ist."[83] Neben der eingesetzten Arbeitskraft und der hierdurch erbrachten Leistung sind auch die Arbeitsbedingungen, die Wirkungen auf den arbeitenden Menschen und die Folgen dieser Wirkungen Erfahrungsobjekte einer handlungsorientierten Logistik.

### 1.2.1 Physische Belastung und Beanspruchung in der Logistik

Von der Arbeit gehen **positive Wirkungen** auf Arbeitende aus. Da Handlungen der Logistikausführung und des Logistikmanagements ganz überwiegend als Erwerbsarbeit vollzogen werden, eröffnen diese die Möglichkeit des Einkommenserwerbs für jene Menschen, die nur ihre Arbeitskraft, d.h. ihr Arbeitsvermögen, als Ware gegen Geld tauschen können. Obwohl sich die generellen Folgen der kapitalistischen Produktion auch in der Logistik zeigen,[84] kann Arbeit zudem als erfüllend wahrgenommen werden und so zur Zufriedenheit von Menschen beitragen. Diese positiven Wirkungen werden insbesondere in Abschnitt 1.2.4 vertieft.

Den positiven Effekten stehen in aller Regel auch **negative Wirkungen** gegenüber. Die Arbeitsaufgabe und die Form der Leistungserstellung in der Logistik führen zur Belastung der arbeitenden Menschen. Nach einer allgemeinen Einschätzung von *Pfohl* wird „den Mitarbeitern ein Arbeitsplatz mit zunehmend ‚unsozialeren' Arbeitszeiten, schlechten Aus- und Weiterbildungsmöglichkeiten und mit wenig Unterstützung und Anerkennung durch das Management bei niedriger Bezahlung geboten."[85] Im Interesse der Arbeitnehmerinnen und Arbeitnehmer aber auch im Interesse der Arbeitgeber muss das Logistikmanagement den

---

[82]   Vgl. Marx (2008), S. 181.

[83]   Johannes Paul II (1981).

[84]   Siehe dazu grundlegend Marx (2008), S. 674–675.

[85]   Pfohl (2005), S. 310.

**Arbeitsbedingungen** und dessen Wirkungen besondere Beachtung schenken. Bekanntermaßen weist das Arbeitsschutzgesetz dem Arbeitgeber die grundlegende Aufgabe zu, eine „Beurteilung der für die Beschäftigten mit ihrer Arbeit verbundenen Gefährdung"[86] vorzunehmen. Damit ist die Bestimmung der Bedingungen der logistischen Leistungserstellung und der daraus resultierenden Gefahren auch aus rechtlicher Sicht zwingend geboten.

Die Analyse der Arbeitsbedingungen mit denen sich Handelnde der Logistik konfrontiert sehen und der daraus resultierenden Folgen erfordert die Identifikation von speziellen Erkenntnisobjekten.[87] Hierzu kann auf Modelle, die vor allem dem Bereich der Arbeitswissenschaft entstammen, zurückgegriffen werden. Zentrale Bedeutung kommt dabei dem in Analogie zur Mechanik entworfenen **Belastungs-Beanspruchungs-Konzept** von *Rohmert* zu.[88]

Das Belastungs-Beanspruchungs-Konzept fasst unter dem Begriff der Belastung die äußeren Einwirkungen auf einen arbeitenden Menschen zusammen, während unter Beanspruchung die inneren Auswirkungen für diesen Menschen verstanden werden.[89]

Grundidee ist somit die Unterscheidung zwischen Belastungen und den Folgen dieser Belastungen. DIN EN ISO 6385 bezeichnet als **Arbeitsbelastung** die „Gesamtheit der äußeren Bedingungen und Anforderungen im Arbeitssystem, die auf den physiologischen und/oder psychologischen Zustand einer Person einwirken."[90] Diese Einwirkung führt zu einer **Arbeitsbeanspruchung**, welche die Norm als „innere Reaktion des Arbeitenden/Benutzers auf die Arbeitsbelastung, der er ausgesetzt ist,"[91] umschreibt. Es ist unmittelbar einsichtig, dass dieser Wirkungszusammenhang von einer Vielzahl von Größen beeinflusst wird. Abbildung 1 zeigt eine einfache Form des Belastungs-Beanspruchungs-Konzepts bei dem die Wirkung der Belastung auf die Beanspruchung durch individuelle Eigenschaften, Fähigkeiten, Fertigkeiten und Bedürfnisse der Ausführenden sowie der Manager und Managerinnen moderiert wird. Im Folgenden wird dieses Modell für den Spezialfall der Logistik näher betrachtet.

Belastungen für Menschen in der Logistik ergeben sich zunächst direkt aus der Arbeitsaufgabe,[92] d.h. im hier betrachteten Fall aus den einzelnen Aufgaben der Logistikausführung und des Logistikmanagements. **Logistikmanager und Logistikmanagerinnen** verrichten im Wesentlichen reaktive, kombinative und kreative Arbeit.[93] Im Mittelpunkt stehen deshalb Handlungen der Informationsverarbeitung, die im Vergleich zu den Tätigkeiten von Logistikausführenden, in nur vergleichsweise geringem Maße zu körperlichen Belastungen führen. Trotzdem können auch hier physische Belastungen, beispielsweise durch langes Sitzen oder durch Bildschirmarbeit, auftreten, die sich jedoch kaum von denen anderer Manager und Managerinnen unterscheiden.

---

[86]   §5 Abs. 1 ArbSchG.

[87]   Zur Unterscheidung von Erfahrungs- und Erkenntnisobjekten siehe Abschnitt 1.1.1.

[88]   Vgl. Rohmert (1984).

[89]   Vgl. Kirchner (1986), Schlick/Bruder/Luczak (2010), S. 38–39.

[90]   DIN EN ISO 6385, S. 6.

[91]   DIN EN ISO 6385, S. 5.

[92]   Vgl. Kirchner (1986), S. 71.

[93]   Siehe dazu Abschnitt 1.1.4.

Teilbelastungen aus der
- Logistischen Aufgabe
- Arbeitsumgebung

Teilbelastungsart
- Höhe der Belastung
- Dauer der Belastung

Zusammensetzung der
Teilbelastung
- Simultane Belastung
- Sukzessive Belastung

Belastung
von Handelnden
der Logistik

Individuelle
- Eigenschaften
- Fähigkeiten
- Fertigkeiten
- Bedürfnisse
von Handelnden
der Logistik

Teilbeanspruchungen
- Skelett
- Sehnen/Bänder
- Muskeln
- Herz/Kreislauf
- Atmung
- Sinnesorgane
- Schweißdrüsen
- Zentralnervensystem
- Haut

Beanspruchung
von Handelnden
der Logistik

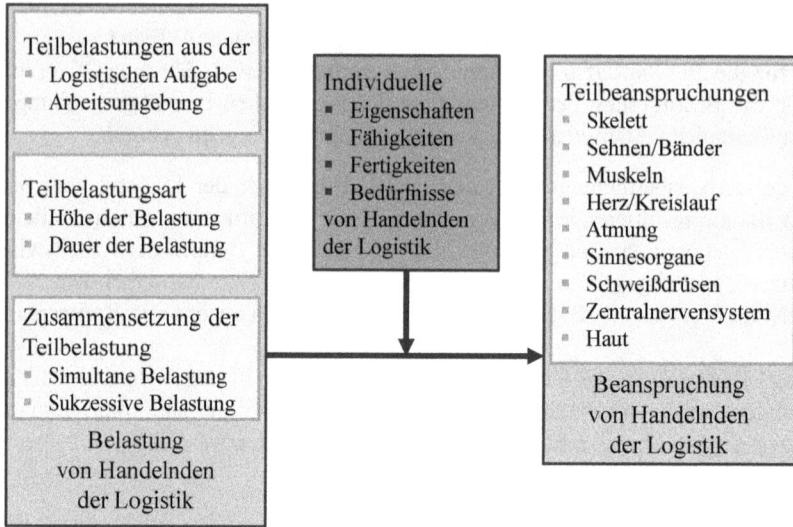

*Abbildung 1: Beanspruchung und Belastung von Handelnden der Logistik.[94]*

Wie in Abschnitt 1.1 bereits aufgezeigt, bedingt die **Logistikausführung** primär mechanische, motorische und reaktive Arbeit. An dieser Stelle werden deshalb zunächst physische Belastungen betrachtet, wenngleich psychische Belastungen auch im Bereich der Logistikausführung nicht zu vernachlässigen sind. Im Bereich der Lagerung, Kommissionierung, Verpackung und der Materialhandhabung sowie beim Beladen und Entladen von Fahrzeugen sind häufig Aufgaben zu erfüllen, die Handlungen des Tragens, Ziehens, Schiebens, Hebens und Umsetzen von Lasten erfordern.[95] Nach einer Untersuchung des Bundesinstituts für Berufsbildung (BIBB) und der Bundesanstalt für Arbeitsschutz und Arbeitsmedizin (BAuA) auf Basis einer repräsentativen Stichprobe im Umfang von 20.000 Erwerbstätigen müssen 38% der Personen, die ausführende Verkehrs- und Lagerberufe ausüben, häufig Lasten über 20kg (Männer) bzw. 10kg (Frauen) tragen.[96] Dieser Anteil erscheint aufgrund der heterogenen Zusammensetzung dieser Berufsgruppe besonders hoch und wird nur von Erwerbstätigen mit Bau- und Holzberufen überschritten. Problematisch sind dabei vor allem gebeugte Körperhaltungen oder das Verdrehen des Oberkörpers zur Aufnahme oder Abgabe von einzelnen Gütern oder Packstücken.[97] Von Bedeutung sind auch statische Belastungen durch langes Stehen an einer Stelle,[98] zum Beispiel bei der Kommissionierung nach dem Prinzip

---

[94]   Vgl. Rohmert (1984), S. 196.

[95]   Vgl. Braam/van Dormolen/Frings-Dresen (1996), S. 474, Jäger et al. (2002), S. 96–98, Bruder/Rademacher (2009), S. 218–219, Backhaus et al. (2010), S. 307.

[96]   Vgl. Bundesinstitut für Berufsbildung (2006), S. 3. Zu den methodischen Grundlagen der Untersuchung siehe Hall et al. (2010). Zur Erhebung von 2012 liegt derzeit nur eine Grundauswertung ohne Bezug auf berufsgruppen vor. Siehe Wittig/Nöllenheidt/Brenscheidt (2013).

[97]   Vgl. Kuorinka/Lortie/Gautreau (1994), S. 657–659, Braam/van Dormolen/Frings-Dresen (1996), S. 474–475, Bruder/Rademacher (2009), S. 218.

[98]   Vgl. Konz/Rys (2002/2003), S. 165, Bruder/Rademacher (2009), S. 218, Schlick/Bruder/Luczak (2010), S. 225.

„Ware zum Menschen".[99] Fahrer und Fahrerinnen von LKW, Gabelstaplern und Schienenfahrzeugen üben ihre Tätigkeit vorwiegend im Sitzen aus und sind dabei Schwingungs- und Stoßbelastungen ausgesetzt.[100] Neben dem langen Sitzen während der Fahrt entstehen jedoch für viele Berufskraftfahrerinnen und Berufskraftfahrer zusätzliche Belastungen durch manuelle Be- und Entladetätigkeiten.[101] Ebenso können im Eisenbahnverkehr in Abhängigkeit vom genauen Einsatzgebiet auch Aktivitäten außerhalb des Fahrzeugs erforderlich werden, z.B. das Kuppeln von Wagen.[102]

Neben der Art und Weise, wie Arbeiten der Logistikausführung verrichtet werden, ergeben sich insbesondere für einzelne Berufsgruppen auch Belastungen aus der **Dauer und der zeitlichen Verteilung** der Aufgabenerfüllung. Während 13,2% der Erwerbstätigen normalerweise 45 oder mehr Arbeitsstunden pro Woche leisten, liegt der Anteil bei Berufskraftfahrerinnen und Berufskraftfahrern (Fahrzeugführung im Straßenverkehr) bei 28,8%.[103] Wenngleich dieser Effekt zum Teil dem hohen Anteil von Männern in dieser Berufsgruppe (92,8%) geschuldet ist, werden dennoch besondere Belastungen deutlich, denn selbst der Anteil der männlichen Erwerbstätigen mit 45 oder mehr Arbeitsstunden pro Woche beträgt im Durchschnitt lediglich 19,3%. Die europäische Richtlinie 2002/15/EG erlaubt eine wöchentliche Arbeitszeit von bis zu 60 Stunden, „sofern der Wochendurchschnitt in einem Zeitraum von vier Monaten 48 Stunden nicht übersteigt."[104]

Der Anteil der Erwerbstätigen, die **Samstags-, Sonn-, Feiertags-, Abend-, Nacht- und Schichtarbeit** verrichten, liegt im Wirtschaftsunterbereich „Verkehr, Lagerei, Kommunikation" bei 63,5% während dieser für alle Erwerbstätigen 57,6% beträgt.[105] Zwischen den Berufen ergeben sich jedoch deutliche Unterschiede. So ist beispielsweise der Berufsalltag von Schienenfahrzeugführern im Güterverkehr durch einen besonders hohen Anteil von Nachtarbeit sowie von regelmäßigen Sonn- und Feiertagsschichten geprägt.[106] Nach dem Arbeitszeitgesetz wird von Nachtarbeit gesprochen, wenn diese „mehr als zwei Stunden der Nachtzeit umfasst."[107] Abgesehen von wenigen Ausnahmen erstreckt sich die Nachtzeit im Sinne des Gesetzes auf die Zeit von 23 bis 6 Uhr.[108] Arbeitnehmer, „die auf Grund ihrer Arbeitszeitgestaltung normalerweise Nachtarbeit in Wechselschicht zu leisten haben oder Nachtarbeit an mindestens 48 Tagen im Kalenderjahr leisten"[109] bezeichnet das Arbeitszeitgesetz als Nachtarbeiter. Auch auf der Straße wird ein nennenswerter Anteil des Güterverkehrs über Nacht abgewickelt. Für Binnenschiffer und Binnenschifferinnen wirken sich vor allem die

---

[99]  Siehe dazu Large (2012), S. 176.

[100]  Vgl. Pope/Broman/Hansson (1989), S.1155, Boshuizen/Bongers/Hulshof (1992), S. 60, Fritz (2001), S. 155, Bruder/Rademacher (2009), S. 218.

[101]  Vgl. Bundesamt für Güterverkehr (2013), S. 89.

[102]  Vgl. Bundesamt für Güterverkehr (2013), S. 111.

[103]  Vgl. Statistisches Bundesamt (2015a), S. 50, 53.

[104]  Art. 4 2002/15/EG.

[105]  Vgl. Statistisches Bundesamt (2015a), S. 103.

[106]  Vgl. Bundesamt für Güterverkehr (2013), S. 112.

[107]  §2 Abs. 4 ArbZG.

[108]  Vgl. §2 Abs. 3 ArbZG.

[109]  §2 Abs. 5 ArbZG.

vergleichsweise langen Aufenthaltszeiten an Bord belastend aus.[110] Nachtarbeit findet sich auch im Bereich der Lagerung, der Be- und Entladung sowie der Sortierung. Beispiele dafür sind Arbeiten in Verteilzentren von Sammelgutspeditionen oder Paket- und Briefdiensten. Nicht unüblich sind für Berufskraftfahrerinnen und Berufskraftfahrer lange und unregelmäßige Arbeitszeiten aufgrund von Wartezeiten sowie im Bereich des Fernverkehrs Ruhezeiten, die häufig im Fahrzeug verbracht werden. Nur vergleichsweise selten stehen für Übernachtungen statt der Schlafkabinen angemessene Räume zur Verfügung.[111] Durch ein sogenanntes Zeitfenstermanagement kann es zwar gelingen, Wartezeiten bei der Be- und Entladung zu reduzieren, gleichzeitig steigt hierdurch jedoch der Termindruck.[112] Auch Logistikmanager und Logistikmanagerinnen können durch lange und unregelmäßige Arbeitszeiten belastet werden. So sind nach Einschätzung des Bundesamts für Güterverkehr vor allem Speditionskaufleute sowie Kaufleute für Kurier-, Express- und Postdienstleistungen kleinerer Unternehmen von diesem Problem betroffen.[113] Hinzu kommen Belastungen aufgrund der Anforderung einer permanenten telefonischen Erreichbarkeit.[114] Mit Schichtarbeit sind vor allem Personen konfrontiert, die Güterflüsse operativ planen und steuern, die außerhalb der Normalarbeitszeiten ausgeführt werden.

Neben den beschriebenen Belastungen aufgrund der spezifischen Arbeitsaufgabe gehen nicht selten auch Belastungen von der **Arbeitsumgebung** aus.[115] DIN EN ISO 6385 fasst darunter „physikalische, chemische, biologische, organisatorische, soziale und kulturelle Faktoren, die einen Arbeitenden/Benutzer umgeben."[116] Beispielsweise ist die Arbeitssituation von Binnenschiffern und Binnenschifferinnen vor allem auf älteren Schiffen durch Lärm und Vibrationen geprägt.[117] Die Lärm- und Vibrationsarbeitsschutzverordnung versteht unter Lärm jeden „Schall, der zu einer Beeinträchtigung des Hörvermögens oder zu einer sonstigen mittelbaren oder unmittelbaren Gefährdung von Sicherheit und Gesundheit der Beschäftigten führen kann."[118] Daneben unterscheidet die Verordnung zwischen Hand-Arm-Vibrationen und Ganzkörper-Vibrationen,[119] die beide in der Logistik, insbesondere bei Fahrerinnen und Fahrern auftreten können. Logistikausführende im Lager sind häufig durch ungünstige klimatische Verhältnisse, z.B. Zugluft, und wechselnde Temperaturen belastet, vor allem dann, wenn Sie beispielsweise als Gabelstaplerfahrer sowohl in Hallen als auch im Außengelände eingesetzt werden.[120] Nach der bereits angeführten Untersuchung des Bundesinstituts für Berufsbildung (BIBB) und der Bundesanstalt für Arbeitsschutz und Arbeitsmedizin (BAuA) arbeiten 46% der Erwerbstätigen mit ausführenden Verkehrs- und Lagerberufen unter Kälte,

---

[110]  Vgl. Bundesamt für Güterverkehr (2013), S. 124.

[111]  Vgl. Bundesamt für Güterverkehr (2013), S. 91.

[112]  Vgl. Bundesamt für Güterverkehr (2014a), S. 9.

[113]  Vgl. Bundesamt für Güterverkehr (2013), S. 60, Bundesamt für Güterverkehr (2014b), S. 8,

[114]  Vgl. Bundesamt für Güterverkehr (2013), S. 60.

[115]  Vgl. Kirchner (1986), S. 71.

[116]  DIN EN ISO 6385, S. 5.

[117]  Vgl. Bundesamt für Güterverkehr (2013), S. 126.

[118]  §2 Abs. 1 LärmVibrationsArbSchV.

[119]  §2 Abs. 1 LärmVibrationsArbSchV.

[120]  Vgl. Bruder/Rademacher (2009), S. 218.

Hitze, Nässe, Feuchtigkeit und Zugluft.[121] Ein besonders gravierender Fall belastender Arbeitsumgebungen der Logistikausführung stellt die Arbeit in Kühl- und Tiefkühllagern dar, in denen Temperaturen von +3°C bzw. bis zu −24°C herrschen.[122] Nachtarbeiter, vor allem Fahrer, werden durch unzureichende Lichtverhältnisse belastet. Umgebungsbedingte Belastungen können sich auch durch den Umgang mit gefährlichen Gütern im Sinne des Gefahrgutbeförderungsgesetzes bzw. mit gefährlichen Stoffen oder gefährlichen Zubereitungen im Sinne des Chemikaliengesetzes ergeben.[123] Spezielle Auslöser solcher Belastungen sind Unfälle und Leckagen, aber auch sorgloses und unsachgemäßes Umfüllen oder Reinigen von Behältnissen. Dabei ist zu beachten, dass Logistikausführende, insbesondere solche von Logistikunternehmen, die für sehr viele Kunden arbeiten und deshalb unterschiedlichste Objekte transferieren, häufig nicht über das erforderliche Detailwissen hinsichtlich des Gefahrenpotenzials dieser Stoffe verfügen. Darüber hinaus ist zu beachten, dass nicht nur Ursachen in der unmittelbaren logistischen Umgebung zu Belastungen beitragen können. So können Logistikausführende auch durch Vibrationen, Lärm und gefährliche Stoffe aus Produktionsprozessen belastet werden. Dies betrifft vor allem Mitarbeiterinnen und Mitarbeiter der Produktionslogistik, die ihre Handlungen innerhalb des Produktionsbereichs vollziehen.

Bisher wurde im Wesentlichen die **Höhe der Belastung** diskutiert. Die Belastungshöhe kann beispielsweise durch die Größe der wirkenden Kräfte oder durch den Lärmpegel gemessen werden. Von Bedeutung für die Beurteilung der Einwirkung auf den Menschen ist ebenso die **Dauer der Belastung**.[124] Offensichtlich ist dies am Beispiel der Lastenhandhabung. Je öfter eine bestimmte Masse innerhalb einer Schicht gehoben oder umgesetzt werden muss, desto höher ist die Belastung des arbeitenden Menschen. Beispielsweise haben Backhaus et al. auf Basis einer Beobachtungsstudie für Möbelträger durchschnittlich 130 Tragevorgänge pro Schicht mit einer Gesamtstrecke von 3,3 km und einer bewegten Masse von 2,1t ermittelt.[125] Die Belastungsdauer ist auch für die Beurteilung von belastenden Arbeitsumgebungen relevant. So können beispielsweise Tiefkühlkommissionierer aufgrund der extremen Belastung durch tiefe Temperaturen ihre Arbeit nur über einen definierten Zeitraum verrichten und müssen danach eine Aufwärmpause einlegen.[126]

Darüber hinaus spielt die **Zusammensetzung der Teilbelastungen** eine Rolle. Teilbelastungen können sukzessiv oder simultan auf eine Arbeitsperson einwirken.[127] Ein Logistikausführender kann beispielsweise nacheinander verschiedene Aufgaben verrichten und somit im Zeitablauf unterschiedlich belastet sein. Andererseits ist das Auftreten von mehreren Teilbelastungen gleichzeitig möglich. Ein Beispiel dafür stellt die Belastung eines Mitarbeiters, der im Stehen manuelle Kommissionierarbeiten durchführt und dabei Zugluft ausgesetzt ist, dar.

---

[121] Vgl. Bundesinstitut für Berufsbildung (2006), S. 5. Wiederum wird dieser Anteil nur von Erwerbstätigen mit Bau- und Holzberufen überschritten.

[122] Siehe dazu ausführlich Kluth/Penzkofer/Strasser (2008/2009), Kluth/Strasser (2008), Penzkofer/Kluth/Strasser (2008/2009), Strasser/Kluth (2008).

[123] Vgl. §2 Abs. 1 GGBefG bzw. § 3a Abs. 1 ChemG.

[124] Vgl. Rohmert (1984), S. 196, Schlick/Bruder/Luczak (2010), S. 39–40.

[125] Vgl. Backhaus et al. (2010), S. 312.

[126] Vgl. Strasser/Kluth (2008), S. 251.

[127] Siehe dazu Rohmert (1984), S. 196, Schlick/Bruder/Luczak (2010), S. 39–40.

Folge der beschriebenen Belastungen sind **Beanspruchungen des arbeitenden Menschen.**
Wie bereits aufgezeigt, ergeben sich in der Logistikausführung aufgrund der primär mecha-
nischen, motorischen und reaktiven Arbeit überwiegend körperliche Belastungen. Deshalb
stehen physische Beanspruchungen zunächst im Vordergrund. Diese Beanspruchungen lassen sich nach den betroffenen Körperfunktionen gruppieren.[128]

Prinzipiell können auch in der Logistik Beanspruchungen des Skeletts, der Sehnen und
Bänder, der Muskeln, der Sinnesorgane, der Schweißdrüsen, des Zentralnervensystems
und der Haut sowie des gesamten Herz-Kreislauf-Systems und der Atmung auftreten.[129]

Aufgrund der typischen Handlungen der Logistikausführung kommt es vor allem zu einer
Beanspruchung der **Muskeln und Sehnen.** Zu unterscheiden sind dabei die schwere dynamische Arbeit, die einseitige dynamische Arbeit sowie die statische Arbeit, die sich wiederum
in statische Haltungsarbeit, statische Haltearbeit und statische Kontraktionsarbeit gliedern
lässt.[130] Schwere dynamische Arbeit erfordert den gleichzeitigen Einsatz großer Muskelgruppen, insbesondere der Beine, des Rückens und der Arme, und tritt insbesondere bei
manuellem Transport und Handhaben schwerer Logistikeinheiten auf, z.B. beim Ziehen von
Gabelhubwagen oder beim Einräumen von Regalen.[131] Die Höhe der Muskelbeanspruchung
hängt dabei neben der aufzubringenden Kraft wesentlich von der Art der ausgeführten Bewegung, vor allem den Geschwindigkeiten und Beschleunigungen, ab.[132] Einseitige dynamische Arbeit wird im Bereich der Logistikausführung insbesondere beim Kommissionieren
oder Verpacken kleinerer Teile verrichtet. Dabei werden primär kleinere Muskeln der Hände
und der Arme beansprucht. Gerade wiederholte, einseitige und langandauernde Arbeiten mit
hoher Arbeitsfrequenz führen dabei zu hohen Beanspruchungen im Hand-Arm-Bereich und
können schmerzhafte Sehnenscheidenentzündungen auslösen.[133] Daneben sind auch die
Beanspruchungen der Muskel durch statische Arbeit zu beachten. Für die Logistikausführung
ist insbesondere die statische Haltungsarbeit von Bedeutung. Statische Beanspruchungen,
z.B. der Rückenmuskeln, ergeben sich bei gebeugten oder verdrehten Körperhaltungen die
bei der Aufnahme oder Abgabe von einzelnen Gütern oder Packstücken auftreten.[134] Problematisch ist auch die Aufnahme oder Abgabe von Lasten an Regalen, insbesondere wenn
diese Überkopfarbeit erfordert.[135] In diesem Fall wird vor allem die Muskulatur im Arm- und
Schulterbereich beansprucht. Langes Stehen ohne Positionswechsel, z.B. beim Verpacken
oder Kommissionieren („Ware-zum-Mann"), führt zu einer Beanspruchung der Muskeln der
unteren Extremitäten und des Rückens.[136]

---

[128]   Vgl. Schlick/Bruder/Luczak (2010), S. 224.

[129]   Vgl. Rohmert (1984), S. 196, Kirchner (1986), S. 70.

[130]   Vgl. Schlick/Bruder/Luczak (2010), S. 230–231.

[131]   Vgl. Schlick/Bruder/Luczak (2010), S. 230.

[132]   Vgl. Hecktor/Jäger (2005), S. 238, Schlick/Bruder/Luczak (2010), S. 255–259.

[133]   Vgl. Bruder/Rademacher (2009), S. 218.

[134]   Vgl. Bruder/Rademacher (2009), S. 218.

[135]   Vgl. Bruder/Rademacher (2009), S. 218.

[136]   Vgl. Konz/Rys (2002/2003), S. 165, Bruder/Rademacher (2009), S. 218, Schlick/Bruder/Luczak (2010), S. 225.

Daneben resultieren aus den dynamischen und statischen Arbeiten der Logistikausführung Beanspruchungen des **Skeletts**. Im Mittelpunkt steht dabei die Beanspruchung von Gelenken und vor allem der Wirbelsäule mit den sich darin befindenden Bandscheiben.[137] Die Ursachen dafür liegen beim Tragen, Heben und Umsetzen schwerer Lasten maßgeblich in gebeugter oder verdrehter Haltung.[138] Betroffen ist von diesen Belastungen primär die Lendenwirbelsäule.[139] So haben *Jäger et al.* beim Heben von für die Kommissionierung typischen Lasten in Abhängigkeit von der gehobenen Masse, der Hubhöhe und der Ausführungsgeschwindigkeit deutliche Druckkräfte auf die Bandscheibe am Lenden-Kreuzbein-Übergang festgestellt.[140] Die Halswirbelsäule wird vor allem beim Tragen schwerer Lasten auf der Schulter beansprucht. Im Bereich der Logistik ist diese Beanspruchung in der Vergangenheit vor allem beim manuellen Be- und Entladen von Fahrzeugen entstanden. Die Wirbelsäule von Fahrern und Fahrerinnen wird vor allem durch Vibrationen und Stöße[141] sowie bei bestimmten Aufgaben durch ungünstige Körperhaltungen, wie z.B. verdrehter Sitzposition, beansprucht.[142] Diese betrifft auch Gabelstaplerfahrer- und Gabelstaplerfahrerinnen, die z.B. Rückwärtsfahrten in verdrehter Körperhaltung verrichten.[143]

Das **Herz-Kreislauf-System** und die **Atmung** werden vor allem durch schwere dynamische Arbeit beansprucht, die durch wiederholte Handlungen des Tragens, Ziehens, Schiebens, Hebens und Umsetzens von Lasten von resultieren.[144] Die Ursache dafür liegt in einem erhöhten Energieumsatz der Muskeln, welcher einen höheren Nährstoff- und Sauerstoffbedarf bewirkt. Dieser wiederum erfordert eine höhere Pumpleistung des Herzens. Messbare Zeichen dieser Beanspruchung sind beispielsweise das Ansteigen der Herzfrequenz und der Atemfrequenz.[145] Zusätzlich kann das Herz-Kreislauf-System durch Belastungen der Arbeitsumgebung beeinflusst werden.[146] Die gesundheitlichen Folgen unregelmäßiger Arbeitszeiten, insbesondere von Schicht- und Nachtarbeit sind eher mittel- bis langfristiger Natur. Als Beanspruchungen werden jedoch **Schlafstörungen**, **Appetitstörungen** und **Störungen des Magen-Darm-Traktes** sowie allgemeine körperliche und psychische Beeinträchtigungen angeführt.[147] *Beermann, Schmidt* und *Rutenfranz* konnten beispielsweise im Rahmen einer Befragung von 120 Mitarbeiterinnen im Briefsortierdienst einen negativen Einfluss von Dauerfrühschicht (6.00 bis 13.30 Uhr) auf das subjektive gesundheitliche Befinden aufzeigen.[148] Frauen in Dauerspätschicht (13.30 bis 21.30 Uhr) berichteten über geringe wöchentliche Freizeit. Vor allem jüngere Frauen in Dauerspät- und Dauernachtschicht (21.30 bis 6.00 Uhr) scheinen von Einschlafproblemen betroffen zu sein.

---

[137] Vgl. Backhaus et al. (2010), S. 307.

[138] Vgl. Goldscheid (2008), S. 115–127, Schlick/Bruder/Luczak (2010), S. 281–285.

[139] Vgl. Jäger et al. (2002), S.96–97, Bruder/Rademacher (2009), S. 218.

[140] Vgl. Jäger et al. (2002), S.98–100.

[141] Vgl. Boshuizen/Bongers/Hulshof (1992).

[142] Vgl. Massaccesi et al. (2003), S. 305–307.

[143] Vgl. Bruder/Rademacher (2009), S. 218.

[144] Vgl. Bruder/Rademacher (2009), S. 218.

[145] Vgl. Schlick/Bruder/Luczak (2010), S. 276–281.

[146] Siehe zu diesen komplexen Phänomenen Penzkofer/Kluth/Strasser (2008/2009), Kluth/Strasser (2008).

[147] Vgl. Rohmert (1984), S. 196, Martens et al. (1999), S. 43, Schlick/Bruder/Luczak (2010), S. 597–598.

[148] Vgl. Beermann/Schmidt/Rutenfranz (1990), S. 15–16.

Die **Wirkung der Belastung auf die Beanspruchung** wird durch verschiedene Größen moderiert. Mit Bezug auf das ursprüngliche Belastungs-Beanspruchungs-Modell nach *Rohmert* sollen im Folgenden die vier in Abbildung 1 angeführten Gruppen von Moderatoren zumindest exemplarisch diskutiert werden: Individuelle Eigenschaften, Fähigkeiten, Fertigkeiten und Bedürfnisse.[149]

Wesentliche Bedeutung kommt den **individuellen Eigenschaften** zu. Hierzu zählen aus Sicht der Logistikausführung vor allem der Körperbau, das Alter und das Geschlecht. Neben unterschiedlichen Muskelmassen weisen Menschen auch unterschiedliche Körpermaße auf.[150] So bestimmen die Körperhöhe eines Menschen sowie seine Reichweite nach oben und nach vorne die möglichen Bewegungsräume.[151] Daraus folgt, ob ein Lagermitarbeiter bzw. eine Lagermitarbeiterin an einem Regal in gestreckter oder gebeugter Haltung Lasten aufnehmen oder abgeben muss.[152] Weiterhin unterscheiden sich im Mittel die Muskelkräfte von Männern und Frauen sowie von älteren und jüngeren Menschen. Ebenso bestehen Unterschiede hinsichtlich der Dauerleistungsgrenze.[153] Durch diese Effekte können Frauen und Ältere bei identischer Belastung, insbesondere durch schwere dynamische Arbeit, stärker beansprucht werden als Männer und Jüngere. [154] Die obigen Ausführungen zur Schichtarbeit haben ebenfalls Hinweise für den Einfluss von Alter und Geschlecht erbracht.

**Fähigkeiten**, Fertigkeiten und damit verbundene Kenntnisse ermöglichen die berufliche Handlungsfähigkeit im Sinne des Berufsbildungsgesetzes.[155] **Fähigkeiten** von arbeitenden Menschen sind ausgesprochen unterschiedlich angelegt und im Zeitablauf zumindest mittelfristig veränderbar.[156] Neben körperlichen Fähigkeiten, z.B. Körperkräften, Geschicklichkeit und Beweglichkeit, zählen hierzu auch geistige Fähigkeiten, wie z.B. die grundlegende Fähigkeit, Probleme zu lösen.

**Fertigkeiten** weisen dagegen einen direkten Bezug zur Arbeitsaufgabe auf.[157] Die Vermittlung von Fertigkeiten ist deshalb in besonderem Maße Gegenstand von Berufsausbildungen. Im Fall der Logistikausführung zählen zu den logistischen Fertigkeiten im engeren Sinne auch solche zur Sicherheit und zum Gesundheitsschutz bei der Arbeit.[158] Durch entsprechende Fertigkeiten, z.B. richtiges Heben oder Tragen, kann die Beanspruchung wesentlich reduziert werden.

Schließlich wird die Wirkung einer Belastung auf die Beanspruchung eines Logistikausführenden durch dessen individuelle **Bedürfnisse** moderiert. Die Bedürfnisse von Menschen

---

[149]   Vgl. Rohmert (1984), S. 197–198.

[150]   Vgl. DIN 33402-2.

[151]   Siehe dazu grundsätzlich die mittlerweile zurückgezogene DIN 33402-3.

[152]   Siehe dazu Kadefors (2010), welcher die Auswirkung der Körpergröße auf gesundheitsgefährdende Körperhaltungen bei der Automobilmontage untersucht.

[153]   Vgl. Schlick/Bruder/Luczak (2010), S. 93.

[154]   Vgl. Bruder/Rademacher (2009), S. 221.

[155]   Vgl. §1 Abs. 3 BBiG.

[156]   Vgl. Rohmert (1984), S. 195, Schlick/Bruder/Luczak (2010), S. 88.

[157]   Vgl. Rohmert (1984), S. 195.

[158]   Siehe z.B. §7 LWLogAusbV.

sind vielfältig und können deshalb an dieser Stelle nicht hinreichend als Moderatoren gewürdigt werden. Ein Beispiel für diese Effekte sind die Beanspruchungen durch Schichtarbeit.[159] So ist unmittelbar einsichtig, dass in Abhängigkeit von den individuellen Bedürfnissen, z.B. hinsichtlich Freizeitgestaltung oder Familienbindung, die Folgen von Belastungen durch Nachtarbeit, Wechselschicht und Wochenarbeit für einzelne Menschen sehr unterschiedlich sein werden.[160] Ein weiteres Beispiel sind die Arbeitsumstände von Logistikausführenden im Transport. Berufskraftfahrerinnen und Berufskraftfahrer sowie Schienenfahrzeugführer und Schienenfahrzeugführerinnen verbringen einen Großteil ihrer Arbeitszeit alleine.[161] Ein Teil dieser Personengruppe wird diesen Sachverhalt als positives Element ihres Berufs, andere dagegen als unangenehm empfinden.

*Rohmert* selbst weist bereits auf die Beschränktheit des in Abbildung 1 skizzierten einfachen Belastungs-Beanspruchungs-Modells hin, denn die Wirkung einer Belastung wird über den aufgezeigten moderierten Zusammenhang hinaus wesentlich durch die tatsächlichen **Handlungen der arbeitenden Menschen** beeinflusst.[162] Richtiges Handeln bei der Logistikausführung kann die Beanspruchung einer arbeitenden Person erheblich reduzieren. Ein einfaches Beispiel ist das beidarmige statt des einarmigen Lastentragen.[163] Im einfachen Belastungs-Beanspruchungs-Konzept würde eine solche Handlungsanpassung lediglich als Folge entsprechender Fertigkeiten einer Arbeitsperson interpretiert.[164] Fertigkeiten alleine reichen jedoch nicht aus, entsprechende Handlungen sicherzustellen. Hinzu muss die Bereitschaft einer Arbeitsperson treten, Handlungen auf diese Weise zu vollziehen. Von großer Bedeutung ist zudem eine ergonomische Arbeitsplatzgestaltung, die angemessene Handlungen ermöglicht und unterstützt.[165] Dies umfasst auch die Verfügbarkeit von Hebe- und Tragehilfsmitteln sowie die Bereitstellung von persönlicher Schutzausrüstung.[166]

Beanspruchungen führen nicht notwendigerweise zu gesundheitlichen Beeinträchtigungen oder gar Schädigungen, denn wie gezeigt, können Belastungen durch ein entsprechendes Verhalten zunächst ausgeglichen werden.[167] Darüber hinaus kann sich durch Gewöhnungs- oder Trainingseffekte sogar eine Leistungssteigerung ergeben.[168] Übersteigt jedoch bei dauerhaften Belastungen die im Zeitverlauf erbrachte Leistung eines arbeitenden Menschen seine eigene Dauerleistungsgrenze so tritt der Zustand der **Ermüdung** ein.[169] Arbeitsermüdung wird nach DIN EN ISO 6385 als „psychische oder physische, örtliche oder allgemeine nicht-pathologische Auswirkung übermäßiger Beanspruchung, die durch Erholung vollstän-

---

[159] Vgl. Rohmert (1984), S. 196.

[160] Vgl. Beermann/Schmidt/Rutenfranz (1990), S. 15–16.

[161] Vgl. Bundesamt für Güterverkehr (2013), S. 112, Bundesamt für Güterverkehr (2014a), S. 22.

[162] Vgl. Rohmert (1984), S. 197–198.

[163] Vgl. Rohmert (1984), S. 199.

[164] Vgl. Schlick/Bruder/Luczak (2010), S. 40.

[165] Vgl. Schlick/Bruder/Luczak (2010), S. 949.

[166] Siehe dazu z.B. Backhaus et al. (2010), S. 311.

[167] Vgl. Schweer/Krummreich (2009), S. 296–297.

[168] Vgl. Schlick/Bruder/Luczak (2010), S. 41.

[169] Vgl. Kirchner (1986), S. 70, Schlick/Bruder/Luczak (2010), S. 194.

dig reversibel ist",[170] bezeichnet. Dabei kann zwischen einer allgemeinen Ermüdung der Arbeitsperson und einer partiellen Ermüdung, die z.B. nur einzelne Muskelgruppen betrifft, unterschieden werden.[171] Vor allem statische Arbeit führt aufgrund unzureichender Durchblutung der betroffenen Muskeln zu schneller Ermüdung.[172]

Ermüdung ist jedoch definitionsgemäß reversibel und lässt sich durch **Erholung** beseitigen.[173] Partielle Ermüdung kann oft bereits durch eine abwechslungsreiche Tätigkeit ausgeglichen werden,[174] indem beispielsweise Arbeitnehmerinnen und Arbeitnehmer im Lager nach einer anstrengenden Kommissionierarbeit Bestandsbuchungen im Lagerverwaltungssystem vornehmen. Darüber hinaus sind Ruhephasen erforderlich. Das Arbeitszeitgesetz definiert dazu Mindestanforderungen für feste Ruhepausen während der Arbeit, für Ruhezeiten nach verrichteter Tagesarbeit und für die Sonn- und Feiertagsruhe.[175] Die Bestimmung von angemessenen Erholzeiten ist jedoch keineswegs ein triviales Problem und basiert häufig auf Erfahrungswerten für bestimmte Belastungssituationen.[176] *Jansen et al.* konnten auf Basis einer Befragung die Abhängigkeit erforderlicher Ruhezeiten von der täglichen Arbeitszeit und von Schichtmodellen aufzeigen.[177] Danach benötigen Männer, die mehr als 40 Stunden pro Woche arbeiten, signifikant längere Ruhezeiten. Gleiches gilt für Männer und Frauen, die regelmäßig Überstunden leisten, sowie für Arbeitnehmerinnen und Arbeitnehmer in Wechselschicht und unregelmäßigen Schichtfolgen. Kann Ermüdung nicht durch angemessene Erholung ausgeglichen werden, so sind Zustände der Übermüdung bis hin zur **Erschöpfung** die Folge, die nur durch sehr lange Erholungsphasen ausgeglichen werden können.[178]

## 1.2.2 Psychische Belastung und Beanspruchung in der Logistik

Die bisherigen Ausführungen waren auf physischen Belastungen und die daraus resultierenden Folgen konzentriert. Die Verschiebung von körperlich belastenden Tätigkeiten hin zu reaktiver, kombinativer und kreativer Arbeit verbunden mit einem steigenden Leistungs- und Erfolgsdruck erhöht die Bedeutung von Belastungen, die primär auf die **Psyche des Menschen** wirken, also auf dessen Denken und Fühlen.[179] Diese Entwicklung ist auch innerhalb der Logistik erkennbar und betrifft dort in erster Linie Logistikmanager und Logistikmanagerinnen, die zwar vergleichsweise geringen körperlichen Belastungen ausgesetzt sind, deren Arbeitssituation jedoch durch Zeitdruck, Unsicherheit und den Zwang zur permanenten Erfolgssteigerung geprägt ist. Kaufleute für Kurier-, Express- und Postdienstleistungen sowie Speditionskaufleute empfinden nicht selten einen erheblichen Termin- und Erfolgsdruck und sehen sich durch Ansprüche hinsichtlich ihrer telefonischen Verfügbarkeit auch außerhalb

---

[170]  DIN EN ISO 6385, S. 5.

[171]  Vgl. Schlick/Bruder/Luczak (2010), S. 197.

[172]  Vgl. Schlick/Bruder/Luczak (2010), S. 231.

[173]  Vgl. Jansen et al (2003), S. 665.

[174]  Vgl. Hecktor/Jäger (2005), S. 245, Schlick/Bruder/Luczak (2010), S. 202.

[175]  Vgl. §§ 4, 5 und 9 ArbZG.

[176]  Vgl. Hecktor/Jäger (2005), S. 245–246.

[177]  Vgl. Jansen et al (2003), S. 670–674.

[178]  Vgl. Schlick/Bruder/Luczak (2010), S. 195.

[179]  Vgl. Nachreiner (2002), S. 12.

des Betriebes belastet.[180] Allerdings können ebenso Logistikausführende von solchen Arbeitsbedingungen betroffen sein. Beispielsweise finden sich auch im Bereich der Kommissionierung Zeitdruck und monotone Arbeitsabläufe. Schienenfahrzeugführer arbeiten überwiegend alleine und verfügen trotz ihrer Kommunikation mit dem Betriebspersonal über vergleichsweise geringe soziale Kontakte am Arbeitsplatz.[181] Nicht zu vernachlässigen sind für diese Berufsgruppe psychische Belastungen durch Unfälle mit Personenschaden und vor allem Suizide auf Bahnstrecken.

Die angerissenen Aspekte haben bereits die Vielfalt von Phänomenen aufgezeigt, die mit Sachverhalten verbunden werden können, die möglicherweise belastend auf die Psyche des Menschen wirken. Die Norm DIN EN ISO 10075-1 bemüht sich deshalb um eine Klärung des Begriffsverständnisses. Das Adjektiv „psychisch" wird in dieser Norm verwendet, um „kognitive, informationsverarbeitende und emotionale Vorgänge im Menschen"[182] zu kennzeichnen. Die **psychischen Belastungen** bilden danach die „Gesamtheit aller erfassbaren Einflüsse, die von außen auf den Menschen zukommen und psychisch auf ihn einwirken."[183] Entsprechend werden **psychische Beanspruchungen** als die „unmittelbare (nicht die langfristige) Auswirkung der psychischen Belastung im Individuum in Abhängigkeit von seinen jeweiligen überdauernden und augenblicklichen Voraussetzungen, einschließlich der individuellen Bewältigungsstrategien"[184] verstanden. Psychische Beanspruchungen können in mentale (Denken) und emotionale Beanspruchungen (Fühlen) unterteilt werden.

**Mentale Beanspruchungen** treten vor allem im Zusammenhang mit der Informationsaufnahme und Informationsverarbeitung, z.B. bei reaktiver Arbeit im Rahmen von logistischen Steuerungsprozessen oder bei Fahrtätigkeiten, auf.[185] Im Bereich des Logistikmanagements spielen vor allem geistige Beanspruchungen durch kombinative und kreative Arbeit eine Rolle.[186] **Emotionale Beanspruchungen** können bei allen Arten von Arbeit vorkommen und werden zunächst durch die Arbeitsaufgabe, z.B. knappe Zeitvorgaben, hohes Arbeitsaufkommen, Verantwortungsdruck etc., und durch die Lage der Arbeitszeit bestimmt. In der Logistik sind davon z.B. Disponenten und Disponentinnen sowie Fahrerinnen und Fahrer betroffen. Servicefahrerinnen und Servicefahrer sowie häufig auch Berufskraftfahrerinnen und Berufskraftfahrer haben Kundenkontakt und sind hierdurch zusätzlichen Anforderungen ausgesetzt.[187] Beanspruchungen resultieren auch aus Belastungen aufgrund des Arbeitsumfelds, wie z.B. Lärm oder schlechte Lichtverhältnisse.[188] Emotionale Beanspruchungen stehen zudem häufig in Zusammenhang mit dem am Arbeitsplatz wahrgenommenen sozialen

---

[180] Vgl. Bundesamt für Güterverkehr (2013), S. 57 und 61.

[181] Vgl. Bundesamt für Güterverkehr (2013), S. 111.

[182] DIN EN ISO 10075-1, S. 3.

[183] DIN EN ISO 10075-1, S. 3.

[184] DIN EN ISO 10075-1, S. 3.

[185] Vgl. Schlick/Bruder/Luczak (2010), S. 393–394.

[186] Zur Unterscheidung von einzelnen mentalen Beanspruchungsformen siehe Kirchner (1986), S. 70.

[187] Vgl. Kemp/Kopp/Kemp (2013), S. 33.

[188] Vgl. Schlick/Bruder/Luczak (2010), S. 394.

Umfeld. Emotionale Beanspruchungen können physiologische Anpassungen auslösen, wie z.B. die Steigerung der Herzschlagfrequenz und die Erhöhung des Blutdrucks.[189]

Die **Stärke der Wirkung** der Belastungen auf den einzelnen Menschen wird, wie obige Definition der psychischen Beanspruchung zeigt, von dessen individuellen Merkmalen und dessen Handlungen moderiert. Damit lässt sich das bereits vorgestellte und für die körperliche Ebene konkretisierte Belastungs-Beanspruchung-Konzept prinzipiell auch auf Arbeitssituationen mit psychischen Belastungen bzw. Beanspruchungen erweitern.[190]

Psychische Beanspruchungen haben ebenso wie körperliche Beanspruchungen nicht zwangsläufig negative Auswirkungen zur Folge. So führt die bereits angemerkte Norm neben Effekten der Aktivierung einer Person und der Aufwärmung zu Beginn von Tätigkeiten sogar Übungseffekte an, d.h. Leistungsveränderungen durch das wiederholte Bewältigen von psychischen Beanspruchungen.[191] Zu den negativen Folgen psychischer Beanspruchung werden die **psychische Ermüdung** und die sogenannten ermüdungsähnlichen Zustände gezählt.[192] Erstere stellt eine temporäre Minderung der Handlungsfähigkeit dar und kann durch eine hinreichend lange Unterbrechung der Tätigkeit beseitigt werden. Im Gegensatz zur der bereits behandelten körperlichen Ermüdung wird diese durch Beanspruchungen infolge von Handlungen der Informationsverarbeitung ausgelöst.[193]

**Ermüdungsähnliche Zustände** sind der Monotoniezustand, die herabgesetzte Vigilanz (herabgesetzte Wachsamkeit) und die psychische Sättigung.[194] Diese Zustände lassen sich in der Regel durch den Wechsel der Arbeitsaufgabe unterbrechen. Deutlich wird dies an der **Monotonie**, die einen schleichenden Zustand der reduzierten Aktivierung durch längere eintönige Tätigkeiten umschreibt. Zeichen von Monotonie sind z.B. Schläfrigkeit, verminderte Reaktion und Leistungsabnahme. Monotonie kann in der Logistik z.B. im Bereich der Kommissionierung, des Umschlags, des Transports über lange Strecken und bei routinemäßigen Managementaufgaben entstehen. Die **herabgesetzte Wachsamkeit** zeigt ähnliche Zeichen, entsteht jedoch insbesondere bei Überwachungstätigkeiten, die nur ein sehr seltenes Eingreifen erfordern. Denkbar sind solche Zustände, z.B. bei Personen, die fördertechnische Anlagen überwachen. Im Gegensatz dazu liegt bei **psychischer Sättigung** eine zu hohe Aktivierung vor, die sich in Unruhe, Unzufriedenheit, Leistungsabfall und Ablehnung der Arbeitssituation mit der Tendenz des Rückzugs äußert.

Sind Mitarbeiter und Mitarbeiterinnen dauerhaft emotionalen Beanspruchungen ausgesetzt und sind sie nicht in der Lage diese durch entsprechende Erholungsphasen auszugleichen, so besteht die Gefahr der **emotionalen Erschöpfung** (emotional exhaustion). Diese kann insbe-

---

[189]   Siehe dazu Schlick/Bruder/Luczak (2010), S. 396–402. Zur Eignung dieser Effekte als Indikatoren der psychischen Beanspruchung, insbesondere auch mentaler Beanspruchung, siehe die kritische Betrachtung bei Nachreiner (2002), S. 16, Nickel et al. (2002).

[190]   Diese Schlussfolgerung ist nicht unumstritten. Siehe dazu Österreich (2001) und Nachreiner (2002) sowie die dazu erschienen Repliken.

[191]   Vgl. DIN EN ISO 10075-1, S. 3–5.

[192]   Vgl. DIN EN ISO 10075-1, S. 4.

[193]   Vgl. Luczak (1983), S. 71.

[194]   Vgl. DIN EN ISO 10075-1, S. 4. Siehe auch Kirchner (1986), S. 70, Nachreiner (2002), S. 14–15, Demerouti et al. (2002), S. 425.

sondere als Folge einer anhaltenden psychischen Ermüdung verstanden werden,[195] und steht für das Empfinden, überanstrengt sowie gefühlsmäßig und körperlich ausgelaugt zu sein.[196]

Emotionale Erschöpfung, Depersonalisation (depersonalization) und reduzierte persönliche Leistungsfähigkeit (reduced personal accomplishment) stellen die drei **Dimensionen des Burnouts** dar.[197] Depersonalisation kennzeichnet einen Zustand, der durch abgestumpftes Verhalten gegenüber anderen Menschen und durch eine zynische Einstellung geprägt ist. Die letzte Dimension reflektiert die Selbsteinschätzung des Betroffenen und steht für Gefühle der Unfähigkeit, des Versagens und der mangelnden Produktivität.[198] Obwohl das Burnout-Syndrom zunächst bei Gesundheitsberufen beschrieben wurde, kann es auch bei Handelnden der Logistik auftreten, wenn die Grenzen einer einfachen psychischen Erschöpfung überschritten werden. Gefährdet sind vor allem engagierte Personen, deren Tätigkeit in der Logistik mit einem hohen Zeit- und Erfolgsdruck verbunden ist und die im direkten Kontakt mit anderen Menschen stehen, die als interne und externe Kunden oder Auftraggeber die termingenaue Erfüllung von anspruchsvollen Transferprozessen fordern. Neben Logistikmanagern und Logistikmanagerinnen scheinen deshalb u.a. auch Berufskraftfahrerinnen und Berufskraftfahrer betroffen zu sein.[199] *Kemp*, *Kopp* und *Kemp* konnten einen deutlichen Einfluss von empfundenen Rollenkonflikten auf das Ausmaß emotionaler Erschöpfung von Berufskraftfahrerinnen und Berufskraftfahrer in den USA aufzeigen.[200] Als Indikatoren solcher Rollenkonflikte wurden z.B. das Ausmaß abweichender Anforderungen verschiedener Abteilungen oder erteilte Fahraufträge ohne entsprechende Unterstützung genannt.[201] Darüber hinaus fanden sich Belege für einen negativen Einfluss emotionaler Erschöpfung auf die Bindung und Identifikation mit dem Arbeitgeber.[202]

## 1.2.3  Gesundheitliche Schädigung durch Arbeit in der Logistik

Physische und psychische Beanspruchung und Ermüdung bei der Arbeit führen nicht zwangsweise zu gesundheitlichen Schädigungen.[203] Wie gezeigt, sind Ermüdung und sogar Übermüdung und Erschöpfung prinzipiell reversible Zustände. Schädigungen stellen dagegen dauerhafte und bleibende Funktionsminderungen dar.[204] Eine Form der Schädigung sind **Krankheiten**, die durch eine Berufsausübung bedingt oder zumindest gefördert werden können.

Nicht jede Krankheit, die mit einer Berufsausübung in Zusammenhang gebracht werden kann, ist jedoch notwendigerweise eine Berufskrankheit. Der Begriff der **Berufskrankheit**

---

[195]  Vgl. Demerouti et al. (2002), S. 434.

[196]  Vgl. Maslach/Schaufeli/Leiter (2001), S. 399.

[197]  Vgl. Maslach/Jackson (1981), S. 100–104, Maslach/Schaufeli/Leiter (2001), S. 398–403.

[198]  Vgl. Maslach/Schaufeli/Leiter (2001), S. 399.

[199]  Vgl. Kemp/Kopp/Kemp (2013), S. 36–37.

[200]  Vgl. Kemp/Kopp/Kemp (2013), S. 40.

[201]  Vgl. Kemp/Kopp/Kemp (2013), S. 42.

[202]  Vgl. Kemp/Kopp/Kemp (2013), S. 40.

[203]  Vgl. Kirchner (1986), S. 70.

[204]  Vgl. Schlick/Bruder/Luczak (2010), S. 207.

wird eng ausgelegt und entstammt dem Siebten Buch des Sozialgesetzbuchs, in welchem die Gesetzliche Unfallversicherung geregelt wird. Voraussetzung für eine Anerkennung als Berufskrankheit ist, dass es sich dabei um eine Krankheit handelt, „die nach den Erkenntnissen der medizinischen Wissenschaft durch besondere Einwirkungen verursacht sind, denen bestimmte Personengruppen durch ihre versicherte Tätigkeit in erheblich höherem Grade als die übrige Bevölkerung ausgesetzt sind".[205] Obwohl §9 Abs. 2 SGB 7 eine Öffnungsklausel enthält, sind Berufskrankheiten prinzipiell nur solche Krankheiten, die in der Anlage der Berufskrankheitenverordnung (BKV) aufgeführt sind.

Berufskrankheiten werden nicht nach dem ausgeübten Beruf, sondern nach der **Ursache der Schädigung**, die einer Erkrankung zugrunde liegt, klassifiziert. In Abhängigkeit von der Art der zu transferierenden Güter und Abfälle, sind prinzipiell mehrere in der Anlage der Berufskrankheitenverordnung genannten Erkrankungen als Berufskrankheiten der Logistik denkbar, z.B. Erkrankungen der Atemwege oder der Haut. Wie die Ausführungen des Abschnitts 1.2.1 gezeigt haben, besteht in der Logistikausführung jedoch vor allem die Gefahr einer dauerhaften Schädigung durch langjährige Belastungen der Wirbelsäule. Deshalb sind aus Sicht der Logistik die folgenden Berufskrankheiten aufgrund mechanischer Einwirkungen von besonderer Bedeutung:[206]

- Bandscheibenbedingte Erkrankungen der Lendenwirbelsäule durch langjähriges Heben oder Tragen schwerer Lasten oder durch langjährige Tätigkeiten in extremer Rumpfbeugehaltung (2108),
- Bandscheibenbedingte Erkrankungen der Halswirbelsäule durch langjähriges Tragen schwerer Lasten auf der Schulter (2109),
- Bandscheibenbedingte Erkrankungen der Lendenwirbelsäule durch langjährige, vorwiegend vertikale Einwirkung von Ganzkörperschwingungen im Sitzen (2110).

Die **Anerkennungsquote** dieser Erkrankungen als Berufskrankheit ist jedoch ausgesprochen gering. So lagen 2013 für die Berufskrankheit 2108 insgesamt 4722 Anzeigen vor, von denen nur 363 Fälle anerkannt wurden. Lediglich fünf Anerkennungen von 811 angezeigten Verdachtsfällen erfolgten für die Krankheit 2109 und ebenfalls fünf von 191 für die Krankheit 2110.[207]

Bei Betrachtung der Anlage der Berufskrankheitenverordnung fällt auf, dass Krankheiten, die durchaus im Zusammenhang mit einer Berufsausübung in der Logistik stehen dürften, dort nicht genannt werden. Dies trifft vor allem auf Krankheiten zu, die als **Folge psychischer Beanspruchungen** gewertet werden könnten. Dies ist erstaunlich, da diesen Erkrankungen, z.B. erkennbar an zunehmenden Fehlzeiten, mittlerweile eine nicht unerhebliche Bedeutung zukommt.[208] **Rösler et al.** konnten beispielsweise auf Basis einer Stichprobe von 277 Erwerbstätigen aufzeigen, dass eine hohe Arbeitsintensität, eine geringe Arbeitsplatzsicherheit und die fehlende soziale Anerkennung die Symptome der Depression verstärken.[209]

---

[205]  §9 Abs. 1 SGB 7.

[206]  Vgl. BKV Anlage 1.

[207]  Vgl. Deutsche Gesetzliche Unfallversicherung (o.J.), S. 60–63.

[208]  Vgl. Rösler et al. (2008), S. 191, Schweer/Krummreich (2009), S. 295.

[209]  Vgl. Rösler et al. (2008), S. 198.

Ein weiteres Phänomen als Folge psychischer Beanspruchung sind arbeitsplatzbezogene Ängste, die zu entsprechendem Vermeidungsverhalten führen können.[210]

Neben Erkrankungen besteht im Bereich der Logistikausführung ein Gefährdungspotenzial durch **Arbeitsunfälle**. Dabei handelt es sich im Gegensatz zu Krankheiten um „zeitlich begrenzte, von außen auf den Körper einwirkende Ereignisse, die zu einem Gesundheitsschaden oder zum Tod führen"[211] und eine Folge der Tätigkeit einer Arbeitsperson darstellen. Obwohl die Zahl auf längere Sicht rückläufig ist, weist allein die Berufsgenossenschaft für Transport und Verkehrswirtschaft für das Jahr 2013 noch immer insgesamt 57.435 meldepflichtige Arbeitsunfälle aus, 85 davon mit tödlichem Ausgang.[212]

**Arbeitsunfälle in der Logistik** bewirken unterschiedliche Schäden, z.B. Wunden und Frakturen, und entstehen durch vielfältige Ursachen. Neben Arbeitsunfällen in Lagern, die häufig in Zusammenhang mit der Handhabung von Lasten entstehen, treten solche beim innerbetrieblichen Transport auf, z.B. Unfälle mit Staplern. Auch Berufskraftfahrerinnen und Berufskraftfahrer sind dem Risiko von Arbeitsunfällen ausgesetzt. Zunächst scheint es sich dabei primär um Verkehrsunfälle zu handeln. So weist das Statistische Jahrbuch insgesamt 9804 verletzte und 148 getötete Fahrerinnen und Fahrer oder Mitfahrer und Mitfahrerinnen von Güterkraftfahrzeugen für das Jahr 2013 aus.[213] Folgt man einer dänischen Untersuchung, ereignet sich die überwiegende Mehrzahl der Arbeitsunfälle von Berufskraftfahrerinnen und Berufskraftfahrer jedoch nicht im Verkehr, sondern bei Tätigkeiten des Be- und Entladens sowie bei der Übergabe der Güter. Beispiele sind Stürze, Quetschungen und Verletzungen durch herabfallende Logistikeinheiten.[214]

Grundlegendes Ziel des Logistikmanagements muss die Vermeidung der Gesundheitsschädigung der arbeitenden Menschen durch berufsbedingte Krankheiten und Arbeitsunfälle sein.

Diese moralische Forderung hat auch Eingang in das Recht gefunden. Nach dem Arbeitsschutzgesetz hat der Arbeitgeber „die Arbeit ... so zu gestalten, dass eine Gefährdung für das Leben sowie die physische und die psychische Gesundheit möglichst vermieden und die verbleibende Gefährdung möglichst gering gehalten wird."[215] Grundlage dafür bildet eine **Gefährdungsbeurteilung**. Die Ursachen für eine Gefährdung von Arbeitnehmerinnen und Arbeitnehmern sind vielfältig. „Eine Gefährdung kann sich insbesondere ergeben durch

1. die Gestaltung und die Einrichtung der Arbeitsstätte und des Arbeitsplatzes,
2. physikalische, chemische und biologische Einwirkungen,
3. die Gestaltung, die Auswahl und den Einsatz von Arbeitsmitteln, insbesondere von Arbeitsstoffen, Maschinen, Geräten und Anlagen sowie den Umgang damit,

---

[210] Siehe dazu Linden/Muschalla/Olbrich (2008).

[211] §8 Abs. 1 SGB 7.

[212] Vgl. Deutsche Gesetzliche Unfallversicherung (o.J.), S. 22 und 43.

[213] Vgl. Statistisches Bundesamt (2014), S. 595.

[214] Vgl. Shibuya/Cleal/Mikkelsen (2008).

[215] §4 Abs. 1 ArbSchG.

4. die Gestaltung von Arbeits- und Fertigungsverfahren, Arbeitsabläufen und Arbeitszeit und deren Zusammenwirken,
5. unzureichende Qualifikation und Unterweisung der Beschäftigten,
6. psychische Belastungen bei der Arbeit."[216]

Viele dieser Ursachen lassen sich, wie in den bisherigen Ausführungen gezeigt, auch **im Bereich der Logistik** finden. Beispielsweise verursachen schwere Lasten beim Tragen, Heben oder Umsetzen physikalische Einwirkungen auf Arbeitnehmerinnen und Arbeitnehmer der Logistik, insbesondere dann, wenn die hinreichende Qualifikation und Unterweisung der Beschäftigten nicht gegeben sind. Häufig werden zudem Schwingungen von Transport- und Fördermitteln auf den Körper übertragen. Ebenso können von den spezifischen Eigenschaften der transferierten Güter chemische und biologische Gefahren ausgehen. Psychische Belastungen entstehen an Arbeitsplätzen von Logistikmanagerinnen und -managern sowie von Logistikausführenden.[217] Eine Gefährdungsbeurteilung der Arbeitsstätten und der einzelnen logistischen Arbeitsplätze ist deshalb notwendige Voraussetzung für die Reduktion von Gesundheitsrisiken.

Über die Vermeidung von konkreten Gefährdungen hinaus sollte aus individueller Sicht der Beschäftigten und ebenso aus jener der Betriebe das umfassende Ziel der **dauerhaften Arbeitsfähigkeit** angestrebt werden. Das Konstrukt der Arbeitsfähigkeit bezieht die individuellen Ressourcen von Individuen auf die Arbeitsaufgaben und Arbeitsbedingungen. Die Arbeitsfähigkeit eines Menschen wird deshalb sowohl durch dessen persönliche Merkmale als auch durch die Eigenschaften seiner Arbeit bestimmt.[218]

Auf Basis von Arbeitsunfähigkeitsdaten mehrerer Krankenkassen haben *Liebers* und *Caffier* das relative **Risiko der Arbeitsunfähigkeit** von Beschäftigten in bestimmten Berufen im Vergleich zu jenem von Beschäftigten anderer Berufe ermittelt.[219] Hierbei wurden auch Logistikberufe betrachtet. Bei Männern und Frauen zählen danach Lager- und Transportarbeiter, Lagerverwalter, Magaziner sowie Warenaufmacher und Versandfertigmacher zu den Berufsgruppen mit einem hohen Risiko für Arbeitsunfähigkeit aufgrund von degenerativen Muskel-Skelett-Erkrankungen.[220]

Aufgrund des demografischen Wandels wird auch in der Logistik das Durchschnittsalter der Beschäftigten voraussichtlich weiterhin zunehmen. Deshalb stellt sich die wichtige Frage, ob eine **Altersabhängigkeit der Arbeitsfähigkeit** von Arbeitnehmerinnen und Arbeitnehmern der Logistik gegeben ist. Die Kooperationsstelle Arbeitswelt und Wissenschaft der Universität Stuttgart hat zur Beantwortung dieser Frage Daten von 355 Arbeitnehmerinnen und Arbeitnehmern mehrerer Betriebe in Baden-Württemberg ausgewertet.[221] Etwas mehr als die Hälfte dieser Personen war älter als 45 Jahre. Die Ergebnisse lassen zumindest für einige Berufsgruppen der Logistik einen Einfluss des Alters auf die Arbeitsfähigkeit vermuten.

---

[216] §5 Abs. 3 ArbSchG.
[217] Zur Gefährdungsbeurteilung bei psychischer Belastung siehe Wolf et al. (2015).
[218] Vgl. Ilmarinen (2001), S. 548–549.
[219] Vgl. Liebers/Caffier (2009), S. 38.
[220] Vgl. Liebers/Caffier (2009), S. 112.
[221] Vgl. Large/Breitling (2015), S. 16–18.

Negative Effekte ergaben sich beispielsweise bei Logistikmanagerinnen und -managern, bei Logistikausführenden im Bereich der Lagerung und des innerbetrieblichen Transports sowie für unterstützende Berufe des Eisenbahnverkehrs. Für andere Berufe konnten auf Basis der verfügbaren Daten dagegen keine Zusammenhänge aufgezeigt werden.

Obwohl diese Ergebnisse – nicht zuletzt aufgrund des geringen Anteils von Personen mit einem Alter von über 60 Jahren – mit Vorsicht zu interpretieren sind, sollten vorausschauende Arbeitgeber gemeinsam mit ihren Beschäftigten einen Beitrag zur **Gesundheitsförderung** leisten. Am Beispiel von Berufskraftfahrerinnen und Berufskraftfahrern konnte aus Sicht der Betroffenen ein merklicher Handlungsbedarf hierfür festgestellt werden. Dieser umfasst auch vergleichsweise naheliegende Maßnahmen, wie beispielsweise Maßnahmen gegen den Bewegungsmangel, die Schulung im Umgang mit Gesundheitsgefährdungen oder die regelmäßige (arbeits-)medizinische Betreuung.[222]

## 1.2.4 Qualität der Arbeit und Arbeitszufriedenheit in der Logistik

Die bisherigen Ausführungen fokussierten einseitig auf die belastenden und damit beanspruchenden Aspekte logistischer Arbeit, die in der Betrachtung von Gesundheitsgefahren ihren Höhepunkt fanden. Dabei übersieht man leicht, dass die Logistik vielen Menschen einen interessanten, auskömmlichen und sicheren Arbeitsplatz bietet, der ihren Qualifikationen und Erwartungen entspricht. Die positiven Effekte der Logistik dürfen deshalb nicht vernachlässigt werden. Letztlich ist von Bedeutung, ob die Arbeit in der Logistik die Anforderungen von Arbeitnehmerinnen und Arbeitnehmern erfüllt. Damit ist der Aspekt der **Qualität der Arbeit** angesprochen, denn nach DIN EN ISO 9000:2014 beschreibt der Begriff „Qualität" den „Grad, in dem ein Satz inhärenter Merkmale eines Objekts Anforderungen erfüllt."[223] Die Beurteilung der Qualität logistischer Arbeit erfordert damit vorab definierte Anforderungen. Das Statistische Bundesamt unterscheidet beispielsweise sieben Dimensionen der Qualität von Arbeit:[224]

- Arbeitssicherheit und Gleichstellung
- Einkommen und indirekte Arbeitgeberleistungen
- Arbeitszeit, Ausgleich von Beruf und Privatleben
- Beschäftigungssicherheit und Sozialleistungen
- Arbeitsbeziehungen
- Qualifikation und Weiterbildung
- Zusammenarbeit und Motivation

Zur Messung dieser Dimensionen werden 31 **Indikatoren der Arbeitsqualität** herangezogen, die unterschiedlichen Erhebungen entstammen.[225] Die Mehrzahl der Indikatoren stellen objektiv erfasste Größen dar, z.B. die Anzahl der Arbeitsunfälle, Anteil der Beschäftigten mit Niedriglohn, die jährlichen Krankheitstage je Beschäftigten pro Jahr, durchschnittliche

---

[222] Vgl. Breitling et al. (2015), S. 8–12.

[223] DIN EN ISO 9000:2014, S. 25.

[224] Vgl. Statistisches Bundesamt (2012), S. 4.

[225] Vgl. Statistisches Bundesamt (2012), S. 68–69. Eine umfassende Übersicht und kritische Bewertung existierender Messmodelle findet sich in Muñoz de Bustillo et al. (2011), S. 463–469.

Wochenarbeitszeit oder der Anteil der befristet Beschäftigten. Neben diesen objektiven Größen finden sich auch solche, die auf Wahrnehmungen von Befragten beruhen, z.B. der Anteil von Arbeitnehmern, die ihrer Meinung nach eine sinnvolle Tätigkeit ausüben. Die Einbeziehung subjektiver Größen ist in doppeltem Sinne angezeigt, da sich nicht alle Aspekte der Arbeitsqualität objektiv messen lassen und zudem zwischen objektiven Sachverhalten und individuellen Wahrnehmungen Abweichungen bestehen können.[226] Die Wahrnehmung der Betroffenen ist jedoch in der Regel ausschlaggebend für die von ihnen empfundene Qualität von Arbeit. Die Übersicht des Statistischen Bundesamtes stellt damit eine wertvolle Datensammlung dar, die auch einen Vergleich im Zeitablauf ermöglicht. Sie ermöglicht jedoch keine Beurteilung der Qualität der Arbeit, da lediglich Istwerte, jedoch keine Anforderungen angeführt werden. So bleibt beispielsweise offen, ob die ermittelte Anzahl von Urlaubstagen pro Jahr oder der vorliegende Anteil der Erwerbstätigen, die samstags und sonntags arbeiten, auf eine hohe oder niedrige Arbeitsqualität hindeuten.

Einen Versuch, auch Sollwerte bei der Betrachtung von Arbeitsqualität vorzugeben, stellt der sogenannte **DGB-Index „Gute Arbeit"** dar.[227] Dieser umfasst elf Kriterien, die drei Teilindizes (Ressourcen, Belastungen sowie Einkommen und Sicherheit) zugeordnet sind und mit insgesamt 42 Indikatoren gemessen werden. Aus den mit Hilfe telefonischer Befragungen erhobenen Messgrößen werden Indexgrößen zwischen 0 und 100 für die einzelnen Kriterien sowie für die drei Teilindizes gebildet.[228] Aufgrund inhaltlicher Überlegungen und betrieblicher Testbefragungen legt das Institut Grenzen zur Bildung von vier Klassen der Arbeitsqualität fest: Schlechte Arbeit (DGB-Index < 50), Arbeitsqualität im unteren Mittelfeld (DGB-Index ab 50 bis < 65), Arbeitsqualität im oberen Mittelfeld (DGB-Index ab 65 bis < 80), Gute Arbeit (DGB-Index Gute Arbeit ab 80).[229] Folgt man dieser Einstufung verrichten nur etwa 8,5% der etwa 5000 Befragten Gute Arbeit, während der Anteil der Arbeitnehmerinnen und Arbeitnehmer mit Schlechter Arbeit bei 23,0% liegt. Der Rest verteilt sich etwa gleich auf das obere und untere Mittelfeld. Insgesamt ergibt sich ein Index von 60,6.[230] Eine inhaltliche Präzisierung ermöglicht die Betrachtung der einzelnen Kriterien. Diese Ergebnisse sind in Tabelle 1 zusammengestellt. Die niedrigsten Werte ergeben sich hinsichtlich der Kriterien „Widersprüchliche Anforderungen und Arbeitsintensität" sowie „Einkommen und Rente". Frühere Auswertungen zum DGB-Index Gute Arbeit weisen auch Werte für einzelne Berufsgruppen aus, wodurch Aussagen über die Qualität der Arbeit in der Logistik möglich waren. Danach ergaben sich für Lagerberufe, Warenprüfer und Versandfertigmacher sowie Verkehrsberufe und für Transportgeräteführer vergleichsweise niedrige Indexwerte.[231] In neueren Ausgaben wird aufgrund vergleichsweise kleiner Fallzahlen auf diese Darstellung verzichtet. Eine Sonderauswertung zu verschiedenen Aspekten der Arbeitszeit zeigt dagegen

---

[226]   Vgl. Hauff/Kirchner (2013), S. 339.

[227]   Vgl. DGB-Index Gute Arbeit (2014a), S. 15–20.

[228]   Vgl. Internationales Institut für Empirische Sozialökonomie (2013), S. 16–27.

[229]   Vgl. Internationales Institut für Empirische Sozialökonomie (2013), S. 24–26.

[230]   Vgl. Internationales Institut für Empirische Sozialökonomie (2013), S. 30.

[231]   Vgl. DGB-Index Gute Arbeit (2009), S. 19.

keine auffällig schlechte Bewertung für den Bereich „Verkehr und Lagerei" im Vergleich zu anderen Branchen.[232]

*Tabelle 1: Werte des DGB-Index Gute Arbeit für die 11 Kriterien der Arbeitsqualität 2014.[233]*

| Nr. | Kriterium | Index |
|-----|-----------|-------|
| 1 | Einfluss- und Gestaltungsmöglichkeiten | 61 |
| 2 | Weiterbildungs- und Entwicklungsmöglichkeiten | 64 |
| 3 | Führungsqualität und Betriebskultur | 66 |
| 4 | Sinn der Arbeit | 81 |
| 5 | Arbeitszeitlage | 74 |
| 6 | Soziale und emotionale Anforderungen | 64 |
| 7 | Körperliche Anforderungen | 56 |
| 8 | Widersprüchliche Anforderungen und Arbeitsintensität | 47 |
| 9 | Einkommen und Rente | 47 |
| 10 | Betriebliche Sozialleistungen | 51 |
| 11 | Beschäftigungssicherheit und Berufliche Zukunftssicherheit | 70 |

Trotz der beschriebenen Klassenbildung lässt auch der Index Gute Arbeit letztlich keine Aussage darüber zu, ob Beschäftigte ihre **persönlichen Anforderungen** an ihre Arbeit und ihren Arbeitsplatz erfüllt sehen. Analog zur Qualitätsbestimmung auf anderen Ebenen müssten dazu den wahrgenommenen Ausprägungen bestimmter Arbeitsmerkmale die Erwartungen eines Menschen an seine Arbeit gegenübergestellt werden.[234] Arbeitnehmerinnen und Arbeitnehmer haben individuell unterschiedliche Ansprüche an ihre Arbeit, die sich zudem im Zeitablauf ändern können.[235] In Abhängigkeit von den eigenen Qualifikationen, Erfahrungen und Erwartungen können Arbeitsbedingungen sehr unterschiedlich bewertet werden. Die Arbeit in der Logistikausführung und im Logistikmanagement kann für ein Individuum herausfordernd und erfüllend sein, selbst wenn diese stark belastet und die Arbeitsbedingungen für einen Außenstehenden sehr bedenklich sind. Logistische Arbeit eröffnet zudem nicht selten Freiräume mit einem hohen Grad an Selbstbestimmung. Ein Beispiel dafür stellt – trotz der aufgezeigten Probleme – die Tätigkeit von Berufskraftfahrerinnen und Berufskraftfahrern dar, die sicherlich von einigen Beschäftigten einer Tätigkeit in den engen Grenzen eines geschlossenen Betriebes bewusst vorgezogen wird.

Statt der Erfassung der wahrgenommenen Qualität der Arbeit ist die Bestimmung der Auswirkungen dieser Qualität auf das wahrnehmende Individuum möglich. Eine solche Auswirkung stellt die **Arbeitszufriedenheit** von Arbeitnehmerinnen und Arbeitnehmern dar. Allerdings muss dabei berücksichtigt werden, dass die Arbeitszufriedenheit einer Person nicht nur von der Qualität der Arbeit, sondern auch von anderen, insbesondere personenbezogenen

---

[232]  Vgl. DGB-Index Gute Arbeit (2014b).

[233]  Vgl. Internationales Institut für Empirische Sozialökonomie (2013), S. 30, Institut DGB-Index Gute Arbeit (2014a), S. 15.

[234]  Ein Beispiel dafür stellt das Lückenmodell der Logistikqualität in Abschnitt 5.2.4 dar. Diese Sichtweise ist im Rahmen der Qualitätsbeurteilung immaterieller Leistungen nicht unumstritten. Siehe dazu Large (2013), S. 240 sowie grundlegend Cronin/Taylor (1994).

[235]  Vgl. Hauff/Kirchner (2013), S. 340.

Größen beeinflusst wird.[236] **Locke** definiert Arbeitszufriedenheit bzw. Arbeitsunzufriedenheit wie folgt: „Job satisfaction is the pleasurable emotional state resulting from the appraisal of one's job as achieving or facilitating the achievement of one's job values. Job dissatisfaction is the unpleasurable emotional state resulting from the appraisal of one's job as frustrating or blocking the attainment of one's job values or as entailing disvalues."[237] Das psychologische Konstrukt der Arbeitszufriedenheit steht demnach für einen bestimmten Gemütszustand, der von der Wahrnehmung der eigenen Arbeit, von den Erwartungen an diese und einer bewussten oder unterbewussten Beurteilung des Verhältnisses zwischen diesen Größen abhängt.[238] Im engeren Sinne sollte dabei zwischen der Zufriedenheit mit dem ausgeübten Beruf und der Zufriedenheit mit dem aktuellen Beschäftigungsverhältnis und den daraus folgenden konkreten Bedingungen unterschieden werden.

Die **Messung der Arbeitszufriedenheit** von Beschäftigten kann sehr unterschiedlich erfolgen.[239] In der betrieblichen Anwendung finden sich vor allem Instrumente, die unterschiedliche „Aspekte" der Arbeit und des Berufs, z.B. Aufgaben, Arbeitsbedingungen, Vergütung, anführen und den Grad der Zufriedenheit einer Person damit erheben. Diese Teilzufriedenheiten werden sodann formativ zu einer Gesamtzufriedenheit, z.B. in Form eines Index, aggregiert. In wissenschaftlichen Abhandlungen, in denen die Beziehungen zwischen der Arbeitszufriedenheit und andere Konstrukten, z.B. Erfolgsgrößen, bestimmt werden sollen, finden sich dagegen primär reflektive Messungen. Dabei wird der Grad der Arbeitszufriedenheit bzw. Arbeitsunzufriedenheit direkt erfasst oder mit Hilfe von daraus resultierenden Indikatoren, z.B. der Bereitschaft zum Wechsel der Arbeitsstelle, gemessen.[240]

Die European Foundation for the Improvement of Living and Working Conditions erhebt regelmäßig den **Grad der Arbeitszufriedenheit** von Arbeitnehmerinnen und Arbeitnehmern in der EU.[241] Dabei ergibt sich eine überwiegend hohe Zufriedenheit mit den Arbeitsbedingungen: 59% der Befragten sind zufrieden und sogar 25% sind sehr zufrieden.[242] Vergleichsweise niedrige Zufriedenheitsgrade findet sich neben der Landwirtschaft vor allem im Transportsektor.[243] Auch andere Untersuchungen deuten auf eine vergleichsweise geringe Arbeitszufriedenheit in der außerbetrieblichen Transportausführung hin. Im Rahmen einer Untersuchung der Kooperationsstelle Arbeitswelt und Wissenschaft (KAWUS) wurden 624 Berufskraftfahrerinnen und Berufskraftfahrer auch zu ihrer Zufriedenheit mit verschiedenen Aspekten ihrer Arbeit befragt. Dabei ergaben sich eher mittlere Werte. Besonders gering war die Zufriedenheit mit der Arbeitszeit und mit der Vergütung.[244] Im Rahmen einer Befragung von Logistikmanagern und Logistikmanagerinnen zeigten sich dagegen vergleichsweise

---

[236] Vgl. Muñoz de Bustillo et al. (2011), S. 452.

[237] Locke (1969), S. 316.

[238] Vgl. Locke (1969), S. 316–317.

[239] Siehe dazu die Übersicht Ferreira (2007).

[240] Als Beispiele siehe Babin/Boles (1998), S. 89, Homburg/Stock (2004), S. 155.

[241] Grundlage dafür sind mehr als 40000 persönliche Interviews. Vgl. Eurofound (2012), S. 141–146.

[242] Vgl. Eurofound (2012), S. 85. Diese Zufriedenheitswerte gehen auch in den oben angeführten Bericht des Statistischen Bundesamtes zur Qualität der Arbeit ein. Vgl. Statistisches Bundesamt (2012), S. 66–67.

[243] Vgl. Eurofound (2012), S. 86.

[244] Vgl. Breitling/Large (2013), S. 6.

hohe Zufriedenheitsgrade, wobei Unterschiede hinsichtlich des Geschlechts nicht signifikant waren.[245]

*Johnson et al.* haben 104 LKW-Fahrer in den USA befragt, wovon 63 ihren Beruf nicht ihren Kindern empfehlen würden. Als Gründe wurden lange Abwesenheiten von Zuhause, niedrige Verdienste und eine geringe Anerkennung des Berufs genannt.[246] Die **Einflussgrößen der Arbeitszufriedenheit** sind jedoch vielfältig. *Richard et al.* konnten beispielsweise Belege für den Einfluss des Verhaltens von Disponenten und der Unternehmensleitung sowie für den Einfluss von Anerkennung und Vergütung auf die Zufriedenheit von Berufskraftfahrerinnen und Berufskraftfahrern finden.[247] *Autry* und *Daugherty* zeigen den positiven Einfluss erfüllter Erwartungen hinsichtlich des Unternehmens und des Vorgesetzten auf die Zufriedenheit von im Lager beschäftigten Personen auf.[248]

# 1.3 Logistikmanagement und Koordination

## 1.3.1 Begriff der Koordination

Wie in Abschnitt 1.1 gezeigt, vollziehen arbeitende Menschen als Individuen oder Kollektive Handlungen der Planung, der Steuerung und der Ausführung des Transfers von Gütern und Abfällen. Sie üben unterschiedliche Berufe aus, erfüllen einzelne Teilaufgaben und verrichten folglich unterschiedliche Arten von Handlungen. Logistische Handlungen stehen zudem in engem Zusammenhang mit Handlungen der Transformation und der Transaktion. Die Alltagserfahrung lehrt dabei jeden Handelnden: Arbeitsteilige Arbeit führt häufig zu besseren Ergebnissen und einer höheren Arbeitszufriedenheit, wenn die einzelnen Handlungen der beteiligten Akteure aufeinander abgestimmt werden. Oft ist eine solche **Koordination** sogar Voraussetzung für die Schöpfung von Wert.

Das Verb „koordinieren" setzt sich aus den beiden lateinischen Wörtern „con" (zusammen mit) und „ordinare" (ordnen) zusammen und bedeutet somit zusammenordnen, beiordnen und im weiteren Sinne aufeinander abstimmen. Bezogen auf wirtschaftliche Sachverhalte sind allgemein die Handlungen und Handlungsfolgen, welche Menschen arbeitsteilig vollziehen, als Gegenstand solcher Abstimmungen zu betrachten. Koordination ist somit eine Folge der Arbeitsteilung[249] und kann in einer ersten Annäherung als **Ordnung und Abstimmung der Handlungen** von Individuen und Kollektiven verstanden werden.[250]

---

[245]  Vgl. Johnson/McClure/Schneider (1999), S. 10.

[246]  Vgl. Johnson et al. (2011), S. 209.

[247]  Vgl. Richard et al. (1994), S. 102–104. Zum generellen Zusammenhang von Arbeitszufriedenheit und Vergütung siehe Judge et al. (2010).

[248]  Autry/Daugherty (2003), S. 184.

[249]  Siehe dazu ausführlich Large (2012), S. 2–4.

[250]  Die Koordination ist somit auch eine zentrale Fragestellung der Soziologie, insbesondere der Teilgebiete Wirtschaftssoziologie und Industriesoziologie. Siehe beispielsweise Esser (1999), S. 160.

Eine solche Ordnung und Abstimmung von Handlungen muss zunächst **inhaltlichen Erfordernissen** folgen. Die Erfüllung einer Aufgabe verlangt nicht selten ein Ineinandergreifen verschiedener Handlungen. Beispielsweise erstellen zwei Beschäftigte eine Logistikeinheit, indem sie gemeinsam Kleinladungsträger auf einer Palette platzieren. Der Transport der erstellten Logistikeinheit erfordert deren Umschlag. Beides muss inhaltlich aufeinander abgestimmt sein. Der Umschlag setzt aber die Bereitstellung der beladenen Paletten voraus. Die Bereitstellung von Waren wiederum ist ohne deren vorab erfolgte Herstellung nicht möglich. Ein solcher Arbeitsablauf bedingt eine **zeitliche Ordnung und Abstimmung** der Handlungen und damit eine bestimmte Handlungsreihenfolge: Erst geschieht die Bereitstellung, dann der Umschlag, dann der Transport. Die gemeinsame und gleichzeitige Aufgabenerfüllung erfordert sogar oft das synchrone Zusammenwirken von Menschen, damit die erforderlichen Handlungen ineinandergreifen können. Selbst die Handlungen einer einzelnen Person müssen in ihrem Ablauf zeitlich geordnet sein. Das gemeinsame Palettieren oder die Bereitstellung der Ware zur Verladung erfolgt zudem an einem bestimmten Ort, dem Palettierplatz bzw. der Bereitstellungsfläche. Der Ordnung und Abstimmung von Handlungen kommt damit auch eine **räumliche Dimension** zu. Aufeinander folgende Handlungen an einem Objekt erfordern zudem Orte, an denen diese übergeben werden. Andererseits können an einem bestimmten Ort zu einer bestimmten Zeit keine sich ausschließenden Handlungen vollzogen werden. Ebenso ist der Einsatz eines Handelnden zu einem bestimmten Zeitpunkt an verschiedenen Orten nicht möglich.

Die Abstimmung von Handlungen und Handlungsfolgen erfolgt im Hinblick auf einen übergeordneten Sinn. Ein solcher **Sinnzusammenhang** zwischen Handlungen ist vor allem dann gegeben, wenn ein Zweckzusammenhang besteht.[251] Menschliche Arbeit und damit die Wirtschaft als Ganzes verfolgt grundlegend den Zweck der Versorgung mit Sachgütern und Dienstleistungen und damit jenen der Bereitstellung von Gebrauchswerten. Dieser Zweck der Wirtschaft ist fundamental, da er unabhängig von konkreten Produktionsverhältnissen besteht.[252] Neben diesen Zweck treten weitere, die sich aus historischen Rahmenbedingungen ergeben. Daraus resultieren jene **Zielsetzungen**, an denen Handlungen und Handlungsfolgen im Einzelfall orientiert sind. *Malone* spricht von Koordinationsstrukturen „as a pattern of decision-making and communication among a set of actors who perform tasks in order to achieve goals."[253] Um einen Zustand der Koordination zu erreichen, sind somit konkrete Ziele, auf welche die einzelnen Handlungen ausgerichtet und so in ihrer Gesamtheit untereinander abgestimmt werden können, erforderlich.

Wie lässt sich eine Ordnung und Abstimmung von Handlungen erreichen? In frühen Veröffentlichungen zum Management findet sich die Koordination als eigenständige **Managementfunktion**. So nennt *Fayol* neben der Vorausschau, der Organisation, der Anweisung und der Kontrolle die Koordination als eigenständige „Verwaltungsverrichtung".[254] Auch *Gulick* führt als Element seiner bekannten POSDCORB-Gliederung explizit die Koordinati-

---

[251]   Vgl. Sombart (1967), S. 211.

[252]   Siehe dazu Large (2012), S. 1–2.

[253]   Malone (1987), S. 1319.

[254]   Siehe dazu Fayol (1950).

on als eigenständige Managementfunktion an.[255] Heute wird die Funktion der Koordination
eher als den anderen Managementfunktionen inhärent verstanden, da sowohl von der Planung als auch von der Steuerung durch Führung oder Organisation koordinierende Wirkungen ausgehen können. Welche Effekte die einzelnen Handlungsbereiche des Logistikmanagements hinsichtlich der Koordination von Handlungen entfalten können und welche Voraussetzungen dazu erfüllt sein müssen, wird in den nachfolgenden Kapiteln dieses Lehrbuchs zu klären sein. Neben der Koordination durch Managementhandlungen kann eine
Ordnung und Abstimmung von Handlungen durch die Handelnden selbst (Selbstabstimmung) sowie durch ergänzende Institutionen erreicht werden. *Coase* unterscheidet beispielsweise grundlegend zwischen der Koordination durch Märkte und dem „entrepreneur-co-
ordinator" innerhalb von Unternehmen.[256] Im weiteren Verlauf werden deshalb neben den
Managementhandlungen der Koordination im engeren Sinne auch weitere Institutionen, von
denen koordinierende Wirkungen ausgehen, betrachtet.

Koordination ist die zielorientierte Ordnung und Abstimmung von Handlungen und Handlungsfolgen durch Managementhandlungen und durch ergänzende Institutionen.

Übersichten der Arten von Managementhandlungen und ergänzenden Institutionen zur Koordination finden sich vor allem in der organisationswissenschaftlichen Literatur. *Kieser* und
*Walgenbach* führen beispielsweise mehrere sogenannte **Koordinationsinstrumente** an.[257]
Persönliche Weisungen durch Vorgesetzte und die Selbstabstimmung zwischen den Handelnden bedingen Handlungen persönlicher Kommunikation. Dagegen ist die Koordination
mit Hilfe von Plänen oder vorgegebenen Regeln (Programme) nicht an einzelne Personen
gebunden. Ebenso technokratisch ist die Nutzung von Marktmechanismen innerhalb des
Unternehmens, um Handlungen in eine gewünschte Richtung zu lenken. Durch die Beeinflussung der Unternehmenskultur kann zudem versucht werden, die Wertvorstellungen der
einzelnen Handelnden zu standardisieren und hierdurch einen Einklang der Aktivitäten zu
erreichen.

Ergänzend zu diesen sechs Koordinationsinstrumenten, die unmittelbar auf Managementhandlungen beruhen oder zumindest durch das Management aktiv gestaltet werden können,
existieren **Institutionen**, von denen koordinierende Wirkungen auf Handlungen ausgehen
oder die zumindest Managementhandlungen der Koordination erleichtern. Grundlegend für
das Verhalten von Akteuren sind zunächst die moralischen und rechtlichen Normen einer
Gesellschaft. Sie bestimmen das Dürfen und legen somit Regeln für einzelne Handlungen
fest, wodurch diese geordnet und kalkulierbar werden. Andere Gesellschaftsmitglieder können sodann ihre eigenen Handlungen an diesen Verhaltenserwartungen ausrichten. Eine
große Bedeutung für die Koordination wirtschaftlicher Handlungen haben zudem funktionie-
rende Märkte, technische Normen sowie spezielle berufsbezogene Regeln und Bräuche.
Durch einen Bezug auf bestimmte technische Normen, z.B. im Rahmen der Planung, werden
Entscheidungsspielräume von Akteuren eingegrenzt. Folge davon ist eine Reduktion von

---

[255]  Vgl. Gulick (1937), S. 13.

[256]  Vgl. Coase (1937), S. 388.

[257]  Vgl. Kieser/Walgenbach (2010), S. 100–101.

Verhaltensunsicherheit. Beispielsweise lässt sich die Koordination der Güterflüsse innerhalb einer Transportkette vereinfachen, wenn alle Akteure Paletten nach DIN EN 13698 Teil 1 verwenden. Die in Abschnitt 1.1.3 dargestellten Ausbildungsberufsbilder der Logistikausführung und des Logistikmanagements, welche durch Ausbildungsverordnungen normiert sind, führen zu bestimmten berufsspezifischen Verhaltensweisen oder sogenannten standardisierten Rollen.[258] Diese können wesentlich zur Gleichförmigkeit von Handlungen ansonsten individueller Akteure beitragen, sofern diese den gleichen Beruf erlernt haben und ausüben.

Neben der Art der Managementhandlungen und Institutionen ist der **Zeitpunkt zu dem eine Abstimmung erfolgt** ein weiterer wichtiger Aspekt der Koordination. Nach diesem Merkmal können die Vorauskoordination und die Korrekturkoordination unterschieden werden.[259] Im Rahmen der **Vorauskoordination** werden zukünftige Handlungen durch die Abstimmung von zeitlich vorgelagerten Entscheidungen koordiniert, die insbesondere in Form von technokratischen Instrumenten – Plänen und Programmen – dokumentiert werden. Typisches Beispiel dafür sind abgestimmte Entscheidungen im Rahmen der Planung, die eine koordinierte Ausführung der aufgestellten Pläne ermöglichen sollen. Die Vorauskoordination geht auf diese Weise mit der Reduktion von Unsicherheit über zukünftige Handlungen einher. Erfolgt eine hinreichende Koordination in der Planungsphase, so erhöht sich die Wahrscheinlichkeit, dass auch die darauf aufbauenden Ausführungshandlungen geordnet und abgestimmt erfolgen. Koordination kann in diesem Fall auch als Maßnahme der Handhabung von Komplexität verstanden werden, da vorab abgestimmte Handlungen in ihrer Ganzheit einfacher beherrscht werden können als eine Vielzahl ungeordneter Einzelhandlungen.[260]

Treten keine Abweichungen von den Planungen auf, reicht diese Art der Koordination aus, um die gesteckten Ziele zu erreichen. In der Realität sind jedoch Störungen und Abweichungen von den Planungsprämissen jederzeit möglich. Deshalb ist zusätzlich zur Vorauskoordination die **Korrekturkoordination** erforderlich. Dabei werden Handlungen nachträglich abgestimmt und Korrekturhandlungen vollzogen, sobald Abweichungen von den gewünschten Zuständen im Rahmen der Ausführung oder expliziten Kontrolle erkennbar werden. Zur Korrekturkoordination werden primär persönliche Koordinationsinstrumente eingesetzt. Ein Beispiel für eine Maßnahme der Korrekturkoordination stellen Weisungen an Mitarbeiter dar, geplante Transportaktivitäten zeitlich zu verschieben, da die Verfügbarkeit eines Artikels in einem Lager entgegen der Planungen nicht gegeben ist.

## 1.3.2 Bedeutung der Koordination für die Logistik

Im vorangegangenen Abschnitt wurde die Koordination von Handlungen als grundlegende Notwendigkeit arbeitsteiliger Wirtschaft eingeführt. Die Ordnung und Abstimmung von Handlungen ist jedoch nur dann erforderlich, wenn zwischen diesen Handlungen inhaltliche, zeitliche oder räumliche Beziehungen bestehen, die eine gegenseitige Abhängigkeit bei der Planung und Steuerung oder ihrem Vollzug begründen. Eine solche **Interdependenz von Handlungen** ist im Fall der Logistik jedoch sehr häufig gegeben, da logistischen Handlun-

---

[258] Vgl. Kieser/Walgenbach (2010), S. 126–127.
[259] Vgl. Kieser/Walgenbach (2010), S. 98–99.
[260] Vgl. Reiß (2004), Sp. 689.

gen bzw. logistischen Handlungsfolgen der Zweckzusammenhang des Erreichens faktischer Verfügbarkeit von Objekten zugrunde liegt.[261]

**Interdependenzen logistischer Handlungen** wurden im ersten Band der „Betriebswirt-schaftlichen Logistik" vielfach deutlich. Ersichtlich treten diese beim Modell der Transport-kette hervor, denn DIN 30781 definiert eine Transportkette als eine „Folge von technisch und organisatorisch miteinander verknüpften Vorgängen, bei denen Personen oder Güter von einer Quelle zu einem Ziel bewegt werden."[262] Darüber hinaus bestimmt die Art des externen Transports die notwendige Verpackung bzw. eine bestimmte Verpackung kann Transportal-ternativen ausschließen. Die Standorte von Lagern determinieren die erforderlichen Trans-portwege und umgekehrt führt eine Optimierung des Transports zu bestimmten Standorten. Weitere Beispiele ließen sich anführen. Oft bestehen zudem nennenswerte Wechselwirkun-gen zwischen logistischen Prozessen und Prozessen der Produktion und Konsumption.

Bereits frühe **Schriften zur Logistik** gehen deshalb auf den Aspekt der Koordination und seine Bedeutung für die Logistik ein. So führen *Heskett, Ivie* und *Glaskowsky* in ihrer Defi-nition der Logistik explizit die Aufgabe der Koordination von Güterversorgung und Güter-bedarf an.[263] Früh finden sich auch Forderungen nach einer Sichtweise der Logistik als ganz-heitliches System. Durch die integrative Betrachtung von Transferprozessen soll eine abge-stimmte Leistungserstellung ermöglicht werden. Ein Beispiel dafür sind die Ausführungen von *Bowersox, Smykay* und *LaLonde*, die ein Systemkonzept für die Physische Distribution vorschlagen.[264] Als Kind seiner Zeit wurde die damals neue Lehre der Logistik auch von deutschen Autoren in den **System- und Entscheidungsansatz der Betriebswirtschaftslehre** integriert,[265] der für die 60er und 70er Jahre des letzten Jahrhunderts bestimmend war.[266] Am deutlichsten tritt dies in dem Lehrbuch von *Kirsch et al.* hervor, welche anstreben, die „Grundzüge eines entscheidungs- und systemorientierten Ansatzes der Betriebswirtschafts-lehre ... am Beispiel einer betriebswirtschaftlichen Logistik"[267] darzustellen.

Der Begriff „logistisches System" steht für „eine Menge von Elementen, deren Verhalten in einer ... Raum- und Zeitüberbrückung besteht".[268] Wesentlich für das Denken in Systemen im Rahmen der Logistik sind die Ganzheitlichkeit der Betrachtung und die Betonung von Beziehungen zwischen den Elementen.[269] *Feierabend* hat in diesem Kontext den Begriff der **logistischen Schnittstelle** geprägt, welcher für Grenzen zwischen Elementen, Subsystemen oder Systemen steht, die durch Güter- und Informationsflüsse überwunden werden müs-sen.[270] Neben physischen Schnittstellen werden deshalb auch Informationsschnittstellen

---

[261] Zum Begriff des Zweckzusammenhangs siehe Sombart (1967), S. 211.

[262] DIN 30781 Teil 1, S. 3.

[263] Vgl. Heskett/Ivie/Glaskowsky (1964), S. 21.

[264] Vgl. Bowersox/Smykay/LaLonde (1968), S. 103–121.

[265] Siehe insbesondere Kirsch (1971), Ihde (1972), Pfohl (1974).

[266] Zum Entscheidungs- und Systemansatz innerhalb der deutschsprachigen Betriebswirtschaftslehre siehe Heinen (1969) bzw. Ulrich (1970). Einen Überblick gibt Raffée (1974), S. 79–106.

[267] Kirsch et al. (1973), S. 5.

[268] Pfohl (1974), S. 70.

[269] Vgl. Pfohl (1974), S. 68, Pfohl (2010), S. 26.

[270] Vgl. Feierabend (1987), S. 56.

explizit betrachtet.[271] Nach der Art der Schnittstelle lassen sich Schnittstellen erster, zweiter und dritter Ordnung unterscheiden.[272] Schnittstellen erster Ordnung sind solche innerhalb der Logistik. Zu den Schnittstellen zweiter Ordnung werden jene gezählt, die sich durch Grenzen zwischen der Logistik und anderen betrieblichen Funktionen ergeben. Schnittstellen dritter Ordnung ergeben sich durch Grenzen zwischen Organisationen.

Wird der Systemansatz mit dem **entscheidungsorientierten Ansatz** verbunden, rücken die ganzheitliche Entscheidungsfindung und somit die Entscheidungsinterdependenzen in den Mittelpunkt des Interesses.[273] Damit Einzelentscheidungen im Zusammenhang mit logistischen Fragestellungen zu insgesamt wünschenswerten Ergebnissen führen, müssen diese in der Regel vor dem Hintergrund der festgelegten Zielsetzungen aufeinander abgestimmt werden. Koordination in diesem Sinne wird als „Abstimmung interdependenter Entscheidungen verstanden, die in dezentraler Weise von verschiedenen Entscheidungsträgern getroffen werden."[274]

Auch in der sogenannten **Logistikkonzeption** nach *Pfohl* kommt der Entscheidungsfindung und dem Systemdenken zentrale Bedeutung zu.[275] Das Systemdenken soll dazu beitragen, bei Entscheidungen die Interdependenzen zwischen logistischen Prozessen zu berücksichtigen und die Auswirkung eines beabsichtigten Ressourceneinsatzes auf alternative Nutzungsmöglichkeiten abzuschätzen. Als Konsequenz des Systemdenkens werden deshalb im Rahmen der Logistikkonzeption das Gesamtkostendenken und das Servicedenken gefordert. Das Gesamtkostendenken verlangt die Berücksichtigung aller Kosten im Rahmen einer logistischen Entscheidung, die mit der Realisation einer Alternative verbunden sind. Ein typisches Beispiel stellt die Entscheidung über die Anzahl zu errichtender Distributionslager in einem bestimmten Gebiet dar. Diese Entscheidung wirkt sich nicht nur auf die Lagerkosten, sondern auch auf die Transportkosten aus. Solche Kostenkonflikte, die eine ganzheitliche Betrachtung und Abstimmung der Aktivitäten erfordern, werden bereits in der frühen Literatur zur Logistik problematisiert.[276] Ebenso sollen im Sinne der Logistikkonzeption logistische Handlungen aufeinander abgestimmt werden, um eine insgesamt angemessene logistische Leistung zu erreichen. So können beispielsweise unkoordinierte Transport- und Umschlagprozesse zu zeitlichen Verzögerungen führen. Nicht immer ist es möglich, Kostenkonflikte und abweichende Handlungsabsichten durch eine zweckrationale Gesamtoptimierung zu vermeiden. So weist bereits *Ihde* darauf hin, dass solche Optimierungen eher als Ausgangspunkt für Verhandlungsprozesse dienen, im Rahmen derer divergierende Partialinteressen in einer Organisation zum Ausgleich gebracht werden.[277] Aus diesem Grunde wurde in der frühen Logistikliteratur empfohlen, die Aufgabenerfüllung der Logistik aufbauorganisato-

---

[271]  Vgl. Feierabend (1987), S. 58–59.

[272]  Vgl. Feierabend (1987), S. 57–58.

[273]  Vgl. Frese/Graumann/Theuvsen (2012), S. 8.

[274]  Kirsch et al. (1973), S. 98.

[275]  Vgl. Pfohl (2010), S. 20–45.

[276]  Vgl. Heskett/Ivie/Glaskowsky (1964), S. 204–205.

[277]  Vgl. Ihde (1972), S. 144.

risch zu integrieren, sofern einfache Kommunikationssysteme zu deren Abstimmung nicht ausreichen.[278] Diese Empfehlung wird in Abschnitt 4.2 noch genauer zu untersuchen sein.

Zu Beginn der 90er Jahre hat *Weber* die **Koordinationsaufgabe in den Mittelpunkt** seines Verständnisses der Logistik gerückt. Entsprechend führt er aus: „Die am Material- und Warenfluss ansetzende Koordinationsfunktion ist Kern und zugleich das „Neue" der Logistik."[279] Logistik wird dabei „als das Management von Prozessen und Potenzialen zur koordinierten Realisierung unternehmensweiter und unternehmensübergreifender Materialflüsse und der dazugehörigen Informationsflüsse"[280] verstanden. In weiteren Arbeiten seines Lehrstuhls werden diese Gedanken vertieft und durch ein **Phasenkonzept der Logistikentwicklung** ergänzt.[281] Danach durchläuft die Logistik eine zeitliche Entwicklung in vier Phasen: Logistik als funktionale Spezialisierung, Logistik als Koordinationsfunktion, Logistik als Durchsetzung des Flussprinzips, Logistik als Supply Chain Management.[282] Kennzeichnend für dieses Phasenkonzept ist die Annahme einer steten Zunahme der Bedeutung und des Umfangs der Koordination im Zeitablauf. Die Aufgabe der Logistik wird bereits in der zweiten Phase darin gesehen, „die güterflussbezogenen spezialisierten Führungsteilsysteme aufeinander abzustimmen."[283]

Nach dem *Weber'schen* Verständnis stellt die Logistik somit eine reine Managementlehre der Koordination dar. Die direkt auf den räumlichen und zeitlichen Transfer bezogenen Ausführungs- und Managementprozesse werden vor allem bei höheren Stufen der Logistikentwicklung nicht der Logistik zugerechnet.[284] *Weber* hat durch die Betonung der Koordinationsaufgabe der Logistik einen wesentlichen Beitrag geleistet. Allerdings ist der grundlegenden *Pfohl'schen* Kritik zuzustimmen, dass sich die Logistik und auch das „Logistikmanagement nicht auf das Management von Interdependenzen beschränken"[285] lässt. Die Koordination logistischer Handlungen ist eine wesentliche, jedoch **nicht die einzige Aufgabe der Logistik**. Neben die übergeordnete Koordinationsfunktion des Logistikmanagements treten die Ausführung und das Management einzelner Logistikhandlungen und -prozesse. In diesem Sinne betont auch *Göpfert* die Notwendigkeit von Führungs- und Ausführungsaktivitäten in der Logistik, die einer starken Integration bedürfen.[286] Im vorliegenden Lehrbuch wird deshalb die Position eines engen Zusammenspiels der Ausführung und des Managements einzelner Logistikhandlungen mit einem übergeordneten koordinierenden Management der Logistik vertreten.[287]

---

[278]  Vgl. Pfohl (1972), S. 62, Kirsch et al. (1973), S. 345.

[279]  Weber (1990), S. 977.

[280]  Weber/Kummer (1990), S. 776.

[281]  Weber (1992), Weber/Kummer (1998), Dehler (2001), Weber/Blum (2001), Weber (2008).

[282]  Vgl. Weber/Dehler (2000), S. 48–53, Dehler (2001), S. 12–18, Weber (2008), S. 46–53.

[283]  Weber (1992), S. 880.

[284]  Weber (1992), S. 888, Weber (2008), S. 49.

[285]  Pfohl (2010), S. 27.

[286]  Vgl. Göpfert (1999), S. 27.

[287]  Auch Weber verfolgt letztlich diesen Weg, zumindest im Rahmen seines gemeinsam mit Kummer verfassten Lehrbuchs. Vgl. Weber/Kummer (1998), S. 28.

## 1.3.3 Reduktion von Koordinationsbedarfen in der Logistik

Koordination ist prinzipiell nur dann notwendig, wenn ein **Koordinationsbedarf** besteht. Können Handlungen unabhängig voneinander geplant, gesteuert und vollzogen werden, ohne eine Beeinträchtigung des Handlungsergebnisses oder der Arbeitszufriedenheit der Handelnden in Kauf zu nehmen, ist keine Koordination erforderlich. In diesen Fällen erfolgen die jeweiligen Handlungen autonom. Ein Koordinationsbedarf ist gegeben, wenn, wie in Abschnitt 1.3.2 gezeigt, zwischen Handlungen inhaltliche, zeitliche oder räumliche Beziehungen bestehen, die eine Interdependenz der Planung, Steuerung oder Ausführung bewirken. Gegenseitige Abhängigkeiten werden häufig zwischen den arbeitsteiligen Handlungen mehrerer Akteure auftreten. Interdependenzen können jedoch auch zwischen den Handlungen einer einzelnen Person bestehen, die diese im Zeitverlauf verrichtet.

Koordinationsbedarfe werden durch zielorientierte Ordnung und Abstimmung von Handlungen erfüllt. Die hierfür erforderlichen Managementhandlungen und ergänzenden Institutionen verursachen jedoch **Koordinationskosten**. In Abhängigkeit von der Art der Koordination handelt es sich dabei um Kosten des Managements oder um Kosten, die durch die Nutzung der in Abschnitt 1.3.1 aufgezeigten ergänzenden Institutionen entstehen.[288] Ein denkbarer Weg besteht deshalb darin, zunächst zu überprüfen, ob die **Reduktion von Koordinationsbedarfen** möglich und sinnvoll ist. Eine solche Reduktion von Koordinationsbedarfen ist somit gleichbedeutend mit dem Abbau von Interdependenzen zwischen Handlungen.

Legt man die Unterscheidung von inhaltlichen, zeitlichen und räumlichen Beziehungen zwischen Handlungen zugrunde, ergibt sich eine entsprechende Gliederung von Ansätzen der Reduktion von Koordinationsbedarfen. **Inhaltliche Koordinationsbedarfe** können durch den Einsatz flexibler Ressourcen und die Bereitstellung von Überschussressourcen abgebaut werden.[289] Stehen ausreichend freie Kapazitäten zur Verfügung, die sich vielseitig nutzen lassen, muss deren Einsatz nicht im Voraus geordnet und abgestimmt werden. Ihr Einsatz erfolgt vielmehr flexibel entsprechend der jeweiligen Nachfrage ohne hierdurch Kapazitätsengpässe zu bewirken. Beispiele für vielseitig einsetzbare Betriebsmittel sind Allzweckfahrzeuge und standardisierte Ladungsträger. Flexible Arbeitnehmerinnen und Arbeitnehmer verfügen über ein breites Spektrum an Kenntnissen und Fertigkeiten und können deshalb je nach Bedarf eingesetzt werden. Von Vorteil ist beispielsweise eine umfassende Ausbildung als Fachkraft für Lagerlogistik. Neben der Flexibilität spielt auch die Verfügbarkeit freier Kapazitäten eine wesentliche Rolle. Dieser Effekt ist in der Organisationstheorie mit dem Begriff „Organizational Slack" verbunden.[290] Sind wesentliche Reservekapazitäten vorhanden, ist unter Umständen sogar ein Verzicht auf eine enge Abstimmung von logistischen Handlungen möglich, ohne Engpässe zu befürchten.[291]

Zeitliche Interdependenzen, die eine bestimmte Abfolge von Handlungen erfordern, lassen sich durch Lagerbestände verringern. Lagerbestände eröffnen somit die Möglichkeit der

---

[288]   Grundlegend kann zur Begründung dieser Kosten auf Coase (1937), S. 392, verwiesen werden, der die Koordinationskosten des Unternehmers und die Kosten der Nutzung von Märkten unterscheidet.

[289]   Vgl. Kieser/Walgenbach, S. 100.

[290]   Siehe dazu March/Simon (1993), S. 146, Cohen/March/Olsen (1972), S. 12.

[291]   Vgl. Bourgeois (1981), S. 33–34.

Reduktion **zeitlicher Koordinationsbedarfe**.[292] Werden beispielsweise Produktionsmaterialien auf Lager gehalten, entfällt die Notwendigkeit einer abgestimmten Beschaffung im Bedarfsfall. Gleiches gilt für die Distribution von Erzeugnissen. Die Kommissionierung, die Versendung und der Transport können unabhängig von der Herstellung der Güter erfolgen. Bestände verursachen jedoch wesentliche Kosten, denn sie erfordern Raum und müssen vor Verlust, Verderb und Alterung geschützt werden.[293] Hierdurch entstehen Aufbewahrungs- und Versicherungskosten. Hinzu kommen Kapitalbindungskosten aufgrund der Verzinsung des in diesen Beständen gebunden Kapitals.

**Räumliche Koordinationsbedarfe** ergeben sich aus der Notwendigkeit, unterschiedliche logistische Handlungen abgestimmt an einem Ort zu erbringen. Die Kommissionierung und Versendung von Gütern setzt deren Lagerung an diesem Ort voraus. Die Möglichkeit der schnellen Durchführung von Ausgleichstransporten zwischen mehreren Lagerorten reduziert den Bedarf der Koordination von Handlungen der Lagerhaltung und der Kommissionierung, da eine ggf. entstehende Fehlmenge ausgeglichen werden kann. Allerdings erfordern solche Transporte eine hinreichende Flexibilität, verursachen Kosten und bedingen zudem solche Handlungen der Steuerung, die als Korrekturkoordination verstanden werden können.

Zusammenfassend lässt sich feststellen, dass eine Reduktion von Koordinationsbedarfen möglich ist. Logistischen Handlungen kommt dabei eine besondere Bedeutung zu, da durch Lagerung und Ausgleichstransporte zeitliche und räumliche Interdependenzen von Handlungen verringert werden können. Allerdings hat auch die Reduktion von Koordinationsbedarfen ihren Preis. Der Reduktion von Koordinationskosten steht häufig ein Anstieg von anderen Kosten gegenüber, die somit als **Autonomiekosten** interpretiert werden können.[294] Umgekehrt resultieren aus der Verringerung der Autonomie erhöhte Koordinationsbedarfe und somit Koordinationskosten. Es ist deshalb im Einzelfall sorgsam zu überlegen, welcher Grad an Autonomie und welcher an Koordination angestrebt wird.[295]

## 1.3.4 Ebenen der Koordination in der Logistik

Die vorangegangenen Abschnitte haben die Wirkung der Koordination und ihre spezifische Bedeutung für die Logistik aufgezeigt. Neben der Ausführung und dem Management einzelner Logistikhandlungen steht ein übergeordnetes Logistikmanagement, dessen Kern die **Koordination logistischer Handlungen** bildet. Offen blieb jedoch bisher, auf welchen Ebenen eine solche Koordination erfolgt.

Ein möglicher Ansatzpunkt sind die bereits angeführten drei **Arten logistischer Schnittstellen**.[296] Danach ließe sich die Koordination innerhalb der Logistik, die Koordination logistischer Handlungen mit jenen von Akteuren anderer Funktionsbereiche und schließlich die Koordination der Logistik mit anderen Organisationen abgrenzen. Eine ähnliche Gliederung findet sich bei **Ballou**, **Gilbert** und **Mukherjee**, die ebenfalls drei **Dimensionen der Koordi-**

[292] Vgl. Kieser/Walgenbach (2010), S. 100.
[293] Siehe dazu Large (2012), S. 203–205.
[294] Vgl. Pfohl (2010), S. 29.
[295] Vgl. Frese/Graumann/Theuvsen (2012), S. 125–126.
[296] Vgl. Feierabend (1987), S. 57–58, Pfohl (2010), S. 280–282.

nation unterscheiden.[297] Die intrafunktionale Koordination bezieht sich auf Aktivitäten innerhalb der Logistik eines Unternehmens. Die interfunktionale Koordination hat die Abstimmung von logistischen Handlungen mit jenen der Finanzierung, der Produktion und des Marketings zum Gegenstand. Die interorganisatorische Koordination ist auf die Abstimmung von Güterflüssen zwischen Unternehmen ausgerichtet.

Prinzipiell wären diese Systematisierungen geeignet, die interessierenden Ebenen der Koordination aufzureißen. Im Folgenden sollen diese jedoch um ein weiteres Element ergänzt werden, welches die Koordination innerhalb einer logistischen Teilfunktion thematisiert. Hierdurch ergeben sich **vier Ebenen der Koordination in der Logistik**:

1. Koordination der Handlungen innerhalb logistischer Teilfunktionen
2. Koordination der logistischen Teilfunktionen untereinander
3. Koordination der Logistik mit anderen betrieblichen Funktionen
4. Unternehmensübergreifende Koordination logistischer Handlungen

**Zu 1:** Die Koordination innerhalb logistischer Teilfunktionen wurde im ersten Band bereits weitgehend behandelt. Im Rahmen der Planung von **gebrochenen Transporten** werden einzelne Abschnitte der Transportkette koordiniert, indem die dazu erforderlichen Transport- und Umschlaghandlungen inhaltlich, räumlich und zeitlich abgestimmt werden. Gelingt dies, bilden der Vorlauf, der Hauptlauf und der Nachlauf sowie die erforderlichen Umschlagaktivitäten eine geordnete und damit effiziente Handlungsfolge. Ein weiteres Beispiel koordinierter Handlungen innerhalb einer logistischen Teilfunktion stellt die **mehrstufige Logistikeinheitenbildung** dar. Die Handlungen zur Bildung von Logistikeinheiten auf den einzelnen Stufen werden mit der Zielsetzung aufeinander abgestimmt, eine effiziente Zusammenfassung zu größeren Logistikeinheiten zu ermöglichen. So werden Packungen auf der Stufe 1 derart erstellt, dass die nachfolgende Zusammenfassung mit Hilfe einer Palette als Ladungsträger problemlos möglich ist. Grundlage dieser Koordination ist die Planung von Logistikeinheiten unter Verwendung des genormten Flächenmoduls 600 mm × 400 mm.[298] Schließlich kann auch die Abstimmung von Handlungen der Lagerhaltung eines bestimmten Gutes über mehrere Lagerstufen hinweg als Beispiel der Koordination innerhalb einer logistischen Teilfunktion angeführt werden.

**Zu 2:** Im ersten Band wurde die Unterstützung der Gütertransformation und -transaktion durch räumliche und zeitliche Transfers als grundlegende Funktion der Logistik abgeleitet.[299] Durch Rückgriff auf die beiden Dimensionen der faktischen Verfügbarkeit erfolgte die Abgrenzung der primären Hauptfunktionen Transport (räumlicher Transfer) und Lagerung (zeitlicher Transfer). Diese wiederum wurden in die logistischen Teilfunktionen außerbetrieblicher Transport, innerbetrieblicher Transport, physische Lagerung und Lagerhaltung aufgelöst. Diese analytische Vorgehensweise zur Ableitung der Teilfunktionen unterstreicht bereits deren Zugehörigkeit zu einem übergeordneten Ganzen. Die fünfte logistische Teilfunktion, die Logistikeinheitenbildung, verdankt ihre Existenz der Tatsache eines engen inhaltlichen Zusammenhangs mit den anderen vier, ohne im strengen Sinne Handlungen des Güter-

---

[297] Vgl. Ballou/Gilbert/Mukherjee (2000), S. 9–10.
[298] DIN 55510 Teil 3, S. 4.
[299] Vgl. Large (2012), S. 4.

transfers zu umfassen. Insgesamt kann somit eine **hohe Interdependenz zwischen diesen fünf Teilfunktionen** vermutet werden. Daraus folgt die Notwendigkeit der Koordination.

In der Lehrbuchliteratur zur Logistik werden solche Interdependenzen häufig mit Hilfe von **Kostenkonflikten** umschrieben, die aus den inhaltlichen, zeitlichen und räumlichen Zusammenhängen resultieren.[300] Handlungen im Bereich der Lagerhaltung stehen beispielsweise in unmittelbarem Zusammenhang mit jenen des Transports. Werden kleine Sicherheitsbestände gehalten, steigt die Wahrscheinlichkeit, Eiltransporte zum Ausgleich zwischen Lagern oder zur Wiederauffüllung durchzuführen. Die Wahl von Bestellmengen beeinflusst die Auslastung von Fahrzeugen. Auch die Standortplanung und die Gestaltung des Lagerlayouts sind nicht unabhängig von einer Betrachtung der damit verbundenen außer- bzw. innerbetrieblichen Transportkosten möglich. Ebenso hat die Wahl von Verkehrsträgern Einfluss auf die Logistikeinheitenbildung. Diese Beispiele ließen sich fortsetzen.

Auch aus Sicht der zu erbringenden **Logistikleistung** ist eine enge Koordination der logistischen Teilfunktionen angezeigt. Legt man wiederum die in Band 1 eingeführten vier Kategorien des Logistikleistungsbegriffs zugrunde,[301] kommt insbesondere der wirkungsbezogenen Logistikleistung eine besondere Bedeutung zu. Eine wirkungsbezogene Leistung gilt als erbracht, wenn die beabsichtigte faktische Verfügbarkeit eines Objekts für ein Subjekt erreicht ist. Ohne ein Ineinandergreifen und ohne eine enge Abstimmung der logistischen Teilfunktionen ist eine solche Leistungserbringung nicht möglich.

**Zu 3:** Logistische Leistungen haben jedoch keinen Selbstzweck, sondern werden für bestimmte interne Leistungsempfänger erbracht.[302] Hieraus erfolgt die Notwendigkeit der Koordination der Logistik mit anderen betrieblichen Funktionen. Der **Beschaffung** obliegen alle Handlungen des Transfers und der Transaktion, um gemeinsam mit dem Lieferanten die Verfügbarkeit der Beschaffungsobjekte für das beschaffende Unternehmen zu erreichen.[303] Handlungen der Logistik und jener, die der Übertragung von Verfügungsrechten gelten, greifen häufig unmittelbar ineinander. So ist beispielsweise eine Lieferantenauswahl ohne die Berücksichtigung der erforderlichen logistischen Handlungen im Rahmen der Anlieferung der Beschaffungsobjekte nicht möglich bzw. zumindest nicht zielführend. Logistische Handlungen in der **Produktion**, z.B. der innerbetriebliche Transport und die Lagerung von Zwischenprodukten, sind eng mit den Transformationsprozessen verknüpft. Beispielsweise ist ein reibungsloser Materialfluss zwischen einzelnen Maschinen Voraussetzung für eine mehrstufige Fertigung. Ebenso setzt die Bildung eines Fertigungsloses, dessen Größe über den aktuellen Periodenbedarf hinausgeht, entsprechende Lagerhandlungen voraus. Analog zur Beschaffung ergeben sich Abstimmungsbedarfe auch zwischen Logistik und **Absatz**. Nach §433 BGB ist der Verkäufer einer Sache nicht nur verpflichtet dem Käufer das Eigentum an der Sache zu verschaffen, sondern diesem auch die Sache zu übergeben. Absatzaktivitäten und die Handlungen der physischen Distribution müssen also inhaltlich, zeitlich und räumlich abgestimmt werden. Ein Beispiel dafür ist die Koordination von Werbemaßnahmen mit der Warenverfügbarkeit an den Verkaufsstellen. Die Notwendigkeit der logistikgerechten

---

[300]  Siehe dazu z.B. Pfohl (2010), S. 30–32.

[301]  Vgl. Weber (1986), S. 1198–1204, Weber/Kummer (1998), S. 116–117, Weber (2012), S. 137–150.

[302]  Siehe dazu Large (2012), S. 23–24.

[303]  Vgl. Large (2013), S. 22.

Gestaltung von Erzeugnissen führt schließlich zu einem Koordinationsbedarf logistischer Handlungen mit jenen der **Forschung und Entwicklung**. Logistikkosten können reduziert und Logistikleistungen verbessert werden, wenn beispielsweise Produkte Abmessungen aufweisen, die den Transport mit Standardfahrzeugen erlauben oder die Einlagerung auf einer Europalette ermöglichen.

**Zu 4:** Bereits die Betrachtung der Koordination der Logistik mit den betrieblichen Funktionen Beschaffung und Absatz hat das Vorhandensein von Gütertransfers zwischen Unternehmen aufgezeigt. Durch **Lieferbeziehungen** entstehen Interdependenzen zwischen den logistischen Handlungen von Akteuren unterschiedlicher Organisationen, die einen Koordinationsbedarf zur Folge haben. Beispielsweise sollten beim Empfänger eintreffende Fahrzeuge zügig entladen werden, um unproduktive Wartezeiten zu vermeiden. Um dieses Ziel zu erreichen, müssen entweder zur Reduktion von Koordinationsbedarfen stets freie Kapazitäten vorgehalten werden oder der Koordinationsbedarf wird durch Planung erfüllt. In letzten Fall findet eine Abstimmung von Transport- und Umschlaghandlungen statt, indem den Ablieferungen bestimmte Zeitfenster zugewiesen werden.

Werden **Logistikunternehmen** mit der Ausführung oder sogar dem Management von Logistikhandlungen beauftragt, entsteht ein zusätzlicher unternehmensübergreifender Koordinationsbedarf. Dieser ist im Fall von einfachen Logistikdienstleistungen gering und kann oft schon bei der Beauftragung, z.B. durch die Ausstellung eines Frachtbriefes, vollständig gedeckt werden. Komplexe Logistikdienstleistungen, die zudem über einen längeren Zeitraum erbracht werden, erfordern dagegen wiederkehrende Abstimmungen.[304] Dies ist insbesondere dann der Fall, wenn die beauftragten Kontraktlogistikunternehmen eine spezifische Anpassung ihrer Leistungen an den Auftraggeber vornehmen.[305] Durch die Einbeziehung von Logistikunternehmen, die ihre Leistungen nicht direkt für den Auftraggeber erbringen, sondern für dessen Kunden oder Lieferanten, entstehen **trilaterale Beziehungen**, bei denen sich die erforderliche Koordination somit auf drei Unternehmen und deren Akteure erstreckt. Im Sinne einer Zusammenfassung sind die vier Ebenen der Koordination in der Logistik und die jeweils betroffenen Bereiche nochmals in Abbildung 2 dargestellt.

---

[304] Mit der Koordination von logistischen Handlungen zwischen Auftraggebern und Auftragnehmern in Logistikdienstleistungsbeziehungen wird sich insbesondere Band 3 der Betriebswirtschaftlichen Logistik beschäftigen.

[305] Vgl. Large (2007), Large (2011a), Large/Kramer/Hartmann (2011).

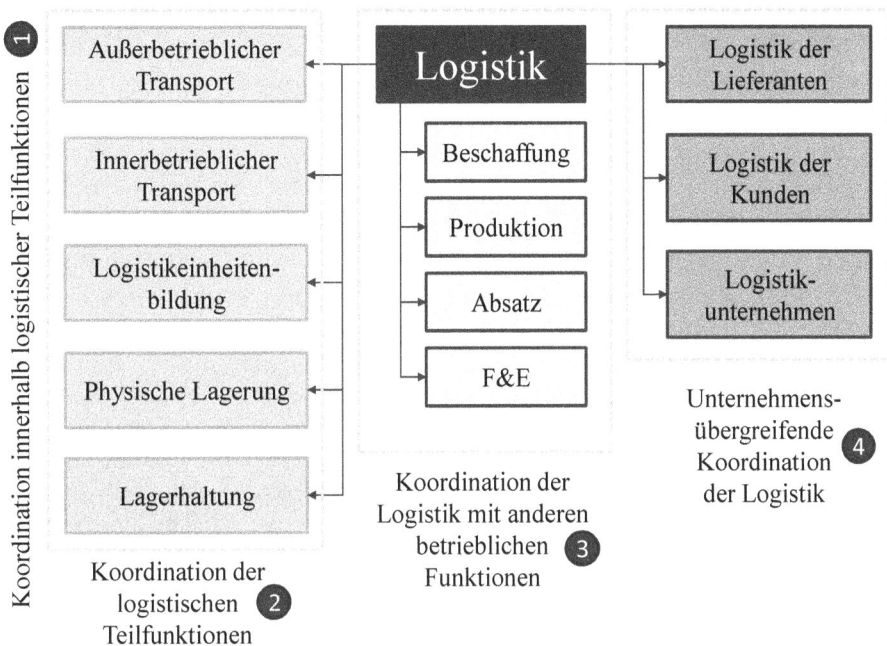

*Abbildung 2: Ebenen der Koordination in der Logistik*

Auf Basis der bisherigen Überlegungen lässt sich nun eine umfassende Definition des Logistikmanagements aufstellen, welche die verschiedenen Aspekte und vorgenommenen Untergliederungen einbezieht.

Logistikmanagement als Phänomen umfasst alle Handlungen der Planung und Steuerung des Transfers von Gütern und Abfällen. Dabei lassen sich vier Handlungsbereiche des Logistikmanagements unterscheiden: die Logistikplanung, die Logistikführung, die Logistikorganisation und die Logistikkontrolle. Die letzten drei Handlungsbereiche bilden zusammen die Logistiksteuerung.

Ein derart definiertes Logistikmanagement schließt das Management der einzelnen logistischen Teilfunktionen und das Management der Gesamtlogistik ein, dessen Aufgabe in der Koordination der logistischen Teilfunktionen, in der Koordination der Logistik mit anderen betrieblichen Funktionen und in der unternehmensübergreifenden Koordination logistischer Handlungen besteht.

## 1.3.5 Abgrenzung von Supply Chain Management und Logistikmanagement

Die Ausführungen des Abschnitts 1.3.2 haben die Bedeutung der Koordination für die Logistik untermauert. Die Notwendigkeit eines übergeordneten koordinierenden Logistikmanagements, dessen Kernaufgabe in der Abstimmung der logistischen Teilfunktionen untereinander besteht, wurde in Abschnitt 1.3.4 begründet. Den Anspruch der **Koordination und Integration** erhebt jedoch auch das sogenannte Supply Chain Management (SCM).

Der **Begriff „Supply Chain Management"** (SCM) wurde in den frühen 80er Jahren des letzten Jahrhunderts durch Unternehmensberatungen eingeführt. Die Unternehmensberatung Booz Allen Hamilton beansprucht für sich, diesen Begriff aus der Beratungspraxis heraus geschaffen zu haben.[306] Entsprechend wurden die ersten Veröffentlichungen, die zum Supply Chain Management in wissenschaftlichen Zeitschriften erschienen sind, von Beratern verfasst. Dabei stehen die Unterschiede des Konzepts gegenüber der klassischen Materialwirtschaft und Fertigungssteuerung im Vordergrund. *Houlihan* führt beispielsweise aus: "supply chain management requires a new approach to systems: integration, not simply interface, is the key."[307] Bei genauerer Betrachtung dieser Abhandlung lehnt sich das Konzept des SCM allerdings sehr eng an damals bereits bekannte Aussagen der Logistik oder des Physical Distribution Managements an, ohne diese als Quellen zu berücksichtigen.[308] Auch nachfolgende Beiträge von Unternehmensberatern betonen die Notwendigkeit einer ganzheitlichen Betrachtung von sogenannten Supply Chains. Aus Sicht von *Stevens* herrschen in den einzelnen Funktionsbereichen eines Unternehmens unterschiedliche Verhaltensweisen vor, die Konflikte verursachen. Er fordert deshalb: "To resolve these conflicts effectively and turn the supply chain into a weapon for gaining competitive advantage requires the development of an integrated supply chain driven by the needs of the business."[309]

Ein derart aggressiver und weitreichender Anspruch sowie die 2005 erfolgte Umbenennung des einflussreichen amerikanischen Logistikverbands Council of Logistics Management (CLM) in Council of Supply Chain Management Professionals (CSCMP) werfen die existenzielle Frage der **möglichen Dominanz des Supply Chain Managements** auf. Wird das Logistikmanagement im Supply Chain Management aufgehen oder ist es sogar bereits darin aufgegangen? Der CSCMP definiert Logistikmanagement derzeit als "that part of supply chain management that plans, implements, and controls the efficient, effective forward and reverses flow and storage of goods, services and related information between the point of origin and the point of consumption in order to meet customers' requirements."[310] Das Logistikmanagement wäre demnach ein Teilgebiet des Supply Chain Managements (SCM). Weiter führt der Verband aus: "Supply chain management encompasses the planning and management of all activities involved in sourcing and procurement, conversion, and all logis-

---

[306]  Vgl. Laseter/Oliver (2003), S. 2.

[307]  Houlihan (1985), S. 27.

[308]  Bemerkenswerter Weise werden in diesem Aufsatz insgesamt nur drei Quellen herangezogen. Vgl. Houlihan (1985), S. 38.

[309]  Stevens (1989), S. 3.

[310]  http://cscmp.org/aboutcscmp/definitions.asp.

tics management activities. Importantly, it also includes coordination and collaboration with channel partners, which can be suppliers, intermediaries, third party service providers, and customers. In essence, supply chain management integrates supply and demand management within and across companies. Supply chain management is an integrating function with primary responsibility for linking major business functions and business processes within and across companies into a cohesive and high-performing business model. It includes all of the logistics management activities noted above, as well as manufacturing operations, and it drives coordination of processes and activities with and across marketing, sales, product design, finance, and information technology."[311] Obwohl diese Umschreibung einige Widersprüche aufweist, umfasst das Supply Chain Management aus Sicht des CSCMP offensichtlich nicht nur das Logistikmanagement, sondern auch das Beschaffungs- und Produktionsmanagement und somit die meisten funktionalen Managementbereiche eines Unternehmens. Damit wäre das Logistikmanagement im Supply Chain Management aufgegangen. Ist ein derart umfassender **Anspruch des Supply Chain Managements** jedoch angemessen und sinnvoll und welche Aufgaben würde das Logistikmanagement in diesem Fall innerhalb des Supply Chain Managements wahrnehmen? Eng verbunden mit dieser Fragestellung sind die Abgrenzung von Berufen der Logistik gegenüber jenen des Supply Chain Managements sowie die jeweiligen Erfordernisse hinsichtlich der Aus- und Weiterbildung.[312]

Antworten darauf müsste die Logistik als Wissenschaft liefern. Auch wissenschaftlichen Autorinnen und Autoren fällt es jedoch schwer, eine tragfähige Abgrenzung des Supply Chain Managements gegenüber dem Logistikmanagement vorzulegen. Betrachtet man die mittlerweile nicht mehr zu überschauende Literatur zum Supply Chain Management,[313] so wird deutlich, dass sich noch immer **keine allgemein akzeptierte Definition** des Supply Chain Managements durchgesetzt hat.[314] So identifizieren *Stock* und *Boyer* mit Hilfe einer umfassenden Literaturanalyse 173 unterschiedliche Supply Chain Management Definitionen und konstatieren die Tendenz zu einem immer weiteren Verständnis des SCM im Laufe der Zeit.[315] *Cooper* und *Ellram* veröffentlichten 1993 die folgende Umschreibung, die sehr stark an gängige Definitionen des Logistikmanagements erinnert: „Supply chain management is defined as an integrative philosophy to manage the total flow of a distribution channel from the supplier to the ultimate user."[316] Eine spätere Umschreibung lautet: "Supply chain management is the integration of business processes from end user through original suppliers that provides products, services and information that add value for customer."[317] Eine vergleichsweise umfassende Definition des Supply Chain Managements legten *Mentzer et al.* zu Beginn des Jahrtausends vor, in deren Zentrum die Aufgabe der Koordination steht. Danach

---

[311] http://cscmp.org/aboutcscmp/definitions.asp.

[312] Siehe dazu Zinn/Goldsby (2014).

[313] Einige der wichtigsten Arbeiten zum Supply Chain Management sind: Ellram (1991), Cooper/Ellram (1993), Cooper/Lambert/Pagh (1997), Mentzer et al. (2001), Min/Mentzer (2004), Mentzer/Stank/Esper (2008), Stock/Boyer (2009), Esper/Defee/Mentzer (2010), Stock/Boyer/Harmon (2010), Petersen/Autry (2014). Siehe auch die Übersichtsartikel zum Stand der theoretischen und empirischen Forschung im Bereich des Supply Chain Managements von Fettke (2007) und Giunipero et al. (2008).

[314] Vgl. Esper/Defee/Mentzer (2010), S. 161–162.

[315] Vgl. Stock/Boyer (2009), S. 698–699.

[316] Cooper/Ellram (1993), S. 13.

[317] Cooper/Lambert/Pagh, 1997, S. 2.

wird Supply Chain Management verstanden als "the systemic, strategic coordination of the traditional business functions and the tactics across these business functions within a particular company and across businesses within a supply chain, for the purposes of improving the long-term performance of the individual companies and the supply chain as a whole."[318]

Folgt man dieser Sichtweise, dann erfordert das Supply Chain Management gerade nicht die Zusammenfassung des Managements bestehender Funktionsbereiche oder gar jenes mehrerer Unternehmen, sondern es stellt lediglich ein unterstützendes Managementkonzept dar, welches die **interne und unternehmensübergreifende Abstimmung von Supply Chains** (Versorgungsketten) fördern soll. Eine Supply Chain (Versorgungskette) besteht „aus einer Folge von Handlungen der Transformation, der Transaktion sowie des zeitlichen und räumlichen Transfers, durch welche ein Subjekt mit den gewünschten Gütern versorgt wird."[319] Handlungen der Transformation von Gütern erzeugen Eignungswert und Transaktionen dienen der Übertragung von Verfügungsrechten an Gütern auf andere Subjekte.[320] In diesem Sinne würde das Supply Chain Management Handlungen der Planung und Steuerung zur Koordination von Supply Chains umfassen.[321]

*Stock* und *Boyer* haben den Versuch unternommen, aus der Vielzahl vorliegender Definitionen eine „**Konsensdefinition**" zu generieren. Als Ergebnis betrachten sie das Supply Chain Management als das "management of a network of relationships within a firm and between interdependent organizations and business units consisting of material suppliers, purchasing, production facilities, logistics, marketing, and related systems that facilitate the forward and reverse flow of materials, services, finances and information from the original producer to final customer with the benefits of adding value, maximizing profitability through efficiencies, and achieving customer satisfaction."[322] Auch diese Definition ist einerseits durch die Einbeziehung unterschiedlicher Organisationen bzw. Organisationseinheiten außerordentlich breit, konkretisiert jedoch andererseits nicht das Wesen des geforderten Managements eines solchen Beziehungsnetzwerkes.

Schon an diesen wenigen ausgewählten Beispielen wird die begriffliche Unschärfe des Supply Chain Managements mehr als deutlich. Damit zeigt das Supply Chain Management ein unverkennbares Merkmal einer **Managementmode**, denn diese sind durch ein Wechselspiel von Unbestimmtheit und Simplizität geprägt.[323] Auch andere Elemente des Supply Chain Managements weisen auf eine Managementmode hin. Insbesondere die Reduktion auf nur einen Schlüsselfaktor (Integration), das Behaupten der Unausweichlichkeit der Umsetzung und die Verbindung mit akzeptierten Werten (Kooperation) lassen auf eine typische Managementmode schließen.[324] Nicht jedes neue Managementkonzept, das solche Merkmale zeigt, stellt allerdings eine Managementmode dar. *Abrahamson* betont als Voraussetzung das Vorhandensein eines Prozesses zur Platzierung einer Managementmode. Danach stellen

---

[318]  Mentzer et al. (2001), S. 18.

[319]  Large (2013), S. 159.

[320]  Siehe dazu Large (2012), S. 2.

[321]  Vgl. Large (2013), S. 160.

[322]  Stock/Boyer (2009), S. 706.

[323]  Vgl. Kieser (1996), S. 24–25, Kieser (1997), S. 57–59.

[324]  Vgl. Kieser (1996), S. 23–26, Kieser (1997), S. 57–61.

Entwicklungen neuer Managementkonzepte nur dann Managementmoden dar, "when they are the product of a management-fashion-setting process involving particular management fashion setters – organizations and individuals who dedicate themselves to producing and disseminating management knowledge".[325] Diese Akteure bilden ein „fashion setting network"[326] oder, wie es *Kieser* formuliert, eine Arena. „A management fashion is conceptualized as forming an arena in which different groups of participants bustle about – consultants, professors, managers, editors of management magazines, publishers, commercial seminar organizers, organizers of internet forums, etc."[327] Die hervorstechende Rolle von Beratungen für das Supply Chain Management wurde bereits in der Entstehungsphase deutlich. Ebenso unverkennbar ist die Bereitschaft anderer Akteure, insbesondere aus dem Bereich der Verbände und der Wissenschaft, trotz der aufgezeigten Probleme das neue Konzept zu forcieren.

Jenseits der grundsätzlichen und an dieser Stelle nicht zu beantwortenden Frage, ob das Supply Chain Management nur eine (kurzlebige) Managementmode darstellt,[328] bleibt somit das **Abgrenzungsproblem** zwischen dem Logistikmanagement und dem Supply Chain Management bestehen. Auch Überlegungen, nach denen sich das Supply Chain Management im Gegensatz zum Logistikmanagement zusätzlich mit **Informations-, Finanz- und Rechteflüssen** beschäftigt,[329] führen zu keiner klaren Abgrenzung. Zum einen erfordert die Logistik den umfangreichen Informationsaustausch. Aus diesem Grunde wurde das Management der Flüsse von „related information" stets als Bestandteil der Logistik verstanden.[330] Andererseits stehen Finanz- und Rechteflüsse im Vergleich zu den Güterflüssen auch im Rahmen der praktischen und wissenschaftlichen Beschäftigung mit dem Supply Chain Management eher im Hintergrund.

Weiterhin findet sich vor allem in der betrieblichen Anwendung nicht selten die Aussage, Supply Chain Management würde sich im Gegensatz zum Logistikmanagement mit **interorganisatorischen Phänomenen** beschäftigen. Im Bereich der Wissenschaft wird diese Sichtweise beispielsweise von *Mentzer*, *Stank* und *Esper* vertreten, welche dem Supply Chain Management die primäre Aufgabe zuweisen, zu einer Verbesserung von unternehmensübergreifenden Prozessen beizutragen.[331] Auch *Weber* und *Dehler* weisen dem Supply Chain Management als letzter Stufe des bereits vorgestellten Phasenkonzepts der Logistikentwicklung[332] die „flussorientierte Gestaltung von unternehmensübergreifenden Strukturen"[333] als Aufgabe zu. Wie die Ausführungen zu Beginn des ersten Bands ausführlich zeigen, war jedoch die Logistik in ihrem Selbstverständnis nie auf die Grenzen eines Unternehmens beschränkt.[334] Auch in der im vorangegangenen Abschnitt vorgenommenen Definition des

---

[325] Abrahamson (1996), S. 256.

[326] Abrahamson (1991), S. 596.

[327] Kieser (1997), S. 57, ähnlich Kieser (1996), S. 23.

[328] Erste Gedanken dazu finden sich in Large (2015).

[329] Siehe z.B. Pfohl (2000), S. 6, Bowersox et al. (2013), S. 6–7.

[330] Siehe dazu z.B. die obige Definition des CSCMP sowie die entsprechenden Vorgängerdefinitionen des CLM.

[331] Vgl. Mentzer/Stank/Esper (2008), S. 38. Die Aufgabe der Verbesserung interfunktionaler Prozesse innerhalb eines Unternehmens kann danach durch Anwendung des Konzepts des Operation Managements erfüllt werden.

[332] Siehe Abschnitt 1.3.2.

[333] Weber/Dehler (2000), S. 53.

[334] Siehe z.B. die frühen Beiträge von Heskett/Ivie/Glaskowsky (1964), S. 24–27, Kirsch et al. (1973), S. 270–273.

Logistikmanagements wird die Aufgabe der unternehmensübergreifenden Koordination logistischer Handlungen explizit der Logistik zugeordnet. Auch dieser Ansatz erscheint deshalb für eine Abgrenzung wenig geeignet.

***Larson, Poist*** und ***Halldórsson*** haben **vier generelle Sichtweisen** des Zusammenhangs von Logistik und Supply Chain Management identifiziert, die zum Versuch einer Abgrenzung herangezogen werden können.[335]

- Die Logistik entspricht dem Supply Chain Management (re-labeling).
- Die Logistik enthält das Supply Chain Management (traditionalist).
- Das Supply Chain Management enthält die Logistik (unionist).
- Die Logistik und das SCM überschneiden sich teilweise (intersectionist).

Reine Umbenennungen („**re-labeling**") liegen vor, wenn das Logistikmanagement als Organisationseinheit oder Funktion lediglich als Supply Chain Management bezeichnet wird, ohne eine inhaltliche Differenzierung oder Erweiterung der Aufgabe bzw. des Gegenstands vorzunehmen. Bei **traditionalistischer Sichtweise** steht das Supply Chain Management für das Management unternehmensübergreifender Transferprozesse. Damit wäre das Supply Chain Management Bestandteil des Logistikmanagements. Häufig wird die Notwendigkeit des Supply Chain Managements in diesem Fall durch die angebliche Vernachlässigung der unternehmensübergreifenden Logistik in der Vergangenheit begründet. Die obige Abgrenzung durch den CSCMP ließe sich einem **unionistischen Verständnis** zuordnen, welches das Logistikmanagement als Teilgebiet des Supply Chain Managements auffasst. Ein **intersektionistisches Verständnis** räumt dagegen lediglich einzelne Überschneidungen zwischen den beiden ansonsten separaten Managementlehren ein.

Mit Hilfe einer Befragung von Mitgliedern des CSCMP untersuchten die Autoren zudem die **Verbreitung dieser Sichtweisen** in der betrieblichen Praxis. Danach werden 47% der Unternehmen durch ein unionistisches Verständnis bestimmt. 28% der Unternehmen verfolgen einen intersektionistischen und 19% einen traditionalistischen Ansatz. Lediglich 6% der Unternehmen haben nach dieser Befragung reine Umbenennungen vorgenommen.[336] Auch hieraus lässt sich somit kein klares Bild generieren, da offensichtlich alle Sichtweisen vorzufinden sind. Aufgrund der Auswahl der Befragten war mit dem Vorherrschen des – durch den CSCMP propagierten – unionistischen Verständnisses zu rechnen. Die Beobachtung der Unternehmenspraxis in Deutschland lässt durchaus eine weite Verbreitung der reinen Umbenennungen des Logistikmanagements, aber auch des Beschaffungsmanagements, vermuten. Dabei ist eine grundlegende Auseinandersetzung der Handelnden der Logistik mit den Gemeinsamkeiten und den Unterschieden des Logistikmanagements und des Supply Chain Managements nicht zu erkennen. Ein Blick auf die Verwendung des Supply-Chain-Management-Begriffs in Unternehmen hilft somit ebenfalls nicht, die aufgezeigten Abgrenzungsprobleme zu lösen.

Ein vielversprechender Weg, dieses Abgrenzungsproblem anzugehen, erscheint dagegen die Rückbesinnung auf die Funktion der Logistik zu sein. Dabei wird der **Zweck der Logistik**

---

[335]  Vgl. Larson/Poist/Halldórsson (2007), S. 2–5.
[336]  Vgl. Larson/Poist/Halldórsson (2007), S. 9.

jenem des Supply Chain Managements gegenübergestellt. Unabhängig von den jeweiligen Produktionsverhältnissen einer Gesellschaft besteht der fundamentale Zweck der Wirtschaft in der Versorgung der Menschen mit Sachgütern und Dienstleistungen und damit in der Bereitstellung von Gebrauchswerten. Um über den Eignungswert hinaus Gebrauchswert aufzuweisen, müssen Güter faktisch verfügbar sein.[337] Logistische Handlungen verfolgen deshalb den Zweck, die faktische Verfügbarkeit von Gütern herzustellen und erfüllen damit ihre Funktion für die Wirtschaft in diesem grundlegenden Sinn.[338]

Auf den ersten Blick findet sich auch in vielen Definitionen des Supply Chain Managements ein Zweckbezug zur Wertschöpfung. Mit Hilfe einer Analyse von 166 in der Literatur veröffentlichten Definitionen haben **Stock**, **Boyer** und **Harmon** den postulierten Nutzen des Supply Chain Managements ermittelt. In 82 Fällen und somit am häufigsten wurde die Wertschöpfung als **Zweck des Supply Chain Managements** angeführt.[339] Dabei stellt sich jedoch die Frage, ob in den untersuchten Definitionen die Schöpfung von Gebrauchswert oder lediglich die Realisation von Tauschwert als dessen Erscheinungsform angesprochen wird.[340] Diese für das weitere Verständnis zentrale Unterscheidung wird allerdings im Rahmen des Supply Chain Managements nicht thematisiert. Lediglich die konkreten Ziele, welche mit dem Supply Chain Management verfolgt werden, deuten trotz der täuschenden Bezeichnung als Versorgungskettenmanagement auf eine Tauschwertorientierung hin. Augenfällig wird diese Tauschwertorientierung insbesondere hinsichtlich des sogenannten Cash-to-Cash-Cycle, welcher die Zeitspanne zwischen dem Zeitpunkt der Auszahlungen an Lieferanten und jenem der Einzahlungen durch die Kunden darstellt.[341] Entsprechend wird die enge Verknüpfung des Supply Chain Managements mit der kapitalistischen Produktionsweise deutlich, denn diese ist auf die „Verwandlung von Geld in Ware und die Rückverwandlung von Ware in Geld"[342] fokussiert. In diesem Sinne ließe sich auch die bereits angeführte frühe Aussage von **Stevens** interpretieren, das Supply Chain Management sei „driven by the needs of the business."[343] Folgt man diesen Gedanken, kann die folgende Proposition formuliert werden:

Durch das Supply Chain Management wird bezweckt, die Verwandlung von Geld in Ware und die Rückverwandlung von Ware in Geld zu beschleunigen und unternehmensübergreifend abzusichern.

Trifft diese Vermutung zu, dann unterscheidet sich das Wesen des Logistikmanagements und des Supply Chain Managements grundlegend. Während das Logistikmanagement lediglich die faktische Verfügbarkeit von Gütern herstellen und die Entsorgung von Abfällen unterstützen soll, kann Supply Chain Management als subtiles **Beherrschungsinstrument in der**

---

[337] Vgl. Large (1995), S. 34.

[338] Siehe dazu Large (2012), S. 2.

[339] Vgl. Stock/Boyer/Harmon (2010), S. 34–35.

[340] Vgl. Marx (2008), S. 51. Siehe dazu auch Haug (2013), S. 82.

[341] Vgl. Farris/Hutchison (2003), Hofmann/Kotzab (2010). Siehe dazu ausführlich Abschnitt 2.3.3.

[342] Marx (2008), S. 162.

[343] Stevens (1989), S. 3.

**Hand fokaler Unternehmen** verstanden werden, welches der beschleunigten und kontrollierten Verwandlung von Geld in Ware und Ware in Geld dient. *Maloni* und *Benton* haben Belege für die hohe Bedeutung von Macht für die Integration von Supply Chains aufgezeigt.[344] Danach gehen nicht von harten Zwangsmaßnahmen, sondern gerade von weicheren Formen, wie der Bestimmung der Nutzenverteilung oder der Beteiligung an Expertenwissen, Wirkungen auf die Intensität der Beziehung aus.[345] Die Verwertung mit Unterstützung des Supply Chain Managements erfolgt somit nicht nur durch verwirklichte Arbeitskraft innerhalb des fokalen Unternehmens, sondern darüber hinaus auch durch die Beeinflussung von Handlungen in den vor- und nachgelagerten Betrieben. Dieses manifeste Interesse der beschleunigten und kontrollierten Verwandlung von Ware in Geld auch über die eigenen Unternehmensgrenzen hinweg wäre zudem eine Antwort, warum sich das Supply Chain Management im Gegensatz zu anderen Managementmoden bisher nicht „abgenutzt" hat.[346]

Die aufgezeigten fundamental unterschiedlichen Zwecke des Supply Chain Managements und des Logistikmanagements verbieten somit die, wenn auch nur partielle, Gleichsetzung von Supply Chain Management und Logistikmanagement. Im Gegensatz zum Supply Chain Management, welches als spezielles Managementkonzept auf die schnelle und beherrschte Realisation von Tauschwert als Selbstzweck abzielt und somit auf dem Kapitalismus gründet, ist das Logistikmanagement unabhängig von historisch bedingten Produktionsverhältnissen auf den Gebrauchswert ausgerichtet, denn es umfasst alle Handlungen der Planung und Steuerung des Transfers von Gütern und Abfällen. Die Logistik hat deshalb unabhängig von den jeweiligen Produktionsverhältnissen einer Gesellschaft **als Phänomen, Lehre und Wissenschaft dauerhaften Bestand**, denn die grundlegende Funktion der Logistik für die Wirtschaft und damit für die Menschheit bleibt unverändert. Wenngleich es durch die bestehenden Produktionsverhältnisse in seiner Ausprägung beeinflusst wird, ist das Logistikmanagement – im Gegensatz zum Supply Chain Management – nicht an eine bestimmte historische Erscheinungsform der Wirtschaft gebunden.

---

[344]  Maloni/Benton (2000), S. 65–66.

[345]  Maloni/Benton (2000), S. 63–64.

[346]  Zum Ende von Managementmoden siehe Kieser (1996), S. 33–34, Kieser (1997), S. 68–69.

# 2 Logistikplanung

Wie in Abschnitt 1.1.2 dargestellt, umfasst die Logistikplanung als Phänomen alle Handlungen des rechtzeitigen Durchdenkens zukünftiger Handlungsalternativen der Planung, Steuerung und Ausführung des Transfers von Gütern und Abfällen sowie des Festlegens auf die richtigen Handlungen im Voraus. Werden in der Planungsphase die Interdependenzen zwischen den intendierten Handlungen berücksichtigt, so kann bereits vorab eine Abstimmung dieser Handlungen erfolgen. Üblicherweise werden Planungshandlungen drei Ebenen zugeordnet.[347] Im Folgenden wird zunächst die strategische Ebene des Logistikmanagements behandelt.

## 2.1 Strategische Logistikplanung

### 2.1.1 Wesen und Gegenstand der strategischen Logistikplanung

Soll das Wesen der strategischen Logistikplanung ergründet werden, bedarf zunächst jener Teil der Logistikplanung einer Abgrenzung, der als „strategisch" einzuordnen ist. Der Terminus „Strategie" bildet sich aus den griechischen Wörtern stratós (Heer) und ágein (führen). *Jomini* unterscheidet in seinem klassischen Werk zum „Wesen der Kriegskunst" fünf militärische Wissenschaften.[348] Die **Strategie** als eine dieser Wissenschaften bezeichnet danach „die Kunst, die Streitmassen auf dem Kriegsschauplatze richtig zu bewegen, sei es bei einem Einfalle in ein fremdes Land, sei es zur Verteidigung des eigenen."[349] Durch den Bezug auf den Kriegsschauplatz und nicht auf die einzelne Schlacht zeigt sich der grundlegende Charakter der Strategie. Diese hat nicht die einzelne militärische Operation zum Gegenstand, sondern beschreibt eine **grundsätzliche und langfristige Vorgehensweise**, um durch die richtige Positionierung des Heeres Vorteile für spätere Operationen zu entwickeln.

Der militärische Strategiebegriff lässt sich natürlich nur im übertragenen Sinn auf die Betriebswirtschaftslehre und die Logistik anwenden. Allerdings kann ebenso wie im militärischen Bereich auch in der Wirtschaft der Bezug auf die **vorteilhafte Positionierung** als wesentliches Element des „Strategischen" identifiziert werden. Dabei stellt sich unmittelbar die Frage, welcher Zweck mit einer derartigen Positionierung in der Wirtschaft bzw. der Logistik verfolgt wird. Der fundamentale Zweck der Wirtschaft besteht in der Versorgung der Menschen mit Sachgütern und Dienstleistungen. Der Logistik fällt dabei die Aufgabe zu,

---

[347] Siehe dazu z.B. Küpper (2004), Sp. 1154–1156.

[348] Vgl. Jomini (1839), S. 34.

[349] Jomini (1839), S. 35.

die faktische Verfügbarkeit von Gütern herzustellen. Das grundlegende Kriterium zur Beurteilung von logistischen Handlungen ist deren Rationalität. Im ersten Band wurden dazu
mehrere Beurteilungskriterien abgeleitet, deren Berücksichtigung die Rationalität logistischer Handlungen im Rahmen bestehender Produktionsverhältnisse sichern soll.[350] Bei kapitalistischer Produktionsweise kommt dabei dem **Logistikerfolg** als Differenz der Logistikerlöse bzw. der logistikinduzierten Erlöse[351] und der Logistikkosten in den einzelnen Geschäftsfeldern, also der Differenz der Tauschwerte von logistischen Faktoren und Leistungen, eine zentrale Bedeutung zu. Wenn der Zweck einer vorteilhaften Positionierung der
Logistik in der Vorbereitung der zukünftigen Realisation eines hohen Logistikerfolgs liegt,
kann im Erlangen von Erfolgspotenzialen der spezifische Aspekt der strategischen Logistikplanung gesehen werden.

Die strategische Logistikplanung stellt jenen Teil der Logistikplanung dar, welcher das
Eröffnen und Sichern von langfristigen Erfolgspotenzialen zum Gegenstand hat.

Der Begriff „**Erfolgspotenzial**"[352] wurde im deutschsprachigen Raum vor allem von *Gälweiler* geprägt, der eine strategische Steuerungsgröße suchte, die dem Erfolg ähnlich vorgelagert
ist wie der Erfolg der Liquidität.[353] Mit Hilfe des Konstrukts des Erfolgspotenzials sollen die
negativen und positiven Einflüsse auf den Unternehmenserfolg so früh wie möglich erkannt[354] und unerwünschten Einflüssen entgegengewirkt werden.[355] Erfolgspotenziale be-
rechtigen jedoch lediglich zu Erfolgserwartungen, d.h. sie müssen durch Managementaktivi-
täten entfaltet und genutzt werden.[356] Im weiteren Verlauf wird deshalb das Adjektiv „strategisch" auch im Sinne von „die Entfaltung von Erfolgspotenzialen betreffend"[357] verwendet.

Der Erfolg der Logistik wurde bereits als Differenz von Logistikerlösen und Logistikkosten
eingeführt. In einer potenzialorientierten Betrachtung können analog dazu **Logistikerlöspotenziale** und **Logistikkostenpotenziale** unterschieden werden.[358] Präziser müsste man von
Potenzialen sprechen, welche in der Zukunft hohe Logistikerlöse sowie niedrige Logistikkosten zur Folge haben können. Durch die getrennte Betrachtung von Erlös- und Kostenpotenzi-
alen ist zudem eine Abschätzung der zukünftigen Wirtschaftlichkeit möglich.

Zur Erklärung der Ursachen von Erfolgspotenzialen können unterschiedliche Theorien und
Konzepte des strategischen Managements herangezogen werden. Nach dem traditionellen
„**Structure-Conduct-Performance-Paradigma**" der Industrieökonomik ergeben sich Er-

---

[350]  Vgl. Large (2012), S. 22–42.
[351]  Zur grundsätzlichen Unterscheidung von Logistikerlösen und logistikinduzierten Erlösen siehe Large (2012),
       S. 28.
[352]  Zum Begriff des Erfolgspotenzials siehe ausführlich Large (2013), S. 33–40.
[353]  Vgl. Gälweiler (1976).
[354]  Vgl. Gälweiler (1976), S. 368.
[355]  Vgl. Freiling (2007), Sp. 403.
[356]  Vgl. Schmid/Kutschker (2002), S. 1242.
[357]  Kirsch (1993), Sp. 4097.
[358]  Vgl. Weber/Kummer (1990), S. 777. Bei Pfohl (2004), S. 66, finden sich die Bezeichnungen Kostenpotenzial
       und Marktpotenzial.

folgspotenziale insbesondere durch die geschickte Wahl der Branche, in der ein Unternehmen tätig wird, denn die Marktstruktur determiniert das Verhalten der Marktteilnehmer und dieses den Erfolg in der Branche.[359]

Auf diesem Paradigma basiert der sogenannte **Marktorientierte Ansatz** des strategischen Managements, der im Wesentlichen auf *Porter* zurückgeht.[360] Dieser empfiehlt Unternehmen jene Branchen für ihre „Geschäfte" zu wählen, die über eine hohe Attraktivität verfügen. Zentraler Gegenstand der Unternehmensgesamtstrategie ist deshalb, jene Geschäftsfelder und damit Branchen festzulegen, in denen das Unternehmen dauerhaft tätig sein möchte.[361] Die Wettbewerbssituation und in Folge davon die Branchenattraktivität wird durch fünf Einflussgrößen („Kräfte") innerhalb dieser Branche bestimmt: den Wettbewerb zwischen bestehenden Konkurrenten, die Gefahr neuer Anbieter, die Macht von Lieferanten und von Kunden sowie die Bedrohung durch Ersatzprodukte.[362] Für eine gewählte Branche ist sodann eine Wettbewerbsstrategie zu entwickeln, um einen Wettbewerbsvorteil gegenüber den Konkurrenten in diesem Geschäftsfeld zu generieren.[363] Auf welcher Grundlage ein Wettbewerbsvorteil und damit ein Erfolgspotenzial entstehen kann, hat *Porter* ebenfalls versucht aufzuzeigen und dazu die sogenannte Wertkettenanalyse entwickelt.[364] Durch die Analyse der primären und unterstützenden Aktivitäten, welche die Wertkette des Unternehmens bilden, sollen jene Bereiche identifiziert werden, in denen dieses über besondere Fähigkeiten verfügt. Aus Sicht des Logistikmanagements ist dabei die Charakterisierung der Beschaffungs- sowie der Distributionslogistik als primäre Aktivitäten besonders bemerkenswert.

Folgt man dem **Ressourcenorientierten Ansatz** des strategischen Managements, ergeben sich Fähigkeiten aus der Ausstattung eines Unternehmens mit Ressourcen.[365] Nach diesem Ansatz können neben Sachmitteln auch Fähigkeiten, Organisationsprozesse, Verhaltensweisen, Informationen und Wissen als Ressourcen im weitesten Sinne verstanden werden.[366] In diesem Kontext bezeichnet eine Ressource also nicht wie üblich lediglich eine Inputgröße, sondern steht für ein langfristiges Können eines Unternehmens.[367] Damit die in einem Unternehmen vorhandenen Ressourcen tatsächlich strategische Relevanz erhalten, verfügen diese über vier Eigenschaften: sie sind wertvoll, knapp, nur schwer durch Wettbewerber imitierbar und nicht durch andere Fähigkeiten ersetzbar.[368] Wertvoll sind Ressourcen, wenn sie zu einem Kundennutzen führen, welcher das übliche Maß einer Branche übersteigt. Auch logistische Fähigkeiten können diese Eigenschaften aufweisen. Sie stellen in diesem Fall eine

---

[359] Siehe dazu Bester (2012), S. 2–3.

[360] Siehe dazu Porter (1980), Porter (1985).

[361] Siehe z.B. Hungenberg (2014), S. 15.

[362] Vgl. Porter (1980), S. 3–5, Porter (1985), S. 5.

[363] Vgl. Porter (1980), S. 35.

[364] Vgl. Porter (1985), S. 37.

[365] Siehe dazu Bamberger/Wrona (1996).

[366] Vgl. Barney (1991), S. 101–102. Wernerfelt (1984), S. 172, führt dazu aus: „By a resource is meant anything which could be thought of as a strength or weakness of a given firm. More formally, a firm's resources at a given time could be defined as those (tangible and intangible) assets which are tied semipermanently to a firm."

[367] Zu den terminologischen Problemen des Ressourcenorientierten Ansatzes siehe Rasche/Wolfrum (1994), S. 511.

[368] Vgl. Barney (1991), S. 105–112.

strategische Ressource dar und bilden somit eine Grundlage für zukünftige Erfolge. Besondere Ressourcen stellen die sogenannten „dynamic capabilities" dar.[369] *Teece, Pisano* und *Shuen* bezeichnen diese als „the firm's ability to integrate, build, and reconfigure internal and external competences to address rapidly changing environments."[370] Dynamische Fähigkeiten sind somit erforderlich, um die Handlungsmöglichkeiten eines Unternehmens auch bei Veränderung der Rahmenbedingungen zu erhalten bzw. entsprechend anzupassen und zu entwickeln.

Sowohl mit dem marktorientierten als auch mit dem ressourcenorientierten Ansatz des strategischen Managements lassen sich somit die Ursachen von Erfolgspotenzialen plausibel begründen. Der strategische Aspekt der Logistikplanung bei kapitalistischer Produktionsweise besteht wie gezeigt in der Ausrichtung auf diese Erfolgspotenziale. Der weitere Gang der Betrachtung kann sich nun jenen **Handlungen der Logistikplanung** zuwenden, die bei einer solchen Grundlegung der strategischen Ebene zuzurechnen sind. In der Literatur zum strategischen Management findet sich in aller Regel eine Gliederung der Aktivitäten auf Geschäftsfeldebene in jene der strategischen Analyse, der Strategieformulierung und -auswahl sowie der Strategieimplementierung.[371] Diese Einteilung kann auch auf den Spezialfall der strategischen Logistikplanung angewendet werden. Im folgenden Abschnitt 2.1.2 wird deshalb zunächst die strategische Analyse aus dem Blickwinkel der Logistik behandelt. In Abschnitt 2.1.3 folgt sodann die Betrachtung der Strategieformulierung und -auswahl im Kontext des Logistikmanagements. Die Ausführungen zur strategischen Logistikplanung werden durch eine Betrachtung von Funktionalstrategien speziell für die Logistik abgeschlossen (Abschnitt 2.1.4).

## 2.1.2 Strategische Analyse der Logistik

*Fugate, Mentzer* und *Stank* gehen der allgemeinen Frage nach, ob eine hervorragende Logistik zu einem hohen Maß an Unternehmenserfolg führt.[372] Dazu werden die beiden Konstrukte „logistics performance" und „organizational performance" zueinander in Beziehung gesetzt und mit Hilfe von jeweils mehreren Messgrößen bestimmt. Die Datengrundlage dazu liefert eine Befragung von Mitgliedern des Council of Supply Chain Management Professionals (CSCMP). Die statistische Analyse zeigt einen starken Einfluss auf.[373] Dieses deutliche Ergebnis ließe sich als Beleg für die generell hohe **Bedeutung der Logistik für den Unternehmenserfolg** werten. Allerdings kann ein solcher Schluss durchaus auch kritisch gesehen werden, zumal die ermittelte Wirkung auf subjektiven Einschätzungen der Befragten sowohl hinsichtlich der abhängigen als auch der unabhängigen Variablen beruht. Zweifel scheinen deshalb angebracht.

Statt von der generellen Wirkung der Logistik auf den Unternehmenserfolg auszugehen, erscheint es sinnvoller, eine detaillierte strategische Analyse durchzuführen und dabei die

---

[369]   Siehe dazu z.B. Barreto (2010).

[370]   Teece/Pisano/Shuen (1997), S. 516.

[371]   Siehe z.B. Hungenberg (2014), S. 81–82.

[372]   Vgl. Fugate/Mentzer/Stank (2010), S. 47.

[373]   Vgl. Fugate/Mentzer/Stank (2010), S. 49.

Rolle der Logistik zu beleuchten. Die strategische Analyse richtet den Blick zum einen auf das Unternehmen selbst, und zum anderen auf die Umwelt, die dieses Unternehmen bezogen auf ein bestimmtes Geschäftsfeld umgibt. Üblicherweise werden diese beiden Teilaufgaben mit Hilfe einer sogenannten **SWOT-Analyse** erfüllt.[374] Die Buchstaben S, W, O und T stehen dabei für die Begriffe Strengths (Stärken), Weaknesses (Schwächen), Opportunities (Chancen) und Threats (Risiken). Die Stärken-Schwächen-Analyse ermittelt die Fähigkeiten des eigenen Unternehmens in Relation zu den Wettbewerbern in einem bestimmten Geschäftsfeld.[375] Grundlage dafür können die Betrachtung der Wertkette oder im Sinne des Ressourcenorientierten Ansatzes die Untersuchung der Fähigkeiten eines Unternehmens und der daraus resultierenden Erfolgspotenziale sein. Die möglichen Einwirkungen der Umwelt auf das betrachtete Unternehmen werden mit Hilfe einer Analyse der Chancen und Risiken ermittelt und bewertet. Die strategische Managementlehre unterscheidet dabei in der Regel die beiden Ebenen der Makroumwelt des Unternehmens und der Branchenumwelt.[376] Diese allgemeine Vorgehensweise im Rahmen des strategischen Managements lässt sich auf die strategische Analyse der Logistik als Teilgebiet der strategischen Logistikplanung übertragen.

Die **Stärken-Schwächen-Analyse der Logistik** hat die relativen Fähigkeiten oder strategischen Ressourcen zum Gegenstand, über welche die Logistik eines Unternehmens im Vergleich zu seinen Wettbewerbern verfügt. Im Zentrum steht dabei der direkte Vergleich mit dem oder den Hauptkonkurrenten.[377] Eine solche Ressource kann im Sinne des sogenannten ressourcenbasierten Ansatzes alles Denkbare sein, worin eine Stärke oder Schwäche eines Unternehmens gesehen werden kann.[378] Gleichzeitig wird mit der Betrachtung der Ressourcen eine Aussage über die strategische Bedeutung der Logistik für dieses Unternehmen getroffen.[379] Zentrale Aufgabe der Stärken-Schwächen-Analyse der Logistik ist somit die **Ermittlung der Erfolgspotenziale**, die von der Logistik ausgehen. Die Ursachen dieser Potenziale können im Unternehmen selbst aber auch bei Partnern liegen, mit denen ein Unternehmen zusammenarbeitet.

In der Logistik lassen sich interne und externe Erfolgspotenziale unterscheiden, die sich jeweils als Summe der Logistikerlöspotenziale und Logistikkostenpotenziale bestimmen lassen.

Wesentliche Quelle **Interner Erfolgspotenziale** der Logistik können die in diesem Bereich **arbeitenden Menschen** sein, also die Ausführenden sowie die Managerinnen und Manager der Logistik. Legt man die bereits angeführten Kriterien von *Barney* als Maßstab an, so stellen sich Erfolgspotenziale dann ein, wenn das Wissen, Können und Wollen der Mitarbeiter eine Stärke im Vergleich zu Konkurrenzunternehmen darstellt, eine solche Stärke nicht

---

[374] Siehe z.B. Hungenberg (2014), S. 86–87.

[375] Vgl. Porter (1980), S. xvii.

[376] Siehe z.B. Hungenberg (2014), S. 88.

[377] Vgl. Pfohl (2004), S. 92.

[378] Vgl. Wernerfelt (1984), S. 172.

[379] Vgl. Weber/Kummer (1990), S. 776–777.

einfach durch Weiterbildung erreicht werden kann und derart qualifizierte Personen auf dem Arbeitsmarkt knapp und kaum durch andere zu ersetzen sind.[380] Voraussetzung ist allerdings, dass sich diese Arbeitnehmerinnen und Arbeitnehmer fest mit dem Unternehmen verbunden fühlen und deshalb von Konkurrenten nur schwer zu einem Wechsel bewegt werden können. Ebenso bedeutsam wie die Qualifikation und Motivation einzelner Personen ist deren Zusammenwirken innerhalb der bestehenden **Aufbauorganisation**. Sowohl die Art und Weise der Aufgabenteilung (Spezialisierung der Logistik) als auch die Form der Konfiguration und Entscheidungsdelegation können wesentliche Quellen dauerhafter Erfolge darstellen.[381]

Auch von der Ordnung und Koordination der einzelnen Transferhandlungen und logistischen Prozesse können Erfolgspotenziale ausgehen, wenn diese in einzigartiger Weise erfolgen. Damit ist der Bereich der **Ablauforganisation** angesprochen. Die Ablauforganisation geht eng mit der Nutzung von **Informations- und Kommunikationssystemen** einher. Obwohl heute die meisten Unternehmen Standardlösungen im Bereich des Enterprise Resource Planning (ERP) und möglicherweise sogar des Advanced Planning (APS)[382] verwenden, kann von der unternehmensspezifischen Ausgestaltung und vor allem von der gekonnten Nutzung dieser Systeme durch fähige Mitarbeiter ein wesentliches Erfolgspotenzial der Logistik ausgehen. *Hazen* und *Byrd* fanden Hinweise auf eine positive Wirkung des Elektronischen Datenaustauschs (EDI) und der Radio-Frequency Identification (RFID), insbesondere dann, wenn diese Anwendungen mit anderen Ressourcen des Unternehmens kombiniert werden.[383] Neben der Informations- und Kommunikationstechnik werden zur Realisation logistischer Prozesse **Lager-, Transport- und Verpackungstechnologien** eingesetzt. Logistische Erfolgspotenziale können deshalb auch auf diesen Technologien beruhen, insbesondere dann, wenn diese aus innovativen Eigenentwicklungen oder unternehmensspezifischen Anpassungen hervorgehen.

Werden Handlungen der Logistikausführung und des Logistikmanagements nicht durch das Unternehmen selbst, sondern ganz oder teilweise durch **Logistikunternehmen** vollzogen,[384] so werden die Stärken und Schwächen der Logistik nicht nur durch die eigenen Fähigkeiten in diesem Bereich, sondern auch durch die Fähigkeiten der Dienstleister beeinflusst. Aufgrund des mittlerweile hohen Grads an Fremdvergabe vieler Arten logistischer Leistungen,[385] überwiegt dieser Effekt mitunter die Wirkung eigener Fähigkeiten auf die Erfolge oder Misserfolge des Unternehmens. Verfügen beauftragte Logistikunternehmen über strategische Ressourcen und setzen sie diese zur Erfüllung ihres Auftrags dauerhaft ein, so können daraus **externe Erfolgspotenziale der Logistik** resultieren, sofern nicht auch Wettbewerber diese Dienstleister in gleicher Weise nutzen können. Voraussetzung für den Aufbau dieser Potenziale ist jedoch die Fähigkeit des beauftragten Unternehmens, derartige Logistikunternehmen auszuwählen, einzubinden und zu steuern. Damit kommt der Befähigung zur strategischen

---

[380]  Vgl. Barney (1991), S. 105–112.

[381]  Siehe zu den Grundlagen der Logistikaufbauorganisation Abschnitt 4.2.1.

[382]  Siehe dazu z.B. Stadtler (2005), S. 579–586.

[383]  Vgl. Hazen/Byrd (2012), S. 22–26.

[384]  Zu den Arten von Logistikunternehmen siehe grundlegend Large (2012), S. 70–72, sowie ausführlich Band 3 dieser Reihe.

[385]  Vgl. Kille/Schwemmer (2014), S. 80.

Beschaffung von Logistikdienstleistungen eine Schlüsselstellung bei der Bewertung von logistischen Fähigkeiten zu. Die Grundlage für die strategische Ausrichtung der Beschaffung von Logistikdienstleistungen bilden entweder Logistikmanagerinnen und -manager mit entsprechenden Beschaffungskenntnissen und -fertigkeiten oder andererseits auf Logistikdienstleistungen spezialisierte strategische Beschaffungsmanagerinnen und -manager im Bereich des Einkaufs.[386]

Die **Chancen-Risiken-Analyse der Logistik** bestimmt und bewertet die Wirkungen der Umwelt auf die Logistik und insbesondere auf die ermittelten Erfolgspotenziale. Da die strategische Analyse auf ein bestimmtes Geschäftsfeld eines Unternehmens ausgerichtet ist, bildet die jeweilige Branche zunächst den vordringlichen Gegenstand der Untersuchung. Zur Analyse der Wettbewerbssituation innerhalb einer Branche kann auf das bekannte Instrumentarium der **Strukturanalyse einer Branche** nach *Porter* zurückgegriffen werden.[387] Dieser unterscheidet, wie im vorangegangenen Abschnitt bereits eingeführt, fünf potenzielle Einflussgrößen der Wettbewerbssituation und damit der Attraktivität einer Branche:

- Intensität des Wettbewerbs zwischen den existierenden Konkurrenten,
- Gefahr neuer Anbieter,
- Druck durch Substitutionsprodukte,
- Verhandlungsmacht der Kunden,
- Verhandlungsmacht der Lieferanten.

Im Folgenden sollen diese fünf Einflussgrößen aus der Perspektive der Logistik betrachtet werden. Wenn die **Intensität des Wettbewerbs** zwischen den existierenden Konkurrenten innerhalb einer Branche hoch ist, ergibt sich ein relativ starker Druck auf die Logistik, die Leistungen zu verbessern und/oder die Kosten zu senken. Dies ist vor allem dann der Fall, wenn hierdurch vergleichsweise große Effekte erwartet werden können und gleichzeitig die Verbesserungsmöglichkeiten in anderen Bereichen, insbesondere in der Produktion, weitgehend ausgeschöpft sind. Dabei entsteht die Gefahr, bei unzureichender Verbesserung gegenüber den Wettbewerbern den Anschluss zu verlieren. Ein solcher Wettbewerbsdruck stellt somit einerseits ein Risiko für die Logistik dar. Die Notwendigkeit, Maßnahmen der Verbesserung zu ergreifen, kann jedoch auch als Chance der Weiterentwicklung der Logistik verstanden werden.

Treten **neue Anbieter** in einer Branche auf, so entstehen aus Sicht der Logistik Risiken insbesondere dann, wenn neue Wettbewerber in der Lage sind, die branchenüblichen Logistikleistungen zu überbieten oder zu geringeren Kosten zu erstellen. Sind neue Anbieter dagegen nicht in der Lage, das logistische Niveau einer Branche zu erreichen, so stellt die Logistik eine Eintrittsbarriere dar. Ein einfaches Beispiel dafür sind ungünstige Standorte, die es einem neuen Wettbewerber nicht erlauben, hinreichend kurze Lieferzeiten zu bieten. In diesem Fall sind umfangreiche Finanzmittel und ggf. innovative Ideen erforderlich, um diesen Nachteil auszugleichen.

---

[386]  Vgl. Large (2011b), S. 9–10.

[387]  Vgl. Porter (1980), S. 3–5.

Ähnliche Wirkungen auf die Logistik können **Substitutionsprodukte** entfalten. Risiken für die bisherigen Wettbewerber der Branche entstehen aus dem Blickwinkel der Logistik dann, wenn ein Substitutionsprodukt geringere Anforderungen an die Logistik stellt als die bisherigen Produkte der Branche. Beispielsweise kann ein Substitutionsprodukt leichter oder kleiner sein oder geringere Ansprüche an die Verpackung stellen. In diesem Fall entstehen dem Hersteller des Substitutionsprodukts geringere Logistikkosten.

Auch wenn die **Verhandlungsmacht der Kunden** groß ist, entstehen Risiken in einer Branche, denn die Kunden werden mit hoher Wahrscheinlichkeit ihre Position nutzen, um die Preise zu drücken und bessere produktbegleitende Dienstleistungen zu verlangen.[388] Für die Logistik bedeutet dies, dass bereits erreichte oder erreichbare Kostensenkungen an die Kunden weitergegeben werden müssen. Ebenso verlangen Kunden mit ausgeprägter Machtbasis logistische Leistungen, denen keine angemessene Vergütung gegenübersteht. Beispiel dafür sind Expresslieferungen, die zu Konditionen von Standardlieferungen erbracht werden müssen. Weiterhin besteht die Gefahr einer einseitigen Anpassung an die Vorgaben der Kunden, z.B. hinsichtlich Liefermengen, Lieferzeiten oder garantierten Verfügbarkeiten. Hierdurch entstehen nicht nur Kosten, sondern es schwinden auch Spielräume der Koordination der eigenen Handlungen. Ist die Verhandlungsmacht von Kunden dagegen gering, können eine angemessene Vergütung logistischer Leistungen durchgesetzt und die Leistungen an dem in der Branche üblichen Niveau orientiert werden.

Prinzipiell treffen diese Aussagen in umgekehrter Weise zu, wenn eine ausgeprägte **Verhandlungsmacht der Lieferanten** besteht. In diesem Fall werden die Lieferanten Standards vorgeben und damit eine Anpassung der logistischen Handlungen der Abnehmer an ihre eigenen durchsetzen. Beispiele dafür sind vorgegebene Bestellabläufe, Mindestmengen, oder lange Lieferzeiten. Hierdurch leidet entsprechend die Koordination der logistischen Handlungen des Abnehmers. Andererseits übernehmen Lieferanten mit geringer Verhandlungsmacht nicht selten logistische Aufgaben, die das beschaffende Unternehmen prinzipiell selbst erfüllen könnte. Ein wichtiges Beispiel dafür ist die Übertragung der physischen Lagerung an den Lieferanten, die fertigungssynchrone Anlieferung und damit verbunden der weitgehende Verzicht auf eigene Bestände an Produktionsmaterial. Oft erhalten die Lieferanten keine angemessene Vergütung für solche weitreichenden Leistungen. Aus Sicht der Abnehmer eröffnen somit gute eigene Verhandlungspositionen gegenüber den Lieferanten Chancen, die insbesondere zur Verbesserung der eigenen Kostensituation genutzt werden.

Neben Chancen und Risiken, die aus dem jeweiligen Geschäftsfeld resultieren, existieren auch solche, deren Ursachen in ökologischen, gesellschaftlichen oder technologischen Entwicklungen liegen. Auch von diesen allgemeinen Entwicklungen können Wirkungen auf die Logistik eines Unternehmens ausgehen. An die Seite der strategischen Analyse der Branchenumwelt tritt also auch jene der **Makroumwelt**.[389]

Da die Logistik aufgrund ihrer Funktion sehr viele Lebensbereiche berührt, können prinzipiell von allen Arten ökonomischer, ökologischer, gesellschaftlicher oder technologischer Entwicklungen Wirkungen auf diese ausgehen. Seit vielen Jahren lässt die Bundesvereini-

---

[388]  Vgl. Porter (1980), S. 24.

[389]  Siehe z.B. Hungenberg (2012), S. 88.

gung Logistik (BVL) Trends ermitteln, die einen wesentlichen Einfluss auf die Logistik ausüben. *Straube* und *Pfohl* haben beispielsweise 2008 die zunehmende Globalisierung, die gestiegene Unsicherheit und die zunehmende Regulierung als wesentliche **Megatrends** identifiziert.[390] Dem zunehmenden Umwelt- und Ressourcenschutz wurde insbesondere für die Zukunft eine hohe Bedeutung zugemessen. In der Nachfolgeuntersuchung stuften mehr als die Hälfte der deutschen Unternehmen die generell gestiegenen Kundenerwartungen und den zunehmenden Kostendruck als besonders wichtige Trends ein.[391]

Überraschenderweise messen weniger als 30% der Befragten in Deutschland dem Mangel an qualifizierten Mitarbeitern derzeit eine hohe Bedeutung für die Logistik zu. Für den Zeitraum der nächsten fünf Jahre steigt zwar der Anteil dieser Personen auf über 60%, damit bleibt jedoch die Bewertung hinter jener der zukünftigen Bedeutung der Trends „Kundenerwartung", „Vernetzte Wirtschaft", „Kostendruck", „Globalisierung" und „Volatilität" zurück.[392] Generell scheinen nach Einschätzung der Teilnehmer der BVL-Befragungen vom **demografischen Wandel** nur vergleichsweise schwache Wirkungen auf die Logistik auszugehen. Bereits in der Vorgängeruntersuchung nimmt die demografische Entwicklung sowohl hinsichtlich ihrer gegenwärtigen als auch ihrer zukünftigen Bedeutung den letzten Platz ein.[393]

Diese Beurteilung verwundert. Bereits seit den 70er Jahren des vergangenen Jahrhunderts ist die **Bevölkerungsentwicklung in Deutschland** durch einen starken Überschuss der Gestorbenen gekennzeichnet. Ein Sachverhalt, der in der Vergangenheit nur für Kriegszeiten typisch war. Im Jahr 2012 verstarben 196.038 mehr Menschen als geboren wurden.[394] Dieser Bevölkerungsrückgang wird derzeit durch Zuwanderung kompensiert, da im gleichen Zeitraum 368.945 mehr Personen zu- als abgewandert sind.[395] Durch diese langfristige Entwicklung weist heute die Bevölkerung eine Struktur auf, die von jener der vergangenen Jahrzehnte stark abweicht. Gehörten 1960 noch 25,4% der Bevölkerung der Altersgruppe bis 18 Jahre und 17,4% jener über 60 Jahre an, so haben sich diese Anteile heute in etwa umgekehrt. 26,9% sind älter als 60 und nur noch 16,2% unter 18.[396] Entsprechend wird auch mittel- und langfristig mit einer starken Veränderung der Altersstruktur gerechnet. In Abhängigkeit von den Modellannahmen, insbesondere hinsichtlich der Zuwanderung, wird bis zu Mitte des Jahrhunderts die Bevölkerung insgesamt deutlich abnehmen und der Anteil der Älteren weiterhin ansteigen.[397] Mittelfristige Abhilfe könnte lediglich eine deutlich gesteigerte Zuwanderung erbringen.

Eine derart fundamentale Entwicklung bleibt sicherlich nicht ohne **Konsequenzen für die Logistik**. Bei schrumpfender Bevölkerung kann zunächst ein absoluter Rückgang der Nachfrage nach Gütern und damit nach logistischen Leistungen erwartet werden. Sind einzelne Regionen in besonderem Maße von dieser Entwicklung betroffen oder geht der Wandel der

---

[390] Vgl. Straube/Pfohl (2008), S. 19.

[391] Vgl. Handfield et al. (2013), S. 71.

[392] Vgl. Handfield et al. (2013), S. 71.

[393] Vgl. Straube/Pfohl (2008), S. 19.

[394] Vgl. Statistisches Bundesamt (2014), S. 33.

[395] Vgl. Statistisches Bundesamt (2014), S. 48.

[396] Vgl. Statistisches Bundesamt (2014), S. 31.

[397] Siehe Statistisches Bundesamt (2014), S. 49.

Bevölkerungsstruktur mit einer zunehmenden Urbanisierung einher, wird sich zudem die räumliche Verteilung der Güterströme verändern. Die Auswirkungen des demografischen Wandels auf die Gesundheit und Arbeitsfähigkeit von Beschäftigten in der Logistik wurde bereits in Abschnitt 1.2.3 diskutiert. Schrumpft der Anteil der Personen im erwerbsfähigen Alter, muss zudem mit einem Mangel von Logistikausführenden sowie von Logistikmanagerinnen und -managern gerechnet werden. Wenngleich der demografische Wandel für diesen Effekt nicht alleine verantwortlich ist, stellt der schon heute spürbare Mangel an Berufskraftfahrerinnen und Berufskraftfahrern ein bedeutsames Risiko dar.[398] Aus Sicht der Arbeitgeber entsteht hierdurch nicht nur die Gefahr hoher Fluktuation sondern zumindest mittelfristig auch jene steigender Lohnkosten.[399] Andererseits können sich aufgrund geänderter Anforderungen an die Logistik auch neue Chancen für Unternehmen eröffnen. So erscheint der zunehmende Wunsch nach wohnungsnahen Einkaufsmöglichkeiten und Heimbelieferung in einer alternden Gesellschaft plausibel.[400] Die Folge davon wäre die Belieferung einer Vielzahl städtischer Zielpunkte mit vergleichsweise kleinen Mengen. Unternehmen die über entsprechende Stärken zur Erfüllung dieser Aufgabe verfügen, könnten somit von der aufgezeigten Entwicklung profitieren.

## 2.1.3 Logistik und Wettbewerbsstrategien

Eine **Wettbewerbsstrategie** stellt eine spezifische langfristige Vorgehensweise dar, mit der ein Unternehmen versucht, seine Wettbewerber innerhalb einer bestimmten Branche zu überflügeln und hierdurch Erfolge zu realisieren, die über dem in dieser Branche üblichen Niveau liegen. Eine Wettbewerbsstrategie hat über einen längeren Zeitraum Bestand, da sie eine grundsätzliche Ausrichtung des Unternehmens bedingt. Während früher dabei Zeiträume von zehn Jahren und mehr in der Literatur genannt wurden, wird heute aufgrund veränderlicher Branchenstrukturen häufig ein Zeitraum von fünf bis zehn Jahren der strategischen Planung zugeordnet.[401] Zudem wird die Notwendigkeit betont, bei grundlegenden Veränderungen der Branche, der Makroumwelt oder der eigenen Situation auch innerhalb dieses Zeitraums ggf. eine strategische Neuorientierung vorzunehmen.[402]

***Porter*** hat **drei Arten von Wettbewerbsstrategien** vorgeschlagen, die als solche Vorgehensweisen in einem bestimmten Geschäftsfeld eines Unternehmens dienen können:[403]

- Strategie der Kostenführerschaft
- Strategie der Differenzierung
- Strategie der Fokussierung

Die **Strategie der Kostenführerschaft** innerhalb der gesamten Branche verlangt eine starke Kostenorientierung, die eine intensive Kontrolle der Kosten einschließt. Durch die branchenweit niedrigsten Kosten können solche Unternehmen auch dann noch Gewinne erwirt-

---

[398] Vgl. Peirowfeiz/Large (2013), S. 2.
[399] Siehe dazu Breitling/Large (2013).
[400] Vgl. Klumpp/Bioly/Abidi (2013), S. 171.
[401] Vgl. Küpper (2004), Sp. 1155–1156.
[402] Vgl. Hungenberg (2014), S. 4.
[403] Vgl. Porter (1980), S. 35.

schaften, wenn die Wettbewerber aufgrund eines starken Preisdrucks bereits in die Verlust-
zone geraten sind.[404] Wesentlich dafür sind standardisierte und in großen Mengen hergestell-
te Erzeugnisse, um Größendegressionseffekte zu erreichen. Ebenso müssen Prozessfähigkeiten vorliegen, die eine kostenminimale Ausführung der Handlungen der Transformation und
des Transfers ermöglichen.

Die **Strategie der Differenzierung** basiert auf einer branchenweit als einzigartig wahrgenommenen Sach- oder Dienstleistung, die es dem Unternehmen erlaubt, höhere Preise durchzusetzen, als im Markt üblich. Die Differenzierung setzt insbesondere ausgeprägte Fähigkeiten in der Forschung und Entwicklung sowie in der Marktbearbeitung voraus. Verfügt die
durch ein Industrieunternehmen erzeugte Sachleistung nicht über einen solchen Charakter,
kann dieses versuchen, das Erzeugnis durch in der Branche als einzigartig wahrgenommene
produktbegleitende Dienstleistungen zu ergänzen.

Die beiden bisher betrachteten Strategien sind auf die gesamte Branche ausgerichtet. Dagegen konzentriert sich ein Unternehmen bei Verfolgung einer **Strategie der Fokussierung**
auf eine bestimmte Nische innerhalb einer Branche, die entsprechend bestimmter Käufer-
gruppen, Erzeugnisse oder Wirtschaftsräume abgegrenzt werden kann. Innerhalb dieser Nische kann sodann eine starke Kostenorientierung angestrebt oder umgekehrt, der Versuch
einer Differenzierung unternommen werden.[405]

Der Zusammenhang zwischen den Handlungen der Logistik und diesen drei Wettbewerbsstrategien kann aus zwei Blickrichtungen betrachtet werden. Zunächst sollten die Ergebnisse
der strategischen Analyse der Logistik bei der Formulierung, Auswahl und Implementierung
einer Wettbewerbsstrategie Berücksichtigung finden. Nur so können identifizierte Erfolgspotenziale tatsächlich genutzt werden. Untersucht wird in diesem Fall also der **Einfluss der
Logistik auf die Wettbewerbsstrategie**. Im Detail ist dabei zu klären, wie sich erkannte
Stärken und Schwächen der Logistik sowie erwartete Chancen und Risiken bei Formulierung, Auswahl und Implementierung bestimmter Wettbewerbsstrategien auf den Erfolg auswirken.

*Lynch*, *Keller* und *Ozment* untersuchen den Einfluss logistischer Fähigkeiten auf den Erfolg
eines Unternehmens bei **Auswahl einer bestimmten Wettbewerbsstrategie**. Dabei wird die
plausible These der erforderlichen Passung der vorhandenen Fähigkeiten eines Unternehmens und der gewählten Wettbewerbsstrategie vertreten.[406] Das Ergebnis der Studie, die auf
Daten des Lebensmitteleinzelhandels beruht, scheint auf den ersten Blick diese These zu
stützen, da zum einen ausgeprägte Prozessfähigkeiten mit einer stärkeren Kostenorientierung
korrespondieren und zum anderen leistungsbezogene Fähigkeiten in Beziehung zu Anstrengungen zur Differenzierung stehen.[407] Allerdings weist diese Untersuchung erhebliche methodische Mängel auf. So ist die Zuordnung einiger Messgrößen zu den Konstrukten mit
einem deutlichen Fragezeichen zu versehen. Es ist beispielsweise völlig unklar, warum das
Item „Differentiate logistical service offerings from those of competitors" zur Messung der

---

[404]  Vgl. Porter (1980), S. 35–36.
[405]  Vgl. Porter (1980), S. 38–39.
[406]  Vgl. Lynch/Keller/Ozment (2000), S. 48.
[407]  Vgl. Lynch/Keller/Ozment (2000), S. 58–61.

Prozessfähigkeit herangezogen wird. Darüber hinaus ist die jeweils als mediierend angenommene Wirkung der Intensität der Strategieanwendung mit Vorbehalt zu sehen. Da letztlich der Einfluss der Fähigkeiten auf den Erfolg unter Einwirkung einer bestimmten Strategie
den Gegenstand der Untersuchung bildet, wäre ein moderierender Einfluss zumindest über-
legenswert gewesen. Insgesamt muss deshalb kritisch hinterfragt werden, ob ein derart ein-
deutiger Zusammenhang zwischen Arten von Fähigkeiten und der Formulierung, Auswahl
und Implementierung tatsächlich besteht. So stellen die Autoren selbst fest, dass ein hoher
Anteil der Unternehmen, die eine Strategie der Kostenführerschaft verfolgen, eigentlich über
die falschen logistischen Fähigkeiten hierfür verfügt.[408] Offensichtlich ist der angenommene
Zusammenhang zwischen bestimmten Ressourcenausstattungen und der gewählten Ge-
schäftsstrategie weitaus weniger zwingend, als dies die Ergebnisse der Untersuchung auf den
ersten Blick vermuten lassen.

Wie bereits angesprochen, muss ein Unternehmen bei Verfolgung der Strategie der Kostenführerschaft grundsätzlich die geringsten Kosten innerhalb einer Branche realisieren. Inwieweit eine Reduktion der **Logistikkosten** dazu beiträgt, bleibt jedoch im Einzelfall zu klären.
Möglicherweise minimiert ein solches Unternehmen seine Kosten durch Ausnutzung von
Größendegressionseffekten, indem es eine weitgehende Zentralisation der Produktion vornimmt. Die Folge davon wären jedoch vergleichsweise hohe Logistikkosten in der Distribution. Steht tatsächlich die Minimierung von Logistikkosten im Zentrum einer Strategie der
Kostenführerschaft, so sind auch in diesem Fall mehrere Wege möglich, um das gesteckte
Ziel zu erreichen. Liegen Prozessfähigkeiten vor, ist es möglich, die erforderlichen Logistikleistungen mit minimalem Faktoreinsatz zu erbringen. Andererseits können marktorientierte Fähigkeiten dazu genutzt werden, mäßigend auf logistische Anforderungen von Kunden hinzuwirken. Logistische Leistungen, die nicht erbracht werden müssen, verursachen
zumindest keine variablen Kosten.

Liegen Sach- oder Dienstleistungen vor, die branchenweit als einzigartig wahrgenommen
werden, sind außerordentliche Erlöse möglich. Die Grundlage einer solchen Differenzierung
können auch **Logistikleistungen** bilden. Eine solche Differenzierungsstrategie ist erfolgreich, wenn Umsatzerlöse entstehen, die durch logistische Handlungen bedingt oder zumindest gefördert werden (logistikinduzierte Erlöse) und über das branchenübliche Maß hinausgehen.[409] **Donaldson** versucht, auf Basis einer Befragung von Vertretern schottischer Industrieunternehmen generell die herausragende Stellung produktbegleitender Dienstleistungen im
Wettbewerb zu belegen. Eine große Mehrheit der Befragten berichtet über die zunehmende
Wichtigkeit von produktbegleitenden Dienstleistungen gegenüber dem Preis und den Eigenschaften des Primärprodukts.[410] Insbesondere logistischen Leistungen bzw. deren quantitativen und qualitativen Messgrößen, z.B. der Lieferzuverlässigkeit, der Lieferzeit oder der
Reaktionsfähigkeit, wird eine hohe Bedeutung zugemessen.[411] Allerdings handelt es sich bei
diesem Ergebnis lediglich um die Einschätzungen der Befragten hinsichtlich einer ange-

[408] Vgl. Lynch/Keller/Ozment (2000), S. 61.
[409] Siehe dazu die Darstellungen im Zusammenhang mit der sogenannten Markt-Reaktionsfunktion in Large (2012), S. 28–29.
[410] Vgl. Donaldson (1995), S. 119.
[411] Vgl. Donaldson (1995), S. 122.

nommenen Wirkung. Ob herausragende logistische Leistungen tatsächlich zur Differenzierung gegenüber Wettbewerbern und hierdurch zu einem Wettbewerbsvorteil führen, wird hierdurch nicht belegt.

Den Zusammenhang zwischen der Zufriedenheit von Einkäufern mit den logistischen Leistungen der Lieferanten und ihrer generellen **Kundenzufriedenheit** sowie dem Grad der **Kundenbindung** und dem **Marktanteil** dieser Lieferanten untersuchen *Daugherty*, *Stank* und *Ellinger*.[412] Befragt werden 99 Handelseinkäufer, die jeweils die Beantwortung für sechs festgelegte Lieferanten vornahmen. Hieraus folgen 594 Datensätze. Als Ergebnis ermitteln die Autoren einen starken Einfluss der „logistischen Zufriedenheit" auf die generelle Kundenzufriedenheit und ebenso von dieser auf die Kundenbindung.[413] Eine direkte Wirkung der Loyalität der Befragten auf den Marktanteil der Lieferanten konnte nicht nachgewiesen werden. Ein derartiger Zusammenhang wäre allerdings erstaunlich, da die Marktanteile der sechs betrachteten Lieferanten unabhängig von der individuellen Loyalität der einzelnen Befragten jeweils einen konstanten Wert annehmen.

Nur im übertragenen Sinne kann eine weitere Untersuchung zur Bekräftigung dieser Resultate dienen, da nicht die wahrgenommenen Leistungen von Industrie- oder Handelsunternehmen, sondern von 35 **Logistikunternehmen** und deren Einfluss auf die Zufriedenheit und Kundenbindung von 111 ihrer Kunden betrachtet werden. Auch in diesem Fall finden sich jedoch Belege für positive Zusammenhänge zwischen der wahrgenommenen Leistung und der Zufriedenheit sowie der Kundenbindung.[414] Darüber hinaus lässt sich ein positiver Effekt der Kundenbindung auf den Marktanteil feststellen.[415] Allerdings liefern auch diese Untersuchungen letztlich keinen Nachweis für einen überdurchschnittlichen Erfolg auf Basis einer Differenzierung mit Hilfe von außerordentlichen Logistikleistungen.

Neben dem aufgezeigten Einfluss der Logistik auf die Wettbewerbsstrategie gehen zum zweiten von der in einem Geschäftsfeld implementierten Wettbewerbsstrategie ebenso Rückwirkungen auf die einzelnen logistischen Handlungen und deren Koordination aus. Betrachtet wird also nun in umgekehrter Richtung der **Einfluss der Wettbewerbsstrategie auf die Logistik**. Durch die Wahl der Wettbewerbsstrategie für eine bestimmte Branche erfolgt eine Fokussierung auf bestimmte Beurteilungsgrößen der Logistik, denen für die Erreichung der strategischen Ziele besondere Bedeutung beigemessen wird. Zudem trägt eine übergeordnete Wettbewerbsstrategie dazu bei, die Koordination zwischen der Logistik mit anderen betrieblichen Funktionen sowie zwischen dem Unternehmen und seinen externen Partnern zu vereinfachen. Schwierig kann sich die unternehmensweite und unternehmensübergreifende Koordination gestalten, wenn das Unternehmen in den einzelnen Geschäftsfeldern unterschiedliche und damit ggf. widerstrebende Wettbewerbsstrategien verfolgt. Insbesondere in diesen Fällen ist es sinnvoll, explizit eine Funktionalstrategie für die Logistik zu formulieren. Diese wird Gegenstand des nachfolgenden Abschnittes sein.

---

[412]  Vgl. Daugherty/Stank/Ellinger (1998).

[413]  Vgl. Daugherty/Stank/Ellinger (1998), S. 43.

[414]  Vgl. Stank et al. (2003), S. 43–44.

[415]  Vgl. Stank et al. (2003), S. 43.

## 2.1.4 Funktionalstrategien der Logistik

Eine **Funktionalstrategie** bezieht sich definitionsgemäß auf eine einzelne Funktion eines Unternehmens, z.B. auf die Gütererzeugung oder die Produktentwicklung.[416] Greift man wiederum den in Abschnitt 2.1.1 entwickelten Gedanken der vorteilhaften Positionierung als das wesentliche Element des „Strategischen" auf, so steht dabei die Positionierung der jeweiligen Funktion im Mittelpunkt. Hierdurch beeinflusst die Funktionalstrategie grundlegend die Entwicklung und die nachfolgende Nutzung der Erfolgspotenziale in diesem Bereich. Eine Funktionalstrategie muss schlüssig aus der Unternehmensgesamtstrategie und aus den einzelnen Wettbewerbsstrategien der Geschäftsfelder hervorgehen.[417] Durch die inhaltliche und zeitliche **Orientierung an der übergeordneten Wettbewerbsstrategie** trägt die Formulierung und Implementierung von Funktionalstrategien somit wesentlich zur Koordination der einzelnen Funktionen bei.[418]

Werden solche Positionierungen für den Transfer von Gütern und Abfällen vorgenommen, so folgt daraus eine **Funktionalstrategie der Logistik**. Ihre Formulierung und Implementierung stellt den zentralen Aufgabenbereich des strategischen Logistikmanagements dar. Eine konsistente Funktionalstrategie der Logistik fördert, wie bereits gezeigt, die Koordination der Logistik mit anderen Funktionen und die Einbettung des strategischen Logistikmanagements in die Unternehmensgesamtstrategie. Weiterhin trägt eine schlüssige Funktionalstrategie dazu bei, die Teilfunktionen der Logistik aufeinander abzustimmen, und liefert die Grundlagen für die Koordination mit Lieferanten, Kunden und Logistikunternehmen. Die Funktionalstrategie übt somit Einfluss auf mehrere Ebenen der Koordination in der Logistik aus, insbesondere auf die Ebene drei, jedoch ebenso auf die Ebenen zwei und vier.[419] Schwierig wird die Formulierung einer eindeutigen Funktionalstrategie, wenn die Logistik eines Unternehmens als organisationale Einheit für mehrere Geschäftsfelder tätig wird, die ggf. sogar widerstrebende Wettbewerbsstrategien verfolgen. In diesem Fall kann es notwendig sein, unterschiedliche Funktionalstrategien für die Logistik in den einzelnen Geschäftsfeldern zu formulieren.

Ausgehend von der Beobachtung unterschiedlicher Formen der Logistikaufbauorganisation haben *Bowersox* und *Daugherty* bereits früh drei unterschiedliche **Orientierungen der Logistik** abgegrenzt, die sie als Folge verschiedenartiger strategischer Ausrichtungen der Unternehmen interpretieren.[420] Diese Orientierungen werden als Prozessstrategie, Marktstrategie und Informationsstrategie bezeichnet. Im Mittelpunkt der Prozessstrategie steht eine starke Kostenorientierung bei der Erfüllung der logistischen Teilfunktionen. Im Fall der Marktstrategie liegt der Fokus dagegen auf den logistischen Leistungen, die externen Kunden angeboten werden. Die Informationsstrategie strebt eine weitgehende interorganisatori-

---

[416]  Die Betrachtung von Funktionalstrategien ist nicht unumstritten. So beschränkt beispielsweise Hungenberg (2014), S. 17, explizit den Gegenstand des strategischen Managements auf das Gesamtunternehmen und dessen Geschäftsfelder.

[417]  Vgl. Hofmann (2010), S. 259.

[418]  Vgl. Pfohl (2004), S. 91.

[419]  Zur Definition dieser Ebenen siehe grundlegend Abbildung 2.

[420]  Vgl. Bowersox/Daugherty (1987), S. 51–53. Siehe dazu auch die Folgeuntersuchung McGinnis/Kohn/Spillan (2010).

sche Koordination an. Mit Hilfe einer Cluster-Analyse ermitteln *Autry*, *Zacharia* und *Lamb* zwei grundlegende Strategien: die „Functional Logistics Strategy" und die „Externally Oriented Logistics Strategy".[421] Erstere deckt sich weitgehend mit der Prozessstrategie, während die zweite Strategie Elemente der Marktstrategie und der Informationsstrategie aufweist.[422]

Die inhaltliche Aussagekraft solcher Klassifikationen ist jedoch offensichtlich gering. Die aufgezeigten Abgrenzungen spiegeln letztlich nur die zugrundeliegenden Wettbewerbsstrategien wider. Insbesondere die von *Pfohl* eingeforderte Detaillierungsfunktion einer logistischen Funktionalstrategie erfüllen sie nicht.[423] Logistische Funktionalstrategien, die eine solche Anforderung erfüllen, enthalten deshalb Aussagen über die **grundsätzliche Positionierung der Logistik** zur dauerhaften Entwicklung und Erhaltung von Erfolgspotenzialen. Dies soll im Folgenden anhand von zwei zentralen Fragen des strategischen Logistikmanagements aufgezeigt werden, deren Beantwortung eine wesentliche Voraussetzung für das nachfolgende taktische Logistikmanagement darstellt:

- Welche logistischen Einrichtungen sind in welchem Umfang an welchem Ort erforderlich, um die gewählte Wettbewerbsstrategie in einem Geschäftsfeld umzusetzen?
- Welche Logistikprozesse sollte das Unternehmen mit eigenen Beschäftigten vollziehen und welche sollten an Logistikunternehmen vergeben werden, um die gewählte Wettbewerbsstrategie in einem Geschäftsfeld umzusetzen?

Die erste Frage ist jene nach der **logistischen Netzwerkstrategie** eines Unternehmens. „Durch die logistische Netzwerkstrategie werden die Grundstruktur des Logistiksystems und die mit ihm verbundene Logistikkapazität für den Ablauf der Logistikprozesse (...) festgelegt."[424] Bei deren Beantwortung ist deshalb auf die Abgrenzung strategischer Aspekte gegenüber taktischen zu achten. Gegenstand der strategischen Logistikplanung ist lediglich die grobe funktionelle und räumliche Grundstruktur sowie Kapazität des Netzwerkes und nicht die qualitative und quantitative Definition der einzelnen Ressourcen.[425] Zur Abbildung des logistischen Netzes im Rahmen des Planungsprozesses können Graphen oder Matrizen verwendet werden.[426]

Ausgangspunkt der Formulierung einer logistischen Netzwerkstrategie sind die **Quellen und Senken** von Güter- bzw. Abfallströmen, die insbesondere durch Produktionswerke, Lagerstätten von Rohstoffen, Standorten von Lieferanten und Kunden sowie durch Deponien gebildet werden. Diesen Knoten lassen sich erwartete aus- bzw. eingehende Mengen sowie Umschlagskapazitäten und sofern beabsichtigt Lagerkapazitäten zuordnen. Im Rahmen der Behandlung von Grundstrukturen des räumlichen Gütertransfers im ersten Band wurden zudem **Verteilpunkte, Sammelpunkte und Hubs** eingeführt, die weitere wichtige Knoten in logistischen Netzen darstellen und im Rahmen der Netzwerkstrategie ebenfalls definiert

---

[421]  Vgl. Autry/Zacharia/Lamb (2008), S. 38–42.

[422]  Erstaunlicherweise stufen die Autoren explizit nur die „Functional Logistics Strategy" als Funktionalstrategie im Sinne des strategischen Managements ein. Vgl. Autry/Zacharia/Lamb (2008), S. 40.

[423]  Vgl. Pfohl (2004), S. 90.

[424]  Pfohl (2004), S. 106.

[425]  Siehe dazu Abschnitt 2.2.1.

[426]  Siehe dazu Large (2012), S. 72–78.

werden. Dazu gehört auch deren grobe räumliche Anordnung, wobei auf Verfahren der Standortplanung zurückgegriffen werden kann.[427] Insbesondere beim Entwurf länderübergreifender oder gar globaler Netzwerke, sind länderspezifische Unterschiede zu beachten. Zur ersten Orientierung kann hier beispielsweise der Logistics Performance Index (LPI) der Weltbank dienen.[428] Neben reinen Umschlageinrichtungen können sich an diesen Orten auch **Einrichtungen der physischen Lagerung** befinden. In diesem Fall ist nicht nur die grobe Festlegung der Umschlagkapazitäten, sondern auch der jeweiligen Lagerkapazität von Relevanz. Transportverbindungen stellen die Fäden des logistischen Netzes dar. Entsprechend sind Verkehrsträger auszuwählen und die erforderlichen Transportkapazitäten zu planen.

Die Gestalt des neu entworfenen oder zumindest im Rahmen der strategischen Logistikplanung modifizierten Logistiknetzwerkes folgt grundsätzlich der zu implementierenden Wettbewerbsstrategie. Handelt es sich um eine **Strategie der Kostenführerschaft**, so sind in der Regel große Mengen an weitgehend standardisierten Gütern zu erwarten. Die Produktion findet zudem in wenigen spezialisierten Werken statt, um Größendegressionseffekte zu nutzen. Entsprechende Umschlags- und Transportkapazitäten sind somit im Rahmen der strategischen Logistikplanung vorzusehen. Bestände werden in zentralen Lagern gehalten. Zur Ermöglichung der Ladungsbündelung auf langen Strecken erfolgt die Definition von Sammel- und Verteilpunkten. Für den Transport werden Verkehrsträger eingesetzt, die geringe Kosten verursachen.

Im Fall der Implementierung einer **Differenzierungsstrategie** wird das logistische Netzwerk wesentlich durch das gewählte Differenzierungsmerkmal bestimmt und kann deshalb unterschiedliche Formen annehmen. Steht eine hohe kundenbezogene Logistikleistung im Vordergrund, so sind beispielsweise mehrstufige Lagerstrukturen zu erwarten, die kundennahe Bestände zur Folge haben und damit eine schnelle und zuverlässige Lieferung ermöglichen. Das Produktspektrum ist eher heterogen und erfordert unterschiedliche Logistikeinheiten. Für den räumlichen Transfer werden Verkehrsträger genutzt, die den schnellen Transport kleiner Mengen ermöglichen. Auf die Ladungsbündelung wird weitgehend verzichtet, um eine kundenindividuelle Belieferung zu realisieren. Die Struktur eines logistischen Netzwerkes kann nun mit Hilfe des nachfolgenden Fallbeispiels exemplarisch aufgezeigt werden.

**Fallbeispiel 1: Formulierung einer logistischen Netzwerkstrategie**

Das Unternehmen Metaplast fertigt elektrotechnische Verbundteile aus unterschiedlichen Kunststoffen, die metallische Kerne (Stahl, Kupfer, sonstige Legierungen) sowie weitere Zuschlagsstoffe enthalten. Die Verbundteile werden in Mittel- und Großserien im Spritzgussverfahren gefertigt und mit Hilfe von klassischen Katalogen sowie über eine eigene Online-Plattform angeboten. Die zahlreichen Kunden sind über Deutschland verstreut und finden sich im Maschinenbau sowie in der elektrotechnischen Industrie und im Handwerk. Neben dem Heimatmarkt Deutschland ist Metaplast vor allem auf dem türkischen Markt sehr aktiv. Den Schwerpunkt bildet vor allem die Region um Adana, Kayseri und Gaziantep mit der dort aufstrebenden mittelständischen Industrie.

---

[427] Siehe dazu Large (2012), S. 142–152.
[428] Siehe dazu http://lpi.worldbank.org/.

In der Branche herrscht starke Konkurrenz. Industriekunden erwarten deutliche Preisnachlässe. Die Katalogpreise lassen sich in Deutschland nur noch im Handwerk durchsetzen. Es gibt mehrere Anbieter mit vergleichbarem Produktportfolio und vergleichbarer Unternehmensgröße. Die Wettbewerber weisen ähnliche Kostenstrukturen auf, die wesentlich durch die Rohstoffpreise und die verwendete Fertigungstechnologie geprägt sind.

Seit einigen Jahren, jedoch insbesondere seit dem Einstieg in das Internetgeschäft, wächst die Bedeutung der Lieferzeit und der Fähigkeit, Sendungen aus unterschiedlichen Teilen in kleiner Stückzahl zusammenzustellen. Insbesondere die türkischen Kunden sind mit den Laufzeiten von mehreren Tagen unzufrieden.

Metaplast verfügt über ein Kunststoffwerk in Tauberbischofsheim sowie ein Metallwerk in der Nähe von Plauen, in dem die metallischen Kerne der Verbundteile gefertigt werden. Das Kunststoffwerk ist das historische Stammwerk des Unternehmens. Aufgrund des stetigen Wachstums der vergangenen Jahre besteht dort mittlerweile Mangel an für die Produktion nutzbaren Flächen. Da bei der Produktion Kunststoffabfälle anfallen, die aufgrund von Zuschlagsstoffen nicht verwertet werden können, betreibt Metaplast zudem in der Nähe des Kunststoffwerks eine eigene Deponie, die noch über längere Zeit genutzt werden kann. Das Unternehmen hat derzeit etwa 200 Lieferanten für Produktionsmaterial und Handelswaren. Die wichtigsten Lieferanten sind jene für die unterschiedlichen Kunststoffgranulate sowie für Bleche und andere Metallhalbzeuge.

Metaplast betreibt derzeit auf dem Gelände des Kunststoffwerkes ein Eingangs- und ein Ausgangslager. Über dieses Ausgangslager werden alle Erzeugnisse distribuiert. Dazu arbeitet das Unternehmen mit einem weltweiten Paketdienst, mehreren Spediteuren und einzelnen Frachtführern zusammen. Einige größere Industriekunden beziehen ab Werk und organisieren die Abholung selbst.


Für das Unternehmen Metaplast aus dem Fallbeispiel 1 bietet sich eine Differenzierungsstrategie an. Sowohl die zahlungsbereiten Kunden des deutschen Handwerks als auch die türkischen Industriekunden wünschen sich eine kurze Lieferzeit, die bisher nicht im erforderlichen Maß geboten werden kann. Aus diesem Grund ist im Rahmen der **Formulierung einer logistischen Netzwerkstrategie**, die bisherige Distributionsstruktur zu überdenken. Angemessen dürften eine größere räumliche Nähe zu den Kunden und eine Standortwahl sein, welche die Nutzung schneller Verkehrsträger begünstigt. Zudem kann hierdurch frei werdende Fläche in Tauberbischofsheim für die Ausweitung der Produktion genutzt werden. In Abbildung 3 werden deshalb die Einrichtung eines separaten Ausgangslagers in zentraler Lage und eines Regionallagers in der Osttürkei vorgeschlagen. Die Lieferanten von Handelswaren beliefern in diesem Fall direkt das Zentrallager. Die Standorte sollten sich in der Nähe von Flughäfen befinden, um den Vor- bzw. Nachlauf beim Einsatz von Luftfracht zu verkürzen. Denkbar wären beispielsweise ein Zentrallager im Umland des Frankfurter Flughafens und ein Regionallager in Kayseri. Ein Regionallager in der Türkei vereinfacht zudem die Zollabwicklung. Die Transporte zwischen dem Metallwerk und dem Kunststoffwerk sowie zwischen dem Kunststoffwerk und der Deponie werden gebündelt in Form von kostengünstigen Ganzladungsverkehren abgewickelt. Gleiches gilt für die Nachschubtransporte für das Zentral- und das Regionallager. Im Fall von kritischen Lieferengpässen im Regionallager sind zudem aufgrund der gewählten Standorte Luftverkehre in die Türkei vergleichsweise einfach und schnell zu realisieren.

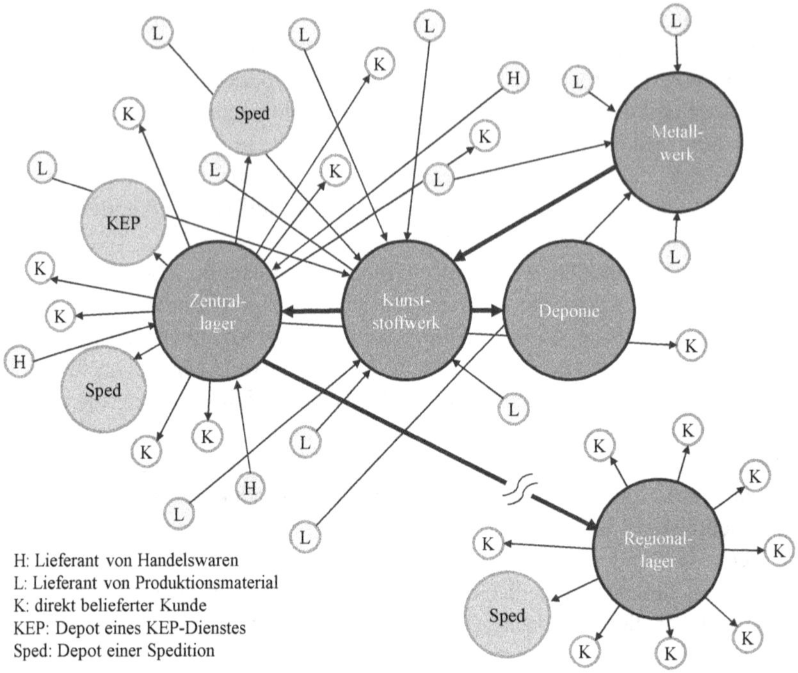
Sped
KEP
Zentral-lager
Kunst-stoffwerk
Deponie
Metall-werk
Regional-lager
Sped
Sped
H: Lieferant von Handelswaren
L: Lieferant von Produktionsmaterial
K: direkt belieferter Kunde
KEP: Depot eines KEP-Dienstes
Sped: Depot einer Spedition

*Abbildung 3: Mögliches logistisches Netzwerk für das Fallbeispiel 1.*

Die zweite Fragestellung ist auf die Strategie hinsichtlich des **Grads der Fremdvergabe** der logistischen Leistungserstellung gerichtet.[429] Ein Unternehmen hat prinzipiell die Möglichkeit die erforderlichen logistischen Leistungen durch eigene Beschäftigte selbst zu erstellen oder die Leistungserzeugung anderen Unternehmen zu überlassen.[430] So können Lieferanten Material anliefern und somit Teile der Beschaffungslogistik des Abnehmers als Sekundärleistung übernehmen. Ebenso kann das Unternehmen seine Erzeugnisse ab Werk verkaufen und hierdurch die Verantwortung für die Distributionslogistik in die Hände der Abnehmer legen. In beiden Fällen verliert das Unternehmen jedoch den Einfluss auf die logistische Leistungserstellung.

Fremdvergabe im engeren Sinne steht deshalb nicht für die Arbeitsteilung mit Lieferanten und Abnehmern, sondern für die Beauftragung von gewerblichen Logistikunternehmen, welche definierte logistische Aufgaben gegen ein vereinbartes Entgelt erfüllen.

Logistische Leistungen werden bei Logistikunternehmen zum einen für die eigene Organisation bezogen. Beispielsweise sichern Transportunternehmen als beauftragte Frachtführer die

---

[429] Mit der Fremdvergabe und der daraus resultierenden Aufgabe der Beschaffung von Logistikdienstleistungen wird sich ausführlich der dritte Band dieser Reihe beschäftigen.

[430] Siehe dazu Large (2012), S. 24.

Verfügbarkeit von Produktionsmaterial, indem sie dieses bei Lieferanten abholen. Zum anderen werden Logistikunternehmen jedoch mit der Versorgung von Kunden betraut. Beispielsweise könnte im obigen Fallbeispiel 1 der Betrieb des Regionallagers in der Türkei vollständig an ein Kontraktlogistikunternehmen vergeben werden. Durch die Einbeziehung eines Dienstleistungsunternehmens entsteht jedoch aus dem zweiseitigen Verhältnis zwischen Lieferanten und Kunden eine **triadische Beziehung**, die eine enge Zusammenarbeit zwischen dem Leistungsersteller und dem Leistungsempfänger bewirken kann.[431]

**Eigenerstellung und Fremdbezug** dürfen nicht im Sinne eines „Make-or-buy" als zwei gegensätzliche und scharf abgegrenzte Alternativen verstanden werden. Der Grad der Fremdvergabe logistischer Leistungen nimmt vielmehr mit der Anzahl der einbezogenen logistischen Teilfunktionen sowie dem Umfang der dabei jeweils betroffenen Handlungen zu. Zudem existiert ein Kontinuum von Vertragsformen, die unterschiedliche Formen der Fremdvergabe zulassen.[432] Im Rahmen des strategischen Logistikmanagements wird nicht über die Fremdvergabe einer einzelnen Logistikleistung, z.B. eines aktuell anstehenden Transports zwischen zwei bestimmten Orten entschieden, sondern über die Vergabe von logistischen Leistungen, die durch wiederholte Handlungen über einen längeren Zeitraum hinweg erbracht werden. Verbunden damit ist der Abbau bestehender oder der Verzicht auf den Aufbau eigener Kapazitäten.[433]

Verfolgt ein Unternehmen die **Strategie der Kostenführerschaft**, wird es all jene logistischen Handlungen an Logistikunternehmen übertragen, die von diesen, z.B. aufgrund von Lohnkostenvorteilen oder von Bündelungseffekten, zu geringeren Kosten vollzogen werden können. Neben den Kosten der Logistikausführung müssen dabei auch die Kosten des Logistikmanagements bzw. im Fall der Fremdvergabe die Kosten der Logistikdienstleistungsbeschaffung betrachtet werden. Zudem wird es vermeiden, Kapital, welches zur Erreichung der Position des Kostenführers z.B. in der Produktion, dringend erforderlich ist,[434] in Bereiche zu investieren, in denen keine Kostenvorteile gegenüber den Wettbewerbern zu erreichen sind.

Basiert eine **Differenzierungsstrategie** auf Ressourcen, die außerhalb der Logistik angesiedelt sind, so liegt ebenfalls eine Fremdvergabe logistischer Leistungen nahe, sofern sich hierdurch Kostenvorteile ohne Leistungsminderungen erzielen lassen. Verfügt ein Unternehmen jedoch gerade in der Logistik über strategische Ressourcen und ist mit diesen eine Differenzierung gegenüber den Wettbewerbern möglich, so scheidet die Fremdvergabe aus. Sind diese Ressourcen tatsächlich von strategischer Natur, so können Logistikunternehmen definitionsgemäß über keine vergleichbaren Ressourcen verfügen. Ebenso ist eine Übertragung auf den Dienstleister in der Regel nicht möglich und auch nicht sinnvoll. Wie in Abschnitt 2.1.2 gezeigt, können Erfolgspotenziale der Logistik jedoch gerade aus der fruchtbaren **Zusammenarbeit mit einem Logistikunternehmen** resultieren. Diese Möglichkeit eröffnet sich insbesondere dann, wenn die umfangreiche Vergabe komplexer Logistikleistungen an ein Logistikunternehmen erfolgt und dieses spezifische Anpassungen seiner Leis-

---

[431]   Vgl. Li/Choi (2009).

[432]   Vgl. Pfohl/Large (1992), S. 34–36, Large (2007), S. 126–128.

[433]   Siehe dazu generell Large (2013), S. 91.

[434]   Vgl. Porter (1980), S. 36.

tungserstellung an den Auftraggeber vornimmt.[435] Im Fallbeispiel 1 könnte Metaplast von dem regionalen Wissen und den vorhandenen Lagerstrukturen eines türkischen Logistikunternehmens profitieren, welches gleichzeitig bereit wäre, seine Prozesse mit denen des Auftraggebers abzustimmen und so eine schnelle Belieferung und einen effizienten Nachschub zu gewährleisten. Allerdings besteht auch bei spezifischer Anpassung keine Garantie für die Realisation von dauerhaften Erfolgspotenzialen, wenngleich empirische Hinweise für einen positiven Einfluss solcher Anpassungen auf den Beziehungserfolg, die Kundenzufriedenheit und die Kundenbindung vorliegen.[436]

## 2.2 Taktische Logistikplanung

### 2.2.1 Wesen und Gegenstand der taktischen Logistikplanung

Die taktische Logistikplanung stellt das Bindeglied zwischen der strategischen und der operativen Logistikplanung dar. Deshalb ist eine Abgrenzung nach zwei Seiten erforderlich. Die Taktik im Sinne des griechischen taktiké stellt die **Kunst der Anordnung und Aufstellung** dar und hat ihren Ursprung ebenso wie die Strategie im militärischen Bereich. *Jomini* bezeichnet als Taktik „die Manöver einer Armee auf dem Schlacht- oder Gefechtsfelde, und die unterschiedlichen Formationen, um die Truppen ins Gefecht zu führen."[437] Im Vergleich zur Strategie, die sich auf den gesamten Kriegsschauplatz bezieht und gerade nicht auf die einzelne Schlacht, weist die Taktik somit eher eine mittelfristige Perspektive auf. Im Zentrum steht die Anordnung und Aufstellung der Truppen, die sodann während der Schlacht eingesetzt werden. Gegenüber der operativen Planung, welche die einzelnen Handlungen und Handlungsfolgen zum Gegenstand hat, grenzt sich die taktische Planung gerade durch dieses **Schaffen von Strukturen** ab.

Zentraler Gegenstand der taktischen Logistikplanung stellt deshalb die **Güter- und Abfallflussstruktur** eines Unternehmens dar, die im nachfolgenden Abschnitt 2.2.2 ausführlich behandelt wird. Diese orientiert sich an der durch die logistische Netzwerkstrategie festgelegten Grundgestalt des Logistiksystems. Konkretisiert wird die Güter- und Abfallflussstruktur mit Hilfe des mittelfristig beabsichtigten Produktionsprogramms des Unternehmens. Die Güter- und Abfallflussstruktur wiederum bildet den Rahmen zur groben Bestimmung der zur Realisation dieser Flüsse notwendigen **Logistikleistungen** in Abschnitt 2.2.3.

Aus den beabsichtigten Logistikleistungen kann schließlich der mittelfristig erforderliche **Ressourcenbedarf** abgeschätzt werden. Im Gegensatz zu dem sehr breiten Ressourcenbegriff des strategischen Managements, der primär latente und nur vage bestimmte Größen, wie beispielsweise die Fähigkeiten oder das Wissen des Unternehmens, einschließt,[438] stehen aus taktischer Perspektive mit der Arbeitskraft und den Betriebsmitteln jene manifesten Produktionsfaktoren im Vordergrund, in denen sich diese Ressourcen vergegenständlichen bzw.

---

[435]  Vgl. Large (2007), Large (2011a), Large/Kramer/Hartmann (2011).

[436]  Vgl. Large (2011a), S. 43–44.

[437]  Jomini (1839), S. 130.

[438]  Vgl. Barney (1991), S. 101–102.

personifizieren. Auf taktischer Ebene muss deshalb die Verfügbarkeit der erforderlichen Kapazitäten an logistischer Arbeitskraft und logistischen Betriebsmitteln vorausschauend gesichert und aufeinander abgestimmt werden. Zu diesem Zweck wird die **taktische Planung logistischer Arbeitskraft und logistischer Betriebsmittel** vollzogen. Diese beiden wichtigen Bereiche der taktischen Logistikplanung werden ausführlich in den Abschnitten 2.2.4 und 2.2.5 behandelt, wobei neben der generellen Planungsmethodik auch die spezifischen Bedingungen der Logistik Berücksichtigung finden. **Werkstoffe** gehen definitionsgemäß in materielle Erzeugnisse ein und sind deshalb bei der Logistikleistungserstellung nur als Packmittel und Packhilfsmittel im Rahmen der Logistikeinheitenbildung erforderlich.[439] Sie werden deshalb im Rahmen der taktischen Planung nicht weiter betrachtet.

In kapitalistischen Marktwirtschaften muss zudem das notwendige Quantum Geld zur Verfügung stehen, um menschliche Arbeitskraft und Betriebsmittel bestimmter Quantität und Qualität an den relevanten Märkten als Ware zu erwerben. Entsprechend wird die taktische Planung häufig in eine Programm-, Kapazitäts- und Finanzplanung unterteilt.[440] Prinzipiell könnte man deshalb auch jene **finanziellen Mittel** zum Gegenstand der taktischen Logistikplanung rechnen, die zur Bereitstellung logistischer Faktoren erforderlich sind. Finanzielle Mittel sind allerdings universell einsetzbar und leisten lediglich indirekt, d.h. über die beschaffte logistische Arbeitskraft und die beschafften logistischen Betriebsmittel einen Beitrag zur Realisation von Güter- und Abfallflüssen. Die taktische Finanzplanung in der Logistik unterscheidet sich zudem kaum von der mittelfristigen Finanzplanung, die auch für andere Funktionsbereiche eines Unternehmens erforderlich ist. Eine Besonderheit der Logistik bildet lediglich die Notwendigkeit, ebenso die Bestände, an denen zeitliche Transfers vollzogen werden, zu finanzieren. Aufgrund des eher kurzfristigen Charakters der Bestandsfinanzierung wird dieser Sachverhalt jedoch erst im Rahmen der operativen Logistikplanung in Abschnitt 2.3.3 behandelt. Zusammenfassend lässt sich somit der Gegenstand der taktischen Logistikplanung abgrenzen:

> Die taktische Logistikplanung stellt jenen Teil der Logistikplanung dar, welcher die Güter- und Abfallflussstruktur sowie die hierfür mittelfristig benötigte menschliche Arbeitskraft und die erforderlichen Betriebsmittel zum Gegenstand hat.

Durch eine abgestimmte taktische Logistikplanung können wesentliche **Koordinationswirkungen auf allen vier Ebenen** erreicht werden.[441] Eine mittelfristig festgelegte Güter- und Abfallflussstruktur bietet eine im Wortsinn wegweisende Orientierung für alle nachfolgenden Handlungen des Logistikmanagements und der Logistikausführung. Die mittelfristige Planung der Arbeitskraft und der Betriebsmittel gleicht zudem die Bedarfe an diesen Ressourcen ab und gibt damit die Handlungsmöglichkeiten in und zwischen den logistischen Teilfunktionen vor. Findet generell eine übergeordnete taktische Planung statt, so kann zudem die Koordination der Logistik mit anderen betrieblichen Funktionen erreicht werden. Schließlich erfordert die Festlegung der Güter- und Abfallflussstruktur sowie von Personal-

---

[439] Nach DIN 55405, S. 115, besteht eine Verpackung aus der „Gesamtheit aller Verpackungsmaterialien".

[440] Vgl. Küpper (2004), Sp. 1154.

[441] Siehe dazu Abbildung 2.

und Betriebsmittelkapazitäten auch die Abstimmung mit den Planungen von Lieferanten, Kunden und einbezogenen Logistikunternehmen. Ausgangspunkt hierfür ist insbesondere die strategische Grundentscheidung über die Fremdvergabe logistischer Leistungen.

## 2.2.2 Taktische Planung der Abfall- und Güterflussstruktur

Wissenschaftler und betriebliche Praktiker sind sich einig: Die **Realisation von Flüssen** stellt eine zentrale Aufgabe der Logistik dar. Bereits *Kirsch et al.* weisen der Logistik die Aufgabe der „Gestaltung, Steuerung, Regelung und Durchführung des gesamten Flusses an Energie, Informationen, Personen, insbesondere jedoch von Stoffen (Materie, Produkte)"[442] zu. Der amerikanische Logistikverband, Council of Supply Chain Management Professionals, sieht in der Planung und Steuerung des "efficient, effective forward and reverses flow and storage of goods, services and related information between the point of origin and the point of consumption"[443] die Aufgabe des Logistikmanagements. Ebenso definiert die Bundesvereinigung Logistik (BVL) die Logistik als die „ganzheitliche Planung, Steuerung, Koordination, Durchführung und Kontrolle aller unternehmensinternen und unternehmensübergreifenden Informations- und Güterflüsse."[444]

In diesen Definitionen werden unterschiedliche Flüsse angesprochen. Im Zentrum stehen selbstverständlich **Güterflüsse**, denn die Logistik ermöglicht durch Handlungen des Transfers die faktische Verfügbarkeit von Gütern und trägt so zu ihrem Gebrauchswert bei. Informationsflüsse können dagegen als derivativ betrachtet werden. Informationsflüsse sind kein Selbstzweck der Logistik, sondern resultieren aus den Aktivitäten der Logistikausführung und des Logistikmanagements, welche auch Handlungen der Kommunikation, z.B. in Form von Zustandsmeldungen oder Weisungen, umfassen.

Nicht explizit als Objekte der Logistik genannt werden in diesen Definitionen dagegen Abfälle und damit **Abfallflüsse**. Mit Ausnahme von Wertstoffen handelt es sich bei Abfällen um keine Güter, da sie keinerlei Eignung aufweisen, sondern völlig unnütz und möglicherweise sogar schädlich sind. Im ersten Band der betriebswirtschaftlichen Logistik wurde jedoch die Notwendigkeit des Transfers von Abfällen ausführlich begründet.[445] Auch die obigen Definitionen weisen mit der Verwendung des allgemeinen Begriffs „Stoff" und der Einbeziehung von Rückflüssen implizit auf Abfälle hin. Abfälle sind „alle Stoffe oder Gegenstände, derer sich ihr Besitzer entledigt, entledigen will oder entledigen muss."[446] Können Abfälle nicht am Ort und zur Zeit ihrer Entstehung verwertet oder beseitigt werden, entsteht die Notwendigkeit eines Abfallflusses, der durch entsprechende Transferhandlungen realisiert wird.

Die Flussmetapher sollte jedoch nicht dazu verleiten, einen ununterbrochenen und fortwährenden Strom von Abfällen und Gütern vorauszusetzen. Wie Bachläufe durch wasserbauliche Maßnahmen aufgestaut werden, um einen Wasservorrat zum kontinuierlichen Betrieb einer

---

[442]  Kirsch et al. (1973), S. 69.

[443]  http://cscmp.org/about-us/supply-chain-management-definitions.

[444]  http://www.bvl.de/wissen/logistik-defintionen.

[445]  Vgl. Large (2012), S. 3–4.

[446]  KrWG §3 Abs. 1.

Mühle zu sammeln, können auch **Abfall- und Güterflüsse bewusst unterbrochen** werden, um beispielsweise eine sichere Versorgung der Produktion oder die Auslastung eines Fahrzeugs zu erreichen. Auch natürliche Flüsse können sich zudem ohne menschlichen Eingriff an Hindernissen aufstauen und dabei Seen bilden oder als Mäander mit großen Umwegen eine Ebene durchfließen. Solche ungewollten Stauungen und Umwege, die beispielsweise durch unzureichend abgestimmte Kapazitäten verursacht sein können, sind im Fall der Logistik zu vermeiden, um einen ungehinderten Güter- und Abfallfluss zu erreichen.[447]

Teilabschnitte dieser Flüsse oder einzelne strukturelle Aspekte davon werden auch innerhalb der logistischen Teilfunktionen betrachtet.[448] Die taktische Planung der Abfall- und Güterflussstruktur strebt jedoch darüber hinaus eine Gesamtbetrachtung dieser Flüsse an. Eng verwandt damit ist die sogenannte **Materialflussplanung**, die insbesondere innerhalb der Ingenieurwissenschaften thematisiert wird.[449] Der Begriff „Materialfluss" erweckt jedoch aus Sicht der Betriebswirtschaftslehre den Eindruck einer Beschränkung auf die betrieblichen Bereiche der Beschaffung und der Produktion, wenngleich eine solche Beschränkung in der Regel nicht beabsichtigt wird.[450] Deshalb wird hier dem breiteren Begriff „Abfall- und Güterfluss" der Vorrang gegeben.

Im Rahmen der Planung der Funktionalstrategie der Logistik werden mit der Aufstellung und Implementierung der **Netzwerkstrategie** grundlegende Festlegungen der Struktur der Güter- und Abfallflüsse getroffen.[451] Die Netzwerkstrategie definiert, welche logistischen Einrichtungen in welchem Umfang an welchem Ort erforderlich sind, um die gewählte Wettbewerbsstrategie in einem Geschäftsfeld umzusetzen. Den zweiten Ausgangspunkt der taktischen Planung der Abfall- und Güterflussstrukturen bildet neben der Funktionalstrategie die Abschätzung der mittelfristig zu transferierenden Güter und Abfälle hinsichtlich ihrer Art und Menge. Auf Basis der erwarteten kundenseitigen Bedarfe werden im Rahmen der **taktischen Produktionsprogrammplanung** die mittelfristig herzustellenden Enderzeugnisse ermittelt. Obwohl dabei grundsätzliche Fragen, wie die Einführung neuer Produkte, die Produktmodifikation oder die Einstellung von Produkten, im Mittelpunkt stehen, wird in diesem Rahmen auch eine grobe Mengenplanung der Enderzeugnisse vorgenommen.[452] Darauf baut die mittelfristige programmorientierte **Materialbedarfsplanung** auf, die ggf. durch die verbrauchsorientierte Prognose zukünftiger Materialbedarfe ergänzt wird.[453] Hieraus ist ein Schluss auf die in der Beschaffung und Produktion zu transferierenden Mengen möglich. Ebenso können die voraussichtlichen Abfallmengen aus dem Produktionsprogramm abgeleitet oder auf Basis von Vergangenheitswerten direkt prognostiziert werden. Üblicherweise werden die Erzeugnis-, Abfall- und Materialmengen für einen Bezugszeitraum von einem bis drei, längstens jedoch von fünf Jahren rollierend geplant, wobei die Gültigkeitsdauer des

---

[447]   Vgl. Lasch (2014), S. 32.

[448]   Siehe dazu Large (2012).

[449]   Siehe z.B. Ten Hompel/Schmidt/Nagel (2007), S. 329–331, Arnold/Furmans (2009), S. 233–234.

[450]   Siehe z.B. Arnold/Furmans (2009), S. 1, die Material als Oberbegriff betrachten, der auch Erzeugnisse einschließt.

[451]   Siehe Abschnitt 2.1.4.

[452]   Vgl. Bloech et al. (2014), S. 109.

[453]   Siehe dazu Large (2012), S. 189–197, sowie die produktionswirtschaftliche Literatur, z.B. Bloech et al. (2014), S. 155–162.

Planes, d.h. der Zeitraum bis zur nächsten Plananpassung, in der Regel ein Jahr beträgt. Im Fall von Handelsunternehmen, die definitionsgemäß keine eigene Herstellung aufweisen, ersetzt das mittelfristige Absatzprogramm die beschriebene Funktion des Produktionsprogramms.

Aufgrund bestehender Unsicherheit über die genaue Zusammensetzung der zukünftigen Nachfrage in Verbindung mit einem relativ langen Bezugszeitraum, kann die mittelfristige Produktionsprogrammplanung oft nur auf Ebene der Erzeugnisgruppen und nicht auf jener der Einzelerzeugnisse oder gar Varianten vollzogen werden. Entsprechend liefert auch die nachfolgende Materialbedarfs- und Abfallplanung nur vergleichsweise grobe Daten. Aus Sicht der Logistik ist dieser **Detaillierungsgrad** jedoch in der Regel ausreichend, da für die taktische Logistikplanung lediglich grobe Aussagen hinsichtlich der räumlich und zeitlich zu transferierenden Mengen, Massen oder Volumina an Material und Erzeugnissen benötigt werden. Vorteilhaft ist dabei der Bezug auf standardisierte Logistikeinheiten, z.B. die geschätzte Anzahl von Paletten oder Containern, und deren Darstellung in Transportmatrizen.[454]

Unter Berücksichtigung dieser Rahmenbedingungen ergeben sich komplexe Güter- und Abfallflüsse, die in ihrer Struktur beschrieben werden können. Solche Güter- und Abfallflussstrukturen sollen mit Hilfe des nachfolgenden **Fallbeispiels** erläutert werden, welches sich auf das im Rahmen der strategischen Logistikplanung bereits eingeführte Unternehmen Metaplast (Fallbeispiel 1) bezieht. Dabei wird das in Abbildung 3 vorgeschlagene neue logistische Netzwerk für Metaplast zugrunde gelegt.

### Fallbeispiel 2: Taktische Planung der Güter- und Abfallflussstruktur

Das Unternehmen Metaplast verfügt über insgesamt fünf Betriebe, in denen logistische Aufgaben vollzogen werden: das Metallwerk, das Kunststoffwerk, das Zentrallager, das Regionallager und die Deponie.
Im Metallwerk erfolgt die Herstellung der metallischen Kerne der Verbundteile durch Stanzen und Umformen aus Blechen und Halbzeugen. Das Material wird dazu von mehreren Lieferanten im Wareneingang nach Bedarf angeliefert und mit Hilfe von Gabelstaplern direkt in die Produktion gebracht. Nach der Bearbeitung erfolgt ein innerbetrieblicher Transport in ein Ausgangslager. Anfallende Metallreste und Ausschuss werden von einem Metallverwertungsunternehmen abgeholt.
Kunststoffgranulate und sonstige Materialien werden von zahlreichen Lieferanten (Hersteller und Händler) im Kunststoffwerk angeliefert und im Wareneingang angenommen. Ein Teil davon geht direkt in die Produktion und wartet dort auf seine Verwendung im Laufe des Tages. Der Rest wird in das Eingangslager transportiert und zunächst eingelagert. Die Herstellung der Verbundteile erfolgt durch Kunststoffspritzgussmaschinen. Dazu werden erforderliche Materialien aus dem Eingangslager ausgelagert und an die Maschinen gebracht. Ein Disponent bestellt jeweils am Vortag den Tagesbedarf an Metallkernen im Metallwerk. Diese werden im Pendelverkehr mit Lastkraftwagen der Bruch Transportgesellschaft mbH in das Kunststoffwerk gebracht und ebenfalls direkt in der Produktion bereit-

---

[454] Zu den Möglichkeiten der Abbildung von räumlichen Transferbeziehungen und Transportmengen siehe Large (2012), S. 72–78.

gestellt. Nach der Fertigung werden die Teile zur elektrischen Funktionsprüfung transportiert und dort getestet und verpackt. Bei bestandener Funktionsprüfung erfolgt die Weiterleitung der Faltschachteln auf Paletten in den Warenausgang und dort die Verladung in Wechselbehälter von Bruch. Diese stehen für den Transport zum Zentrallager bereit und werden nach Beladung von dem Frachtführer abgeholt und zum Zentrallager gebracht. Kunststoffabfälle der Produktion und fehlerhafte Teile transportiert ein eigenes Spezialfahrzeug zu einem Kunststoffverwerter und der betriebseigenen Deponie.

Das Zentrallager verfügt über einen Wareneingang, in dem die palettierten Lieferungen des Kunststoffwerkes sowie jene der Lieferanten von Handelswaren eintreffen. Die Lieferungen werden sofort eingelagert. Das Vorratslager dient auch der Kommissionierung, die entsprechend der Kundenaufträge und der Aufträge des Regionallagers erfolgt. Der Versand der Lieferungen für das Regionallager erfolgt unmittelbar nach der Kommissionierung. Der Transport in die Türkei erfolgt in der Regel zweimal pro Woche per LKW.

Die für Kunden bestimmten Sendungen des Zentrallagers werden zum Warenausgang gebracht und dort für den Paketdienst, die beauftragten Speditionen und die Selbstabholer in entsprechenden Zonen bereitgestellt. Die Verladung führt das Personal des Zentrallagers durch. Im Regionallager verlaufen die Güterflüsse analog.


Rein verbale Beschreibungen komplexer Abfall- und Güterflussstrukturen eines Unternehmens sind unübersichtlich und bilden keine hinreichende Grundlage für die taktische Planung. Dies zeigt bereits das einfache Beispiel Metaplast. Zur strukturierten Beschreibung existierender oder beabsichtigter Abfall- und Güterflüsse stehen deshalb unterschiedliche **Methoden der Darstellung** zur Verfügung. Prinzipiell können dazu die im ersten Band bereits eingeführten Instrumente zur Abbildung von räumlichen Transferbeziehungen, wie beispielsweise Graphen oder Adjazenzmatrizen, herangezogen werden.[455] Auch Leergutflüsse, z.B. zwischen dem Kunststoffwerk und dem Metallwerk, lassen sich damit abbilden. Solche Darstellungsformen legen jedoch naturgemäß den Schwerpunkt auf den räumlichen Transfer. Beabsichtigte oder unbeabsichtigte zeitliche Transfers oder andere Logistikaktivitäten, z.B. Umschlaghandlungen, lassen sich damit nicht abbilden.

Vorschläge für die **symbolische Darstellung von Abfall- und Güterflussstrukturen** finden sich in der technischen Normung. In der ingenieurwissenschaftlichen Literatur wird noch häufig auf die Symbole der Richtlinie VDI 3300 hingewiesen,[456] die jedoch bereits im Jahr 2004 zurückgezogen wurde und entsprechend keine formale Gültigkeit mehr besitzt. Die Internationale Norm ISO 14617-14 enthält überwiegend Hinweise für die Darstellung einzelner Betriebsmittel, die zur Realisation von Güter- und Abfallflüssen eingesetzt werden können.[457] Diese Symbole sind jedoch für die Darstellung von umfassenden Abfall- und Güterflussstrukturen in der Regel zu detailliert. Die Richtlinie VDI 2689 „Leitfaden für Materialflussuntersuchungen" befindet sich derzeit noch im Entwurfsstadium. Unterschieden werden Symbole für die Bearbeitung, den Transport, die Handhabung, Kontrolle, Lagerung und die Verzögerung. Handhabung steht dabei für alle Arten von vorbereitenden Vorgängen,

---

[455]   Vgl. Large (2012), S. 72–79.
[456]   Siehe z.B. Arnold/Furmans (2009), S. 243.
[457]   Vgl. ISO 14617-14.

also z.B. den Umschlag oder die Logistikeinheitenbildung. Eine Verzögerung tritt ein, wenn der nachfolgende Vorgang nicht sofort erfolgen kann. Eine sehr ähnliche Symbolik findet sich im Beiblatt 1 der Norm DIN 10503, die sich speziell mit Flussdiagrammen im Bereich der Lebensmittelhygiene beschäftigt.[458] Diese Symbole und die daraus resultierenden Diagramme eignen sich insbesondere zur Darstellung eines Abfall- und Güterflusses eines speziellen Produkts. Zur Abbildung der für die taktische Logistikplanung erforderlichen gesamten Abfall- und Güterflussstruktur können solche Sinnbilder jedoch im übertragenen Sinne verwendet werden. Die Abbildung 4 zeigt für das Fallbeispiel 2 ein in Anlehnung an VDI 2689 erstelltes Abfall- und Güterflussschaubild.

Aus Sicht der Koordination sind Entkopplungspunkte in Abfall- und Güterflüssen von wesentlicher Bedeutung. Einen **genuinen Entkopplungspunkt** bildet der Übergang zwischen der prognosebasierten und der kundenauftragsbasierten Planung und Steuerung.[459] Ein derartiger Entkopplungspunkt stellt eine Position im Güterfluss dar, „ab der weitere Bearbeitungsschritte an einem Endprodukt bzw. an dessen Vorprodukten oder ein Ortswechsel dieser Produkte nur ausgeführt werden, wenn dafür ein Kundenauftrag vorliegt."[460] Im Fallbeispiel 2 findet sich ein solcher Punkt im Regionallager im Bereich der Auslagerung. Diese findet nur statt, wenn ein Kundenauftrag vorliegt. Der Nachschub in das Lager und die Bevorratung erfolgt dagegen lediglich im Vertrauen weiterer Abverkäufe und auf Basis prognostizierter Periodenbedarfe. Während somit die Güter- und Abfallflüsse vor diesem Entkopplungspunkt im Wesentlichen durch das Unternehmen selbst festgelegt werden, ergeben sich die Güterflüsse danach aufgrund von Entscheidungen der Kunden.

Eng verwandt mit der Idee bestimmter Entkopplungspunkte ist das **Konzept des Verschiebens** (Postponement).[461] Dieses schlägt vor, Entscheidungen, die zu einer Festlegung der genauen Gestalt von Erzeugnissen oder der räumlichen Bindung von Beständen führen, möglichst lange zu verschieben.[462] Im Fall des Produktions-Postponements werden die Erzeugnisse möglichst lange neutral gehalten und erst nach Vorliegen eines Kundenauftrags durch spezifische Fertigung, Montage, Ergänzung oder Verpackung fertiggestellt.[463] Der Entkopplungspunkt liegt somit innerhalb der Produktion. Analog führt das Logistik-Postponement zu zentralen Beständen, die direkt ausgeliefert werden. Bestandsgeführte Regionallager an bestimmten Orten werden dagegen vermieden.[464] Das Gegenmodell dazu bildet das **Konzept der Spekulation** (Speculation). In diesem Fall werden Entscheidungen bewusst früh getroffen, um beispielsweise Größendegressionseffekte zu nutzen oder Transportkapazitäten auszunutzen.[465] Das Fallbeispiel 2 verdeutlicht eine solche „Spekulation": sowohl die elektrotechnischen Verbundteile als auch die metallischen Kerne werden vollständig hergestellt und danach eingelagert. Ebenso werden Bestände in das türkische Regionallager verbracht um

[458] Vgl. DIN 10503, S. 2–3.
[459] Vgl. Pfohl (2004), S. 125.
[460] Meyr (2003), S. 942.
[461] Vgl. Meyr (2003), S. 946.
[462] Vgl. Bucklin (1965), S. 27.
[463] Vgl. Pagh/Cooper (1998), S. 14.
[464] Vgl. Pagh/Cooper (1998), S. 14.
[465] Vgl. Bucklin (1965), S. 27.

die Anforderungen an die Lieferzeiten zu erfüllen. Anderseits finden sich in diesem Beispiel auch Elemente des Postponements. So wird bewusst auf Regionallager in anderen Ländern verzichtet.

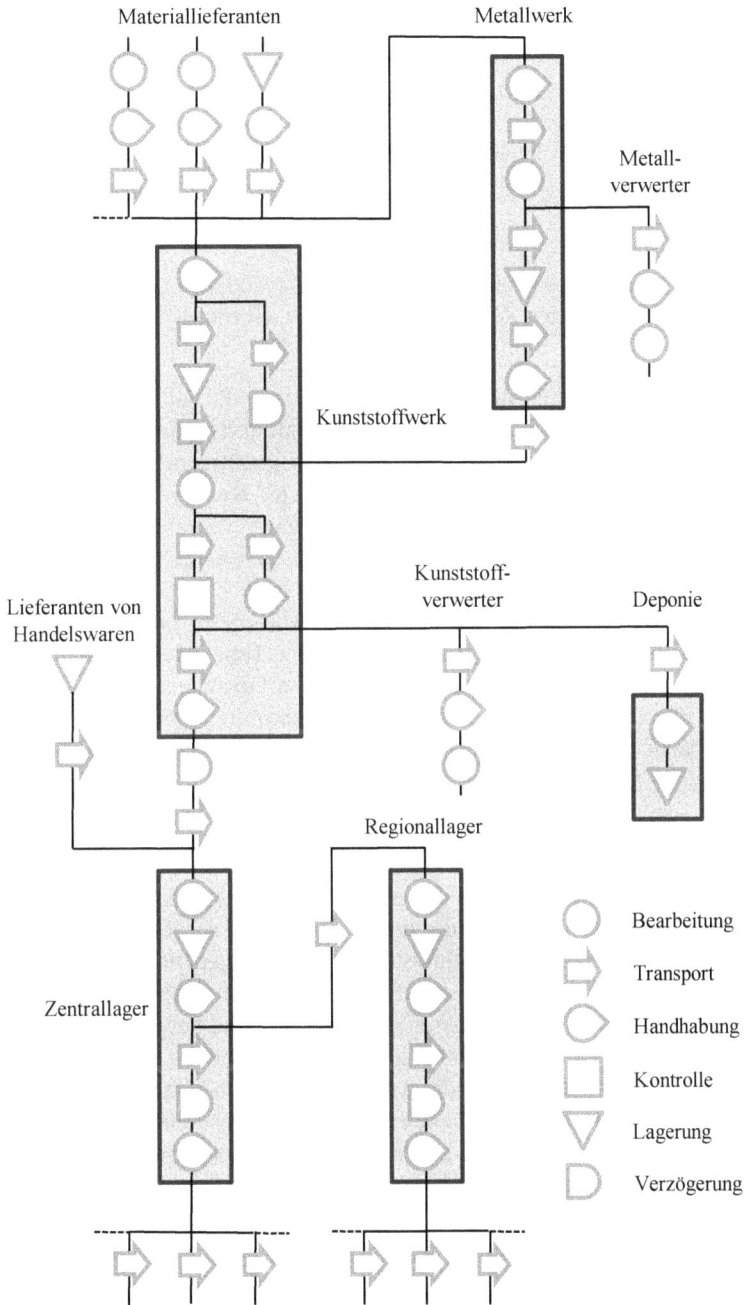

*Abbildung 4: Abfall- und Güterflussschaubild für das Fallbeispiel 2.*

## 2.2.3 Taktische Planung des Logistikleistungsprogramms

Die verwendete Flussmetapher darf einen wesentlichen Unterschied zwischen Wasserläufen und Flüssen in der Logistik nicht verschleiern: Im Gegensatz zu Flüssen in der Natur sind Güter- und Abfallflüsse nicht einfach eine Folge der Schwerkraft, sondern das **Resultat logistischer Handlungen**, also von Handlungen des außerbetrieblichen und des innerbetrieblichen Transports, der physischen Lagerung, der Lagerhaltung sowie der Logistikeinheitenbildung. Abfall- und Güterflüsse müssen erzeugt und erhalten werden. Deshalb erfordern sie die bewusste Erstellung von logistischen Leistungen. Auf taktischer Ebene wird der Umfang der logistischen Leistungen durch das **mittelfristige logistische Leistungsprogramm** definiert.

Das logistische Leistungsprogramm umfasst die Logistikleistungsquanten, die ein Unternehmen in einem festgelegten Zeitraum erbringt bzw. erbringen wird.

Diese Leistungsquanten sollen mit einer im Rahmen der Planung gleichfalls vorgegebenen qualitativen Mindestgüte erstellt werden.[466] Um das mittelfristige Logistikleistungsprogramm in seiner gesamten Breite für einen bestimmten Bezugszeitraum zu umreißen, kann auf die im ersten Band mit Bezug auf **Weber** eingeführten **vier Kategorien des Logistikleistungsbegriffs** zurückgegriffen werden.[467] Die gewählte Netzwerkstrategie kann insbesondere aus Gründen der Differenzierung die Notwendigkeit von **potenzialbezogenen Logistikleistungsquanten** vorsehen. Diese Leistungen erzeugen zwar keinen unmittelbaren Güter- oder Abfallfluss, schaffen jedoch die Voraussetzungen diesen im Bedarfsfall unverzüglich zu erzeugen. Beispiele dafür sind bestimmte vorgehaltene Transportkapazitäten oder reservierte Lagerstellplätze. Entsprechend müssen auch für diese Leistungen in den Folgeplanungen – der taktischen Planung logistischer Arbeit und Betriebsmittel – Kapazitäten vorgesehen werden. Ebenso kann das Leistungsprogramm **prozessbezogene Logistikleistungsquanten** einschließen, die erforderlich sind, jedoch ggf. keinen Güter- und Abfallfluss zur Folge haben. Beispiele dafür sind notwendige Leerfahrten aufgrund unpaariger Güterströme. Diese können beispielsweise als erforderliche Fahrzeugkilometer veranschlagt werden.

Im Mittelpunkt der taktischen Ebene stehen die mittelfristig benötigten **ergebnisbezogenen Logistikleistungsquanten** als Folge der im Netzwerk erforderlichen Güter- und Abfallflüsse. Auf Basis der Güter- und Abfallflussstruktur und des geplanten Produktions- bzw. Absatzprogramms können beispielsweise die Beförderungsleistungen (in tkm) bestimmter Relationen abgeschätzt werden. Hieraus lassen sich wiederum die notwendigen Umschlagleistungen ableiten. Möglich ist auch die näherungsweise Ermittlung der Anzahl von Sendungen auf Basis mittlerer Sendungsgrößen oder die Anzahl der abzuarbeitenden Kommissionierpositionen. Erforderliche Lagerleistungen können mit Hilfe der erwarteten Lagerzeit und erforderlichen Lagermengen zumindest grob bestimmt werden. Zur Ermittlung der erforderlichen Mindestgüte der zu erbringenden ergebnisbezogenen Logistikleistungen muss – sofern nicht

---

[466]   Siehe dazu Abschnitt 5.2.1.

[467]   Vgl. Weber (1986), S. 1198–1204, Weber/Kummer (1998), S. 116–117, Weber (2012), S. 137–150.

bereits im Rahmen der Formulierung der Funktionalstrategie geschehen – erneut auf die Wettbewerbsstrategie zurückgegriffen werden.

Die wirkungsbezogene Logistikleistung setzt am Ausmaß der Verfügbarkeit transferierter Güter und Abfälle an. Die Orte, an denen diese bereitstehen bzw. benötigt werden, lassen sich der Abfall- und Güterflussstruktur entnehmen. **Wirkungsbezogene Logistikleistungsmengen** lassen sich deshalb mit mittelfristig zu erreichenden Termin- und Mengentreuen ausdrücken, die aus der Funktionalstrategie und dieser zugrundeliegenden Wettbewerbsstrategie abgeleitet werden.

Im engeren Sinne umfasst das Logistikleistungsprogramm nur die durch das Unternehmen selbst erstellten Logistikleistungen. Hierzu zählen alle Logistikleistungen, die eigene Beschäftigte oder Leiharbeitnehmer hervorbringen. Die erforderlichen Abfall- und Güterflüsse können jedoch auch von Arbeitnehmerinnen und Arbeitnehmern anderer Unternehmen erzeugt werden. Von Bedeutung ist somit die im Rahmen der Fremdvergabestrategie definierte **Arbeitsteilung mit anderen Unternehmen**. Wie in Abschnitt 2.1.4 gezeigt, steht dabei die dauerhafte Fremdvergabe von logistischen Leistungen an Logistikunternehmen im Mittelpunkt. Diese erfolgt mit Hilfe von mittelfristigen Verträgen, die in der Regel eine Laufzeit von drei bis fünf Jahren aufweisen und somit eine stabile Geschäftsbeziehung zwischen dem Logistikunternehmen und dem Auftraggeber erfordern.[468] Im Rahmen der taktischen Planung des logistischen Leistungsprogramms stellt die Konkretisierung des Grads der Fremdvergabe, durch entsprechende Vertragsabschlüsse einen wesentlichen Planungsgegenstand dar. Berücksichtigung müssen dabei bereits bestehende Verträge finden.

## 2.2.4 Taktische Planung logistischer Arbeitskraft

Grundsätzlich lassen sich drei Sichtweisen der Arbeit unterscheiden. „Entsprechend den drei Zeiten Zukunft, Gegenwart, Vergangenheit kann man sagen: Arbeitskraft ist mögliche zukünftige Arbeit, Arbeit ist die gegenwärtige Verwirklichung bzw. Verflüssigung und Verausgabung von Arbeitskraft, Wert ist vergangene und vergegenständlichte Arbeit."[469] Die taktische Logistikplanung ist auf die **Arbeitskraft** ausgerichtet. „Unter Arbeitskraft oder Arbeitsvermögen verstehen wir den Inbegriff der physischen und geistigen Fähigkeiten, die in der Leiblichkeit, der lebendigen Persönlichkeit eines Menschen existieren und die er in Bewegung setzt, sooft er Gebrauchswerte irgendeiner Art produziert."[470] Die Erzeugung von Gebrauchswerten schließt die Erstellung von logistischen Leistungen ein, welche die faktische Verfügbarkeit der betreffenden Güter herbeiführen.

Die im Rahmen der taktischen Logistikplanung bzgl. der Arbeitskraft zu beantwortenden Fragestellungen werden im Bereich des Personalmanagements in der Regel der **mittelfristigen Personalplanung** zugeordnet.[471] Entsprechend können allgemeine Gliederungen der Personalplanung für die weitere Strukturierung der taktischen Planung logistischer Arbeitskraft herangezogen werden. Beispielsweise führt ***Drumm*** sechs Personalplanungsfelder an:

[468]  Vgl. Large (2007), Large (2009).

[469]  Haug (2013), S. 96.

[470]  Marx (2008), S. 181.

[471]  Siehe z.B. Bontrup (2000), S. 502, Drumm (2008), S. 197–198, Oechsler (2011), S. 155–156.

(1) die qualitative und quantitative Personalbedarfsplanung, (2) die qualitative und quantitative Personalbestandsprognose, (3) die Personalfreisetzungsplanung, (4) die Personalbeschaffungs- und -zuweisungsplanung, (5) die Personalausbildungs- und Personalentwicklungsplanung sowie (6) die Implementierungsplanung.[472] Eine zentrale Position nimmt die Personalbedarfsplanung ein, die im weiteren Sinne auch die Ermittlung der bereits durch Arbeitsverträge eingebundenen Arbeitskraft sowie die zukünftige Entwicklung dieses Potenzials umfasst. Tritt eine quantitative oder qualitative Differenz zwischen erforderlicher und verfügbarer Arbeitskraft auf, schließen sich weitere Detailplanungen mit dem Ziel der Beseitigung dieser Abweichung an.[473] Aus diesen allgemeinen Überlegungen lassen sich vier **Handlungsbereiche der taktischen Planung logistischer Arbeitskraft** ableiten (Abbildung 5).[474]

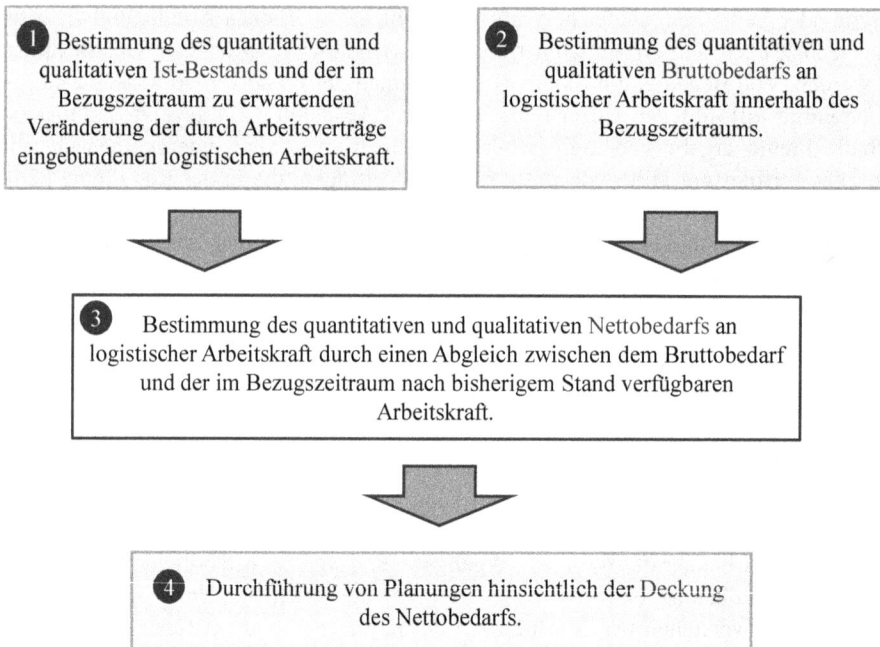

*Abbildung 5: Handlungsbereiche der taktischen Planung logistischer Arbeitskraft.*

**Zu 1:** Ausgangspunkt der taktischen Planung logistischer Arbeitskraft ist die **Bestimmung des aktuellen Ist-Bestands**. Eine solche Bestandsplanung erfolgt aus quantitativer und qualitativer Perspektive. Zur Quantifizierung werden alle Arbeitnehmerinnen und Arbeitnehmer erfasst, die aktuell Handlungen der Logistikausführung oder des Logistikmanagements vollziehen. So müssten in dem in Abschnitt 2.1.4 eingeführten Fallbeispiel 1 für das Kunststoffwerk, das Metallwerk, die Deponie und die beiden Lager – sofern diese selbst betrieben

[472] Vgl. Drumm (2008), S. 198.
[473] Siehe dazu Oechsler (2011), S. 161–167.
[474] Eine ähnliche Gliederung findet sich bei Pfohl (2004), S. 401–402, Pfohl/Gomm/Frunzke (2009a), S. 9–11.

werden – die Arbeitnehmerinnen und Arbeitnehmer getrennt nach den jeweils ausgeübten Berufen ausgezählt werden.[475] Beispielsweise werden im Metallwerk Logistikausführende im Wareneingang, im Warenausgang und im interbetrieblichen Transport eingesetzt. In der Regel wird es sich dabei um Angelernte oder um Fachkräfte für Lagerlogistik handeln. Ebenso existiert je nach Größe des Werks mindestens eine Person, die Aufgaben des Logistikmanagements erfüllt. Setzt das Unternehmen zum Transport zwischen dem Metallwerk und dem Kunststoffwerk einen eigenen Fuhrpark ein, so werden hierfür Berufskraftfahrerinnen und Berufskraftfahrer beschäftigt. Liegen im Personalmanagement nicht bereits nach Berufen oder Einsatzgebieten gegliederte Daten über den Ist-Bestand logistischer Arbeitskraft vor, so können auf diese Weise alle logistischen Arbeitnehmerinnen und Arbeitnehmer erfasst werden.

Gegenstand der Erhebung ist im nächsten Schritt die durch die jeweilige Arbeitsperson in einer bestimmten Periode **geleistete Arbeitszeit**. Neben Vollzeitstellen sind somit unterschiedliche Grade von Teilzeit sowie lediglich saisonal eingesetzte Kräfte zu berücksichtigen. Probleme ergeben sich an den Schnittstellen zu anderen Funktionen, d.h. bei Personen, die sowohl Tätigkeiten der Logistik als auch beispielsweise der Fertigung verrichten. In solchen Fällen sind ggf. anteilige Arbeitszeiten zu erfassen. Der auf diese Weise erfasste periodenbezogene Gesamtbestand logistischer Arbeitskraft kann somit nach einzelnen Berufen bzw. Berufsgruppen der Logistik gegliedert werden. Zur qualitativen Bewertung der aktuell verfügbaren Arbeitskraft eignen sich der Ausbildungs- und Fortbildungsstand der einzelnen Akteure. Daneben können zusätzliche Merkmale erfasst werden, wie beispielsweise die Zufriedenheit und Motivation der Arbeitnehmerinnen und Arbeitnehmer. Allerdings sind solche Erhebungen mit deutlichem Aufwand verbunden.

Für die taktische Planung ist jedoch nicht nur der aktuelle Ist-Bestand der logistischen Arbeitskraft von Bedeutung, sondern auch der **Verlauf des Bestands** im Bezugszeitraum. Im Mittelpunkt steht dabei der **erwartete Abgang** von Arbeitnehmerinnen und Arbeitnehmern, da dieser nur in eingeschränktem Maße durch das Unternehmen beeinflusst werden kann. Neben vergleichsweise sicheren Ereignissen, wie dem Erreichen der Altersgrenze für den Renteneintritt, treten solche auf, die nur mit einer gewissen Wahrscheinlichkeit vorhergesagt werden können.[476] Dazu zählen der interne Wechsel an einen nicht-logistischen Arbeitsplatz, die Kündigung durch Arbeitnehmerinnen und Arbeitnehmer, Mutterschutz und Elternzeit sowie Krankheit, Unfall und Tod. Die jeweiligen Wahrscheinlichkeiten können beispielsweise durch das Alter und den Gesundheitszustand oder durch den Grad der Bindung der Beschäftigten an den Beruf und an den Arbeitgeber grob abgeschätzt werden.[477] *Suzuki*, *Crum* und *Pautsch* haben unterschiedliche potenzielle Einflussgrößen auf die Fluktuationsrate von Berufskraftfahrerinnen und Berufskraftfahrern ermittelt und ein Modell zur Abschätzung der Wahrscheinlichkeit einer Kündigung durch die jeweiligen Beschäftigten aufgestellt.[478]

---

[475]  Siehe dazu Abbildung 3.

[476]  Vgl. Pfohl (2004), S. 405.

[477]  Zur Bindung von Berufskraftfahrerinnen und Berufskraftfahrern an ihren Beruf und ihren Arbeitgeber siehe Breitling/Large (2013), Large/Breitling/Kramer (2014a), Large/Breitling/Kramer (2014b).

[478]  Vgl. Suzuki/Crum/Pautsch (2009), S. 540–542.

Im Rahmen der Abschätzung des Ist-Bestands sollte bereits durchdacht werden, durch welche Maßnahmen sich die **Wahrscheinlichkeit von unerwünschten Abgängen** reduzieren lässt. So kann beispielsweise im Fall von Berufskraftfahrerinnen und Berufskraftfahrern von einem deutlichen Einfluss der Arbeitsbedingungen von Beschäftigten auf deren Bindung an ihren Beruf und ihren Arbeitgeber ausgegangen werden.[479] Dabei scheint insbesondere eine Kombination verschiedener Maßnahmen, wie beispielsweise finanzielle Anreize, Verbesserung der Arbeitsbedingungen und der Arbeitssicherheit sowie Eröffnung von Aufstiegsmöglichkeiten von Bedeutung zu sein, die jeweils an die individuelle Situation der Fahrerinnen und Fahrer angepasst werden sollte.[480] *Autry* und *Daugherty* zeigen im Fall der Arbeit in Lagerhäusern auf, dass die Befriedigung der individuellen Bedürfnisse und Erfüllung der Erwartungen der Beschäftigten zu einer höheren Zufriedenheit und diese zu einer geringeren Fluktuation führen.[481] Zu den vorrangigen Maßnahmen zur Verringerung der Wahrscheinlichkeit von Fluktuation zählt somit die aktive Verbesserung der Arbeitsbedingungen. Zu den Abgängen zählen jedoch auch solche, die durch Maßnahmen des Personal- oder Logistikmanagements in der Vergangenheit bewusst verursacht wurden. Beispiele dafür sind ausgesprochene Kündigungen oder festgelegte Versetzungen in nicht-logistische Organisationseinheiten.

Erwartete **Zugänge** ergeben sich durch bereits erfolgte Einstellungen, den planmäßigen Abschluss von Ausbildungsverhältnissen sowie durch die Rückkehr aus Mutterschutz und Elternzeit. Ebenso wie der Ist-Bestand werden die Zu- und Abgänge im Bezugszeitraum durch den Umfang der Arbeitszeit quantifiziert und durch qualitative Merkmale beschrieben. Zusätzlich wird versucht, eine zeitliche Zuordnung der erwarteten Veränderungen im Bezugszeitraum vorzunehmen. Eine solche **Terminierung** ist für sichere oder selbst initiierte Ereignisse einfach zu bewerkstelligen, bei ungeplanten naturgemäß schwierig.

**Zu 2:** Die Bedarfsplanung im engeren Sinne hat die quantitative und qualitative Bestimmung des Bruttobedarfs an logistischer Arbeitskraft zum Gegenstand. Der **Bruttobedarf an Arbeitskraft** setzt sich generell aus dem Einsatzbedarf und dem Reservebedarf zusammen.[482] Die Grundlage des **Einsatzbedarfs** bilden die Abfall- und Güterflussstruktur sowie das hierfür geplante Logistikleistungsprogramm. Aus quantitativer Sicht werden dabei jene Mengen an logistischer Arbeitskraft ermittelt, die erforderlich sind, die im Bezugszeitraum selbst zu erstellenden Logistikleistungen hervorzubringen. Praktikabel erscheint eine rollierende Planung für einen Bezugszeitraum von drei bis fünf Jahren mit einer Gültigkeitsdauer des Plans von einem Jahr. Zumindest innerhalb des ersten Jahres sollte eine Zuordnung der Einsatzbedarfe zu Quartalen erfolgen.

Bei der Planung der Bruttobedarfe müssen neben dem Logistikleistungsprogramm und den Flussstrukturen weitere **Rahmenbedingungen** berücksichtigt werden, insbesondere die erwartete Arbeitsproduktivität, die im Bezugszeitraum voraussichtlich vorhandenen logisti-

---

[479]  Vgl. Breitling/Large (2013), S. 12–13, Large/Breitling/Kramer (2014a), S. 70, Large/Breitling/Kramer (2014b), S. 61.

[480]  Vgl. Min/Emam (2003), S. 156.

[481]  Vgl. Autry/Daugherty (2003), S. 183.

[482]  Siehe z.B. Bontrup (2000), S. 500, Oechsler (2011), S. 161.

schen Betriebsmittel sowie existierende und zu erwartende arbeitsrechtliche Normen.[483] Die taktische Planung des Bruttobedarfs an logistischer Arbeitskraft stellt deshalb ein ausgesprochen komplexes Planungsproblem dar, vor allem dann, wenn neben den Handlungen der Logistikausführenden auch jene des Logistikmanagements berücksichtigt werden. Deshalb soll zunächst die Bestimmung der erforderlichen Mengen an Arbeitskraft für die **Logistikausführung** betrachtet werden.

Der Einsatzbedarf ausführender Arbeitskraft für **potenzialbezogene Logistikleistungen** kann vergleichsweise einfach bestimmt werden, da diese Leistungen im Wesentlichen durch bereitgestellte Kapazitäten beschrieben werden. Ist beispielsweise die Vorhaltung einer bestimmten Transportkapazität vorgesehen, kann unter Berücksichtigung bzw. simultaner Planung der Transportmittel der mengenmäßige Bedarf an Berufskraftfahrerinnen und Berufskraftfahrern und deren Qualifikation bestimmt werden. **Prozessbezogene Logistikleistungen** können mittelfristig z.B. durch die geplanten Betriebsstunden einer fördertechnischen Anlage (Stetigförderer) angegeben werden. In diesem Fall muss bekannt sein, welche Menge logistischer Arbeit pro Betriebsstunde dieser Anlage benötigt wird, um die erforderliche Arbeitskraft im Bezugszeitraum abzuschätzen.

Bei **ergebnisbezogenen Logistikleistungen** steht der eingesetzten Arbeitsmenge eine erbrachte logistische Leistungsmenge zur Realisation eines bestimmten Güter- und Abfallflusses gegenüber. Zur Darstellung dieses Zusammenhangs können Produktionsfunktionen aufgestellt werden. Beispielsweise wurde im ersten Band die Abbildung von Transportprozessen mit Hilfe einer Gutenberg-Produktionsfunktion vorgeschlagen.[484] In diesem Fall gibt die Verbrauchsfunktion jene Menge menschlicher Arbeit an, die zur Erstellung eines Fahrzeugkilometers bei vorgegebener Intensität (Geschwindigkeit) erforderlich ist. Bei vorgegebener Leistungsmenge im Bezugszeitraum kann daraus auf das gesamte erforderliche Quantum an Arbeitskraft für diese Logistikleistung geschlossen werden. Ähnliche Zusammenhänge ließen sich beispielweise zwischen der Anzahl von zu entladenden LKW an einer Rampe, zu kommissionierenden Auftragspositionen oder einzulagernden Paletten und der bei bestimmter Arbeitsgeschwindigkeit jeweils erforderlichen Menge an Arbeitskraft aufstellen. *Drumm* weist jedoch generell darauf hin, dass „solche Verbrauchsfunktionen realistisch und grundsätzlich bestimmbar wären,"[485] eine Nutzung jedoch häufig nicht erfolgt. Deshalb wird in der Regel die Intensität als konstant angenommen. Damit nimmt auch das Verhältnis zwischen der Leistungsmenge und der eingesetzten Arbeitsmenge einen konstanten Wert an, der – sofern bekannt – eine vergleichsweise einfache Bestimmung der erforderlichen Mengen logistischer Arbeitskraft ermöglicht.

Schwierig ist dagegen die taktische Planung logistischer Arbeitskraft auf Grundlage von **wirkungsbezogenen Logistikleistungen**. Obwohl ein positiver Zusammenhang der quantitativen und qualitativen Arbeitskraft und der faktischen Verfügbarkeit transferierter Güter plausibel ist, lässt sich dieser kaum quantifizieren und für die Bedarfsplanung heranziehen. Allerdings sollte beachtet werden, dass bei zu knapp bemessener und unterqualifizierter Arbeitskraft die Wahrscheinlichkeit von Verzögerungen und Fehlern zunimmt. Hochwertige

---

[483]   Vgl. Drumm (2008), S. 220.

[484]   Vgl. Large (2012), S. 79–82.

[485]   Drumm (2008), S. 230.

wirkungsbezogene Logistikleistungen sollten deshalb mit Hilfe von quantitativen und qualitativen Puffern berücksichtigt werden, die es – falls erforderlich – erlauben, auf den Leistungsempfänger ausgerichtete Maßnahmen zur Sicherung der faktischen Verfügbarkeit flexibel zu ergreifen. Grundlage für eine solche Forderung nach quantitativen und qualitativen
Überkapazitäten bilden die Aussagen der Organisationstheorie zum sogenannten „Organizational Slack".[486] Danach kann es generell sinnvoll sein, gewisse Überschussressourcen vorzusehen, um eine Organisation dauerhaft funktions- und anpassungsfähig zu erhalten. Im Fall
der Logistikausführung entstehen hierdurch zusätzliche Bedarfe an ausgebildeter Arbeitskraft, die z.B. mit Fachkräften für Lagerlogistik oder Berufskraftfahrern / Berufskraftfahrerinnen gedeckt werden müssen.

Die Planung des Bruttobedarfs logistischer Arbeitskraft umfasst jedoch auch die Abschätzung jener Quantitäten, die für das **Logistikmanagement** erforderlich sind. Die quantitative
Planung des Arbeitskraftbedarfs im Bereich des Managements ist schwierig.[487] Diese generelle Aussage trifft auch für das Logistikmanagement zu. Ein Grund dafür ist zunächst der
hohe Anteil reaktiver, kombinativer und kreativer Handlungen, deren Zeitbedarf sich nur
grob abschätzen lässt.[488] Insbesondere Planungen auf strategischer und taktischer Ebene
zeigen zudem keinen unmittelbaren Zusammenhang mit einer bestimmten Logistikleistungsmenge. Darüber hinaus müssen im Gegensatz zu Handlungen der Logistikausführung
jene der Planung, Führung, Organisation und Kontrolle nicht zwingend vollzogen werden,
um eine bestimmte Logistikleistung hervorzubringen. Beispielsweise kann eine Transportausführung ohne Planung und Kontrolle erfolgen und trotzdem – mehr oder weniger zufällig
– das gewünschte Ergebnis erbringen. Im Rahmen der taktischen Logistikplanung wird deshalb auch festgelegt, in welchem Umfang das Logistikmanagement vollzogen werden muss,
um die gewählte Wettbewerbsstrategie umzusetzen und ganz allgemein die Rationalität logistischer Handlungen zu sichern.

Neben der Menge an logistischer Arbeitskraft für Managementaufgaben, die in der Regel nur
abgeschätzt werden kann, bildet deren Qualität eine wesentliche Einflussgröße der logistischen Leistung. Deshalb konzentrieren sich Aussagen über die erforderliche Arbeitskraft im
Bereich des Logistikmanagements in der Regel auf den **qualitativen Bedarf**. Dieser wird
durch die Anforderungen gekennzeichnet, die an Logistikmanagerinnen und -manager im
Bezugszeitraum gestellt werden. Obwohl sich der Bedarf im jeweiligen Einzelfall aus der
unternehmensspezifischen Situation heraus ergibt, können dennoch Ergebnisse empirischer
Untersuchungen herangezogen werden, um ein Bild typischer Anforderungen zu generieren.
Neben fachlichen werden allgemeine Anforderungen, z.B. Teamfähigkeit, Problemlösungsfähigkeit, Kommunikationsfähigkeit, Führungserfahrung oder Fertigkeiten im Projektmanagement, angeführt.[489] *Murphy* und *Poist* messen fachlichen Anforderungen insbesondere
bei Logistikmanagerinnen und -managern auf höheren Hierarchieebenen sogar eine nachran-
gige Bedeutung zu und stellen allgemeine Managementfertigkeiten in den Vordergrund.[490]

---

[486]   Siehe dazu Cohen/March/Olsen (1972), S. 12, Bourgeois (1981), S. 29.

[487]   Vgl. Drumm (2008), S. 230.

[488]   Siehe dazu Abschnitt 1.1.4.

[489]   Vgl. Gammelgaard/Larson (2001), S. 35, Gibson/Cook (2003), S. 125, Straube/Pfohl (2008), S. 54–55.

[490]   Vgl. Murphy/Poist (1991), S. 11–12, Murphy/Poist (1998), S. 294, Murphy/Poist (2007), S. 428–429.

Während diese Einschätzung für Führungskräfte plausibel erscheint, überrascht jedoch diese Abstufung auch im Fall von Berufseinsteigern.[491]

Trotz dieser dem Anschein nach über einen längeren Zeitraum stabilen Anforderungen, können sich bei wesentlichen Umweltveränderungen oder bei strategischen Neuorientierungen die Anforderungen an Logistikmanagerinnen und -manager grundlegend wandeln. Die Folge davon sind **neue Berufsbilder** des Logistikmanagements.[492] Sieht beispielsweise die Fremd-vergabestrategie eines Unternehmens eine weitgehende Fremdvergabe von komplexen und spezifischen Logistikleistungspaketen vor, so ist ein neues Berufsbild des Logistikmanagers als Manager von Kontraktlogistikbeziehungen oder strategischer Beschaffungsmanager für Logistikdienstleistungen denkbar.[493] Allerdings ergaben sich im Rahmen einer empirischen Untersuchung keine signifikanten Hinweise für einen Einfluss der zunehmenden Fremd-vergabe auf das Berufsbild von Logistikmanagerinnen und -managern, obwohl eine deutliche Veränderung der Anforderungen an diese innerhalb der letzten fünf Jahre gezeigt werden konnte.[494]

Sobald auf die beschriebene Weise der Einsatzbedarf an logistischer Arbeitskraft quantitativ und qualitativ geplant ist, sollte dieser um den sogenannten **Reservebedarf** ergänzt werden. Hierzu ist die Abschätzung von wahrscheinlichen Fehlzeiten, z.B. aufgrund von Unfällen oder Erkrankungen, erforderlich.[495] Ebenso können eine generell hohe Unsicherheit oder bereits geplante Maßnahmen des Personalmanagements, z.B. Fortbildungsmaßnahmen, zur Definition von zusätzlichen Reservebedarfen beitragen.

Da sich ein derart ermittelter Bruttobedarf additiv aus den Einzelbedarfen an Arbeitskraft für die Logistikausführung und für das Logistikmanagement zusammensetzt, kann die bisher beschriebene Vorgehensweise als **synthetische Bedarfsplanung** bezeichnet werden. Die praktischen Probleme, die sich dabei ergeben, wurden in den vorangegangenen Ausführun-gen offensichtlich. Neben der synthetischen Form der Ermittlung des zukünftigen Bruttobe-darfs werden deshalb nicht selten Methoden vorgeschlagen, die von einer Unveränderlichkeit oder einer vergleichsweise geringen Veränderung der Bruttobedarfe an Arbeitskraft im Zeit-ablauf ausgehen.[496] In diesen Fällen erscheint eine grundlegende synthetische Neubestim-mung des gesamten Bruttobedarfs auf den ersten Blick nicht erforderlich. Aus Sicht der taktischen Logistikplanung sind jedoch die **unreflektierte Fortschreibung** des aktuellen Ist-Bestands an Arbeitskraft sowie die rein **statistische Extrapolation** auf Basis der Entwick-lung der Ist-Bestände in der Vergangenheit[497] nicht ausreichend.

Eine vereinfachte Vorgehensweise kann jedoch darin bestehen, den zukünftigen Bruttobedarf an logistischer Arbeitskraft indirekt aus dem aktuellen Ist-Bestand und den zu erwartenden Änderungen des Bedarfs abzuschätzen. Bei einer solchen lediglich **modifizierenden Be-**

---

[491]   Vgl. Murphy/Poist (2006), S. 57.

[492]   Siehe zu den Berufsbildern des Logistikmanagements Abschnitt 1.1.3.

[493]   Vgl. Large (2010a), S. 70.

[494]   Vgl. Large/Kenner (2012), S. 14.

[495]   Vgl. Oechsler (2011), S. 161.

[496]   Vgl. Drumm (2008), S. 222–223.

[497]   Siehe dazu Oechsler (2011), S. 165.

**darfsplanung** wird jedoch implizit vorausgesetzt, dass der aktuelle Bestand tatsächlich dem aktuellen Bedarf entspricht. Dies ist jedoch nicht notwendigerweise der Fall. Nicht trivial ist auch die Bestimmung der zu erwartenden Veränderung des Bedarfs an Arbeitskraft. Die Ermittlung der Bedarfsveränderung darf weder von Begehrlichkeiten einzelner Führungskräfte geleitet sein noch von reinen Kostensenkungsmotiven, sondern muss ebenso wie im Rahmen der synthetischen Bedarfsplanung auf rationalen Überlegungen hinsichtlich des geänderten Logistikleistungsprogramms beruhen. Die Basis dafür bilden der geplante Wandel der Güter- und Abfallflussstrukturen im Bezugszeitraum sowie die beabsichtigte Veränderung des Grads der Fremdvergabe.

**Zu 3:** Der dritte Handlungsbereich der taktischen Planung logistischer Arbeitskraft umfasst den Abgleich zwischen dem erwarteten Bruttobedarf und der im Bezugszeitraum nach bisherigem Stand voraussichtlich verfügbaren Arbeitskraft. Hierdurch soll eine quantitative oder qualitative Lücke zwischen dem Bestand und dem Bedarf an logistischer Arbeitskraft frühzeitig erkannt werden, um diese durch wohlüberlegte Maßnahmen zu schließen. Diese Differenz zwischen Bruttobedarf und Bestand wird als **Nettobedarf an logistischer Arbeitskraft** bezeichnet.[498] Werden der zukünftige Bestand und der Bruttobedarf nicht oder nur unzureichend geplant, so ist auch der mittelfristige Nettobedarf unbekannt oder zumindest mit einer hohen Unsicherheit behaftet. Bedarfe an logistischer Arbeitskraft werden dann erst bei ihrem Eintreten erkannt und treffen das Unternehmen unvorbereitet. Folge davon können die ungenügende Leistungserstellung oder die ineffiziente Beschäftigung von Leiharbeitnehmern sein.

Zur Sicherung der mittelfristigen Verfügung über das angemessene Quantum und die notwendige Qualität logistischer Arbeitskraft, reicht es nicht aus, einen Ausgleich über den Bezugszeitraum der taktischen Planung insgesamt zu schaffen. Vielmehr müssen der Bruttobedarf und der Ist-Bestand zumindest grob terminiert werden, um die ausreichende Verfügbarkeit in jedem Zeitabschnitt des Bezugszeitraums überprüfen zu können. Erforderlich ist somit eine **terminierte Nettobedarfsplanung** logistischer Arbeitskraft. Beispielsweise kann für jedes Quartal des Bezugszeitraums abgeschätzt werden, ob der Ist-Bestand an logistischer Arbeitskraft ausreicht, den Bruttobedarf quantitativ und qualitativ zu decken. Als mögliches Resultat dieses Abgleichs kann sich sowohl eine Unterdeckung als auch eine Überdeckung ergeben, d.h. ein positiver oder negativer Nettobedarf. Von diesem Ergebnis hängt es ab, ob im Nachgang Maßnahmen zur Vergrößerung bzw. Verbesserung der Ausstattung mit Arbeitskraft oder solche zu einer Reduktion ergriffen werden müssen.

**Zu 4:** Der letzte Handlungsbereich der taktischen Planung logistischer Arbeitskraft umfasst alle Planungen, die sich auf die **Deckung des Nettobedarfs** beziehen. Vereinfacht gesprochen wird zum Abschluss durchdacht und entschieden, wie die erkannte Lücke mittelfristig geschlossen bzw. der identifizierte Überhang abgebaut werden soll.

Besteht ein positiver Nettobedarf, so kommt der **Beschaffung logistischer Arbeitskraft** besondere Bedeutung zu. Grundsätzlich kann zwischen interner und externer Beschaffung unterschieden werden.[499] Bei **interner Beschaffung** werden Ausführende oder Manager und

---

[498]   Zum Begriff „Nettopersonalbedarf" siehe z.B. Drumm (2008), S. 203, Oechsler (2011), S. 162.
[499]   Siehe z.B. Drumm (2008), S. 279.

Managerinnen anderer Funktionen für eine Tätigkeit innerhalb der Logistik gewonnen. Von zentraler Bedeutung ist dabei die Qualität der intern beschafften Arbeitskraft. Aus Sicht der Logistik sollen natürlich solche Arbeitnehmerinnen und Arbeitnehmer gewonnen werden, die durch ihre Fähigkeiten, Fertigkeiten und Kenntnisse zu einer Bereicherung der Logistik führen. Nach einer Untersuchung von *Myers, Griffith, Daugherty und Lusch* werden Logistikmanagerinnen und -manager, die über soziale Fertigkeiten, Entscheidungsvermögen, Problemlösungsfertigkeit und Fertigkeiten im Zeitmanagement verfügen, von ihren Vorgesetzten als besonders „wertvoll" wahrgenommen.[500] Solche allgemeinen Fertigkeiten lassen sich auch in anderen Funktionsbereichen, wie z.B. dem Marketing oder der Produktion, erwerben. In Abschnitt 1.3.4 wurde zudem die Notwendigkeit der Koordination der Logistik mit anderen betrieblichen Funktionen betont. Vor diesem Hintergrund kann es ausgesprochen förderlich sein, wenn neue Logistikmanagerinnen und -manager über interne Kenntnisse aus anderen Funktionsbereichen sowie über persönliche Beziehungen verfügen. Ebenso wie im Managementbereich kann auch in der Ausführung die Übernahme von Arbeitspersonen aus anderen Funktionsbereichen bereichernd sein. Allerdings darf die Logistik nicht unbesehen Personen aufnehmen, die in anderen Funktionsbereichen, insbesondere der Produktion, aufgrund nicht erreichter Anforderungen „aussortiert" wurden. Vielmehr müssen Führungskräfte der Logistik darauf achten, dass diese über die erforderlichen Fähigkeiten verfügen, die logistischen Fertigkeiten bereits beherrschen oder zumindest erlernen können und für eine Tätigkeit in der Logistik motiviert sind. Letzteres kann insbesondere dann bezweifelt werden, wenn mit der Versetzung in die Logistik Lohneinbußen oder sonstige Nachteile verbunden sind.

Die interne Beschaffung logistischer Arbeitskraft kann mit Maßnahmen der **Personalentwicklung** verbunden sein.[501] Dies ist dann der Fall, wenn Arbeitnehmerinnen und Arbeitnehmer der Logistik oder anderer Bereiche zwar prinzipiell geeignet und bereit wären, ihre Arbeitskraft zur Deckung spezifischer Nettobedarfe einzubringen, jedoch bestimmte Defizite hinsichtlich ihrer Kenntnisse oder Fertigkeiten aufweisen, die es ihnen gegenwärtig nicht erlauben, die damit verbundenen Aufgaben umfassend zu erfüllen. Neben dem systematischen Identifizieren dieser Personen erfordert die Personalentwicklung in der Logistik gezielte Maßnahmen zur Beseitigung dieser Defizite, z.B. in Form von individuellen Weiterbildungsprogrammen.[502] Traditionell wird bei der Personalentwicklung der Bereich der Entwicklung von Logistikmanagerinnen und -managern und jener der Entwicklung von Logistikausführenden unterschieden.[503] Dieser grundlegenden Trennung soll hier nicht gefolgt werden, da sich auch Logistikausführende, z.B. mit Hilfe einer Aufstiegsfortbildung, zu Logistikmanagerinnen bzw. -managern oder sogar Logistikführungskräften entwickeln können. Hierdurch lassen sich beispielsweise Bedarfe an Meistern und Meisterinnen in der Lagerwirtschaft oder an Transportdisponenten decken.

---

[500]   Myers et al. (2004), S. 223.

[501]   Vgl. Drumm (2008), S. 320.

[502]   Damit wird deutlich, dass die Personalentwicklung in der Logistik auch aus dem Blickwinkel der Logistikführung betrachtet werden sollte. Siehe dazu ausführlich Abschnitt 3.5.

[503]   Vgl. Dubbert (1991), S. 5–6.

Die **externe Beschaffung** zielt auf die Gewinnung und Einbindung der Arbeitskraft von Berufsanfängern, sonstigen Arbeitssuchenden und Berufstätigen ab, die derzeit nicht dem Unternehmen angehören. Voraussetzung für die Wirksamkeit dieser Maßnahme ist ein ausreichendes **Angebot an Arbeitskraft**, welches unter Berücksichtigung der Nachfrage anderer Arbeitgeber prinzipiell geeignet ist, den ermittelten Nettobedarf quantitativ und qualitativ zu decken. Hinsichtlich der Quantität des Angebots können sich generell oder zumindest bei bestimmten Berufsgruppen Knappheitssituationen ergeben. So wird derzeit vor dem Hintergrund des seit Jahrzehnten bereits anhaltenden Geburtendefizits in Deutschland das Problem des dauerhaften Fachkräftemangels diskutiert. Insbesondere bei Berufskraftfahrerinnen und Berufskraftfahrern ist eine weitere zunehmende Knappheit zu befürchten, da neben dem allgemeinen Rückgang an Erwerbspersonen, der nur zum Teil durch Zuwanderung ausgeglichen werden kann, weitere Faktoren, wie die sinkende Attraktivität des Berufs, die höheren Anforderungen hinsichtlich Aus- und Fortbildung oder das Entfallen ausgebildeter Militärkraftfahrer, das Angebot schmälern.[504] Die Grundlage für die Beurteilung des qualitativen Angebots in den einzelnen Berufsgruppen bilden die im Rahmen der Bedarfsplanung ermittelten Anforderungen an die benötigte Arbeitskraft.

Damit sich das prinzipiell vorhandene und ggf. knappe Angebot an Arbeitskraft tatsächlich in Bewerbungen bei dem beschaffenden Unternehmen und final in der Annahme von Stellenangeboten niederschlägt, sollten bereits mittelfristig Maßnahmen des **Personalmarketings** ergriffen werden. *Drumm* versteht unter Personalmarketing „die Erschließung des externen Arbeitsmarkts durch Auf- und Ausbau eines positiven Image auf beschaffungsrelevanten Arbeitsmarktsegmenten".[505] Hierdurch soll generell die Bereitschaft von potenziellen Bewerberinnen und Bewerbern gefördert werden, mittelfristig ein Beschäftigungsverhältnis mit dem Unternehmen einzugehen. Maßnahmen des Personalmarketings können sich an Arbeitssuchende sowie an bereits in der Logistikausführung oder im Logistikmanagement Beschäftigte richten. Beispielsweise wird durch entsprechende Werbemaßnahmen beabsichtigt, Arbeitssuchende und Schulabgänger für den Beruf des Berufskraftfahrers zu interessieren oder Berufskraftfahrerinnen und Berufskraftfahrer, die bei anderen Unternehmen beschäftigt sind, zu einem Wechsel der Arbeitsstelle anzuregen.[506] Im Bereich des Logistikmanagements kommt darüber hinaus der Ansprache von Studierenden und Hochschulabsolventen besondere Bedeutung zu, um Berufsanfänger mit abgeschlossener akademischer Logistikausbildung zu gewinnen.[507] Ein wichtiges Instrument stellen dabei Praktika dar, weil sie aus Sicht von Studierenden und Logistikmanagern die Personalbeschaffung der Unternehmen unterstützen und einen Beitrag leisten können, Unternehmen und Hochschulen miteinander zu vernetzten.[508]

Unter Berücksichtigung des Arbeitskräfteangebots und der ggf. bereits eingeleiteten Maßnahmen des Personalmarketings vollzieht sich sodann auf Grundlage der terminierten Netto-

---

[504]  Vgl. Peirowfeiz/Large (2013), S. 2–4.

[505]  Drumm (2008), S. 293.

[506]  Vgl. Peirowfeiz/Large (2013), S. 9.

[507]  Vgl. Handfield et al. (2013), S. 37.

[508]  Vgl. Knemeyer/Murphy (2002), S. 141. Allerdings ist bei dieser positiven Bewertung zu beachten, dass sich die Gruppe der befragten Logistikmanager aus Personen zusammensetzt, die aktiv am Praktikantenprogramm des amerikanischen Logistikverbands mitwirken.

bedarfe die Planung der **Durchführung der externen Beschaffung** der erforderlichen Quantitäten und Qualitäten logistischer Arbeitskraft. Die Umsetzung dieser Planung erfolgt im Nachhinein mit entsprechendem Vorlauf zu den Bedarfszeitpunkten. Von zentraler Bedeutung im Rahmen der externen Personalbeschaffung ist die Personalauswahl im engeren Sinne, bei der geklärt werden muss, welche der Bewerberinnen und Bewerber über die zur Stellenbesetzung erforderlichen Fähigkeiten, Fertigkeiten und Kenntnisse verfügen.[509] *Gibson* und *Cook* haben Entscheidungskriterien ermittelt, die Hochschulabsolventen im Bereich der Logistik bei der Bewertung von Arbeitsstellen heranziehen.[510] Höchste Bedeutung messen die befragten Studierenden in abnehmender Reihenfolge der Möglichkeit der Weiterentwicklung, der erwarteten Arbeitszufriedenheit, der positiven Arbeitsatmosphäre, dem angebotenen Gehalt und der Arbeitsplatzsicherheit zu. Interessanterweise erwarten die befragten Arbeitgeber hinsichtlich der Kriterien Zufriedenheit, Atmosphäre und Sicherheit eine geringere Bewertung und messen dem Gehalt eine signifikant höhere Bedeutung zu.

Prinzipiell ist es möglich, die erforderliche Arbeitskraft nicht durch Arbeitsverträge, sondern mit Hilfe der **Arbeitnehmerüberlassung (Leiharbeit)** zu beschaffen. Allerdings sollte diese Alternative nur dann in Betracht gezogen werden, wenn es gilt, kurzfristige Bedarfsschwankungen auszugleichen.[511] Leiharbeit ermöglicht keine dauerhafte Einbindung in betriebliche Abläufe und führt nicht selten zu prekären Lebensverhältnissen für die betroffenen Arbeitnehmerinnen und Arbeitnehmer. Noch weitaus kritischer sind **Werkverträge** einzustufen, sofern diese missbräuchlich eingesetzt werden und lediglich dazu dienen, Arbeitskraft zu beschaffen, die weisungsabhängig eingesetzt werden soll.[512] Solche „Schein-Werkverträge" dienen nicht dazu, die Leistungserstellung einem Logistikunternehmen eigenverantwortlich zu übertragen, sondern zu vergleichsweise geringen Kosten die Verfügung über Arbeitskraft zu erlangen ohne den beteiligen Personen die üblichen Schutzrechte von Arbeitsbeziehungen zu gewähren.

Die dargestellten Ansätze der externen Beschaffung logistischer Arbeitskraft gehen davon aus, dass Personen mit einem angemessenen Arbeitsvermögen, d.h. insbesondere mit einer angemessenen Berufsausbildung oder einem berufsqualifizierenden Studium, verfügbar oder zumindest mit entsprechenden Anstrengungen gewinnbar sind. Ist dies der Fall, muss ein Unternehmen mit einem entsprechenden Nettobedarf an logistischer Arbeitskraft nicht in die Ausbildung dieser Menschen investieren. Ein Gegenentwurf dazu ist die **aktive Ausbildung** von Schulabgängern oder sonstigen Ausbildungswilligen, die nach einer durch die jeweiligen Ausbildungsordnungen vorgegebenen Ausbildungszeit als qualifizierte Fachkräfte der Logistikausführung oder des Logistikmanagements zur Verfügung stehen. Grundsätzlich kann ein Unternehmen bei entsprechender Branchenzuordnung die in Abschnitt 1.1.3 eingeführten Ausbildungsberufe der Logistikausführung und des Logistikmanagements selbst ausbilden. Beispiele dafür sind Fachkräfte für Lagerlogistik, Berufskraftfahrer und Berufskraftfahrerinnen oder auch Kaufleute, deren Arbeitsschwerpunkt im Bereich der Logistik liegt. Ein Risiko

---

[509] Siehe dazu z.B. Drumm (2008), S. 299–308, Oechsler (2011), S. 218–232.

[510] Vgl. Gibson/Cook (2003), S. 125.

[511] Vgl. Oechsler (2011), S. 216.

[512] Vgl. Oechsler (2011), S. 248–249. Nicht damit gleichzusetzen ist die einwandfreie Verwendung von Werkverträgen zur Beauftragung von Logistikunternehmen im Rahmen der Kontraktlogistik. Siehe dazu Abschnitt 2.1.4.

für die Sicherung von Arbeitskraft stellen die bereits angemerkten Vertragslösungsquoten dar, die insbesondere bei Berufskraftfahrern und Berufskraftfahrerinnen mit 45,5% weit über dem Durchschnitt der Ausbildungsberufe liegen.[513] Eine weitere Möglichkeit der aktiven Ausbildung ist die Beschäftigung von Studierenden der Dualen Hochschulen.

Wurde statt eines positiven Nettobedarfs ein punktueller **Überhang an logistischer Arbeitskraft** identifiziert, sollte zunächst für die betroffenen Zeiträume – sofern vorhanden – der Einsatz von Leiharbeit reduziert werden, denn diese erfüllt die Funktion Schwankungen im Bedarf an Arbeitskraft auszugleichen. Besteht dagegen für einen längeren Zeitraum ein negativer Nettobedarf, der auf diese Weise nicht abgebaut werden kann, ist eine grundlegende **Personalfreisetzungsplanung** erforderlich, die unterschiedliche Verwendungsalternativen für die bereits eingebundene, mittelfristig jedoch nicht benötigte logistische Arbeitskraft berücksichtigt. Der vergleichsweise lange Bezugszeitraum der taktischen Logistikplanung ermöglicht dabei eine antizipative Freisetzungsplanung, d.h. eine Planung, welche die mittelfristigen Entwicklungen vorwegnimmt und auf diese Weise rechtzeitig versucht, den Rückgang der Arbeitsmöglichkeiten sozialverträglich zu gestalten.[514] Neben der Beendigungskündigung von bestehenden Arbeitsverträgen, können somit beispielsweise Regelungen zur Altersteilzeit genutzt oder akzeptable Arbeitsplätze außerhalb der Logistik in Verbindung mit Änderungskündigungen angeboten werden.[515]

## 2.2.5 Taktische Planung logistischer Betriebsmittel

Im Sinne *Gutenbergs* stellen **Betriebsmittel** jene Produktionsfaktoren dar, „welche die technische Voraussetzung betrieblicher Leistungserstellung, insbesondere der Produktion, bilden."[516] Auch Logistikausführende sowie Logistikmanagerinnen und -manager vollziehen die zur Erstellung des mittelfristigen Logistikleistungsprogramms erforderlichen Handlungen unter Nutzung von speziellen Betriebsmitteln, den logistischen Betriebsmitteln. Aus der Perspektive menschlicher Arbeit betrachtet, weisen Betriebsmittel damit den Charakter von Arbeitsmitteln auf.[517]

Eine **Gliederung logistischer Betriebsmittel** lässt sich durch Rückgriff auf die fünf Teilfunktionen der Logistik sowie durch Berücksichtigung der beiden großen Bereiche – Logistikausführung und Logistikmanagement – generieren.[518] Betriebsmittel des außerbetrieblichen Transports sind Transportmittel, z.B. Lastkraftwagen oder Waggons, und Umschlagmittel, z.B. Kräne. Im innerbetrieblichen Transport werden verschiedene Stetig- und Unstetigförderer eingesetzt. Die physische Lagerung erfordert vor allem Lagergebäude und Lagereinrichtungen. Technische Einrichtungen der Lagerhaltung sind vor allem Betriebsmittel, die der Erfassung und Dokumentation von Beständen dienen. Vielfältig sind die Betriebsmittel im Bereich der Logistikeinheitenbildung. Neben Verpackungsmaschinen und Vorrichtungen

[513] Vgl. Bundesinstitut für Berufsbildung (2015), S. 197.
[514] Vgl. Drumm (2008), S. 249.
[515] Vgl. Drumm (2008), S. 253, Oechsler (2011), S. 269–270.
[516] Gutenberg (1983), S. 3.
[517] Vgl. Marx (2008), S. 194.
[518] Siehe dazu Large (2012).

zur Logistikeinheitenbildung gehören dazu auch dauerhaft genutzte Ladungsträger, wie z.B. standardisierte und spezifische Behälter oder Container. Neben den bisher angeführten Einrichtungen zur Logistikausführung bilden auch solche Vermögensgegenstände logistische Betriebsmittel, welche Planungs- und Steuerungshandlungen der Logistik unterstützen. Hierzu zählen insbesondere Immobilien und deren Ausstattung sowie die Einrichtungen des Informationsaustauschs und der Informationsverarbeitung.

Bei logistischen Betriebsmitteln handelt es sich entsprechend um vielfältige technische Einrichtungen, welche durch **Nutzung eines Leistungspotenzials** die logistische Leistungserstellung dauerhaft ermöglichen und in der Regel einen Bestandteil des Anlagevermögens darstellen.[519] Allerdings können neben Eigentumsrechten auch eingeschränkte Nutzungsrechte vorliegen. Dies ist der Fall, wenn logistische Betriebsmittel durch Pacht, Miete oder Leasing bereitgestellt werden.

Die Spannweite logistischer Betriebsmittel ist, wie oben beispielhaft aufgezeigt, erheblich und reicht von geringwertigen Ladungsträgern bis hin zu komplexen fördertechnischen Anlagen oder sogar kompletten Lagerhäusern. Aus diesem Grund ist die taktische Planung nicht für alle logistischen Betriebsmittel angezeigt. Wie in Abschnitt 2.2.1 dargelegt, erstreckt sich die **taktische Logistikplanung** auf die Planung jener Betriebsmittel, die zur Erstellung logistischer Leistungen mittelfristig erforderlich sind. Aus Sicht der taktischen Logistikplanung sind somit solche Betriebsmittel von Bedeutung, welche eine längere Nutzungszeit innerhalb des Bezugszeitraums der Planung aufweisen, bei eintretendem Bedarf nicht sofort auf dem Beschaffungsmarkt verfügbar sind und die nennenswerte finanzielle Mittel für ihre Bereitstellung und ihren Erhalt erfordern. Derartige Betriebsmittel werden innerhalb der Betriebswirtschaftslehre üblicherweise im Rahmen der sogenannten Anlagenwirtschaft betrachtet.[520]

Ausgangspunkt der taktischen Betriebsmittelplanung ist wiederum die **Funktionalstrategie für die Logistik**.[521] Die Netzwerkstrategie legt fest, welche logistischen Einrichtungen in welchem Umfang an welchem Ort erforderlich sind, um die gewählte Wettbewerbsstrategie in einem Geschäftsfeld umzusetzen. Hierdurch werden im Rahmen der strategischen Logistikplanung bereits wesentliche Festlegungen hinsichtlich der notwendigen logistischen Anlagen, wie beispielsweise Lagerhäuser, Umschlageinrichtungen oder Fuhrparks, getroffen. Abbildung 3 in Abschnitt 2.1.4 zeigt ein denkbares logistisches Netzwerk für das Fallbeispiel 1 auf. Darin wird u.a. das Zentrallager als Knoten im logistischen Netzwerk des Unternehmens Metaplast angeführt. Vom Grad der Fremdvergabe, der durch die Outsourcingstrategie determiniert wird, hängt es schließlich ab, welche dieser Einrichtungen für eigene Logistikhandlungen bereitzustellen sind und welche durch beauftragte Logistikunternehmen eingesetzt werden.

Die taktische **Planung der Güter- und Abfallflussstruktur** verfeinert, wie in Abschnitt 2.2.2 gezeigt, den Grobaufbau des logistischen Netzwerkes. Abbildung 4 lässt entsprechend konkrete Aussagen, beispielsweise über die Funktion des Zentrallagers, zu. Als Vorrats- und

---

[519] Nach §247 Abs. 2 HGB umfasst das Anlagevermögen Gegenstände, „die bestimmt sind, dauernd dem Geschäftsprozess zu dienen."

[520] Siehe dazu grundlegend Männel (1996).

[521] Siehe Abschnitt 2.1.4.

Kommissionierlager für Fertigprodukte erfordert dieses Betriebsmittel für die Bevorratung, die Ein- und Auslagerung, die Kommissionierung, den innerbetrieblichen Transport, die Bereitstellung, die Logistikeinheitenbildung und die Verladung.

Prinzipiell lässt sich die taktische Planung logistischer Betriebsmittel analog zu jener der logistischen Arbeitskraft in die **vier Handlungsbereiche** zur Bestimmung des Ist-Bestands, des Bruttobedarfs und des Nettobedarfs sowie der Maßnahmen zur Deckung des Nettobedarfs untergliedern. Allerdings bestehen zwischen beiden Bereichen der taktischen Logistikplanung **fundamentale Unterschiede**: Arbeitnehmerinnen und Arbeitnehmer verfügen über einen eigenen Willen und damit die Möglichkeit, die Verausgabung ihrer Arbeitskraft zu beeinflussen. Insbesondere besitzen sie die Freiheit, das Arbeitsverhältnis aktiv zu beenden. Darüber hinaus werden Beschäftigte durch das Arbeitsrecht in besonderem Maße geschützt. Im Fall von Betriebsmitteln hält ein Unternehmen dagegen in Abhängigkeit von der Art der Bereitstellung mehr oder weniger umfassende Verfügungsrechte, die es erlauben, diese Ressourcen weitgehend frei zu disponieren. Dazu gehört auch die Freiheit, Betriebsmittelkapazitäten entsprechend der eigenen Bedarfe und der Finanzmittelausstattung auf- und falls erforderlich abzubauen. Weiterhin unterliegen dauerhaft nutzbare Betriebsmittel einem gestaltbaren Lebenszyklus.[522] Legt man eine solche Sequenz den Überlegungen zugrunde, wird deutlich, dass im Rahmen der taktischen Logistikplanung Aspekte der Bereitstellung, der Instandhaltung und der Aussonderung betrachtet werden müssen.

Der erste Schritt der taktischen Logistikplanung ist die Bestimmung des aktuellen **Bestands an logistischen Betriebsmitteln**. Neben eigenen Anlagen der Logistik, die im Anlagevermögen geführt werden, zählen hierzu alle gepachteten Grundstücke, beispielsweise für Freilager, alle gemieteten Logistikimmobilien sowie die dauerhaft geleasten Betriebsmittel, wie z.B. Gabelstapler oder Lastkraftwagen. Wesentliche quantitative Informationen sind die erwartete bzw. beabsichtigte Restnutzungsdauer im Bezugszeitraum der Planung sowie die Kapazität des Betriebsmittels. Die Kapazität eines Betriebsmittels kann mehrere Aspekte einschließen. Bei Fahrzeugen umfasst diese beispielsweise neben der Ladekapazität, gemessen in Lademetern oder zulässiger Zuladung in Tonnen, auch die verfügbare Fahrleistung pro Jahr in Fahrzeugkilometern oder die Anzahl der möglichen jährlichen Betriebsstunden. Lager können durch ihre Bevorratungskapazität und ihre Abwicklungskapazität bemessen werden.[523] Qualitativ ist insbesondere der aktuelle und im Bezugszeitraum der Planung zu erwartende Zustand des Betriebsmittels von Bedeutung. Der Zustand eines Betriebsmittels wird durch die bereits erfolgte Abnutzung und durch Beschädigungen, z.B. aufgrund von Unfällen, beeinflusst.[524] Darüber hinaus kann auch eine Zustandsminderung durch Alterung auftreten. Dies ist insbesondere dann der Fall, wenn neue Technologien zur Verfügung stehen, die eine größere Produktivität oder bessere Qualität ermöglichen. Als Beispiel sei das Identifizieren von Logistikeinheiten mit Hilfe von RFID (Radio-Frequency Identification) als Alternative zu traditionellen Barcodes genannt.[525]

---

[522]  Vgl. Steffen (1993), Sp. 89, Männel (1996), Sp. 77–80, Nebl (2008), S. 305.

[523]  Siehe dazu Large (2012), S. 135–136.

[524]  Zum Begriff der Abnutzung siehe DIN 31051, S. 7.

[525]  Vgl. Sheffi (2004), S. 7–8. Siehe dazu ausführlich Abschnitt 5.1.2.

Der Zustand der logistischen Betriebsmittel wird wesentlich durch **Maßnahmen der Instandhaltung** beeinflusst, die bereits in der Vergangenheit vollzogen oder unterlassen wurden und die für den anstehenden Bezugszeitraum der taktischen Planung vorgesehen sind. Die Norm DIN 31051 strukturiert und definiert Begriffe der Instandhaltung im Allgemeinen. Instandhaltung als Oberbegriff wird darin umschrieben als „Kombination aller technischen und administrativen Maßnahmen sowie Maßnahmen des Managements während des Lebenszyklus … einer Einheit …, die dem Erhalt oder der Wiederherstellung ihres funktionsfähigen Zustands dient, sodass sie die geforderte Funktion … erfüllen kann."[526] Zu diesen Maßnahmen zählt zunächst die Wartung, welche die Abnutzung der logistischen Betriebsmittel verzögern soll. Zentral für die taktische Planung logistischer Betriebsmittel ist die Inspektion, denn diese umfasst alle „Maßnahmen zur Feststellung und Beurteilung des Istzustandes einer Betrachtungseinheit einschließlich der Bestimmung der Ursachen der Abnutzung und dem Ableiten der notwendigen Konsequenzen für eine künftige Nutzung."[527] Mit Hilfe von regelmäßigen Inspektionen sind somit fundierte Aussagen über den Zustand logistischer Betriebsmittel und ihrer weiteren Verwendung im Bezugszeitraum der taktischen Planung möglich. Die Maßnahmen der Instandsetzung, die den funktionsfähigen Zustand wieder herstellen, und jene der Verbesserung, welche die Funktionssicherheit eines Betriebsmittels erhöhen, üben dagegen einen unmittelbaren Einfluss auf den Bestand an funktionsfähigen Betriebsmitteln aus und müssen deshalb bereits im Zusammenhang mit dem Bedarf an logistischer Betriebsmittelkapazität gesehen werden. So kann beispielsweise auf die Instandsetzung eines Fahrzeugs oder einer Anlage verzichtet werden, wenn kein Bedarf mehr daran besteht.

Analog zur Planung des Bruttobedarfs an Arbeitskraft und in enger Abstimmung mit dieser erfolgt die Abschätzung der **Bruttobedarfe an logistischen Betriebsmitteln**. Wiederum kann die Planung synthetisch auf Basis des geplanten Logistikleistungsprogramms erfolgen. In diesem Fall bilden die taktischen Planungen der potenzialbezogenen, prozessbezogenen, ergebnisbezogenen und wirkungsbezogenen Logistikleistungen die Basis der Überlegungen.[528] Erforderlich sind Erkenntnisse über den Zusammenhang zwischen quantitativen und qualitativen Merkmalen der Betriebsmittel und den zu erreichenden Logistikleistungen und den zu realisierenden Güter- und Abfallflussstrukturen. Während sich solche im Fall von potenzialbezogenen und prozessbezogenen Leistungen vergleichsweise einfach herleiten lassen, sind diese Zusammenhänge bei wirkungsbezogenen Logistikleistungen nicht trivial. Deshalb kann es bei der taktischen Planung logistischer Betriebsmittel sinnvoll sein, den zukünftigen Bruttobedarf an logistischen Betriebsmittelquantitäten und -qualitäten aus dem aktuellen Bestand und den zu erwartenden Änderungen des Betriebsmittelbedarfs abzuschätzen. Wird beispielsweise die Erhöhung der Beförderungsleistung oder sogar ein zusätzlicher Güterfluss geplant, kann abgeschätzt werden, wie viele zusätzliche Fahrzeuge hierfür benötigt werden. Auf diese Weise lassen sich prinzipiell auch Veränderungen wirkungsbezogener Leistungen, z.B. eine Erhöhung der Termin- und Mengentreue, berücksichtigen. Wird beispielsweise die Steigerung des ß-Servicegrades eines Lagers angestrebt, können die hierfür erforderliche Zunahme der Sicherheitsbestände und aus diesen die notwendige Erhöhung der Lagerkapazität bestimmt werden.

---

[526] DIN 31051, S. 4.
[527] DIN 31051, S. 5.
[528] Siehe Abschnitt 2.2.2.

Durch den quantitativen und qualitativen Abgleich des Bestands an logistischen Betriebsmitteln mit dem geplanten Bruttobedarf ergibt sich der **terminierte Nettobedarf** im Bezugszeitraum der taktischen Logistikplanung. Auf dieser Basis und in enger Abstimmung mit der taktischen Planung logistischer Arbeitskraft wird entschieden, ob Ersatz für abgenutzte Betriebsmittel geschaffen und ob Erweiterungen bzw. Verringerungen der Kapazität vorgenommen werden sollen. Neben dem Umfang und der Terminierung der Kapazitätsveränderung stellt sich vor allem die Frage der qualitativen Merkmale der Einrichtungen.

Sollen Investitionen getätigt werden, um die **Deckung des identifizierten Nettobedarf** zu realisieren, kommen die üblichen Verfahren der Investitionsrechnung zum Einsatz. Diese stellen ein unverzichtbares Hilfsmittel dar, die Angemessenheit der Investition zu beurteilen.[529] Ein Ansatz des Beschaffungsmanagements, bei dessen Anwendung versucht wird, alle Kosten, die mit der Anschaffung eines Gutes verbunden sind, zu erfassen, stellt das sogenannte Total Cost of Ownership Konzept (TCO-Konzept) dar.[530] Folgt man bei der Beschaffung logistischer Betriebsmittel diesem Konzept, dann werden alle Kosten in der Vorkaufphase (Projektierung, Lieferantensuche, Lieferantenauswahl), in der Kaufphase (Preis, Fracht, Nebenkosten) und in der Nachkaufphase (Schulung, Installation, Instandhaltung) sowie ein möglicher Wiederverkaufswert betrachtet.[531] Aus taktischer Perspektive erfordert diese Vorgehensweise somit eine Abschätzung der zukünftig zu erwartenden Kosten.

Viele logistische Betriebsmittel können geleast oder gemietet werden. Die Bandbreite **gemieteter Betriebsmittel** in der Logistik reicht von den Paletten privater Palettenpools über Lastkraftwagen bis hin zu kompletten Logistikimmobilien. Diese Alternative sollte deshalb ebenfalls sorgsam geprüft werden. Anstehende Investitionen bilden häufig sogar einen Anlass die verfolgte Fremdvergabestrategie zu überdenken. Entsprechend wurde auf Basis einer eigenen Befragung von Auftraggebern die Vermeidung von Investitionen als wichtigster Grund für die Nutzung der Kontraktlogistik angegeben.[532]

## 2.3 Operative Logistikplanung

### 2.3.1 Wesen und Gegenstand der operativen Logistikplanung

Die operative Planung stellt die unterste der drei Ebenen der Planung dar. Der Terminus „Operation" ist vielfältig und lässt sich grundsätzlich aus dem lateinischen „operatio" ableiten. Er steht einerseits für das Arbeiten, die Verrichtung und die Handlung. In diesem Sinne wird in Deutsch der Begriff „Kooperation" (Zusammenarbeit) und in Englisch „operations" verwendet. Im militärischen und medizinischen Bereich wird darüber hinaus der aktive Eingriff in etwas Bestehendes mit diesem Begriff verbunden.

---

[529]   Siehe dazu z.B. Mensch (2013).
[530]   Vgl. Ellram (1993), S. 49.
[531]   Vgl. Ellram/Perrott Siferd (1993), S. 164.
[532]   Zur Datenerhebung siehe Large (2011a), S. 41–42.

**Operative Planungen** sind somit auf den Vollzug von Handlungen und Handlungsfolgen bezogen. Im Gegensatz zur taktischen Planung wird also nicht eine bestimmte Aufstellung und Anordnung von Ressourcen durchdacht, sondern der konkrete Einsatz dieser Ressourcen und dessen Folgen. Allerdings finden Handlungen und damit die Planung dieser Handlungen innerhalb des durch die taktische Planung gesetzten Rahmens statt. Üblicherweise wird die operative Planung entsprechend als kurzfristig, quantitativ und unmittelbar erfolgsbezogen charakterisiert.[533] Der Bezugszeitraum operativer Planungen ist je nach Anwendungsfall unterschiedlich lang. Das Spektrum reicht typischerweise von einem Jahr bis zu wenigen Stunden. Ergebnisse operativer Planung sind deshalb häufig terminierte Mengenpläne, wie beispielsweise Materialbedarfspläne oder Personaleinsatzpläne.

Diese generellen Gedanken zur operativen Planung lassen sich nun für die Logistik präzisieren. Die operative Logistikplanung ist auf logistische Handlungen und Handlungsfolgen bezogen. Das Ergebnis dieser Planung bilden terminierte Mengenpläne primär für die Logistikausführung. Während die taktische Logistikplanung jene Quantitäten und Qualitäten logistischer Arbeitskraft und logistischer Betriebsmittel zum Gegenstand hat, die zur Errichtung von Güter- und Abfallflussstrukturen erforderlich sind, zielt die **Planung des Arbeits- und Betriebsmitteleinsatzes** auf die Bestimmung der kurzfristig eingesetzten Arbeit und Betriebsmittel ab. Dieses vielschichtige Teilgebiet der operativen Logistikplanung, welches zudem starke Bezüge zu den Planungen innerhalb der einzelnen logistischen Teilfunktionen sowie zur Logistikführung und zur Logistikablauforganisation aufweist, wird in Abschnitt 2.3.4 behandelt.

Die Grundlage für alle Einsatzplanungen bildet die **operative Planung der Güter- und Abfallflüsse** innerhalb und außerhalb des Unternehmens. Angestrebt werden dabei terminierte Mengenpläne für vergleichsweise kurze Bezugszeiträume. Einzelne Teilbereiche einer solchen Mengenplanung wurden bereits im ersten Band behandelt. Als Beispiele seien die Tourenplanung oder die Planung von Bestellmengen genannt. Im Gegensatz zu diesen Einzelplanungen sollen im Rahmen der operativen Planung der Güter- und Abfallflüsse nicht nur isolierte Optimierungen vorgenommen werden, sondern die Koordination der erforderlichen Handlungen und Handlungsfolgen und die daraus folgende Optimierung der Flüsse der Güter und Abfälle steht im Vordergrund. Die operative Gesamtplanung der Flüsse wird ausführlich in Abschnitt 2.3.2 dargestellt. Güter- und Abfallflüsse sind stets mit Beständen verbunden. Bestände sind jedoch nicht nur zwingende Folge bestimmter Güter- und Abfallflüsse, sondern können in ihrer Höhe und Zusammensetzung vorausgedacht und auf dieser Basis aktiv beeinflusst werden. Deshalb wird der operativen **Planung von Güter- und Abfallbeständen** in Abschnitt 2.3.3 eigenständige Aufmerksamkeit geschenkt. Diese drei Planungsfelder umschreiben den Gegenstand der operativen Logistikplanung.

Die operative Logistikplanung stellt jenen Teil der Logistikplanung dar, welcher die Güter- und Abfallflüsse einschließlich der Güter- und Abfallbestände sowie den Arbeits- und Betriebsmitteleinsatz zum Gegenstand hat.

---

[533] Siehe dazu z.B. Küpper (2004), Sp. 1154–1156.

Güter- und Abfallflüsse sowie der Arbeits- und Betriebsmitteleinsatz sind unmittelbar mit den Aktivitäten von Handelnden der Logistik verbunden. Die operative Logistikplanung steht somit wie bereits angedeutet in engem **Zusammenhang mit der Ablauforganisation**, denn die Logistikablauforganisation gibt Regeln vor, mit deren Hilfe Handlungsfolgen der Logistik inhaltlich und zeitlich geordnet werden. Diese Regeln müssen im Rahmen der operativen Logistikplanung berücksichtigt werden. Beispielsweise kann die Logistikablauforganisation vorgeben, dass die Auslieferung an Kunden in Form von Touren erfolgen soll, wobei der letzte Kunde jeder einzelnen Tour bis spätestens 10 Uhr bedient sein muss. Auf dieser Basis können sodann der tägliche Güterfluss sowie der Arbeits- und Betriebsmitteleinsatz geplant werden.

Ähnliches gilt für den **Zusammenhang mit der Logistikaufbauorganisation**. Die Aufbauorganisation gibt Regeln für einen Betrieb als arbeitsteiliges Sozialgebilde vor. Insbesondere werden die Zuständigkeiten für bestimmte Aufgaben festgelegt. Auf das obige Beispiel der Auslieferung an Kunden bezogen, regelt die Logistikaufbauorganisation welche Organisationseinheit die Tagestouren plant und welche diese ausführt. Auch diese Vorgaben sind für die operative Logistikplanung fundamental, insbesondere für die Planung des Arbeits- und Betriebsmitteleinsatzes. Umgekehrt stellen die operative Logistikplanung und ihre Ausführung wichtige Instrumente zur permanenten Überprüfung aufbau- und ablauforganisatorischer Vorgaben dar. Erweisen sich festgelegte Regeln im Rahmen der operativen Planung als nicht praktikabel oder nicht zielführend, so stellt dies einen wichtigen Anlass dar, diese Regeln zu hinterfragen und ggf. zu korrigieren. Gleiches gilt im übertragenen Sinne für die im Rahmen der taktischen Logistikplanung geschaffenen Strukturen.

Da die operative Logistikplanung auf Handlungen und Handlungsfolgen der Logistik ausgerichtet ist, kann durch eine sorgsam abgestimmte Planung eine weitgehende **Koordination dieser Handlungen** erreicht werden. Die operative Logistikplanung ermöglicht in diesem Sinne eine Vorauskoordination der nachfolgenden Handlungen. Voraussetzung dafür ist jedoch, dass bereits in der Planungsphase Abstimmungsbedarfe erkannt und entsprechend berücksichtigt werden.

Prinzipiell lässt sich durch eine abgestimmte operative Logistikplanung die **Koordination auf allen vier Ebenen** verbessern.[534] Ein Beispiel für die Koordination von Handlungen durch operative Planung innerhalb einer logistischen Teilfunktion stellt die Tourenplanung dar, bei welcher die erforderlichen Güterflüsse zu mehreren Zielpunkten durch Zuordnung der jeweiligen Ladungen zu Fahrzeugen und damit auch zu Fahrern aufeinander abgestimmt werden.[535] Ebenso wurde bereits im ersten Band mit dem klassischen Transportproblem[536] eine operative Planung vorgestellt, welche Handlungen, die drei logistischen Teilfunktionen (außerbetrieblicher Transport, physische Lagerung und Lagerhaltung) zugerechnet werden können, aufeinander abstimmt. Bei der Bestimmung der Transportrelationen und der zu transportierenden Mengen, werden die Bestände in den Lagern und die Abwicklungskapazitäten im Versand berücksichtigt. Im Rahmen der operativen Logistikplanung erfolgt weiterhin eine Abstimmung mit anderen betrieblichen Funktionen. Neben Handlungen im Bereich

---

[534]  Siehe dazu Abbildung 2.

[535]  Vgl. Domschke/Scholl (2010), S. 199. Siehe dazu ausführlich Large (2012), S. 101–117.

[536]  Vgl. Domschke (2007), S. 41–44.

der Distribution wird dies insbesondere bei der Planung innerbetrieblicher Materialflüsse deutlich, die beispielsweise in enger Abstimmung mit der Maschinenbelegungsplanung als Teil der operativen Produktionsfeinplanung erfolgen sollte.[537] Schließlich ist die operative Logistikplanung auch für die unternehmensübergreifende Koordination logistischer Handlungen von Bedeutung. Offensichtlich ist dies im Fall der Einbindung von Logistikunternehmen, die beispielsweise einzelne Transportaufträge für den Auftraggeber ausführen. Auch in der Zusammenarbeit mit Lieferanten oder Kunden ergeben sich zahlreiche Ansatzpunkte für eine gemeinsame operative Logistikplanung. Ein Beispiel ist die kooperative Planung von Bestellmengen.[538]

## 2.3.2 Operative Planung der Güter- und Abfallflüsse

Die operative Planung von Abfall- und Güterflüssen bewegt sich als Teilbereich der operativen Logistikplanung auf einem Terrain, welches durch Entscheidungen auf der strategischen und auf der taktischen Ebene abgesteckt wird. Diese bilden somit die Ausgangsbedingungen der weiteren Überlegungen. Hierzu zählen insbesondere die logistische Netzwerk- und Fremdvergabestrategie sowie die Güter- und Abfallflussstruktur. Die operative Planung von Abfall- und Güterflüssen baut darauf auf und hat, wie in Abschnitt 2.3.1 gezeigt, die **Erstellung von terminierten Mengenplänen** zum Gegenstand.

Die operative Planung der in einer Periode, z.B. einer Woche oder einer Schicht, fließenden Güter- und Abfallmengen kann prinzipiell in den einzelnen Bereichen autonom oder integriert über das gesamte Unternehmen und sogar über seine Partner hinweg erfolgen. Die **autonome Planung** zerteilt die bestehenden Güter- und Abfallflüsse in mehrere Teilflüsse, die sodann isoliert betrachtet werden. Die Vorteile einer solchen Vorgehensweise liegen in der Reduktion der Komplexität und in der Berücksichtigung der für diese Teilflüsse jeweils relevanten Rahmenbedingungen. Beispielsweise können im Fallbeispiel 2 die Güterflüsse im Zentrallager und jene in der Auslieferung an die Kunden unabhängig voneinander betrachtet werden, da durch die Bereitstellung in Zonen des Warenausgangs eine zeitliche Entkopplung beider Bereiche erfolgt.

Die Vorteilhaftigkeit einer weitgehenden Koordination arbeitsteiliger Handlungen und die besondere Bedeutung der Ordnung und Abstimmung in der Logistik wurden dagegen bereits in Abschnitt 1.3 dargelegt. Diese Vorteile lassen sich durch eine **integrierte Planung** realisieren. Auf der operativen Ebene sprechen vor allem Zeitvorteile für die Koordination güterflussbestimmender Handlungen, da hierdurch Durchlauf- und Lieferzeiten verkürzt werden können.[539] Die integrierte operative Planung von Güter- und Abfallfüssen sollte jedoch die Flexibilität eines Unternehmens nicht unangemessen einschränken. Insbesondere muss die Fähigkeit gegeben sein, auf unerwartete und ggf. sogar das Unternehmen in seiner Existenz gefährdende Ereignisse und Entwicklungen schnell und adäquat reagieren zu können. Mit anderen Worten muss das Unternehmen seine **Resilienz** erhalten.[540] Ebenso darf die zu star-

---

[537] Vgl. Günther/Tempelmeier (2014), S. 202.

[538] Vgl. Stadtler (2009), S. 17–18.

[539] Vgl. Pfohl (2004), S. 133–134.

[540] Zum Begriff der Resilienz siehe z.B. Pedell/Seidenschwarz (2011), S. 153, Pedell/Pflüger (2011), S. 236.

ke Integration der Planung nicht zu einer unbeherrschbaren Komplexität führen. Dies ist vor allem dann der Fall, wenn die zu planenden Abfall- und Güterflüsse unterschiedlichste Objekte und Logistikeinheiten umfassen, von einer Vielzahl von Akteuren erzeugt bzw. erreicht werden und einem starken Wandel unterliegen. Durch die bewusste Entkopplung von Abfall- und Güterflüssen können Koordinationsbedarfe gesenkt werden.[541]

Die konkreten Aufgaben, die im Rahmen der operativen Güter- und Abfallflussplanung erfüllt werden müssen, lassen sich mit Hilfe eines Phasenschemas systematisieren. Eine mögliche Untergliederung führt zu den folgenden vier **Phasen der operativen Güter- und Abfallflussplanung:**

1. Erfassung der einzelnen Bedarfe an Abfall- und Güterflüssen innerhalb der Planungsperiode,
2. Aggregation und Terminierung der Bedarfe an Abfall- und Güterflüssen der Planungsperiode,
3. Abgleich der Bedarfe mit der verfügbaren Arbeitskraft und den Betriebsmittelkapazitäten der Planungsperiode,
4. Erstellung eines Güter- und Abfallflussmengenplans für die Planungsperiode.

**Zu 1:** Den ersten Schritt der operativen Güter- und Abfallflussplanung bildet die Erfassung der terminierten Bedarfe an Abfall- und Güterflüssen innerhalb einer Periode. Die zu transferierenden Mengen können **unterschiedliche Ursachen** haben. Flüsse können zunächst durch **Aufträge anderer Funktionsbereiche** eines Betriebs angestoßen werden. So löst im Fallbeispiel 2 ein Fertigungsauftrag für das Kunststoffwerk einen Güterfluss vom Eingangslager bis zur Spritzgussmaschine aus. Ebenso verursacht dieser Auftrag mit einem Tag Vorlauf die Auslagerung der dafür erforderlichen Metallkerne und deren Transport vom Metallwerk zum Kunststoffwerk. Analog führen Bestellungen der Beschaffungsabteilung zu Güterflüssen zwischen den Materiallieferanten und dem Kunststoff- bzw. Metallwerk sowie zwischen Lieferanten von Handelswaren und dem Zentrallager.

Weiterhin kann die **Logistik selbst** einen Güterfluss verursachen. Wird für ein bestimmtes Erzeugnis im Regionallager der Meldebestand unterschritten, so erfolgt eine Nachbestellung. Dieser Auftrag muss sodann innerhalb der Wiederbeschaffungszeit durch Lieferung einer bestimmten Menge des Erzeugnisses erfüllt werden. Aufträge, Transferhandlungen auszuführen, müssen nicht in jedem Einzelfall explizit erteilt werden. Beispielsweise entstehen durch den Vollzug der Produktion an einer Spritzgussmaschine Erzeugnis- und Abfallmengen. Haben Handelnde die generelle Anweisung erhalten, bei Existenz solcher Bestände diese zur elektrischen Funktionsprüfung bzw. zum Kunststoffverwerter und ggf. zur Deponie zu befördern, werden hierdurch Güter- bzw. Abfallflüsse auch ohne einen einzelnen Transportauftrag ausgelöst.

Güterflüsse, an denen **andere Unternehmen** beteiligt sind, können und sollten mit diesen koordiniert werden. Beispielsweise können insbesondere bei schwankender Nachfrage Informationen über geplante Bestellungen frühzeitig an Lieferanten weitergegeben werden.[542] Gleiches gilt für Abfallflüsse, die an Entsorger gerichtet werden sollen. Umgekehrt können

---

[541] Siehe dazu die Abschnitte 1.3.3 und 2.2.2.
[542] Vgl. Jonsson/Mattsson (2013), S. 294.

Kunden aufgefordert werden, ihrerseits Informationen über beabsichtigte Bestellungen frühzeitig weiterzugeben. Im Bereich des Operations Research wurden diverse Ansätze zur gemeinsamen Planung von Güterflüssen entwickelt. Im Mittelpunkt steht dabei häufig die Abstimmung von Bestellmengen und von Bestellzeitpunkten.[543]

**Zu 2:** In vielen Fällen ist es nicht effizient, für jeden einzelnen Auftrag einen Güter- oder
Abfallfluss auszulösen. Sinnvoll ist deshalb in vielen Fällen die **Aggregation der einzelnen
Bedarfe an Abfall- und Güterflüssen** zu einem Gesamtfluss. Verbunden damit ist die Terminierung dieses Gesamtflusses. Beispielsweise sollte der Transport der – vergleichsweise
kleinen – Liefermengen der einzelnen Metallkerne vom Metallwerk zum Kunststoffwerk
nicht isoliert für jeden Fertigungsauftrag, sondern zusammengefasst erfolgen. Denn nur so
kann eine gute Auslastung eines oder mehrerer Fahrzeuge erreicht werden. Erforderlich ist
deshalb eine Übersicht der einzelnen Güter- und Abfallmengen, die in einem Zeitraum logistischen Handlungen unterzogen werden müssen. Bemessen werden sollten diese Mengen
durch die Anzahl der Logistikeinheiten, da es von Sonderfällen abgesehen meist unerheblich
ist, welche Art von Gütern transferiert werden. Für die Lieferung vom Metallwerk zum
Kunststoffwerk ist somit primär relevant, welche Anzahl von Kleinladungsträgern pro Tag
transportiert werden muss und auf wie vielen Paletten diese zusammengefasst werden. Entsprechend dieser Menge kann der Frachtführer die Art, Kapazität und Anzahl der an diesem
Tag erforderlichen Fahrzeuge disponieren. Erfolgt die Bestimmung der Gesamtbedarfe nicht,
müsste im Fallbeispiel 2 das Unternehmen Bruch jeden Tag vergleichsweise große Fahr-
zeugkapazitäten zur Verfügung stellen, um die dann zufällig anfallenden Mengen auf jeden
Fall transportieren zu können. Die Folgen davon wären Reservekapazitäten, geringe Auslastungen und damit vergleichsweise hohe Kosten.

**Unterbrechungen im Güterfluss** erleichtern die Aggregation der Güter- und Abfallmengen.
Beispielsweise werden nach bestandener Funktionsprüfung die Faltschachteln auf Paletten in
den Warenausgang gebracht und dort in bereitstehende Wechselbehälter von Bruch verladen.
Nur wenn zwei Wechselbehälter ausreichend befüllt sind, werden diese durch den Frachtführer abgeholt und mit einem Lastkraftwagen mit einem Deichselanhänger zum Zentrallager
transportiert. In diesem Fall ist keine terminierte Planung der zu transportierenden Mengen
erforderlich, sondern der Füllungsgrad der Wechselbehälter löst einen Transportauftrag aus.

Von besonderer Bedeutung für die Bestimmung der Güterflüsse und ihre Terminierung sind
die bereits beschriebenen **Entkopplungspunkte**. Im obigen Fallbeispiel werden die in einem
bestimmten Zeitraum eingehenden Kundenaufträge im Regionallager nicht aggregiert und in
eine mengenmäßig und zeitlich entsprechende Nachlieferung aus dem Zentrallager umgesetzt. Diese Vorgehensweise wäre für reine Umschlaglager charakteristisch.[544] In diesen
werden im Fall der Auslieferung lediglich die mit großen Fahrzeugen eintreffenden Lieferungen aufgelöst und auf kleinere Fahrzeuge umgeschlagen. Im Fallbeispiel 2 sind dagegen
die Auslieferung und die Nachlieferung planerisch durch das Halten von Warenbeständen
entkoppelt. Die auszuliefernden Mengen werden zwar als prognostizierte Bedarfe im Rahmen der Bestimmung von Nachbestellmengen und Meldebeständen herangezogen, bei der
operativen Planung der an einem bestimmten Tag nachzuliefernden Mengen jedoch nicht

---

[543]  Vgl. Stadtler (2009), S. 9.
[544]  Zur Unterscheidung von Vorrats- und Umschlaglagern siehe ausführlich Large (2012), S. 135–136.

berücksichtigt. Ausgelöst werden die Nachlieferungen durch Bestandsunterschreitungen.[545] Findet eine solche Entkopplung nicht statt, ist die **Synchronisation der Güterflüsse**, d.h. ihre zeitliche Abstimmung, im Umschlaglager erforderlich. Dazu werden die Entladungen und Beladungen der ein- bzw. ausgehenden Fahrzeuge zeitlich eingeplant und dabei die internen Güterflüsse im Umschlaglager berücksichtigt, um den Umschlag innerhalb einer bestimmten Zeit vollständig zu realisieren.[546]

**Zu 3:** Bisher wurde implizit davon ausgegangen, dass stets ausreichende Betriebsmittelkapazitäten und genügend logistische Arbeitskraft zur Verfügung stehen oder zumindest kurzfristig disponiert werden können, um die Bedarfe an Abfall- und Güterflüssen termingerecht zu decken. Dies ist jedoch nicht notwendigerweise der Fall. Um die Zulässigkeit eines Güter- und Abfallflussmengenplans für eine Periode zu überprüfen, ist ein **Abgleich der Bedarfe** mit der verfügbaren Arbeitskraft und den Betriebsmittelkapazitäten der Planungsperiode erforderlich. Verbunden damit ist die Zuordnung von Aufträgen, einen Transfer auszuführen, zu logistischen Betriebsmitteln und Handelnden der Logistik.[547] Dabei kann versucht werden, eine möglichst gute oder sogar optimale Zuordnung zu erreichen. Ansatzpunkte für einen solchen Abgleich finden sich bereits im ersten Band. Ein einfaches Beispiel stellt das Klassische Transportproblem dar.[548] In n Zielpunkten $Z_j$ werden jeweils bestimmte Mengen $z_j$ eines Gutes benötigt, wobei in m Abgangspunkten $A_i$ bestimmte Mengen $a_i$ eines identischen Gutes bereit liegen. Die Lösung des klassischen Transportproblems besteht in einem kostenminimalen Güterflussmengenplan zwischen den Abgangs- und Zielpunkten. Dieser Plan kann somit durch eine einfache Mengenmatrix X dargestellt werden.

Wie das obige Fallbeispiel zeigt, sind jedoch die Problemstellungen in der Regel komplexer. Es müssen unterschiedliche Arten von Güter- und Abfallflüssen durch mannigfache Betriebsmittel ermöglicht werden, wofür verschiedenartige Formen logistischer Arbeitskraft erforderlich sind. In solchen Fällen kann in **Analogie zur Durchlaufplanung in der Produktion** eine einfache Heuristik angewendet werden.[549] Dazu werden zunächst die auszuführenden Arbeitsgänge der logistischen Aufträge den dafür geeigneten Betriebsmitteln zugeordnet. Hierdurch wird die Kapazitätsbelastung für jedes logistische Betriebsmittel in einer bestimmten Periode bestimmt. Im zweiten Schritt erfolgt dann der Kapazitätsabgleich, d.h. die Gegenüberstellung von Kapazitätsbelastung und verfügbarer Kapazität des betrachteten Betriebsmittels. Auf die gleiche Art kann ein Abgleich der erforderlichen und der verfügbaren Arbeitskraft vollzogen werden.

**Zu 4:** Ergibt der Abgleich Kapazitätsüberschreitungen bei Betriebsmitteln oder einen Mangel an logistischer Arbeitskraft, so ist der bisher erzeugte Güter- und Abfallflussmengenplan nicht zulässig und muss deshalb modifiziert werden. Zur Anpassung der verfügbaren Kapazitäten oder der Kapazitätsbelastungen bieten sich wiederum in Analogie zur Produktionspla-

---

[545]  Siehe dazu Large (2012), S. 212.

[546]  Vgl. Boysen (2008), S. 1288.

[547]  Dieser Planungsschritt schafft damit die Voraussetzungen für die operative Planung des Arbeits- und Betriebsmitteleinsatzes. Siehe dazu Abschnitt 2.3.4.

[548]  Siehe dazu z.B. Domschke (2007), S. 41–44, Günther/Tempelmeier (2014), S. 267–272.

[549]  Siehe dazu z.B. Günther/Tempelmeier (2014), S. 196–201.

nung drei Ansätze an.[550] Bei **zeitlicher Anpassung** wird versucht, Güter- und Abfallflüsse vorzuziehen oder zu verschieben. Beides ist nicht unproblematisch. Übersteigt beispielsweise an einem bestimmten Tag die zu transportierende Menge an Metallkernen die verfügbare Fahrzeugkapazität, so kann – sofern dieses Problem rechtzeitig erkannt wird – versucht werden, einen Teil dieser Menge bereits am Vortag zu transportieren. Allerdings muss dann entsprechende Lagerfläche im Kunststoffwerk zur Verfügung stehen. Bei Verschiebungen können Fehlmengen die Folge sein. Entsprechend sind bei zeitlicher Anpassung Rückwirkung auf andere Güter- und Abfallflüsse und auf Prozesse anderer Funktionsbereiche zu beachten. Hierdurch entsteht zusätzlicher Koordinationsbedarf mit anderen Funktionen und Unternehmen.

Eine Möglichkeit, einen zulässigen Plan ohne solche Rückwirkungen zu generieren, bietet die **intensitätsmäßige Anpassung**. In diesem Fall wird die Geschwindigkeit von logistischen Handlungen im Rahmen der technisch und rechtlich zulässigen Grenzen erhöht, um eine höhere Leistungsmenge pro Zeiteinheit zu erreichen. Im Fall des Straßentransports der Metallkerne scheidet diese Anpassungsform offensichtlich aus. Durch die intensitätsmäßige Anpassung können jedoch beispielsweise mehr Kommissionierpositionen pro Stunde bearbeitet oder mehr Paletten in einem Zeitraum ausgelagert werden. Allerdings sind damit in aller Regel eine Kostensteigerung und eine verstärkte Belastung der betroffenen Arbeitnehmerinnen und Arbeitnehmer verbunden.

Die **quantitative Anpassung** zielt dagegen auf die Erhöhung der Kapazität ab. Beispielsweise könnte im Fallbeispiel 2 die Bruch Transportgesellschaft mbH kurzfristig einen Transportauftrag an einen Frachtführer als Subunternehmer vergeben, um auf diese Weise im Fall von Engpässen weitere Transportkapazität zu schaffen.

Ergibt der Abgleich dagegen starke Kapazitätsunterschreitungen bei Betriebsmitteln oder einen Überhang an logistischer Arbeitskraft, so ist der Abfall- und Güterflussmengenplan zwar zulässig, jedoch aufgrund der unzureichenden Nutzung der Ressourcen nicht vernünftig. In diesem Fall ist eine Modifikation zwar nicht zwingend erforderlich, jedoch angeraten. Durch zeitliche, intensitätsmäßige und quantitative Anpassung wird dann versucht, die Kapazitätsbelastung in der betrachteten Periode zu erhöhen oder die verfügbare Kapazität zu verringern. Ist durch entsprechende Anpassungen ein zulässiger und möglichst guter Mengenplan erzeugt, müssen jene **Logistikaufträge** erzeugt werden (Transport, Verpackung, Ein- und Auslagerung, Kommissionierung usw.), die zur Realisation der benötigten Güter- und Abfallflüsse erforderlich sind. Die Planung der Güter- und Abfallflüsse geht damit in die Planung des Arbeits- und Betriebsmitteleinsatzes über, die in Abschnitt 2.3.4 behandelt wird.

## 2.3.3  Operative Planung der Güter- und Abfallbestände

Im ersten Band wurde ein Bestand als „eine Menge vorhandener Materialien, Erzeugnisse oder Abfälle [definiert], an der **gewollt oder ungewollt** ein zeitlicher Transfer vollzogen wird."[551] Gewollte Bestände entstehen durch beabsichtigte Handlungen und sind somit in der Regel eine Folge vorangegangener Planungen. Die aus diesen Handlungen resultierenden

---

[550]  Siehe Günther/Tempelmeier (2014), S. 201.

[551]  Large (2012), S. 185.

Güter- und Abfallmengen werden somit absichtlich zeitlich transferiert. Ungewollt sind dagegen jene Güter- und Abfallmengen, an denen aus unterschiedlichen Gründen ein zeitlicher Transfer vollzogen wird, der nicht beabsichtigt war.[552]

Ein Bestand weist zudem eine Mengen- und eine Zeitdimension auf, die mit den Begriffen „Bestandshöhe" und „Bestandsdauer" gekennzeichnet werden können. Die **Bestandshöhe** kann in physikalischen Größen oder auch monetär bemessen werden und steht für die Güter- oder Abfallmenge im engeren Sinne. Die **Bestandsdauer** kennzeichnet den Zeitraum über den ein Bestand bestimmter Höhe vorhanden ist. Die Bestandsdauer darf nicht mit der Reichweite eines Bestands verwechselt werden. Die Reichweite stellt eine dispositive Kenngröße zur Beurteilung der Verfügbarkeit eines Gutes dar und gibt an, wie lange der gerade aktuell vorhandene Bestand eines Gutes ausreicht, den voraussichtlichen Bedarf daran zu decken.[553]

Neben den Objekten der Logistik, an denen zeitliche und räumliche Transfers vollzogen werden, bilden auch jene Betriebsstoffe, die für die Realisation von Handlungen der Logistikausführung und des Logistikmanagements selbst erforderlich sind, Bestände. Diese **logistischen Betriebsstoffe** bilden eine heterogene Gruppe von Gütern. Neben diversen Packmitteln, Packhilfsmitteln und Packstoffen zählen dazu z.B. die für Transportprozesse erforderlichen Treibstoffe und Schmiermittel, Instandhaltungs-, Reinigungs- und Reparaturmaterial für logistische Anlagen sowie alle für die Logistik benötigten Arbeitsschutzartikel. Werkstoffe unterscheiden sich von Betriebsstoffen durch deren Integration in die erstellte Leistung und sind deshalb für die Erstellung von immateriellen logistischen Leistungen ohne Bedeutung. Schwierig ist allerdings die Abgrenzung zwischen diesen beiden Gruppen im Fall von Packmitteln, die für Produktverpackungen verwendet werden und von Verwendern als wesentlicher Bestandteil des Produkts wahrgenommen werden.

Bestände befinden sich häufig als **Lagerbestände in Vorratslagern**, denn diese dienen definitionsgemäß der Ausführung von Handlungen des zeitlichen Gütertransfers, um Güter zu ihrem Bedarfszeitpunkt in der erforderlichen Menge bereitzustellen und damit deren faktische Verfügbarkeit zu sichern.

Da sich Güter- und Abfallflüsse nicht nur im Raum, sondern auch in der Zeit bewegen, ist mit ihnen stets auch ein zeitlicher Transfer verbunden. Bestände sind somit ein **allgegenwärtiges Phänomen** der Logistik. Bestände lagern deshalb nicht nur in Vorratslagern, sondern sind prinzipiell überall dort zu finden, wo Güter- und Abfallflüsse realisiert werden. Beispiele für Orte, an denen Bestände außerhalb von Vorratslagern auftreten, sind Deponien, Umschlaglager, einzelne Transport- und Fördermittel sowie Arbeitsplätze in der Produktion und in der Verwaltung. Auch bei Kunden oder Lieferanten eines Betriebes können sich Bestände eines Unternehmens befinden. Entsprechend werden neben Lagerbeständen weitere Bestandsarten unterschieden, wie z.B. Produktionsbestände, Transportbestände oder Außer-Haus-Bestände.[554]

---

[552] Die Unterscheidung in gewollte und ungewollte Bestände wird im Rahmen der Kontrolle aufgegriffen. Siehe dazu Abschnitt 5.1.4.

[553] Siehe z.B. Grochla (1978), S. 154.

[554] Siehe z.B. Stock/Lambert (2001), S. 230–232, Pfohl (2010), S. 91.

Unabhängig davon, in welcher Art sie sich manifestieren, ist allen Beständen an Gütern das **Problem der Kapitalbindung** gemein. Bestände an Werk- und Betriebsstoffen sowie an fertigen und unfertigen Erzeugnissen sind ebenso wie Forderungen und Kassenbestände Bestandteile des kurzfristigen Umlaufvermögens eines Unternehmens. Dem Vermögen steht in der Bilanz das Kapital gegenüber. Dieser Zusammenhang ist vereinfacht in Abbildung 6 dargestellt. Setzt man die Einhaltung üblicher Finanzierungsregeln voraus, führt die Berücksichtigung der Fristenkongruenz zur Finanzierung von Beständen durch kurzfristiges Fremdkapital.

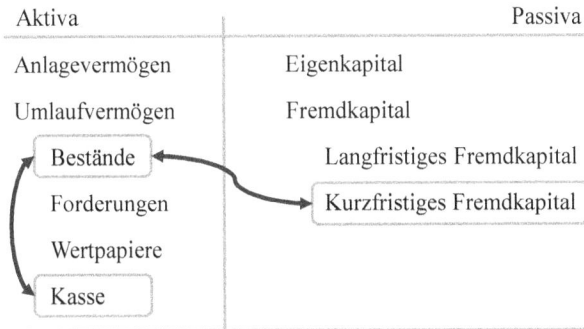

*Abbildung 6: Bestände in der Bilanz.*

Von dem Sachverhalt der Kapitalbindung gehen wiederum zwei zentrale Effekte auf die **Zielsetzungen kapitalistischer Unternehmen** aus.

1. Die Wirkung von Güterbeständen auf die Liquidität eines Unternehmens.
2. Die Wirkung von Güterbeständen auf den Unternehmenserfolg.

**Zu 1:** Ein Unternehmen ist liquide, wenn es seinen Zahlungsverpflichtungen zum anstehenden Termin in der erforderlichen Höhe nachkommen kann. Ist kurzfristiges Fremdkapital in Sachgütern gebunden, so steht es für notwendige Zahlungen nicht zur Verfügung. Güterbestände müssen zunächst liquidiert, d.h. durch Verkäufe oder indirekt durch nicht erfolgte Nachbestellungen abgebaut werden. Durch diese Maßnahmen steigt vereinfacht gesprochen der Kassenbestand. Deshalb besteht bei Konstanz der anderen Teile des kurzfristigen Umlaufvermögens ein unmittelbarer Zusammenhang zwischen **Güterbeständen und der Liquidität** eines Unternehmens. Bei gegebenem Umfang an kurzfristigem Fremdkapital verringern steigende Güterbestände die unmittelbare Zahlungsfähigkeit und somit die Liquidität (Abbildung 6).

Unternehmen bauen Bestände durch die Verwendung von Geld auf, indem sie Werkstoffe und Handelswaren kaufen oder Erzeugnisse durch den Einsatz gekaufter Arbeitskraft herstellen lassen. Werden diese Güterbestände abgebaut, d.h. ihr Tauschwert realisiert, findet ein erneuter Wandel, in diesem Fall von Sachgütern in Geld statt. Diese Güter erhalten damit den Charakter von Waren. Die **Zirkulation** von Geld in Ware und von Ware in Geld ist dem Kapitalismus immanent, denn gerade darin besteht der grundlegende Zweck kapitalistischer

Produktion.[555] Das Vorhandensein von Beständen, insbesondere von ungewollten Beständen, widerspricht somit der Logik des Kapitalismus, da durch diese die Zirkulation des Geldes gebremst wird.

Der grundlegende Sachverhalt der kapitalistischen Zirkulation wird aus einzelwirtschaftlicher Perspektive häufig durch den sogenannten **Cash-to-Cash-Cycle** oder Cash Conversion Cycle (CCC) abgebildet. Dieser umfasst, **bezogen auf eine bestimmte Ware**, den Zeitraum zwischen dem Eingang der Zahlung und der erfolgten Auszahlung für diese Ware. Trivial ist deshalb die Bestimmung des CCC im Handel, da eine Ware unverändert weiterverkauft wird. In diesem Fall lassen sich die mittlere Bestandsdauer einer Ware und die jeweiligen Zahlungsfristen einfach ermitteln. Werden jedoch, wie im Fall der industriellen Produktion, Gütertransformationen vollzogen, ist eine Unterscheidung von Materialien und Erzeugnissen erforderlich. Der CCC eines bestimmten Erzeugnisses muss dann als Summe der gemittelten Bestandsdauer der dafür eingesetzten Materialien, der Durchlaufzeit und der Bestandsdauer des erzeugten Produkts sowie der Zahlungsfrist der Kunden abzüglich der gemittelten Zahlungsfrist gegenüber den jeweiligen Lieferanten bestimmt werden. Insbesondere die Bestimmung der gemittelten Bestandsdauer wirft Fragen auf, insbesondere hinsichtlich der Gewichtung unterschiedlicher Lagerzeiten der eingesetzten Materialien.

In Abbildung 7 sind die genannten fünf Bestimmungsgrößen und der CCC eines bestimmten Erzeugnisses nochmals schematisch aufgetragen. Gelingt es der Logistik, die **Bestandsdauern** durch entsprechende Maßnahmen der Bestandsplanung zu reduzieren, verkürzt sich der CCC und die Liquidität des Unternehmens steigt. Beispielsweise kann die Bestellmenge von Werkstoffen verkleinert und damit die Frequenz der Nachbestellungen erhöht werden. Erfolgt die Bereitstellung einsatzsynchron („Just-in-Time"),[556] verkürzt sich die Bestandsdauer des Materials sogar auf nur wenige Stunden. Ebenso kann eine verbesserte Bedarfsprognose die Höhe von Beständen verringern. Wird eine reine Auftragsproduktion betrieben, geht die Bestandsdauer der Enderzeugnisse im Normalfall gegen Null. Auch auf die **Durchlaufzeit** in der Produktion kann die Logistikplanung Einfluss nehmen, obwohl diese primär eine Folge von Entscheidungen des Produktionsmanagements ist. Ansatzpunkte bilden beispielsweise die Erhöhung des Kapazitätsangebots von Fördermitteln oder die verbesserte Koordination von operativer Produktions- und Logistikplanung. Liegen entsprechende Machtbasen vor, wird es jedoch in vielen Fällen einfacher sein, den Kunden kürzere und den Lieferanten längere Zahlungsziele zuzumuten und auf diese Weise den CCC zu verkürzen. Aus Sicht der Logistik ist eine Verkürzung des CCC durch Manipulation der Zahlungsfristen jedoch unbefriedigend, da hierdurch die Liquidität lediglich zu Lasten der Lieferanten oder der Kunden erhöht wird.

---

[555] Vgl. Marx (2008), S. 164.
[556] Zu den Bereitstellungsprinzipien siehe Large (2012), S. 187–188.

Einzahlung

| Material-bestandsdauer | Durch-laufzeit | Produkt-bestandsdauer | Zahlungsziel des Kunden |

| Eigenes Zahlungsziel beim Lieferanten | Cash-to-Cash Cycle |

Zeit

Kauf    Auszahlung    Verkauf

Zeit

| Material-bestandsdauer | Durch-laufzeit | Produkt-bestandsdauer | Zahlungsziel des Kunden |

| Eigenes Zahlungsziel beim Lieferanten | Cash-to-Cash Cycle |

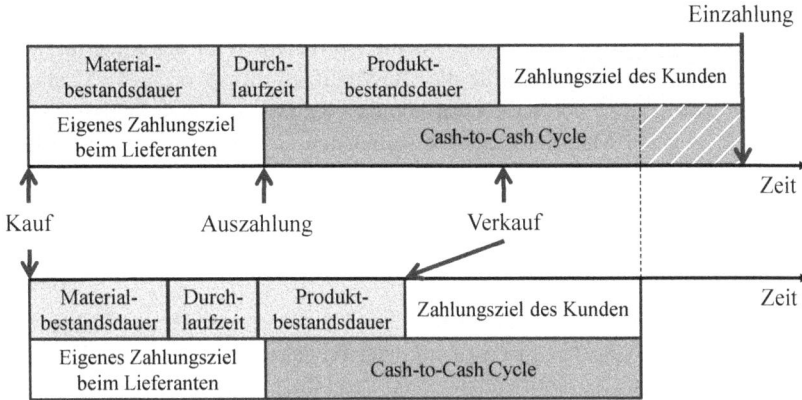

*Abbildung 7: Bestandsdauer und Liquidität („Cash-to-Cash-Cycle").*

Weitaus schwieriger als die Berechnung des CCC für ein einzelnes Erzeugnis, ist dagegen die zuverlässige Bestimmung des **Cash-to-Cash-Cycle für ein Unternehmen**. In der Literatur finden sich Vorschläge für die Berechnung auf Basis aggregierter finanzwirtschaftlicher Größen.[557] Dazu werden der durchschnittliche Gesamtbestand des Unternehmens $b_U$, die durchschnittlichen Verbindlichkeiten aufgrund von Lieferungen $v_U$, die durchschnittlichen Forderungen aufgrund von Lieferungen $f_U$ sowie die Herstellkosten der verkauften Erzeugnisse pro Jahr $HK_U$ und die Umsatzerlöse pro Jahr $U_U$ herangezogen, aus denen wie folgt die mittlere Bestandsdauer im Unternehmen $t_{BU}$, die Zahlungsfrist der Kunden $t_{ZK}$ und die Zahlungsfrist der Lieferanten $t_{ZL}$ bestimmt werden:

$$(1) \quad t_{BU} = \frac{b_U}{HK_U}$$

$$(2) \quad t_{ZL} = \frac{v_U}{HK_U}$$

$$(3) \quad t_{ZK} = \frac{f_U}{U_U}$$

Der CCC des Gesamtunternehmens ergibt sich sodann als Summe der Bestandsdauer und der Zahlungsfrist der Kunden abzüglich der Zahlungsfrist der Lieferanten.

$$(4) \quad CCC = t_{BU} + t_{ZK} - t_{ZL}$$

Solche Berechnungen führen insbesondere für Industriebetriebe zu **zweifelhaften Ergebnissen**. Dies wird insbesondere an der Berechnung der Bestandsdauer deutlich. Zu deren Berechnung werden alle Bestände, also neben den Beständen in Eingangslagern (Material) und Ausgangslagern (Fertigerzeugnisse) auch die Produktionsbestände, berücksichtigt.[558] Alle

---

[557] Siehe Farris/Hutchison (2003), S. 85, Eitelwein/Wohlthat (2005), S. 418–419, Hofmann/Kotzab (2010), S. 308.

[558] Vgl. Hofmann/Kotzab (2010), S. 308.

Bestände werden dabei auf die Herstellkosten verkaufter Erzeugnisse bezogen. Dieser Bezug ist jedoch für Eingangslager falsch, da der bedeutend kleinere Wert des Materials verwendet werden müsste. Für die Produktion sollte die Durchlaufzeit direkt in den CCC eingehen, da sich der Wert der Werkstücke durch die Bearbeitung – im Gegensatz zu Lagern – im Zeitverlauf erhöht, ein Bezug auf Material- oder Herstellkosten also nicht angemessen ist. Ebenso erscheint der Bezug der Verbindlichkeiten auf die Herstellkosten zur Bestimmung der mittleren Zahlungsfrist für Lieferanten nicht sinnvoll. An dieser Stelle müsste der Gesamtwert der bezogenen Materialien angesetzt werden. Generell sollten deshalb derartige Berechnungen oder sogar darauf beruhende Vergleiche zwischen Unternehmen, kritisch hinterfragt werden.

**Zu 2:** Die Höhe und Dauer von Beständen und damit die operative Bestandsplanung wirken sich jedoch auch auf den **Unternehmenserfolg** und die daraus resultierende Rentabilität des Kapitaleinsatzes aus. Dieser Zusammenhang kann vereinfacht mit Hilfe des sogenannten Du-Pont-Kennzahlensystems erläutert werden.[559] Ein derartiges Kennzahlensystem ist vereinfacht in Abbildung 8 dargestellt.

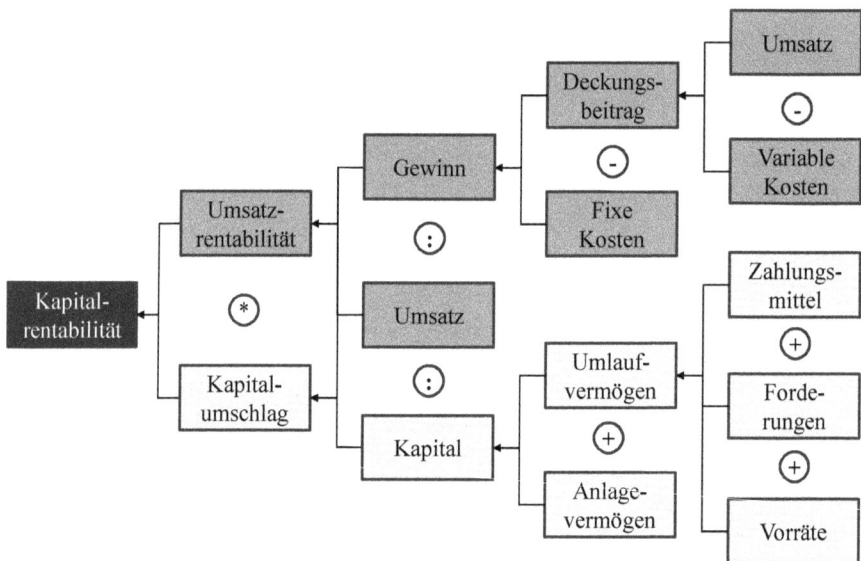

*Abbildung 8: Kennzahlenschema zur Ermittlung der Kapitalrentabilität.*

Abnehmende Bestände haben generell sinkende Kapitalbindungskosten (Zinskosten und sonstige Finanzierungskosten) und kleinere Bestandsverlustkosten zur Folge, solche in Lagern zusätzlich geringere Kosten der Aufbewahrung.[560] Diese Kosten können von der Ausbringungsmenge abhängig oder unabhängig sein und sich entsprechend als sinkende fixe oder variable Kosten niederschlagen. Ceteris paribus führt diese **Kostenreduktion** gemäß Abbildung 8 zu einem steigenden Gewinn und zu einer erhöhten Umsatzrentabilität. Aller-

---

[559]  Siehe dazu Stock/Lambert (2001), S. 31–37, Stapleton et al. (2002), Bowersox et al. (2013), S. 383–387.

[560]  Zu den Bestandteilen der Lagerhaltungskosten siehe Large (2012), S. 203.

dings kann die Reduktion von Lagerbeständen auch zu Kostensteigerungen in anderen Bereichen führen. Werden sinkende Bestände beispielsweise durch kleinere Bestellmengen bewirkt, so steigt hierdurch die Anzahl der Bestellungen und verbunden damit werden sich
häufig höhere Transportkosten für den Nachschub ergeben.[561] Verkleinerte Sicherheitsbestände erhöhen die Wahrscheinlichkeit von Fehlmengenereignissen und können somit kost-
spielige Ausgleichsmaßnahmen, wie beispielsweise Eiltransporte, zur Folge haben.

Zudem muss auch der Einfluss von Beständen auf den Umsatz berücksichtigt werden. Wie in
Band 1 im Rahmen der Diskussion der sogenannten Marktreaktionsfunktion gezeigt, werden
die **Umsatzerlöse** eines Unternehmens durch das Niveau der realisierten Logistikleistung
beeinflusst.[562] Eine gute Logistik führt durch Mengen- und Preiseffekte zu sogenannten logistikinduzierten Umsatzerlösen.[563] Negative Wirkungen sind insbesondere aufgrund von
Fehlmengenereignissen, also zu geringen Beständen, zu erwarten. Dies ist insbesondere der
Fall, wenn ein Bedarfsträger nicht bereit ist, einen späteren Liefertermin zu akzeptieren, weil
der Bedarf erst nach Ergänzung des Bestands befriedigt werden könnte. Das Fehlmengenereignis führt in diesem Fall zur endgültigen Nichtbelieferung und damit bei kundenseitigen
Bedarfen zu Erlösreduktionen („Lost Sales").[564] Im ungünstigsten Fall kann ein Kunde dauerhaft verloren gehen.

Neben den Auswirkungen auf den Gewinn lassen sich mit Hilfe des Du-Pont-Kennzahlensystems auch die bereits diskutierten Effekte von Bestandsveränderungen auf die **Höhe des eingesetzten Kapitals** aufzeigen. Abnehmende Bestände reduzieren, wie bereits
gezeigt, das Umlaufvermögen, sofern nicht lediglich ungenutzte höhere Kassenbestände
daraus resultieren, sondern die freiwerdenden Mittel für die Rückzahlung von Krediten eingesetzt werden. Mit sinkendem Fremdkapital steigt bei gleichbleibend angenommenem Umsatz der Kapitalumschlag. Steigende Umsatzrentabilität und steigender Kapitalumschlag
erhöhen somit in zweifacher Weise die **Kapitalrentabilität**. Auch hierdurch zeigt sich der
Effekt von Beständen auf die Zielsetzung der Kapitalverwertung: Sinkende Bestände verbessern die Rentabilität des Kapitaleinsatzes, sofern sich nicht dominierende negative Effekte
auf den Umsatz oder höhere Kosten anderer logistischer Teilfunktionen oder Bereiche einstellen. Gerade die kapitalistische Produktion verlangt damit nach koordinierten Maßnahmen
auf Basis der operativen Planung der Güterbestände.

Neben Beständen an Gütern existieren jedoch auch **Bestände an Abfällen**, die sich ebenso
wie Güterbestände durch ihre Bestandshöhe und Bestandsdauer kennzeichnen lassen. Nach
§3 Abs. 1 des Kreislaufwirtschaftsgesetzes (KrWG) sind Abfälle „alle Stoffe oder Gegenstände, derer sich ihr Besitzer entledigt, entledigen will oder entledigen muss. Abfälle zur
Verwertung sind Abfälle, die verwertet werden; Abfälle, die nicht verwertet werden, sind
Abfälle zur Beseitigung."

Abfallbestände weisen gegenüber Güterbeständen **wesentliche Besonderheiten** auf. Güterbestände erhöhen die Verfügbarkeit, es können also von ihnen positive Effekte auf die logis-

---

[561]  Vgl. Stapleton et al. (2002), S. 89.

[562]  Siehe dazu grundlegend Pfohl (1977), S. 249–251.

[563]  Siehe dazu ausführlich Large (2012), S. 28.

[564]  Vgl. Silver (1981), S. 633.

tische Leistung erwartet werden. Von Abfallbeständen möchte sich der Besitzer dagegen definitionsgemäß entledigen. Die Verfügbarkeit über Abfälle ist somit keineswegs erstrebenswert. Abfälle können trotzdem erhebliche Kosten der Aufbewahrung verursachen, insbesondere dann, wenn es sich um Gefahrstoffe[565] handelt und spezielle Sicherungsmaßnahmen erforderlich sind. Dagegen fallen für Abfälle keine Bestellkosten, Fehlmengenkosten und Bestandsverlustkosten an. Kapitalbindungskosten treten nur bei Abfällen zur Verwertung auf, sofern diese, z.B. aufgrund ihres Gehalts an wertvollen Stoffen, bereits vor ihrer eigentlichen Verwertung einen bestimmten Tauschwert aufweisen. Ein Beispiel dafür bildet Metallschrott.

Die bisherigen Ausführungen dieses Abschnitts haben die weitreichenden Konsequenzen zu großer sowie auch zu kleiner Bestände aufgezeigt. Die Bestandshöhen und Bestandsdauern von Gütern und Abfällen dürfen sich deshalb nicht einfach als zufällige Folge logistischer und nicht-logistischer Handlungen im Nachhinein ergeben. Gewollte Bestände aufgrund gewollter zeitlicher Transferprozesse an gewollten Mengen bedingen das rechtzeitige Durchdenken und Festlegen der hierfür erforderlichen Handlungen im Voraus. Ungewollte Bestände sollten durch geeignete Handlungen, zu denen auch die Abstimmung mit anderen Funktionsbereichen gehört, vermieden werden. Voraussetzung für angemessene Bestände ist deshalb die **explizite Planung von Güter- und Abfallbeständen**.

Die Planung von Beständen findet explizit oder zumindest implizit auf jeder der drei **Ebenen der Logistikplanung** statt. Auf der strategischen Ebene werden durch die Formulierung der logistischen Netzwerkstrategie die Anzahl und Lage der Vorratslager grob definiert und hierdurch bestimmte Transportrelationen ausgewählt. Zusätzlich können sogenannte strategische Bestände („strategic inventory reserves") definiert und angelegt werden. Diese werden nur bei grundlegenden und andauernden Unterbrechungen der Versorgung, z.B. bei einem Totalausfall eines wichtigen Lieferanten oder bei politischen Krisen, angegriffen und sind deshalb nicht gleichbedeutend mit klassischen Sicherheitsbeständen.[566] Durch diese strategischen Überlegungen sowie durch die taktische Planung der logistischen Arbeitskraft und der logistischen Betriebsmittel werden somit die Güter- und Abfallflussstrukturen und die daraus folgenden Bestände weitgehend fixiert. Trotzdem verfügt auch die **operative Logistikplanung** über wichtige Hebel zur Einflussnahme auf Bestände, da erst auf dieser Ebene die genauen Güter- und Abfallmengen bestimmt und zeitlich festgelegt werden.

Die Möglichkeiten der Beeinflussung von Bestandshöhe und von Bestandsdauer und damit die Ansatzpunkte der **operativen Planung von Güter- und Abfallbeständen** hängen wesentlich von der Bestandsart ab. In der Literatur werden mehrere Bestandsarten unterschieden.[567] Im weiteren Verlauf werden die folgenden Bestandsarten sukzessiv betrachtet, wobei der Schwerpunkt auf den ersten beiden liegen wird:

- Lagerbestände
- Transportbestände
- Produktionsbestände

[565] Zum Begriff des Gefahrstoffes siehe § 2 GefStoffV.
[566] Vgl. Son/Orchard (2013), S. 688.
[567] Siehe z.B. Stock/Lambert (2001), S. 230–232, Pfohl (2010), S. 91.

**Lagerbestände** erfüllen weitere wichtige Funktionen, denn sie ermöglichen nicht nur die schnelle und zuverlässige Deckung von Bedarfen, sondern gleichen saisonale Schwankungen des Angebots aus, ermöglichen Größendegressionseffekte in der Beschaffung, der Produktion und im Transport und reduzieren die Abhängigkeit von schwankenden Marktpreisen.[568] Durch bewusst gebildete Lagerbestände und die damit verbundene Entkopplung lässt sich zudem die Anfälligkeit von komplexen Güterflüssen gegen interne und externe Störungen reduzieren.[569] Andererseits erfordern Lagerbestände angemessenen Lagerraum und müssen versichert werden. Zudem sind spezielle logistische Handlungen mit Beständen verbunden. Neben Handlungen der physischen Lagerung zählen dazu auch Handlungen der Lagerhaltung, wie beispielsweise die Bestandsführung und die Nachbestellung. Es entstehen deshalb nicht unerhebliche Kosten, die sich, wie bereits gezeigt, in Kapitalbindungskosten, Kosten der Aufbewahrung, Bestellkosten, Fehlmengenkosten und Bestandsverlustkosten aufteilen lassen. Diese Kosten müssen im Rahmen der Planung von Lagerbeständen gegenüber den aufgezeigten positiven Effekten abgewogen werden.

**Außer-Haus-Bestände** weisen in der Regel die Merkmale von Lagerbeständen auf. Auch sie bilden einen Teil des Vermögens des betrachteten Unternehmens, woraus auch bei Außer-Haus-Beständen Kapitalbindungskosten resultieren. Allerdings befindet sich ihr Aufbewahrungsort nicht in einem eigenen Betrieb, sondern bei Kunden, Lieferanten oder bei Logistikunternehmen, mit denen das Unternehmen in Geschäftsbeziehungen steht. Die durch das Unternehmen im Rahmen der operativen Logistikplanung zu erfüllenden Aufgaben hängen somit von der gewählten Form der Arbeitsteilung mit diesen Geschäftspartnern ab. In dieser Hinsicht stellen Bestände in **Konsignationslagern** eine besondere Form von Außer-Haus-Beständen dar. Diese werden beispielsweise von einem liefernden Unternehmen im Betrieb eines Kunden errichtet, um eine hohe faktische Verfügbarkeit der gelagerten Güter vor Ort zu gewährleisten. Der Eigentumsübergang an den Kunden und die Bezahlung erfolgt dabei erst mit bzw. nach der Entnahme der Güter aus dem Lager.[570] Der Lieferant ist für die Nachlieferung und somit für die operative Bestandsplanung verantwortlich, die jedoch eng mit dem Kunden koordiniert wird.

Werden im Rahmen der weitgehenden und dauerhaften Fremdvergabe komplexer logistischer Leistungspakete (**Kontraktlogistik**) Lagerhäuser des beauftragten Logistikunternehmens genutzt, so entstehen auch dort Außer-Haus-Bestände.[571] In Abhängigkeit von der vertraglichen Vereinbarung übernimmt das Kontraktlogistikunternehmen auch die Aufgabe der Lagerhaltung und somit Verantwortung für die Bestandsplanung. Prinzipiell könnte das beauftragte Logistikunternehmen sogar zu einem Händler mutieren und durch diesen weitreichenden Schritt auch das Eigentum der Güter und damit das Problem der Kapitalbindung der Bestände übernehmen.[572] In diesem Fall würden die Bestände nicht mehr zum Vermögen des Auftraggebers zählen.

---

[568] Vgl. Pfohl (2010), S. 88–89.

[569] Vgl. Baker (2007), S. 66–67.

[570] Vgl. Corbett (2001), S. 489, Valentini/Zavanella (2003), S. 217–218,

[571] Zur Abgrenzung der Kontraktlogistik siehe Large (2012), S. 138, sowie Large (2009), S. 446.

[572] Vgl. Hofmann (2009), S. 724–727.

Mit der operativen Planung und Steuerung von Lagerbeständen beschäftigt sich die **logisti-sche Teilfunktion der Lagerhaltung**, die ausführlich im ersten Band der Betriebswirtschaft-lichen Logistik dargestellt wird. Objekt der Lagerhaltung ist traditionell ein individuelles Gut, d.h. ein bestimmtes Material oder ein bestimmtes Erzeugnis. Wird ein Gut darüber hinaus in unterschiedlichen Logistikeinheiten, wie z.B. in Packungen zu 10 und 50 Stück, oder in länderspezifischen Verpackungen gelagert, dient der auf diese Weise definierte ein-zelne Artikel als Objekt der Lagerhaltung.

Auch im Rahmen der koordinierenden operativen Planung von Abfall- und Güterbeständen kann diese **einzelobjektbezogene Sicht** zunächst eingenommen werden. Für den zu lagern-den Artikel erfolgt die Festlegung der angebrachten Lagerhaltungspolitik, z.B. die Bestellre-gel „1a/2a/3b", welche die Nachbestellung einer konstanten Menge Q des jeweiligen Artikels vorsieht, sobald bei kontinuierlicher Überwachung ein bestimmter Meldebestand $b_m$ unter-schritten wird.[573] Auf Basis der gewählten Lagerhaltungspolitik und der in einer Periode erwarteten Bedarfsmengen werden die konkreten Größen, insbesondere die Bestellmenge Q für diesen Artikel, bestimmt. Ebenso erfolgt für jeden einzelnen Artikel die Berechnung des zur Erreichung eines bestimmten Servicegrads erforderlichen Sicherheitsbestands $b_s$. Der Sicherheitsbestand $b_s$ und die konstante Bestellmenge Q lassen unter Annahme eines konti-nuierlichen und gleichmäßigen Verbrauchs innerhalb des Bezugszeitraums $\tau_b$ eine planeri-sche Abschätzung des **mittleren Lagerbestands** $b_l$ **des Objektes l** zu:

$$(5) \qquad b_l = \frac{Q_l}{2} + b_{s_l}$$

Im Fall von Bestellregeln, die keine konstante Bestellmenge vorsehen, kann näherungsweise eine erwartete mittlere Bestellmenge in Formel (5) verwendet werden. Trifft allerdings die Annahme eines kontinuierlichen und gleichmäßigen Verbrauchs nicht zu, muss diese Be-rechnung grundsätzlich modifiziert werden. Dies ist beispielsweise bei Ersatzteilbeständen der Fall, die über einen längeren Zeitraum in unveränderter Höhe gelagert werden, bis die erste Nachfrage danach eintritt.

Aufbauend auf dieser einzelobjektbezogenen Sicht erfolgt sodann die planerische Bestim-mung des **gesamten mittleren Bestands des Lagers** oder ggf. mehrerer Lager eines Unter-nehmens.[574] Durch Multiplikation der in Formel (5) angeführten Lagerbestände mit dem jeweiligen Wert des gelagerten Objektes pro Mengeneinheit $p_l$ und Summation über alle L gelagerten Objekte folgt näherungsweise die mittlere monetäre Lagerbestandshöhe $b_{Lm}$, die somit für den Bezugszeitraum $\tau_b$ als konstant angenommen wird.

$$(6) \qquad b_{Lm} = \sum_{l=1}^{L} \left( \frac{Q_l}{2} + b_{s_l} \right) \cdot p_l$$

---

[573] Siehe dazu ausführlich Large (2012), S. 200. In der Literatur findet sich deshalb auch die Bezeichnung „Q-$b_m$-Politik" oder ähnliche zur Beschreibung dieser Vorgehensweise.

[574] Ob diese Abschätzung der realen Bestandshöhe entspricht wird im Rahmen der Kontrolle der Bestandshöhen ermittelt. Siehe dazu Abschnitt 5.1.4.

Formel (6) zeigt somit in vereinfachter Weise auf, welche prinzipiellen **Ansatzpunkte der operativen Planung von Lagerbeständen** bestehen:

1. Anzahl der gelagerten Objekte L in einem Lager
2. Größe der Bestellmenge $Q_l$
3. Größe der Sicherheitsbestände $b_{sl}$
4. Wert des gelagerten Objektes pro Mengeneinheit $p_l$

**Zu 1:** Grundsätzlich sollte im Rahmen der operativen Bestandsplanung kritisch hinterfragt werden, ob die vorgesehene Lagerung aller L Objekte tatsächlich erforderlich ist. Güter, die nicht gelagert werden, haben keine Lagerbestände zur Folge. Bei der operativen Planung der zu lagernden Objekte müssen jedoch zunächst die **Beziehungen zwischen diesen Objekten** berücksichtigt werden, um Fehlentscheidungen zu vermeiden.[575] Neben Substitutionsverhältnissen können insbesondere komplementäre Beziehungen bestehen. Im ersten Fall kann die Nichtverfügbarkeit eines Gutes durch den Bestand an einem anderen ausgeglichen werden. Liegen dagegen komplementäre Güter vor, so muss die synchrone Verfügbarkeit all dieser Objekte gewährleistet werden. Wird also auf die Lagerung eines Gutes verzichtet, kann hierdurch die Nachfrage nach anderen weiterhin gelagerten Objekten negativ beeinflusst werden.

Die Anzahl der gelagerten Objekte kann insbesondere durch Entscheidungen über das anzuwendende **Prinzip der Bereitstellung** beeinflusst werden.[576] Sind die Liefer- bzw. Fertigungszeiten hinreichend kurz, kann möglicherweise auf eine Lagerung völlig verzichtet und die Bereitstellung im Bedarfsfall vorgenommen werden. Ebenso ist die Realisierbarkeit und Vorteilhaftigkeit der einsatzsynchronen Bereitstellung zu prüfen. In diesem Fall werden die Bereitstellung und die Verwendung von Gütern derart aufeinander abgestimmt, dass Bestandspuffer auf ein Minimum reduziert werden können. Eine weitere Möglichkeit zur Verringerung der Anzahl der zu lagernden Objekte bietet die **Standardisierung**, insbesondere die Vermeidung unnötiger Erzeugnis- und Materialvarianten. Hierzu ist in der Regel eine Zusammenarbeit mit der Forschung und Entwicklung des Unternehmens erforderlich.[577] Einen ähnlichen Ansatz verfolgt das bereits in Abschnitt 2.3.2 behandelte **Produktions-Postponement**. Dabei wird versucht, statt einer Vielzahl von Varianten lediglich standardisierte Komponenten des Erzeugnisses zu lagern, die erst nach Vorliegen eines Kundenauftrags durch spezifische Fertigung, Montage, Ergänzung oder Verpackung fertiggestellt werden.[578] Das hierdurch entstehende spezifische Produkt wird nicht gelagert, sondern direkt dem internen oder externen Kunden zugestellt.

**Zu 2:** Durch eine **Verkleinerung der Bestellmengen** verringern sich Lagerbestände wesentlich. Allerdings sind mit dieser Maßnahme bei gleichbleibendem Bedarf die Erhöhung der Anzahl von Nachbestellungen pro Periode und damit steigende Bestellkosten verbunden. Dieser Effekt wird selbst bei einfacher Bestimmung der optimalen Bestellmengen berücksichtigt. Bestellungen sind weiterhin mit weiteren Logistikhandlungen verbunden. Deshalb werden sich ggf. auch erhöhte Transport- und Verpackungskosten ergeben. Da Fehlmengen

---

[575]  Vgl. Silver (1981), S. 632.

[576]  Siehe dazu Large (2012), S. 187–188, sowie grundlegend Grochla (1978), S. 23–29.

[577]  Vgl. Large (2013), S. 90.

[578]  Vgl. Pagh/Cooper (1998), S. 14.

in der Regel nur zum Ende der Wiederbeschaffungszeit auftreten, steigt hierdurch zudem die Wahrscheinlichkeit von Fehlmengenereignissen. Angemessener als die generelle Reduktion von Bestellmengen ist deshalb die **differenzierte Bestimmung von Bestellmengen** unter Berücksichtigung tatsächlicher Bedarfe. So können für Objekte, für die sich zukünftige Bedarfsmengen zuverlässig prognostizieren lassen, bestimmte Eindeckzeiten vorgesehen werden. Eine weitere Möglichkeit ist die Durchführung einer dynamischen Bestellmengenplanung.

**Zu 3:** Während die bestellten Mengen der Bedarfsdeckung dienen und somit – sofern diese Bedarfe tatsächlich auftreten – prinzipiell erforderlich sind, erfüllt der **Sicherheitsbestand** lediglich die Funktion, durch Schwankungen der Bedarfe und der Wiederbeschaffungszeit auftretende Fehlmengen zu vermeiden und hierdurch einen bestimmten Servicegrad zu gewährleisten. In der angelsächsischen Literatur wird deshalb häufig zwischen dem Cycle Stock und dem Safety Stock grundlegend unterschieden.[579]

Zunächst sollte deshalb die **Notwendigkeit des vorgegebenen Servicegrads** kritisch überprüft werden. Nicht jede Gütergruppe erfordert den gleichen Servicegrad. Vielmehr ist eine selektive Lagerhaltung sinnvoll und möglich.[580] Servicegrade können zumindest auf Basis einer einfachen ABC-Analyse differenziert festgelegt werden.[581] Klasse A enthält die Objekte mit hohem, B mit mittlerem und C mit geringem wertmäßigem Jahresbedarf.[582] Entsprechend sollten Objekte der Klasse A – sofern die Bevorratung unvermeidlich ist – eine höhere Verfügbarkeit aufweisen als jene der Klassen B und C. Allerdings kann die ausschließliche Orientierung an den Bedarfen zu Fehlentscheidungen führen. So weist *Pfohl* eindrucksvoll auf die Bedeutung eines Objekts aus Sicht eines Bedarfsträgers hin und plädiert für die Berücksichtigung eines kritischen Werts im Rahmen der ABC-Analyse.[583] Danach kann auch bei vergleichsweise selten benötigten Objekten ein hoher Servicegrad gerechtfertigt sein, da diese zur Erfüllung wichtiger Funktionen erforderlich sind. Ein Beispiel dafür sind Ersatzteile, die zur Aufrechterhaltung des Betriebs oder aus Gründen der Sicherheit, ohne zeitlichen Verzug verfügbar sein müssen.

Sicherheitsbestände können ohne eine damit verbundene Verringerung des Servicegrades gesenkt werden, wenn es gelingt, die **Ursachen von Fehlmengenereignissen** zu beseitigen. Hierzu stehen im Rahmen der mittelfristigen Bestandsplanung unterschiedliche Maßnahmen zur Verfügung. Setzt sich der Bedarf nach einem gelagerten Gut aus einer Vielzahl unabhängiger Nachfragen zusammen, so werden sich die Schwankungen der nachgefragten Mengen ausgleichen. Deshalb ist der erforderliche Sicherheitsbestand bei **Zentralisation der Lagerbestände** an einem Lagerstandort kleiner als die Summe der Sicherheitsbestände dieses Objekts bei einer Verteilung auf mehrere Lager.[584] Dieser Effekt wird beim sogenannten Time-Postponement genutzt. Dabei werden Erzeugnisse so lange am Herstellungsort oder an einem zentralen Standort gelagert, bis ein Kundenauftrag vorliegt. Erst dann werden diese zu

---

[579]    Siehe z.B. Stock/Lambert (2001), S. 232.

[580]    Zu dieser Grundidee siehe Pfohl (2010), S. 106–111.

[581]    Vgl. Teunter/Babai/Syntetos (2010), S. 343.

[582]    Zur ABC-Analyse siehe ausführlich Large (2013), S. 75–77.

[583]    Vgl. Pfohl (2010), S. 108–110.

[584]    Vgl. Pfohl (2010), S. 104–106.

einem dezentralen Umschlagpunkt gebracht.[585] Grundsätzlich findet sich dieses Prinzip auch beim sogenannten Cross-Docking.[586] Mit der Zentralisation von Beständen ist jedoch in der Regel eine größere Entfernung zu den Bedarfspunkten verbunden, woraus steigende Transportkosten und längere Lieferzeiten resultieren können, die möglicherweise diesen positiven Effekt kompensieren.[587] Im Fall des Cross-Dockings weisen **Waller**, **Cassady** und **Ozment** auf die Gefahr von größeren Beständen in den Verkaufsstätten hin, um einen vorgegebenen Servicegrad zu halten.[588] Eine weitere Möglichkeit der Vermeidung von Fehlmengen bildet das sogenannte **Cross-Filling**. Ist ein Lager nicht lieferfähig, wird der Auftrag durch ein anderes Lager des Unternehmens erfüllt, welches über ausreichenden Bestand an dem benötigten Gut verfügt. Auch hierdurch lässt sich, bezogen auf das einzelne Lager, eine Reduktion des Sicherheitsbestandes erreichen.[589]

Darüber hinaus kann versucht werden, die **Schwankung von Bedarfsmengen** aktiv zu verringern. Beispielsweise kann durch eine entsprechende Preispolitik auf Kunden eingewirkt werden, kontinuierlich kleinere Mengen statt sporadische große Mengen zu bestellen. Insbesondere mit internen Bedarfsträgern lässt sich eine Abstimmung von Bedarf und Bereitstellung herbeiführen. Allerdings kann auch die frühe Weitergabe von Bestellinformationen durch die Kunden dazu beitragen, Bedarfsspitzen zu erkennen.[590] Schwankungen der Bedarfe können sogar durch das Unternehmen selbst induziert sein. Dies ist beispielsweise bei Werbemaßnahmen oder Preisnachlässen der Fall, die den Akteuren der Logistik vorab nicht bekannt sind und bei entsprechender Wirkung zu unerwarteten Nachfragespitzen führen. Handlungen des Lieferantenmanagements tragen dazu bei, das zu späte sowie das zu frühe Eintreffen von Nachlieferungen zu vermeiden. Dazu eigenen sich neben den eher langfristig angelegten Handlungen der strategischen Lieferantensteuerung[591] auch operative Maßnahmen, wie beispielsweise ein frühzeitiges und mit einer direkten Ansprache verbundenes Mahnwesen. Erreicht wird hierdurch die **Glättung der Lieferzeitschwankungen**.

**Zu 4:** Der vierte Ansatzpunkt zur operativen Planung von Lagerbeständen wirkt nicht auf den physischen Bestand, sondern auf den **Wert der gelagerten Güter** $p_l$ und somit auf die monetäre Bestandshöhe. Um den Effekt einer monetären Bestandssenkung zu erreichen, können vielfältige Maßnahmen ergriffen werden. Zunächst werden die unter dem ersten Punkt bereits angeführten Handlungen der Standardisierung und des Produktions-Postponements in der Regel auch mit einer Reduktion der Werte der betreffenden Güter verbunden sein. Darüber hinaus zählen dazu alle Aktivitäten, die zu geringeren Beschaffungspreisen oder zu geringeren Herstellkosten gelagerter Materialien oder Handelswaren bzw. Erzeugnissen führen. Obwohl die erforderlichen Handlungen dazu in der Regel außerhalb des Verantwortungsbereichs der Logistik, z.B. im Bereich der Forschung und Entwicklung, des Beschaffungsmanagements oder des Marketings vollzogen werden, kann das Lo-

---

[585] Vgl. Zinn/Bowersox (1988), S. 118.
[586] Siehe dazu Large (2012), S. 136–137.
[587] Vgl. Tallon (1993), S. 201.
[588] Vgl. Waller/Cassady/Ozment (2006), S. 372.
[589] Vgl. Ballou/Burnetas (2003), S. 71–72.
[590] Vgl. Jonsson/Mattsson (2013), S. 289–290.
[591] Siehe dazu Large (2013), S. 243–262.

gistikmanagement zumindest auf den Zusammenhang von Gütereigenschaften, deren monetären Wert und die Höhe von Beständen hinweisen.

**Transportbestände** (Unterwegsbestände) befinden sich nicht in einem ortsfesten Lager, sondern in bzw. auf einem Transport- bzw. Fördermittel.[592] Auf den ersten Blick stellen Transportbestände lediglich bewegte Lagerbestände dar. Allerdings weisen sie wesentliche Besonderheiten auf. Transportbestände bleiben während des räumlichen Transfers in ihrer Höhe unverändert, d.h. Gütermengen werden weder entnommen noch werden diese durch Nachlieferungen aufgefüllt.[593] Ein weiterer Unterschied besteht hinsichtlich der Bestandsdauer. Während die Dauer in Lagern eine Folge der Entnahmen darstellt, wird diese bei Transportbeständen durch die Transportzeit festgelegt. Im Rahmen der operativen Planung von Güterbeständen sollte zur Bestimmung von Transportbeständen zwischen dem Transport mit Hilfe von stetigen und unstetigen Förder- bzw. Transportmitteln unterschieden werden.[594]

Stetigförderer werden im innerbetrieblichen Transport eingesetzt. Beispiele sind Bandförderer, Kettenförderer sowie Rollen- und Kugelbahnen. Diese Betriebsmittel geben einen festgelegten Weg auf einer Förderstrecke vor und ermöglichen prinzipiell einen kontinuierlichen Fluss von Schütt- und Stückgütern.[595] Der geplante **Transportbestand eines Stetigförderers** $b_f$, gemessen in der Anzahl der Logistikeinheiten, die sich im Mittel auf der Förderstrecke befinden, kann innerhalb des Bezugszeitraums $\tau_b$ näherungsweise bestimmt werden. Vorausgesetzt wird dabei, dass bei einem Abschalten des Fördermittels dieser Bestand dort verbleibt, d.h. die Anlage nicht leerläuft. Für die Berechnung sind der geplante mittlere Durchsatz des Fördermittels $\lambda$ (Anzahl Logistikeinheiten pro Zeiteinheit) und die Transportzeit t, die eine Logistikeinheit für das Durchlaufen der Förderstrecke der Länge w benötigt, erforderlich.[596]

$$(7) \qquad b_f = \lambda \cdot t$$

Der Durchsatz des Fördermittels $\lambda$ kennzeichnet die Anzahl von Logistikeinheiten, die pro Zeiteinheit am Ende der Förderstrecke ankommen, um dort den Bedarf an diesen Gütern zu decken. Die Transportzeit kann nun durch die Länge der Förderstrecke w sowie die Intensität des Transports, d.h. die Geschwindigkeit des stetigen Fördermittels d, ausgedrückt werden.

$$(8) \qquad b_f = \lambda \cdot \frac{w}{d}$$

Durch monetäre Bewertung mit Preisen (p) oder Herstellkosten je Logistikeinheit kann ausgehend von Formel (8) der durchschnittliche **stetige Transportbestand in Geldeinheiten** auf diesem Fördermittel bestimmt werden.

---

[592]  Siehe z.B. Stock/Lambert (2001), S. 232, Pfohl (2010), S. 91

[593]  Eine Ausnahme davon bilden Touren. Diese lassen sich jedoch gedanklich in einzelne Transporte zerlegen.

[594]  Zu dieser Unterscheidung siehe grundlegend Large (2012), S. 122–126.

[595]  Vgl. DIN 15201 Teil 1, S. 1.

[596]  Vgl. Arnold/Furmans (2009), S. 13.

(9)     $b_{fm} = \lambda \cdot \dfrac{w}{d} \cdot p$

Diese auf den ersten Blick sehr einfache Vorgehensweise wirft jedoch erhebliche Bewertungsprobleme auf, da sich auf einem stetigen Fördermittel zu einem bestimmten Zeitpunkt Logistikeinheiten unterschiedlicher Güter und damit von unterschiedlichem Wert befinden können. Ebenso ist eine veränderliche Zusammensetzung im Lauf des Bezugszeitraums $\tau_b$ möglich. Die Größe p ist deshalb realiter nicht konstant und kann in diesem Fall lediglich als mittlerer Wert der Logistikeinheiten auf diesem Fördermittel abgeschätzt werden.

Da der Durchsatz $\lambda$ durch die Bedarfe am Ende der Förderstrecke vorgegeben wird, zeigt Formel (9) neben dem Wert p, der bereits im Rahmen der Lagerbestände diskutiert wurde, zwei prinzipielle Ansatzpunkte zur **operativen Planung der Transportbestände** von Stetigförderern: Die Länge der Förderstrecke w und die Geschwindigkeit des Transports d. Lange Förderstrecken, auf denen sich Logistikeinheiten mit geringer Geschwindigkeit bewegen, führen zu hohen Beständen. Ein Beispiel dafür sind Hängebahnen zwischen einer Vormontage und einer Montage, die in zwei räumlich getrennten Hallen untergebracht sind. Die Länge der Förderstrecke wird bei Stetigförderern, die in der Regel fest installiert sind, jedoch bereits bei der Auswahl dieser Betriebsmittel im Rahmen der taktischen Planung festgelegt. Ebenso wird die Geschwindigkeit durch Merkmale der Anlage vorgegeben. Trotzdem kann häufig die Geschwindigkeit in einer gewissen Bandbreite zwischen technisch vorgegebenen Grenzen $d_{min}$ und $d_{max}$ auch kurzfristig angepasst werden. Durch Erhöhung der Geschwindigkeit kann bei gleichbleibendem Durchsatz der Transportbestand gesenkt werden. Allerdings muss dabei die im Rahmen der Diskussion der Gutenberg-Produktionsfunktion eingeführte optimale Fahrgeschwindigkeit $d_{opt}$ berücksichtigt werden, da ansonsten die Transportkosten überproportional steigen werden.[597]

Im Gegensatz zu Stetigförderern findet beim innerbetrieblichen Transport mit **Unstetigförderern**, z.B. Gabelstaplern, und beim außerbetrieblichen Transport mit **Transportmitteln** fast aller Verkehrsträger eine Aufteilung des zu bewältigenden Güterflusses in einzelne Transportlose statt.[598] Die Größe dieser Transportlose kann durch die Anzahl der jeweils geladenen Logistikeinheiten $\lambda^l$ ausgedrückt werden und darf die Ladekapazität des Transportmittels $\kappa^l$ nicht überschreiten. Sind durchschnittliche Auslastungsgrade bekannt, kann die Größe des Transportloses auch unter Verwendung der Fahrzeugkapazität abgeschätzt werden.

Der aus diesem Los resultierende planerische **Transportbestand** $b_t$, ist jedoch nicht über den gesamten Bezugszeitraum $\tau_b$ der Planung hinweg gebunden, sondern nur während des Transports einschließlich der dazu erforderlichen Be-, Um- und Endladungen. Neben der geplanten Zeit des räumlichen Transfers $t_t$ im engeren Sinne, sollte deshalb insbesondere bei kurzen Transportwegen und großen Ladekapazitäten die geplante Umschlagzeit $t_u$ bei der Bestimmung der Transportzeit berücksichtigt werden.

---

[597]   Siehe dazu ausführlich Large (2012), S. 82.

[598]   Eine Ausnahme bilden Rohrleitungsverkehre.

$$(10) \quad b_t = \lambda^l \cdot \frac{t_t + t_u}{\tau_b} \quad \text{mit} \quad \lambda^l \le \kappa^l$$

Die Transferzeit lässt sich mit Hilfe der Länge der geplanten Strecke w und der beabsichtigten durchschnittlichen Transportgeschwindigkeit d des Transportmittels ermitteln.

$$(11) \quad b_t = \frac{\lambda^l}{\tau_b} \cdot \left( \frac{w}{d} + t_u \right) \quad \text{mit} \quad \lambda^l \le \kappa^l$$

Wiederum kann nun eine monetäre Bewertung mit Preisen (p) oder Herstellkosten je Logistikeinheit vorgenommen werden, um den geplanten **monetären Transportbestand** eines Transports zu bestimmen.

$$(12) \quad b_{tm} = \frac{\lambda^l}{\tau_b} \cdot \left( \frac{w}{d} + t_u \right) \cdot p \quad \text{mit} \quad \lambda^l \le \kappa^l$$

Allerdings treten auch im Fall einzelner unstetiger Transporte Bewertungsprobleme auf, wenn die transportierten Logistikeinheiten unterschiedliche Güter tragen und nicht den identischen Wert aufweisen. Werden deshalb konkrete Transporte mit bekannten Ladungen betrachtet, ist es einfacher **den geplanten Wert der Ladung**, der aufgrund von Bestellinformationen oder aus anderen Gründen (Versicherung, Verzollung etc.) bekannt ist, direkt anzusetzen.

Wiederum können aus diesen Überlegungen prinzipielle **Ansatzpunkte der operativen Planung** der Bestandshöhe und -dauer abgeleitet werden, denn außerbetriebliche Transportbestände sind hoch, wenn lange Wege mit langsamen Verkehrsträgern zurückgelegt werden und dabei nennenswerte Umschlagzeiten anfallen. Dies gilt insbesondere, wenn es sich um den Transport von werthaltigen Gütern handelt. Die **Verkleinerung des Transportloses** $\lambda^l$ bildet nur dann eine Handlungsoption, wenn die transportierte Menge nicht unmittelbar benötigt wird und der Transport mit einem Transportmittel geringerer Kapazität $\kappa^l$ oder als Teilladung zu ähnlichen Stückkosten führt. Dies ist jedoch in der Regel nicht der Fall.

Ein wichtiger Ansatzpunkt stellt dagegen die **Verkehrsträgerwahl** dar. Die Verkehrsträger bestimmen aufgrund ihrer technologischen und organisatorischen Merkmale nicht nur den möglichen Transportweg und damit die zurückgelegte Strecke w, sondern auch den Umfang der erforderlichen Umschlagaktivitäten ($t_u$) und nicht zuletzt die Transportgeschwindigkeit d. Wie Formel (12) zeigt, führt die Erhöhung der Transportgeschwindigkeit ceteris paribus insbesondere bei großen Distanzen zu einer deutlichen Reduktion des Transportbestands. Ob vergleichsweise hohe Bestände bei Nutzung langsamerer Verkehrsträger, z.B. der Schifffahrt, den Einsatz von teuren und i.d.R. umweltschädlichen Verkehrsträgern rechtfertigen, muss im Rahmen einer Gesamtbetrachtung, zumindest einer Totalkostenbetrachtung, geklärt werden.[599] Dabei ist kritisch zu hinterfragen, welche Konsequenzen von Transportbeständen auf die Kapitalbindungskosten und die Liquidität im Bezugszeitraum tatsächlich ausgehen. Gerade in Zeiten niedriger Finanzierungskosten für kurzfristiges Fremdkapital können diese

---

[599]  Vgl. Pfohl (2010), S. 32.

Effekte leicht überschätzt werden. Darüber hinaus ist eine Gesamtbetrachtung der gesamten Transportkette erforderlich. So stellen schnelle Transporte eine Ressourcenverschwendung dar, wenn die transportierten Güter danach längere Zeit gelagert werden oder auf Folgeprozesse warten.

Hinsichtlich der **Beeinflussung des Werts** p gelten sinngemäß die bisherigen Aussagen. Gerade bei langen Transporten hochwertiger Erzeugnisse sollte zudem überprüft werden, ob einzelne Wertschöpfungsprozesse, z.B. die Endmontage, erst am Zielort vorgenommen werden können, um so den Wert der transportierten Güter zu senken. Da sich Transportlose aus unterschiedlichen Gütern zusammensetzen können, sollte, sofern es sich nicht um komplementäre Erzeugnisse handelt, auf eine Losbildung hinsichtlich des Werts geachtet werden. Hochwertige Güter können so mit schnellen Verkehrsträgern möglichst ohne Umwege transportiert werden, während für geringwertige Güter kostengünstige langsame Verkehrsträger vorgesehen werden.

Lagerbestände und Transportbestände befinden sich unmittelbar im Einflussbereich der Logistik. Dazu zählen auch Bestände in Produktionslagern sowie die Bestände des innerbetrieblichen Transports. Das Durchdenken der gewünschten Bestandshöhen und -dauern im Rahmen der operativen Logistikplanung und die nachfolgende Beeinflussung der Bestände ist deshalb – wie in den bisherigen Ausführungen gezeigt – zumindest prinzipiell möglich. Dagegen wird die Höhe und Dauer von **Produktionsbeständen** im engeren Sinne sowie von weiteren Prozessbeständen, z.B. von Prüfbeständen, primär durch Planungen in anderen Funktionsbereichen bestimmt. Hierdurch werden die Planungsspielräume begrenzt und der Logistik kommen eher beratende und unterstützende Aufgaben zu.[600] Produktionsbestände setzen sich aus den Beständen, welche sich gerade in Bearbeitung befinden, und aus den Beständen jener Werkstoffe und Erzeugnisse zusammen, die auf eine solche Bearbeitung warten. Produktionsbestände werden somit durch die Freigabe von Fertigungsaufträgen verursacht und sind weitgehend durch Zielsetzungen hinsichtlich der Auslastung von Betriebsmitteln und der Durchlaufzeit in der Produktion geprägt.

Die minimale Durchlaufzeit und damit die geringsten Produktionsbestände würden erreicht, wenn Arbeitsgänge sofort, d.h. ohne Warten auf das Freiwerden einer Maschine verrichtet werden könnten. Um diesem Ziel nahe zu kommen, müssten jedoch die Auslastungen der Produktionsmaschinen sehr klein sein, denn wie sich mit Hilfe der Warteschlangentheorie zeigen lässt, wächst mit zunehmender Auslastung einer Bedienstation die Warteschlage an.[601] Diesen widerstrebenden Zusammenhang von Durchlaufzeit und Kapazitätsauslastung hat *Gutenberg* deshalb treffend mit dem Begriff „**Dilemma der Ablaufplanung**" belegt.[602] Dieses Dilemma lässt sich auch durch die operative Logistikplanung nicht grundsätzlich beseitigen. Allerdings kann versucht werden, durch Bereitstellung ausreichender Kapazitäten des innerbetrieblichen Transports sowie durch den angemessenen Einsatz von Arbeitskraft und Betriebsmitteln zusätzliche Wartezeiten zu vermeiden. Damit ist bereits die operative Planung des Arbeits- und Betriebsmitteleinsatzes angesprochen, die im folgenden Abschnitt behandelt wird.

---

[600] Vgl. Pfohl/Stölzle/Schneider (1993), S. 534.
[601] Vgl. Arnold/Furmans (2009), S. 121.
[602] Vgl. Gutenberg (1983), S. 214.

## 2.3.4 Operative Planung des Arbeits- und Betriebsmitteleinsatzes

Die operative Planung des Arbeits- und Betriebsmitteleinsatzes stellt ein komplexes Teilgebiet der operativen Logistikplanung dar. Es erfüllt die **Funktion eines Bindeglieds** zwischen
der taktischen Planung logistischer Arbeitskraft und logistischer Betriebsmittel einerseits und
der nachfolgenden Steuerung des Einsatzes mit Hilfe der Logistikführung und der Logistikablauforganisation andererseits. Gegenstand der operativen Planung ist die vorausschauende
Zuordnung der verfügbaren Arbeitskraft und Betriebsmittelkapazitäten zu logistischen Leistungen. Die taktische Planung der logistischen Arbeitskraft und der logistischen Betriebsmittel sowie der daraus resultierenden Handlungen zur Deckung der identifizierten Nettobedarfe
stecken dabei die Handlungsmöglichkeiten auf der operativen Ebene weitgehend ab, da lediglich in begrenztem Maße ungeplante kurzfristige Fremdvergaben möglich und sinnvoll
sind.

Mit der operativen Planung des Arbeits- und Betriebsmitteleinsatzes wird durchdacht, mit
welchen Quantitäten und Qualitäten an Arbeitskraft und Betriebsmitteln die in einer Planungsperiode erforderlichen Handlungen der Logistik vollzogen werden sollen.

Prinzipiell sollte der Einsatz von Arbeitskraft und Betriebsmittel simultan geplant werden, da
die logistische Leistungserstellung mit einer Kombination dieser beiden Faktoren einhergeht.
Diese wird durch die Faktoreinsatzbedingungen bestimmt.[603] Liegt **Limitationalität** vor, d.h.
können Arbeitskraft und Betriebsmittelkapazitäten nur in einem bestimmten Mengenverhält-
nis zueinander eingesetzt werden, so ist deren abgestimmte Planung vergleichsweise einfach
zu bewerkstelligen. Beispielsweise benötigt ein Fahrzeug stets einen Fahrer oder mit anderen
Worten, wird ein Fahrzeug über einen Zeitraum t bewegt, so sind auch ein oder mehrere
Fahrer über diesen Zeitraum gebunden. Schwieriger ist die Planung beim Vorliegen von
**Substitutionalität**, da in diesem Fall eine eingesetzte Menge an Arbeitskraft durch Be-
triebsmittelnutzung ersetzt werden kann. Beispielsweise kann die Bestückung einer Palette
manuell, d.h. lediglich unter Nutzung von Arbeitskraft, oder automatisch mit Hilfe eines
Palettierroboters vollzogen werden. Zudem ist bei der operativen Planung des Arbeits- und
Betriebsmitteleinsatzes zu beachten, dass insbesondere menschliche Arbeitskraft mit unterschiedlicher **Intensität** eingesetzt werden kann. Beispielsweise werden Logistikausführende
mit voneinander abweichender körperlicher Leistungsfähigkeit oder Motivation unterschiedlich lange für die Kommissionierung eines identischen Auftrags benötigen.

Aus einer anwendungsorientierten Sicht heraus, wird auf der operativen Ebene statt einer
simultanen häufig jedoch nur eine **am Engpass ausgerichtete Planung** vorgenommen. So
können die verfügbaren logistischen Betriebsmittel den Engpass bilden. In diesem Fall erfolgt zunächst die Planung des Betriebsmitteleinsatzes. Danach wird die Zuordnung der für
diesen Betriebsmitteleinsatz erforderlichen Arbeitskraft vollzogen. Das sogenannte „Aus-
gleichsgesetz der Planung" fordert neben dieser kurzfristigen Orientierung am Engpass die
mittelfristige Beseitigung des Ungleichgewichts zwischen den Faktoren.[604] Diese Aufgabe

---

[603]  Siehe z.B. Bloech et al. (2014), S. 12.
[604]  Vgl. Gutenberg (1983), S. 164.

fällt der taktischen Planung zu.[605] Da die Erstellung logistischer Leistungen häufig als arbeitsintensiv charakterisiert werden kann, steht operativ oft die Planung des Arbeitseinsatzes und nicht die des Betriebsmitteleinsatzes im Vordergrund. Der Schwerpunkt wird deshalb im Folgenden auf die Planung des Arbeitseinsatzes gelegt.

Ähnlich wie im Fall der taktischen Planung logistischer Arbeitskraft stellt auch bei der operativen Planung des Arbeitseinsatzes die **Bedarfsermittlung den Ausgangspunkt** dar. Dazu erfolgt eine weitere Verfeinerung der im Rahmen der taktischen Planung vollzogenen rollierenden Planung, indem das erste Jahr des Bezugszeitraums weiter in kürzere Zeitabschnitte – Monate, Wochen bis hin zu Arbeitstagen und Schichten – unterteilt wird.[606] Da aufgrund des geringen Planungsvorlaufs und der kürzeren Geltungsdauer der Pläne die zu transferierenden Güter- und Abfallmengen genauer bekannt sind als bei taktischer Planung, lassen sich die Bedarfe an logistischer Arbeitskraft auf operativer Ebene hinsichtlich Quantität und Qualität mit größerer Präzision bestimmen. Dies ist insbesondere in jenen Fällen von Bedeutung, in denen der Bedarf an Arbeitskraft starken Schwankungen unterliegt. Unterschiedliche Bedarfe an logistischer Arbeitskraft können sich im Sinne von saisonalen Schwankungen im Jahresverlauf, als Schwankungen innerhalb einer Arbeitswoche und sogar im Tagesverlauf ergeben. Beispielsweise können in einem Warenausgangslager zum Jahresende oder zum Wochenbeginn höhere Arbeitsbedarfe auftreten und Arbeitsaufgaben verstärkt in den späten Nachmittagsstunden anfallen.

Ausgehend von den ermittelten Bedarfen an logistischer Arbeitskraft pro Woche, Tag oder Schicht, erfolgt sodann die eigentliche **operative Planung des Arbeitseinsatzes**. Ergebnis dieser Managementhandlung ist ein Plan, durch welchen Arbeitnehmerinnen und Arbeitnehmern der Logistik Aufgaben zugeteilt werden, die zu einer bestimmten Zeit und an einem bestimmten Ort zu erfüllen sind. Ein Beispiel dafür ist ein Schichtplan für die Mitarbeiter des Warenausgangs in einer bestimmten Kalenderwoche.[607] Dabei kann auf ein breites Spektrum von Verfahren und Instrumenten zur Planungsunterstützung zurückgegriffen werden, welche von einfachen Tabellenkalkulationen bis zu komplexen mathematischen Anwendungen reichen.[608]

Bei kapitalistischer Produktion von Logistikleistungen bildet die Minimierung der Personalkosten das relevante Auswahlkriterium zwischen alternativen Einsatzplänen. Dies ist insbesondere dann der Fall, wenn diese Kosten der Arbeit unmittelbar eine Folge des tatsächlichen Einsatzes darstellen. Dies ist beispielsweise bei der Zahlung von Zuschlägen bei Mehrarbeit der Fall. Das primäre Ziel der Arbeitseinsatzplanung ist allerdings die rationale Deckung der identifizierten Bedarfe an logistischer Arbeitskraft, d.h. der **effektive Vollzug der erforderlichen Handlungen**, ohne dabei zu viel oder zu hoch qualifizierte Arbeitskraft einzusetzen. Sicherzustellen ist deshalb in erster Linie die Zulässigkeit der erstellten Pläne.

---

[605]   Siehe dazu die Abschnitte 2.2.4 und 2.2.5.

[606]   Vgl. Scherf (2009), S. 195.

[607]   Ein ausführliches Beispiel für die Erstellung eines Schichtplans für 114 zu fahrende Eisenbahntransporte innerhalb einer Woche findet sich in Grzech-Sukalo/Jaeger (2002).

[608]   Siehe dazu Ernst et al. (2004), Van den Bergh et al. (2013).

Bei der Planung des Arbeitseinsatzes muss neben der Deckung des quantitativen und qualitativen Bedarfs an Arbeitskraft eine Vielzahl weiterer Kriterien beachtet werden. Zunächst bestehen zahlreiche **rechtliche Anforderungen**, deren Einhaltung zwingend ist. Neben den allgemeinen und speziellen Normen des nationalen und internationalen Arbeitsrechts müssen im Fall des außerbetrieblichen Transports Regelungen des Verkehrsrechts beachtet werden. Beispiele dafür sind die Richtlinie 2002/15/EG die zur Regelung der Arbeitszeit von Personen, die Fahrtätigkeiten im Bereich des Straßentransports ausüben, sowie die Verordnung 561/2006 zur Harmonisierung von Sozialvorschriften im Straßenverkehr, welche die Lenkzeiten zum Gegenstand hat. Die explizite Berücksichtigung dieser Regeln bei der operativen Planung des Arbeits- und Betriebsmitteleinsatzes erhöht wesentlich deren Komplexität und erschwert das Auffinden von zulässigen Lösungen. Ein Beispiel dafür bildet die Tourenplanung unter Einbeziehung dieser Sozialvorschriften.[609]

Weitere Rahmenbedingungen der Arbeitseinsatzplanung werden ggf. durch Tarifverträge **und Betriebsvereinbarungen** gesetzt, denn diese nehmen Einfluss auf die in einem Betrieb anwendbaren Arbeitszeitmodelle. Aus Arbeitgebersicht wird dabei solchen Modellen Vorrang gegeben, die eine weitgehende Flexibilisierung des Arbeitseinsatzes mit möglichst geringem finanziellem Ausgleich ermöglichen. Genannt werden beispielsweise Arbeitszeitkonten, Teilzeitarbeit und Arbeit auf Abruf.[610] Solche, aus dem Blickwinkel der Arbeitseinsatzplanung vernünftig erscheinenden Arbeitszeitmodelle, weisen jedoch deutliche Schattenseiten auf. Für Arbeitnehmerinnen und Arbeitnehmer resultiert daraus ein hohes Maß an Fremdbestimmung, da sich die Lage ihrer Arbeits- und Freizeit ausschließlich am kurzfristigen Bedarf an ihrer Arbeitskraft ausrichtet. Häufig ist damit zudem ein hoher Anteil an die Samstags-, Sonn-, Feiertags-, Abend-, Nachtarbeit verbunden, dessen negative Auswirkungen auf Arbeitnehmerinnen und Arbeitnehmer der Logistik bereits in Abschnitt 1.2.1 und 1.2.2 aufgezeigt wurden. Jenseits von rechtlichen und vertraglichen Bindungen besteht deshalb eine **moralische Verpflichtung** der Arbeitgeber, ein hohes Maß an Flexibilität beim Arbeitseinsatz nicht auf Kosten der körperlichen und seelischen Gesundheit von Arbeitnehmerinnen und Arbeitnehmern der Logistik zu realisieren.

---

[609] Siehe dazu Kopfer/Meyer/Wagenknecht (2007), Kopfer/Meyer (2010).
[610] Vgl. Scherf (2009), S. 199–201.

# 3 Logistikführung

Wie bereits in Abschnitt 1.1.2 dargelegt, umfasst die **Logistikführung als Phänomen** alle Handlungen der Einflussnahme auf Handelnde der Logistik und damit auf deren Handlungen der Planung, Steuerung und Ausführung des Transfers von Gütern und Abfällen durch Weisungen und Abstimmungen. Zusammen mit der Logistikorganisation und der Logistikkontrolle bildet die Logistikführung den Managementbereich „Logistiksteuerung". Von der Logistikorganisation grenzt sich die Logistikführung durch die persönliche und fallbezogene Einflussnahme auf Logistikausführende sowie Logistikmanager und Logistikmanagerinnen ab. Damit ist der Gegenstand der Logistikführung bereits weitgehend abgegrenzt.

## 3.1 Logistikführungskräfte

Um ein tieferes Verständnis des Wesens der Logistikführung zu erreichen, sollen in diesem Abschnitt die Handelnden der Logistikführung und damit der Personenkreis der **Logistikführungskräfte** näher betrachtet werden.

> Als Logistikführungskräfte sollen Logistikmanagerinnen und -manager bezeichnet werden, die Führungshandlungen ausführen können und ausführen dürfen.

Diese einfache Umschreibung offenbart zwei grundsätzliche Wesensmerkmale der Logistikführung. Logistikmanagerinnen und -manager müssen berechtigt und in der Lage sein, Führungshandlungen auszuüben. Erste Bedingung des Vollzugs von logistischen Führungshandlungen stellt somit das **Dürfen der Führung** dar. Logistikführungskräfte müssen über die erforderlichen subjektiven Rechte zur Führung verfügen, um Führungshandlungen ausführen zu dürfen.

Ein Unternehmen als Organisation erhält Rechte zur Einflussnahme auf Handelnde und auf deren Handlungen durch den Abschluss von entsprechenden Verträgen. Herausragende Bedeutung kommt dabei **Arbeitsverträgen** zu, die dem Unternehmen die Verfügung über die Arbeitskraft eines Menschen verschafft. Der Arbeitsvertrag stellt zunächst eine Form des allgemeinen Dienstvertrags dar, denn durch „den Dienstvertrag wird derjenige, welcher Dienste zusagt, zur Leistung der versprochenen Dienste, der andere Teil zur Gewährung der vereinbarten Vergütung verpflichtet."[611] Arbeitsverträge können aufgrund ihrer Langfristigkeit die zukünftige Arbeitsleistung nicht detailliert beschreiben. Sie haben somit den Charak-

---

[611] § 611 Abs. 1 BGB.

ter von relationalen Verträgen im Sinne der Transaktionskostentheorie.[612] Relationale Verträge sind bewusst unvollständig formuliert und erfordern deshalb im Laufe der Beziehung eine Konkretisierung, um diese den aktuellen Erfordernissen anzupassen.[613]

Im Fall von Arbeitsverträgen erfolgt diese Anpassung einseitig, denn mit dem Versprechen, einen Dienst zu leisten und dazu die eigene die Arbeitskraft einzusetzen, wird die Zusicherung an den Kapitalisten bzw. seine Vertreter verbunden, diesen Arbeitseinsatz disponieren zu dürfen. Auch ein Arbeitnehmer der Logistik arbeitet stets „unter der Kontrolle des Kapitalisten, dem seine Arbeit gehört."[614] Durch den Arbeitsvertrag verpflichtet sich somit eine Arbeitnehmerin oder ein Arbeitnehmer eine Arbeitsleistung zu erbringen und dabei den Weisungen des Arbeitgebers zu folgen. Liegt also ein Arbeitsvertrag vor, so besteht ein **Weisungsrecht des Arbeitgebers** (Direktionsrecht) gegenüber dieser Arbeitnehmerin bzw. diesem Arbeitnehmer. Dieses Weisungsrecht wird in der Gewerbeordnung ausführlich dargelegt: „Der Arbeitgeber kann Inhalt, Ort und Zeit der Arbeitsleistung nach billigem Ermessen näher bestimmen, soweit diese Arbeitsbedingungen nicht durch den Arbeitsvertrag, Bestimmungen einer Betriebsvereinbarung, eines anwendbaren Tarifvertrages oder gesetzlichen Vorschriften festgelegt sind. Dies gilt auch hinsichtlich der Ordnung und des Verhaltens der Arbeitnehmer im Betrieb."[615] Ein solches Weisungsrechts besteht auch gegenüber Leiharbeitnehmern in der Logistik, da der Verleiher als Arbeitgeber dem Entleiher den Leiharbeitnehmer zur Arbeitsleitung überlässt.[616] Die Zuweisung dieser Rechte des Arbeitgebers bzw. des Entleihers auf einzelne Führungskräfte erfolgt im Rahmen der Aufbauorganisation, genauer, durch die Festlegung der Konfiguration.[617]

Neben den arbeitsvertraglichen Direktionsrechten können Weisungsrechte aus **anderen Arten von Verträgen**, z.B. aus Werkverträgen, Frachtverträgen oder Speditionsverträgen, die Grundlage für Handlungen der Logistikführung bilden. Beispielsweise hat ein Spediteur nach § 454 Abs. 4 HGB „bei Erfüllung seiner Pflichten das Interesse des Versenders wahrzunehmen und dessen Weisungen zu befolgen." Ebenso können beauftragte Kontraktlogistikunternehmen weitgehende Vertragsverpflichtungen eingegangen sein, die eine entsprechende Beeinflussung der Handlungen einzelner Akteure dieser Unternehmen ermöglichen.[618] Entsprechend findet sich im Werkvertragsrecht explizit ein Hinweis auf Anweisungen, die von dem Besteller für die Ausführung des Werks erteilt werden.[619] Auch diese Rechte können im Rahmen der Aufbauorganisation einzelnen Stellen und damit einzelnen Logistikführungskräften als Stelleninhabern, z.B. einem Transportdisponenten, zugewiesen werden.

Zum Zweiten werden Logistikmanagerinnen und -manager zu Führungskräften durch den faktischen Vollzug von Handlungen der Logistikführung. Das Dürfen alleine reicht nicht aus,

---

[612]   Vgl. Williamson (1985), S. 71–72.

[613]   Vgl. Macneil (1978), S. 890.

[614]   Marx (2008), S. 199.

[615]   §106 GewO.

[616]   Vgl. §1 Abs. 1 AÜG.

[617]   Siehe dazu 4.2.1.

[618]   Vgl. Large (2009), S. 450.

[619]   Vgl. § 645 Abs. BGB.

Führungshandlungen tatsächlich zu vollziehen. Neben das Dürfen tritt das **Können der Führung**. Logistikführungskräfte müssen führen können und dazu zunächst über die erforderlichen **persönlichen Fähigkeiten** verfügen. So werden typischen Führungsfähigkeiten, wie beispielsweise der Motivationsfähigkeit, der mündlichen Kommunikationsfähigkeit und der Überzeugungsfähigkeit, vergleichsweise hohe Bedeutung im Rahmen der Bewertung der Relevanz der Fähigkeiten von Logistikmanagerinnen und -managern zugemessen.[620] Zudem werden von Logistikmanagerinnen und -managern vermehrt Führungsfähigkeiten erwartet, die ihnen erlauben, den Veränderungen der Arbeitswelt gerecht zu werden. Beispiele dafür sind eine alternde Belegschaft, eine Zunahme von Arbeitnehmerinnen und Arbeitnehmern mit Migrationshintergrund sowie die Inklusion von Schwerbehinderten.[621]

Neben diesen persönlichen Fähigkeiten müssen jedoch weitere Voraussetzungen vorliegen, damit Logistikführungskräfte durch den Vollzug ihrer Handlungen eine Beeinflussung anderer Personen bewirken können: Logistikführungskräfte müssen über **Macht** verfügen. Nach *Weber* bedeutet Macht „jede Chance, innerhalb einer sozialen Beziehung den eigenen Willen auch gegenüber Widerstreben durchzusetzen, gleichviel worauf diese Chance beruht."[622] Macht steht nicht nur für die direkte Ausübung von Zwang, sondern auch für subtilere Formen der Einflussnahme und Einwirkung, wie beispielsweise die Manipulation durch die Beeinflussung von Wahrnehmungen oder das Begrenzen von Handlungsalternativen.[623] Die Möglichkeit der Machtausübung wird durch die vorhandenen Machtbasen bestimmt. In der Regel werden in Anlehnung an *French* und *Raven* fünf Machtbasen und damit Wirkungsweisen unterschieden, die im Folgenden kurz erläutert werden sollen: Reward power, coercive power, legitimate power, referent power und expert power.[624]

Reward power (**Macht durch Belohnung**) steht für die Fähigkeit einer Führungskraft, die Höhe der Belohnungen, welche an eine geführte Person gezahlt werden, beeinflussen zu können. Beispielsweise bewirkt eine Logistikführungskraft Prämien für Logistikausführende oder fördert die Karriere einer Nachwuchsführungskraft. Eng verwandt ist damit die sogenannte coercive power (**Macht durch Bestrafung**). In diesem Fall erwartet eine geführte Person eine Bestrafung, wenn die Forderungen der Logistikführungskraft nicht erfüllt werden. Beispielsweise kann die Nicht-Verlängerung eines Vertrages befürchtet werden.

Komplexer als bei diesen vergleichsweise einfachen Mechanismen ist die Wirkung von legitimate power (**Macht durch Legitimation**). In diesem Fall wird – obwohl keine direkten Bestrafungen oder Belohnungen erwartet werden – die Einflussnahme durch eine Person nicht in Frage gestellt, sondern als gerechtfertigt und angemessen betrachtet. Die Gründe dafür sind vielfältig. Entsprechend lassen sich unterschiedliche Ursachen für Macht durch Legitimation unterscheiden.[625] Die Legitimität der Einflussnahme kann durch das Anerkennen kultureller Werte, z.B. durch die Achtung der Meinung älterer oder erfahrener Personen, bedingt sein. Eine zweite mögliche Ursache liegt in der allgemeinen Akzeptanz einer sozia-

---

[620] Vgl. Murphy/Poist (2006), S. 55.

[621] Vgl. Keller/Ozment (2009), S. 379.

[622] Weber (1972), S. 28.

[623] Vgl. Fleming/Spicer (2014), S. 240–245.

[624] Vgl. French/Raven (1959), S. 155–164.

[625] Vgl. French/Raven (1959), S. 160.

len Struktur. Logistikausführende und Logistikmanagerinnen und -manager akzeptieren in aller Regel die Position ihrer Vorgesetzten und stellen deshalb deren Anspruch, Weisungen zu geben oder Abstimmungen zu verlangen, nicht grundlegend in Frage.[626] Grundlage für diese allgemeine Akzeptanz der Hierarchie stellt das bereits angesprochene Wesen der Verausgabung von Arbeitskraft in den derzeit bestehenden Produktionsverhältnissen dar. Allerdings ergibt sich aus den Produktionsverhältnissen noch keine hinreichende Legitimation einer bestimmten Logistikführungskraft, da lediglich die Weisungsbefugnis des Kapitalisten als dem Eigentümer der Arbeitskraft allgemein anerkannt wird. Die Legitimation einer Führungskraft bedingt – so die dritte Ursache – die Zuweisung solcher Rechte durch den Kapitalisten an die obersten Führungskräfte des Unternehmens sowie durch diese an weitere nachgeordnete Führungskräfte.[627]

Im Fall der referent power (**Macht durch Identifikation**) identifiziert sich die geführte Person bewusst oder unbewusst mit dem Führenden und ist deshalb bereit, dessen Willen zu folgen. Die letzte der von *French* und *Raven* angeführten fünf Machtbasen geht von einem tatsächlichen oder zumindest wahrgenommenen Expertenwissen des Führenden bzw. der Führenden aus. Liegt expert power (**Macht durch Expertentum**) vor, so erstreckt sich die Beeinflussungsmöglichkeit des Führenden jedoch lediglich auf solche Sachverhalte, bezüglich derer ein Geführter einen Wissensvorsprung des Führenden anerkennt. Über Expertenmacht verfügen traditionell Meister und Meisterinnen, z.B. Geprüfte Logistikmeister / Geprüfte Logistikmeisterinnen,[628] sowie auf einem Spezialgebiet besonderes ausgewiesene Logistikmanagerinnen und -manager.

Logistikführungskräfte müssen somit über persönliche Führungsfähigkeiten, im Verhältnis zu den Geführten über das Recht der Führung und über angemessene Machtbasen verfügen. Logistikmanagerinnen und -manager, welche die beschriebenen Machtbasen als Grundlage der Einflussnahme einsetzen, jedoch nicht die erforderlichen Rechte dazu halten, sind **faktische Logistikführungskräfte**. Logistikmanagerinnen und -manager, die über entsprechende Rechte zur Führung verfügen, jedoch nicht über die dazu notwendigen persönlichen Fähigkeiten, sollen als **unfähige Logistikführungskräfte** bezeichnet werden.[629] **Machtlose Führungskräfte** sind schließlich solche, denen es trotz zugewiesener Rechte und persönlicher Fähigkeiten an den erforderlichen Machtbasen mangelt, um tatsächlich eine Einflussnahme zu erreichen. Diese begrifflichen Abgrenzungen sind nochmals in der nachfolgenden Abbildung 9 dargestellt.

---

[626]   Vgl. Raven/French (1958), S. 83.
[627]   Vgl. French/Raven (1959), S. 160.
[628]   Siehe dazu LogMstrV.
[629]   Siehe dazu grundlegend Large (1995), S. 77.

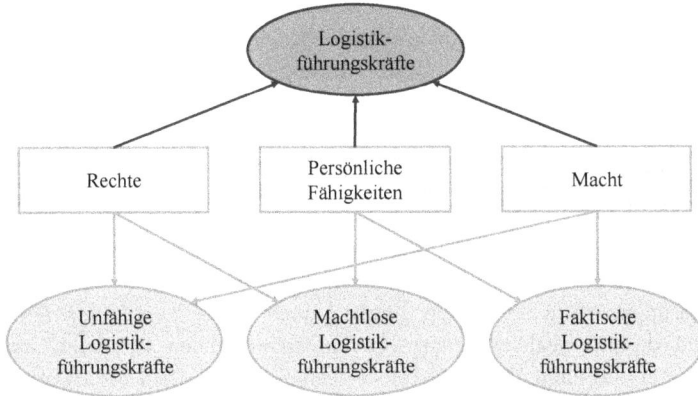

*Abbildung 9: Logistikführungskräfte.*

## 3.2 Logistikführung durch persönliche Weisung

Die Führung durch persönliche Weisungen stellt die grundlegende und unmittelbarste Form der Einflussnahme dar. Das Adjektiv „persönlich" unterstreicht dabei nochmals die **Individualität** der Weisung. Als Weisungsgeber fungiert stets eine Einzelperson, die als solche erkennbar ist. Im Gegensatz dazu beruht beispielsweise das Kommissionierverfahren „Pick-by-Voice" auf unpersönlichen Weisungen, da die Kommissioniererinnen und Kommissionierer diese per Sprachausgabe von einem Computer erhalten. Analog dazu erfolgt die Kommissionierführung bei „Pick-by-Light" auf Basis optischer Signale. Bei beiden Beispielen wird die Weisung also nicht durch eine Person erteilt, sondern erfolgt ohne Vermittlung einer Person direkt aus einem Planungssystem. Man könnte deshalb in solchen Fällen von unpersönlichen oder maschinellen Weisungen sprechen, die im Folgenden jedoch nicht weiter berücksichtigt werden sollen. Die Empfänger aller Weisungen sind jedoch stets Einzelpersonen oder zumindest überschaubare Personenmehrheiten. Der Inhalt der persönlichen Weisung ist zudem konkret auf den bzw. die Weisungsempfänger zugeschnitten. Logistikführungskräfte beeinflussen ausgewählte Handelnde der Logistik und damit deren Handlungen durch die gezielte Weitergabe von konkreten Verhaltensanforderungen. Ein Logistikabteilungsleiter gibt beispielsweise einem Logistikmitarbeiter eine Weisung, welche die Art und Weise des Arbeitsvollzugs einer gestellten Aufgabe betrifft.

Persönliche Weisungen erfüllen im Rahmen des Logistikmanagements jedoch nicht nur den primären Zweck der Einflussnahme auf einzelne Individuen, sondern sie sollen dazu beitragen, die Handlungen und Handlungsfolgen der Logistik zielorientiert zu ordnen und aufeinander abzustimmen. Mit anderen Worten tragen persönliche Weisungen zur **Koordination logistischer Handlungen** bei. Als spezielle Form von Führungshandlungen können Weisungen dazu dienen, bezogen auf einzelne Arbeitnehmerinnen und Arbeitnehmer Pläne und Programme in Kraft zu setzen. Insbesondere gilt dies für kurzfristige Planungen, wie die in Abschnitt 2.3.4 angerissene operative Planung des Arbeits- und Betriebsmitteleinsatzes. Wurde im Rahmen der Planerstellung die Abstimmung der durchdachten Handlungen angestrebt, so erfüllt die Weisung durch die Umsetzung koordinierter Pläne eine wichtige Funktion im Sinne der **Vorauskoordination**. Zentrale Bedeutung kommt Weisungen hinsichtlich der Sicherung der Planerfüllung zu, denn Führungshandlungen ermöglichen die gezielte **Korrekturkoordination**, indem einzelne Personen beeinflusst werden. Diese sind insbesondere dann erforderlich, wenn Abweichungen von vorgesehenen Handlungen auftreten oder geplante Handlungen sich bei ihrer Ausführung als nicht effektiv erweisen und somit abgestimmte Logistikleistungen nicht erreicht werden können.

Persönliche Weisungen sind zulässig, wenn eine Logistikführungskraft über entsprechende Weisungsrechte verfügt. Nicht in allen Fällen, in denen persönliche Weisungen erforderlich oder zumindest angemessen erscheinen, liegen jedoch solche Rechte vor. Persönliche Weisungen werden deshalb realiter einen sehr unterschiedlichen Charakter aufweisen. Das **Spektrum der persönlichen Weisung** reicht deshalb vom Befehl bis zu unverbindlicheren Formen der Weisungen, die bereits starke Wesensmerkmale einer Verhandlung tragen.[630]

Werden **Befehle** gegeben, so wird Gehorsam erwartet, d.h. die widerspruchslose Ausführung der Weisung. Grundlage dafür ist das Vorliegen von Herrschaft, denn diese eröffnet „die Chance, für einen Befehl bestimmten Inhalts bei angebbaren Personen Gehorsam zu finden."[631] Ähnlich wie im Fall der Macht kann auch Herrschaft auf sehr unterschiedlichen Ursachen basieren. *Weber* unterscheidet drei Formen legitimer Herrschaft.[632] Bei legaler Herrschaft bildet der Glauben an die Rechtmäßigkeit von Befehlen die Grundlage. Traditionale Herrschaft fußt auf Traditionen, die nicht in Zweifel gezogen werden. Charismatische Herrschaft erfordert schließlich eine besondere Ausstrahlungskraft des Führenden, die dessen Position als rechtmäßig erscheinen lassen. Befehlen kommt innerhalb der Militärlogistik und in einzelnen Bereichen der Humanitären Logistik besondere Bedeutung zu. Aber auch innerhalb der betriebswirtschaftlichen Logistik sind diese angemessen, insbesondere dann, wenn die umfassende und unverzügliche Befolgung der Weisung für einen reibungslosen Ablauf erforderlich ist oder gar sicherheitsrelevante Sachverhalte, z.B. die Ladungssicherung, betroffen sind. Eine spezielle Form des Befehls ist das **Kommando**. Ein Kommando umfasst eine kurze und prägnante Botschaft, die ein zuvor festgelegtes Handeln auslöst.[633] Kommandos werden in der Logistik beispielsweise bei der Einweisung von Fahrzeugen oder der Positionierung einer Logistikeinheit angewendet.

In der Regel wird jedoch eine Logistikführungskraft nicht die widerspruchslose Ausführung einer Weisung erwarten. Dies ist insbesondere der Fall, wenn diese Führungskraft lediglich über eingeschränkte Weisungsrechte verfügt oder keine ausgeprägten Machtbasen hält, um eine Weisung widerspruchslos durchzusetzen. Entsprechend erfolgt die Formulierung einer Weisung nicht in Form eines Befehls oder gar eines Kommandos, sondern in einer unverbindlicheren und offeneren Form. Zudem kann eine inhaltliche Rückmeldung des Geführten zum Gegenstand der Weisung ausdrücklich erwünscht sein, weil beispielsweise der Weisungsempfänger über Detailwissen verfügt, welches dem Weisungsgeber nicht vorliegt. Im

---

[630] Zu den beiden Grundformen der Steuerung in Vertragsbeziehungen – der Direktion und der Nachverhandlung – siehe Large (1995), S. 165–167, Large (2013), S. 251.

[631] Weber (1972), S. 28.

[632] Vgl. Weber (1972), S. 124.

[633] Ausschuss Feuerwehrangelegenheiten, Katastrophenschutz und zivile Verteidigung (1999), S. 40.

Folgenenden soll bei einer solchen Konstellation von einer **persönlichen Anweisung** durch eine Logistikführungskraft gesprochen werden. Die Anweisung eröffnet im Gegensatz zum Befehl ausdrücklich die Möglichkeit zur Nachfrage, zum Geben von Hinweisen und ggf. sogar zur Erwiderung. Obwohl auch bei Anweisungen der Wunsch der Einflussnahme auf einen Handelnden der Logistik und damit auf dessen Handlungen besteht, kann sich der Inhalt aufgrund der Interaktion mit dieser Person wandeln.

Beim vollständigen oder zumindest weitgehenden Fehlen von Weisungsrechten und eher schwachen Machtbasen nimmt die Führung zunehmend den **Charakter einer Verhandlung** an, d.h. eine Logistikführungskräfte muss andere Akteure von der Zweckmäßigkeit und Vorteilhaftigkeit der gewünschten Handlungen überzeugen. In diesen Fällen werden der Umfang und die Richtung der Einflussnahme durch das zwischen den Akteuren ausgehandelte Ergebnis bestimmt. Man könnte deshalb hier vom schrittweisen Übergang von einer einseitigen zu einer diskursiven Koordinierung sprechen, die bereits deutliche heterarchische Züge trägt.[634]

Die Möglichkeiten der Führung hängen somit wesentlich von der im Einzelfall zu führenden Person und von der Beziehung zwischen dem Führenden und dem Geführten ab. Um die möglichen Wirkungen der Logistikführung und insbesondere persönlicher Weisungen in ihrer Gänze zu verstehen, ist es deshalb sinnvoll, **potenzielle Weisungsempfänger der Logistik** abzugrenzen und dazu Klassen der Geführten zu unterscheiden. Durch die Definition dieses Personenkreises können Aussagen über die einsetzbaren Formen von Weisungen und den möglichen Wirkungsbereich persönlicher Weisungen sowie über die jeweilige Bedeutung der zugrundeliegenden Rechte und Machtbasen gewonnen werden. Die Grundlage für eine solche Klassifikation bilden die Ebenen der Koordination der Logistik wie diese in Abschnitt 1.3.4 entwickelt wurden.

Ausgehend vom Direktionsrecht des Arbeitgebers sind persönliche Weisungen von Logistikführungskräften und die darauf aufbauende Koordination zunächst **innerhalb der Logistik** möglich. Allerdings erhalten Logistikführungskräfte das Recht, persönliche Weisungen zu geben, nur gegenüber solchen Arbeitnehmerinnen und Arbeitnehmern sowie solchen Leiharbeitnehmerinnen und Leiharbeitnehmern, die Stellen in jener Organisationseinheit besetzen, die diese Führungskräfte leiten. Somit werden die Möglichkeiten der Koordination von Handlungen durch persönliche Weisungen innerhalb logistischer Teilfunktionen sowie der Koordination der logistischen Teilfunktionen untereinander in hohem Maße durch die Aufbauorganisation der Logistik bestimmt.[635] Soll sich das Dürfen von Führungshandlungen auch auf logistische Handlungsträger außerhalb der logistischen Organisationseinheiten erstrecken, müssen andere Rechte zur Beeinflussung vorliegen. Ein Beispiel dafür sind Rechtlinienkompetenzen einer logistischen Zentraleinheit gegenüber logistischen Handlungsträgern in den Sparten. Liegen solche Rechte nicht vor, bleibt lediglich die Chance der faktischen Führung mit Hilfe entsprechender Machtbasen. Im Fall einer logistischen Organisationseinheit ohne explizite Richtlinienkompetenz könnte beispielsweise von den dort beschäftigten Logistikmanagerinnen und -managern ihre Expertenmacht eingesetzt werden, um eine abteilungsübergreifende Abstimmung von logistischen Handlungen zu bewirken.

---

[634]  Vgl. Minssen (2006), S. 130.

[635]  Siehe dazu ausführlich Hauptabschnitt 4.2.

Darüber hinaus können sich persönliche Weisungen von Logistikführungskräften auch auf **andere Funktionsbereiche des Unternehmens** erstrecken, sofern entsprechende Machtbasen vorliegen und Sachverhalte der Logistik betroffen sind. Ein Beispiel dafür sind Weisungen an Stelleninhaber in einer Produktionsabteilung nur bestimmte Ladungsträger zu verwenden. Dabei ist es zunächst unerheblich, ob eine Logistikführungskraft über die hierzu erforderliche Legitimation, z.B. als Leiter eines funktionsübergreifenden Teams, verfügt. Eine faktische Führungshandlung kann auch beim Fehlen des formalen Dürfens erfolgen und erfolgreich sein. Eine wichtige Machtbase stellt in diesem Fall beispielsweise die bereits angesprochene Expertenmacht von Logistikführungskräften dar. Da solche Machtbasen im Vergleich zu jenen der Legitimation oder gar der Sanktion vergleichsweise schwach sind, muss sich die funktionsübergreifende Logistikführung eher auf Handlungen der Überzeugung stützen, um entsprechende Abstimmungen zu erreichen.

Persönliche Weisungen lassen sich darüber hinaus auch zur **unternehmensübergreifenden Koordination** logistischer Handlungen einsetzen. Wie im vorgegangenen Abschnitt gezeigt, kann dazu auf Rechte zurückgegriffen werden, die durch Verträge mit anderen Organisationen zustande gekommen sind. So können Kaufverträge oder Werkverträge mit Lieferanten entsprechende **Weisungsrechte von Logistikführungskräften** hinsichtlich der durch den Vertragspartner zu vollziehenden Logistikhandlungen umfassen. Beispielsweise tätigen Materialdisponenten Abrufe bei ihren Lieferanten aufgrund der aktuellen Bedarfe und lösen damit Transporte aus. Auch Verträge mit Logistikunternehmen eröffnen Möglichkeiten der Führung, zumal Weisungen bereits durch den Gesetzgeber vorgesehen sind. So muss, wie bereits angeführt, ein Spediteur den Weisungen des Versenders folgen.[636] Vereinbarte Weisungsrechte kennzeichnen auch die Kontraktlogistik. Auch hier sehen die vertraglichen Vereinbarungen häufig weitgehende Weisungsrechte des Auftraggebers hinsichtlich der Werkerstellung vor. Allerdings bestehen bei Werkverträgen keine direkte auf die Art und Weise des Arbeitsvollzugs gerichtete Weisungsrechte des Auftraggebers gegenüber einzelnen Arbeitnehmerinnen und Arbeitnehmern des Vertragspartners. Wäre dies der Fall, müsste das Vorliegen einer verdeckten Arbeitnehmerüberlassung vermutet werden ("Schein-Werkvertrag").[637] In unternehmensübergreifenden Beziehungen werden zuweilen auch solche Logistikmanagerinnen und -manager die Rolle von Logistikführungskräften einnehmen, die im Innenverhältnis über keine Weisungsrechte gegenüber Arbeitnehmerinnen und Arbeitnehmern des eigenen Unternehmens verfügen. Beispiele dafür sind Beschaffungsmanagerinnen und -manager oder Transportdisponentinnen und Disponenten, deren Weisungsrechte sich lediglich auf Lieferanten bzw. beauftragte Transportunternehmen erstrecken.

Ebenso wie zur funktionsübergreifenden ist auch zur unternehmensübergreifenden Koordination eine **rein faktische Logistikführung**, d.h. ohne entsprechende Weisungsrechte, möglich, sofern hierfür geeignete Machtbasen vorliegen. Denkbar sind beispielsweise Sanktionsmöglichkeiten gegenüber Lieferanten oder beauftragten Logistikunternehmen. Mit Kontraktlogistikunternehmen wird beispielsweise in aller Regel ein befristeter Vertrag abgeschlossen. Beauftragte Kontraktlogistikunternehmen werden deshalb im Hinblick auf eine anstehende Vertragsverlängerung durchaus bereit sein, Führungshandlungen des Auftragge-

---

[636]  Vgl. § 454 Abs. 4 HGB.

[637]  Vgl. Zumkeller (2013), S. 2812.

bers auch ohne entsprechende rechtliche Anspruchsgrundlage zu akzeptieren.[638] Schwierig sind Logistikführungshandlungen gegenüber Kunden. Im Gegenteil werden diese ihrerseits ihre Position nutzen, um entsprechenden Einfluss auf die Logistik ihrer Lieferanten oder Dienstleister auszuüben. Generell ist allerdings in allen unternehmensübergreifenden Geschäftsbeziehungen mit einem hohen Maß an Verhandlung und konsensorientierter Abstimmung auszugehen, da Weisungsrechte eine untergeordnete Stellung einnehmen dürften.[639] Entsprechend kommt in Beziehungen zu Geschäftspartnern solchen Formen der Einflussnahme, die nicht auf Zwang beruhen, größere Bedeutung zu, zumal diese die langfristige Beziehungsqualität weitaus weniger belasten.[640]

Da persönliche Weisungen von Logistikführungskräften Informationen enthalten, die eine individuelle Handlungsbeeinflussung der Geführten bewirken sollen, stellen diese stets interpersonelle **Kommunikationshandlungen** dar. Dabei können unterschiedliche Kommunikationsmedien eingesetzt werden. Kommunikationsmedien lassen sich nach verschiedenen Kriterien klassifizieren und ordnen. Wichtige Kriterien sind die Richtung des Informationsflusses (einseitige vs. zweiseitige Kommunikation), der verwendete Kommunikationskanal (vor allem visuelle Kommunikation vs. Audiokommunikation) und die verwendeten Zeichen (Körpersprache, gesprochene Sprache, Schrift, numerische Zeichen oder sonstige Zeichen).[641] Nicht alle Kommunikationsmedien sind gleichermaßen für persönliche Weisungen geeignet. So können Befehle schriftlich oder mündlich erteilt werden, erfordern jedoch lediglich Medien, die eine einseitige Kommunikation unterstützen. Für die Erteilung von Kommandos können sogar im Einzelfall akustische oder optische Signale ausreichen. Dagegen benötigen persönliche Anweisungen solche Kommunikationsmedien, die eine zweiseitige Kommunikation unterstützen.

Ein Ansatz, die Eignung verschiedener Kommunikationsmedien für die persönliche Weisung zu beurteilen, stellt die sogenannte **Media-Richness-Theory** dar.[642] Danach unterscheiden sich Kommunikationsmedien in ihrer Fähigkeit, unterschiedlich reiche Informationen zu übertragen. Reiche Kommunikationsmedien eröffnen die direkte Antwortmöglichkeit (feedback), bieten eine hohe Anzahl von verschiedenen Symbolen und Zeichen, z.B. Worte, Zahlen und Gesten (multiple cues), zeigen eine hohe Vielfalt der verwendeten Sprache (language variety) und ermöglichen den persönlichen Bezug der Botschaft (personal focus).[643] Der größte Reichtum wird deshalb dem persönlichen Gespräch zugemessen. Persönliche Gespräche und in eingeschränktem Maße Telefongespräche eignen sich auch für solche persönliche Weisungen, die bereits Wesensmerkmale einer Verhandlung tragen. Den geringsten Reichtum haben allgemeine schriftliche Dokumente, die an eine größere Zahl von Personen gerichtet sind und keine Gelegenheit für eine unmittelbare Antwort geben. Diese sind für persönliche Weisungen somit kaum geeignet.

---

[638] Vgl. Large (2009), S. 450.

[639] Vgl. Sydow/Zeichhardt (2008), S. 161.

[640] Vgl. Hausman/Johnston (2010), S. 520.

[641] Vgl. Large (2003), S. 19.

[642] Vgl. Daft/Lengel/Trevino (1987), S. 358–359, Lengel/Daft (1988), S. 226.

[643] Vgl. Daft/Lengel/Trevino (1987), S. 358.

# 3.3 Partizipation, Selbstabstimmung und Gruppenarbeit in der Logistik

Die vorangegangenen Ausführungen zur persönlichen Weisung haben die Bedeutung der Logistikführung für die Koordination logistischer Handlungen aufgezeigt. Allerdings wurden dabei auch die Grenzen persönlicher Weisung deutlich. Die Vielzahl der erforderlichen persönlichen Weisungen belastet die Logistikführungskräfte. Zudem sind umfangreiche kognitive und kommunikative Fähigkeiten sowie ein großes logistisches Detailwissen erforderlich, um Weisungen mit korrektem und konkretem Inhalt in der angemessenen Form zu geben.[644] Warum stimmen die Handelnden der Logistik als Individuen oder Kollektive ihre Handlungen deshalb nicht selbst untereinander ab? Warum benötigen beispielsweise mehrere Logistikausführende, die in einem Warenausgang gemeinsam Lastkraftwagen beladen, die Weisungen eines Vorarbeiters? Die **Selbstabstimmung** stellt eine unmittelbare Form der Koordination dar, die in vielen anderen Lebensbereichen erfolgreich praktiziert wird. Verbunden mit der Selbstabstimmung wäre jedoch die Mitwirkung an der Logistikplanung, welche das gemeinsame Durchdenken zukünftiger Handlungsalternativen und das gemeinschaftliche Festlegen auf die richtigen Handlungen im Voraus umfassen würde. Sich selbst abstimmende Personen und Kollektive müssten also berechtigt sein, Entscheidungen, die ihre eigenen Handlungen anbelangen, weitgehend selbst zu treffen und sich dabei mit anderen Akteuren der gleichen Ebene abzustimmen.

Die Koordination durch Selbstabstimmung erfordert deshalb die Teilhabe aller jener Akteure, deren Handlungen durch die Abstimmung berührt sind. Im Bereich der Sozialwissenschaften findet zur Kennzeichnung einer solchen Teilhabe der Betroffenen an Entscheidungen der **Begriff der Partizipation** Verwendung. Die Betriebswirtschaftslehre verbindet den Begriff der Partizipation im engeren Sinne mit der Teilnahme oder zumindest Teilhabe an Entscheidungen innerhalb eines Unternehmens und seiner Betriebe.[645] Diese grundsätzliche Umschreibung lässt sich übertragen, um so den Begriff der **logistischen Partizipation** abzugrenzen.

> Die logistische Partizipation umfasst alle Handlungen, mit denen Individuen und Kollektive an der Vorbereitung, Durchführung und Umsetzung von Entscheidungen über logistische Sachverhalte teilhaben.

Eine solche Teilhabe kann sich auf unterschiedliche Personengruppen erstrecken. Im Vordergrund stehen zunächst **Arbeitnehmerinnen und Arbeitnehmer** des eigenen Unternehmens. Die Partizipation im Betrieb widerspricht jedoch den kapitalistischen Produktionsverhältnissen. Entscheidungen über den Einsatz von Arbeitskraft obliegen nicht den jeweiligen Handelnden, sondern dem Kapitalisten und den von diesem beauftragten Führungskräften. Grund dafür ist der Charakter der Arbeitskraft als Ware, die dem Kapitalisten die Verfügung

---

[644] Vgl. Kieser/Walgenbach (2010), S. 102–103.
[645] Siehe z.B. Wagner (2004), Sp. 1115.

über deren Verwendung ermöglicht.[646] Innerhalb kapitalistischer Unternehmen kann somit Partizipation – im Gegensatz zur politischen Partizipation mündiger Bürger – nur durch einen freiwilligen Akt der Kapitaleigner erreicht werden. Partizipation erfordert ein Entgegenkommen der Kapitalisten.[647]

Ein solcher Akt kann neben den eigenen Arbeitnehmerinnen und Arbeitnehmern auch solche Personen umfassen, die sich in einem **Leiharbeitsverhältnis** befinden. Darüber hinaus kann das Prinzip der Partizipation auch über Unternehmensgrenzen hinweg Anwendung finden. So kann auch Arbeitnehmerinnen und Arbeitnehmern von **Lieferanten, Kunden und Logistikunternehmen** freiwillig die Teilhabe an Entscheidungen eingeräumt werden. Streng zu unterscheiden davon sind dabei jedoch Mitwirkungsansprüche, die diesen aufgrund vertraglicher Vereinbarungen zustehen oder sich aufgrund von Machtbasen ergeben.

Doch warum sollte eine solche Teilhabe unter kapitalistischen Produktionsverhältnissen freiwillig eröffnet werden? Denkbar wäre der uneigennützige Wunsch der Kapitaleigner nach Humanisierung der Arbeitswelt und Demokratisierung der Wirtschaft. Die Existenz altruistischer Motive kann jedoch bezweifelt werden. Die **Bereitschaft zur Gewährung der Partizipation** von Arbeitnehmerinnen und Arbeitnehmern sowie von Akteuren anderer Unternehmen wird vielmehr dann entstehen, wenn sich Unternehmensleitungen oder Logistikführungskräfte hiervon eine Vereinfachung der Koordination oder andere positive Effekte auf die Erreichung ihrer Ziele versprechen. Partizipation erhält damit die Funktion, zur Erreichung der Unternehmensziele beizutragen.[648] Partizipative Managementkonzepte rechtfertigen ihre Anwendung deshalb nicht durch eine moralische Forderung nach der Einbeziehung von betroffenen Akteuren, sondern durch die Erwartung einer Steigerung des Unternehmenserfolgs.[649]

Dieser Motivlage folgend ergreifen Logistikführungskräfte „**Maßnahmen der Partizipation**", welche logistischen Handlungsträgern eine Teilhabe an Planungen und den damit verbundenen Entscheidungen eröffnen oder diese sogar zur Mitwirkung daran verpflichten. *García-Arca* und *Prado-Prado* fordern aus einem solchen Blickwinkel die verstärkte Partizipation in der Logistik, um hierdurch eine kontinuierliche Verbesserung logistischer Prozesse zu erreichen.[650] Dabei gehen die Autoren von der Realisierbarkeit eines vorgegebenen „Partizipationsprogramms" aus und schlagen verschiedene Instrumente, wie beispielsweise Projektgruppen zur Prozessverbesserung, ein betriebliches Vorschlagswesen oder Qualitätszirkel vor.

Partizipation wird deshalb in der Führungsliteratur häufig im Kontext von Führungsstilen aufgegriffen.[651] Dabei wird der **partizipative Führungsstil**, welcher die freiwillige Beteiligung des Geführten an Entscheidungen vorsieht, einem autoritären gegenüber gestellt, der sich wesentlich auf Weisungsrechte und manifeste Machtbasen stützt. Ein solcher Führungs-

---

[646] Vgl. Marx (2008), S. 199.

[647] Vgl. Trimpop/Eigenstetter (2009), S. 109.

[648] Vgl. Minssen (2006), S. 126–127.

[649] Vgl. Dörre (1996), S. 9, Braczyk (2001), S. 49.

[650] Vgl. García-Arca/Prado-Prado (2011), S. 210.

[651] Siehe z.B. Boerner (2004), Sp. 316–319.

stil wird insbesondere im Bereich der unternehmensübergreifenden Zusammenarbeit mit Lieferanten und Kunden gefordert.[652] Auch im Fall des partizipativen Führungsstils wird jedoch der Umfang der Partizipation durch die Logistikführungskräfte, genauer durch deren Können und deren Bereitschaft, diesen Stil zu pflegen, bestimmt.

Durch diese Zweckorientierung ist die betriebliche Partizipation eng mit der **Delegation** verwandt.[653] Beide Begriffe beschreiben Phänomene, die im Zusammenhang mit der Beteiligung an Entscheidungen entstehen. Im Gegensatz zur Partizipation im weiteren Sinne steht die Delegation für die Zuweisung von Entscheidungsbefugnissen durch eine übergeordnete Stelle, die diese zunächst hält.[654] Delegation setzt damit vertikale Beziehungen in einer Organisation voraus.[655] Verbunden mit der Delegation ist stets die Zuweisung von Aufgaben und Verantwortlichkeiten. Der Kapitalist als Eigentümer der Ware Arbeitskraft überträgt durch einen willentlichen und freiwilligen Akt seine Entscheidungsbefugnisse über Arbeitskraft und andere Ressourcen an einzelne Stellen und damit an einzelne Arbeitnehmerinnen und Arbeitnehmer in seinem Unternehmen, damit diese in der Lage sind, die anstehenden Aufgaben zu erfüllen und damit die gesteckten Ziele zu erreichen.

Abzugrenzen von der Delegation und der freiwillig gewährten Partizipation ist die **Mitbestimmung auf Betriebs- und Unternehmensebene**, die der Gesetzgeber den Arbeitnehmerinnen und Arbeitnehmern eines Betriebs bzw. eines mitbestimmten Unternehmens einräumt. Im Gegensatz zur Partizipation auf freiwilliger Basis werden durch das Betriebsverfassungsgesetz und die Mitbestimmungsgesetze einklagbare Mitwirkungsrechte definiert, die weitreichende Auswirkungen z.B. auf die Gestaltung von logistischen Arbeitsplätzen, haben können. Allerdings stellt die Mitbestimmung keine direkte Form der Partizipation dar, sondern lediglich eine indirekte. Denn die Teilhabe erfolgt nicht durch die Arbeitnehmerinnen und Arbeitnehmer selbst, sondern vermittelt durch gewählte Arbeitnehmervertreter, die in Betriebsräten bzw. Aufsichtsräten wirken. Leiharbeitnehmerinnen und Leiharbeitnehmer bleiben dabei Angehörige des verleihenden Betriebes.[656] Trotz einzelner Ausnahmen erfolgt deshalb prinzipiell ihre Mitbestimmung im Betrieb des Verleihers über die dort gebildeten Arbeitnehmervertretungen.

Die Partizipation von Arbeitnehmerinnen und Arbeitnehmern sowie ggf. weiterer Handelnden eröffnet somit die erforderlichen Spielräume der **Koordination durch Selbstabstimmung**. Logistikausführende und Logistikmanager sind in der Lage, durch horizontale Kommunikationshandlungen einen Diskurs zu führen und hierdurch eine Abstimmung ihrer Aktivitäten zu bewirken. Entsprechend findet sich in der sozialwissenschaftlichen Literatur der Begriff der Diskursiven Koordinierung.[657] Das Spektrum der Selbstabstimmungen zwischen Handelnden ist breit und lässt sich vor allem hinsichtlich der Freiheitsgrade der Beteiligten bzw. des Umfangs der zugrundeliegenden Regelungen klassifizieren. ***Kieser*** und ***Walgen-***

---

[652]  Vgl. Williams/Esper/Ozment (2002), S. 715.

[653]  Siehe zum Begriff der Delegation auch Abschnitt 4.2.1.

[654]  Vgl. Kieser/Walgenbach (2010), S. 153.

[655]  Vgl. Wagner (2004), Sp. 1117.

[656]  Vgl. §14 Abs. 1 AÜG.

[657]  Vgl. Braczyk (2001), S. 49. Minssen (2006), S. 129–130. Dieser Begriff wird jedoch auch für die verhandlungsorientierte vertikale Kommunikation, z.B. im Rahmen von Zielvereinbarungen, verwendet.

*bach* unterscheiden entsprechend drei Arten der Selbstabstimmung, die im Folgenden für die Logistik spezifiziert werden sollen.[658]

Bei **fallweiser Interaktion nach eigenem Ermessen** werden keine Regeln für die Selbstabstimmung innerhalb der Logistik sowie zwischen Handelnden der Logistik und anderen Funktionen und Organisationen vorgegeben. Vielmehr stimmen sich einzelne Handelnde ab, wenn sie dies für erforderlich halten. Diese Form der Selbstabstimmung ermöglicht somit eine weitreichende Partizipation nahezu aller Akteure an allen logistischen Entscheidungen, die ihr Arbeitsfeld betreffen. Zudem werden keine abzustimmenden Sachverhalte vorgegeben. Die Handelnden entscheiden vielmehr selbst, ob eine Situation eine Koordination der Handlungen erfordert. Beispielsweise können sich ein Transportdisponent, der Versandleiter im Warenausgang und ein Sachbearbeiter im Vertrieb direkt abstimmen, um gemeinsam den nächstmöglichen Liefertermin für einen Kunden festzulegen. Die Initiative zur fallweisen Interaktion wird von jenen Akteuren ausgehen, die ein besonderes Interesse an der Abstimmung haben. In diesem Beispiel also wahrscheinlich von dem Sachbearbeiter im Vertrieb, der dem Kunden einen möglichst zeitnahen Liefertermin nennen möchte. Allerdings ist bei einem eigenen Ermessen die Koordination der Handlungen nicht gesichert. Zum einen kann es an der notwendigen Initiative mangeln und zum anderen besteht nicht zwingend eine Bereitschaft der anderen Handelnden, zu einer Abstimmung beizutragen.

Soll die Selbstabstimmung in bestimmten Situationen mit hoher Wahrscheinlichkeit bewirkt werden, so ist die verbindliche Vorgabe einer **themenspezifischen Interaktion** angebracht. Bezogen auf das angeführte Beispiel könnte eine ablauforganisatorische Regelung von allen Beteiligten verlangen, Liefertermine einmütig festzulegen. Damit haben die Handelnden nicht nur die Möglichkeit, sondern die Pflicht, miteinander zu reden und eine Abstimmung herbeizuführen. Diese Form einer stärker formalisierten Selbstabstimmung wird vor allem gewählt, wenn durch den bewussten oder unbewussten Verzicht einer Koordination bedeutsame negative Konsequenzen zu befürchten sind. In besonderem Maße gilt diese für sicherheitsrelevante Handlungen in der Logistik. Die Festlegung von bestimmten „Themen" bei denen eine Koordination erfolgen muss, sollte nicht dazu führen, dass darüber hinaus fallweise Interaktion nicht mehr stattfindet. Das Müssen in bestimmten Fällen impliziert nicht das Nicht-Dürfen in allen anderen Situationen.

Die fallweise und auch die themenspezifische Interaktion erfordern jedoch die Überwindung einiger **Barrieren**. Zunächst müssen die einzelnen Akteure in der Lage sein, ihre Handlungen in den Gesamtzusammenhang der Logistik einordnen zu können. Dies kann jedoch gerade im Rahmen der Logistikausführung schwierig sein, denn im Kapitalismus geht mit der Steigerung der Produktivkraft durch Arbeitsteilung die Entfremdung des Arbeiters von seiner Arbeit einher.[659] Arbeitnehmerinnen und Arbeitnehmer der Logistik sind deshalb unter den gegebenen Verhältnissen häufig nicht ad hoc in der Lage, eine Selbstabstimmung ihrer Aktivitäten vorzunehmen. Zudem müssen die Personen und ggf. deren Stellvertreter bekannt sein, mit denen eine Abstimmung herbeigeführt werden sollte bzw. werden muss. Dies ist gerade bei großen Organisationen und bei organisationsübergreifenden Handlungsfolgen ein Problem. Im obigen Beispiel muss der Sachbearbeiter im Vertrieb wissen, dass er neben

---

[658] Vgl. Kieser/Walgenbach (2010), S. 104–107.
[659] Vgl. Marx (2008), S. 674–675.

einem bestimmten Transportdisponenten auch den zuständigen Versandleiter kontaktieren muss, um eine abgestimmte Auslieferung an den Kunden zu ermöglichen. Sind die Personen bekannt, steht als nächste Aufgabe an, die Kommunikation zu diesen zeitnah aufzubauen. Auch hierbei können Hemmnisse entstehen, die eine Abstimmung erschweren oder sogar vereiteln.

Selbstabstimmung benötigt deshalb in vielen Fällen begleitende organisatorische Maßnahmen, um die angestrebten Koordinationswirkungen zu entfalten und zu sichern.[660]Die **institutionalisierte Interaktion** soll Barrieren abbauen und eine möglichst niederschwellige Selbstabstimmung ermöglichen. Durch die Einrichtung von speziellen Koordinationsorganen, wie z.B. von Ausschüssen und Arbeitskreisen, sollen sich die einzelnen Handlungsträger regelmäßig begegnen und an den anstehenden Entscheidungen partizipieren. Obwohl erforderliche Abstimmungen primär in diesen Zusammenkünften vorgenommen werden, vereinfacht das Kennenlernen der relevanten Akteure auch die fallweise und themenspezifische Interaktion außerhalb dieser Organe. An einer derart institutionalisierten Interaktion können Logistikausführende, Logistikmanagerinnen und -manager, Vertreter anderer Funktionsbereiche und sogar Mitglieder anderer Organisationen teilnehmen. Ein Beispiel dafür ist ein Ausschuss, der den organisationsübergreifenden Einsatz von Mehrwegbehältern koordinieren soll. Die institutionalisierte Interaktion wird häufig mit der Implementierung von Regeln zur Entscheidungsfindung und Konfliktlösung einhergehen.[661] Dabei ist auf die Erhaltung der Partizipation aller Beteiligten zu achten. Werden beispielsweise einem Vorsitzenden eines Arbeitskreises besondere Rechte zugebilligt oder verfügt diese Person über besondere Machtbasen, so können innerhalb dieser Gruppe Mechanismen der Logistikführung entstehen, die Merkmale der persönlichen Weisung aufzeigen.

Als Erscheinungsform der institutionalisierten Interaktion lässt sich auch die **Gruppenarbeit** einordnen. Im Gegensatz zu Ausschüssen und Arbeitskreisen, die Handelnde lediglich zeitweise zusammenführen, stellen Arbeitsgruppen der Logistik organisatorische Einheiten dar, in denen Arbeitnehmerinnen und Arbeitnehmer dauerhaft zusammenwirken, um eine definierte logistische Aufgabe zu erfüllen. Innerhalb einer Arbeitsgruppe können drei grundlegende Interaktionsebenen abgegrenzt werden.[662] Die technisch-rationale Ebene wird durch die Arbeitsaufgaben und die hierdurch entstehende formale Arbeitsbeziehung zwischen den Arbeitnehmerinnen und Arbeitnehmern gebildet. Zur genaueren Abstimmung der zur Aufgabenerfüllung erforderlichen Tätigkeiten sind zum Zweiten Kommunikationshandlungen erforderlich, welche die kommunikativ-koordinatorische Ebene bilden. Nicht vernachlässigt werden darf schließlich im Rahmen der Gruppenarbeit die emotionale Ebene. Durch die enge Zusammenarbeit zwischen den Mitgliedern der Gruppe bilden sich auch persönliche Beziehungen, die von Harmonie aber auch Konflikten geprägt sein können.

Das Betriebsverfassungsgesetz bezeichnet im engeren als Gruppenarbeit, „wenn im Rahmen des betrieblichen Arbeitsablaufs eine Gruppe von Arbeitnehmern eine ihr übertragene Gesamtaufgabe im Wesentlichen eigenverantwortlich erledigt."[663] Die **Eigenverantwortlich-**

[660] Vgl. Kieser (1994), S. 219.
[661] Vgl. Kieser/Walgenbach (2010), S. 106.
[662] Vgl. Wiendieck (2004), Sp. 390.
[663] §87 Abs. 1 Nr. 13 BetrVG.

**keit einer Arbeitsgruppe** als Ganzes setzt jedoch im Sinne des Kongruenzprinzips der Organisation, nach welchem sich die Aufgabe, die zugehörigen Entscheidungsbefugnisse und die resultierende Verantwortung entsprechen müssen,[664] eine weitgehende Partizipation der Gruppenmitglieder voraus. Nur wenn diese an Entscheidungen hinsichtlich der übertragenen Aufgabe teilhaben können, lässt sich eine Verantwortlichkeit begründen. Damit grenzt sich die Gruppenarbeit von der „klassischen" Arbeitsweise einer organisatorischen Einheit ab, die von einer Führungskraft geführt wird,[665] denn eine Führungskraft kann, darf und soll Weisungen geben und trägt somit eine besondere Verantwortung für den Arbeitsvollzug und die Leistung der Gruppe.

Ein weiteres Merkmal der Gruppenarbeit ist die **Autonomie der Arbeitsgruppe**. Eine solche Autonomie ist bei Unabhängigkeit der Arbeitsgruppe gegenüber ihrer Umwelt gegeben. Unabhängigkeit kann beispielsweise hinsichtlich der Zielbildung, der Arbeitszeit, der angewandten Methoden oder der internen Arbeitsverteilung bestehen.[666] Verbunden damit ist ein geringer Bedarf an Koordination mit Handelnden außerhalb der Gruppe. Eine vollständige Autonomie erweist sich realiter aufgrund der stets vorhandenen Interdependenz von Teilaufgaben eines Unternehmens sowie bestehender Machtverhältnisse als Illusion. Üblicherweise wird deshalb im Kontext der Gruppenarbeit der Idealtypus der **teilautonomen Arbeitsgruppe** betrachtet.

Als teilautonome Arbeitsgruppe der Logistik kann eine organisatorische Einheit bezeichnet werden, wenn eine überschaubare Anzahl von Personen ihre Handlungen bei weitreichender Partizipation aller untereinander selbst abstimmt und hierdurch eine vorgegebene Teilaufgabe der Logistik in höherem Maße eigenverantwortlich und unabhängig von ihrer Umwelt verrichtet.

Nicht alle Ausprägungen von Gruppenarbeit in der Logistik lassen sich unter diesem Typus subsumieren. Fehlt beispielsweise das Kriterium der weitreichenden Partizipation, wird diese eher die Gestalt einer restriktiven Gruppenarbeit annehmen.[667] **Reale Arbeitsgruppen** entsprechen dagegen weitgehend diesem Typus, wenn die vorgegebene Arbeitsaufgabe an den Einzelnen nennenswerte Entscheidungs- und Planungsanforderungen stellt, die Aufgabenerfüllung eine hinreichende Variabilität gewährleistet, genügend Kooperations- und Kommunikationsmöglichkeiten bestehen und die Gruppe bedeutsame Entscheidungen unter Teilhabe alle Gruppenmitglieder treffen darf.[668]Diese Bedingungen sollen an dem folgenden Fallbeispiel eines Wareneingangs erläutert werden.

---

[664]  Siehe dazu grundlegend Reiß (1982).

[665]  Antoni (2004), Sp. 382.

[666]  Vgl. Weber (1994), S. 150.

[667]  Vgl. Weber (1994), S. 148.

[668]  Vgl. Weber (1994), S. 148.

**Fallbeispiel 3: Teilautonome Arbeitsgruppe im Wareneingang**

Die MMG mbH ist ein mittelständischer Hersteller von Spezialmaschinen. Der geschäfts-führende Gesellschafter der MMG ist von der Vorteilhaftigkeit einer weitgehenden Parti-zipation der Beschäftigten überzeugt. Deshalb wurde nicht nur in der Produktion, sondern auch in der Logistik die Gruppenarbeit eingeführt.

Im zentralen Wareneingang des Unternehmens sind fünf Arbeitnehmer im Einschichtbe-trieb beschäftigt, die gemeinsam eine teilautonome Arbeitsgruppe der Logistik bilden. Je-den Tag werden von mehreren Speditionen, Frachtführern und Paketdiensten Güter in un-terschiedlichen Logistikeinheiten angeliefert. Das Spektrum reicht von kleineren Paket-sendungen über einzelne Paletten und Gitterboxen bis zu beladenen Wechselbehältern, die an einem der beiden Tore zur Entladung bereitgestellt werden. Nur einige wenige Haupt-lieferanten der MMG kündigen die Sendungen am Vortag über ein Lieferavis an. Die pro Tag angelieferten Güter sind deshalb vorab nicht bekannt und unterliegen hinsichtlich Art und Menge nennenswerten Schwankungen.

Es sind unterschiedlichste Tätigkeiten im Wareneingang zu verrichten, wie beispielsweise Annahme von Paketsendungen, Entladung von Wechselbehältern, Durchführung von Iden-titäts-, Mengen- und einfachen Qualitätskontrollen, Aus- und Umpacken, Palettieren, Durchführung von Wareneingangsbuchungen, innerbetrieblicher Transport und Einlage-rung von Paletten und einzelnen Kleinbehältern, Entsorgung von Verpackungsmaterial sowie die Abwicklung von Retouren. Einige Arbeiten, z.B. das Entpacken größerer Teile oder das Entladen der Wechselbehälter, können nur von mehreren Personen gemeinsam durchgeführt werden. Zur Verringerung der dabei entstehenden Belastungen hat die Grup-pe bereits wiederholt Vorschläge zur Verbesserung von Vorrichtungen und Hilfsmitteln eingereicht. Darüber hinaus entscheidet die Gruppe gemeinsam über die Lage der Pausen und die Terminierung des Erholungsurlaubs für die einzelnen Mitglieder.

Die Beschäftigten im Wareneingang haben entweder eine Berufsausbildung als Fachkraft für Lagerlogistik abgeschlossen oder zumindest langjährige Berufserfahrungen in ver-schiedenen Bereichen der Logistik erworben. Alle verfügen über einen Staplerführerschein und über die erforderlichen Schulungen und Berechtigungen für das Materialwirtschafts-system. Die grundlegenden Abläufe, Sicherheitsrichtlinien und Prüfpläne sind bekannt.

Diese reale Arbeitsgruppe der Logistik zeigt alle geforderten **Merkmale einer teilautono-men Arbeitsgruppe**. Die vorgegebene Arbeitsaufgabe im Wareneingang stellt an jedes Mit-glied der Arbeitsgruppe nennenswerte Entscheidungs- und Planungsanforderungen. An je-dem Tag ist festzulegen, welche Arbeiten in welcher Reihenfolge mit welcher Priorität ver-richtet werden sollen. Aufgrund schwankender Mengen müssen ggf. Entscheidungen getrof-fen werden, ob und ggf. welche Gütertransfers oder Eingangsbuchungen auf den Folgetag verschoben werden müssen. Hinzu kommen Entscheidungen über die Annahme oder Ableh-nung von Sendungen. Die Aufgabenerfüllung weist eine hohe Variabilität auf. Die beschrie-benen Tätigkeiten erstrecken sich auf unterschiedliche Verrichtungen und Objekte der Logis-tik. Ebenso finden sich hinsichtlich der Phase Planungsaufgaben, Aufgaben der Durchfüh-rung und solche der Kontrolle. Die Mitglieder haben also die Möglichkeit, unterschiedliche Tätigkeiten im Wechsel auszuüben. Die Gruppe ist mit fünf Mitgliedern überschaubar und der Aktionsradius ist auf den Wareneingang und das Wareneingangslager beschränkt. Münd-liche Kommunikation ist deshalb sehr einfach möglich. Damit steht, wie im vorangegangenen Abschnitt gezeigt, ein reiches Kommunikationsmedium zur Verfügung. Einige Arbeiten erfordern zudem die unmittelbare Zusammenarbeit von Akteuren. Die Entscheidungen, welche die Gruppe unter Beteiligung aller Mitglieder treffen darf, sind für den pünktlichen Vollzug der Arbeitsaufgabe und den resultierenden Erfolg entscheidend. Zudem konnten gemeinsam Verbesserungsvorschläge erarbeitet werden. Ebenso umfasst der Entscheidungsspielraum auch die Festlegung von Pausen- und Urlaubszeiten und somit die persönlichen Rahmenbedingungen.

Eine bisher unbeantwortete Frage ist jene nach der Außenvertretung der teilautonomen Arbeitsgruppe. In der Regel obliegt diese Aufgabe einem formal bestimmten **Gruppensprecher**.[669] Um eine weitgehende Partizipation auch hinsichtlich dieser Entscheidung zu gewährleisten, sollte der Sprecher bzw. die Sprecherin durch die Gruppe demokratisch gewählt werden. Erfolgt keine gemeinsame und gleichberechtigte Festlegung des Sprechers durch die Gruppe, können sich im Zeitverlauf faktische Logistikführungskräfte herausbilden, die aufgrund ihrer Stellung innerhalb der Gruppe diese Aufgabe ausführen. Eine Alternative dazu ist die Ernennung eines Gruppensprechers durch eine übergeordnete Instanz. Gerade in den beiden letztgenannten Fällen besteht die Gefahr, dass dieser Sprecher einen starken Einfluss auf die Entscheidungen der Gruppe ausübt und somit die Möglichkeiten der Partizipation der anderen Gruppenmitglieder reduziert.

# 3.4 Arbeitsentgelte und sonstige Anreize in der Logistik

Die Ausführungen des vorangegangenen Abschnitts haben mit dem Prinzip der Partizipation und der darauf aufbauenden Selbstabstimmung eine bedeutsame Ergänzung zur Logistikführung durch persönliche Weisungen aufgezeigt. Die Partizipation erfüllt nicht nur die gesellschaftliche Forderung nach einer Übertragung demokratischer Grundsätze in die Arbeitswelt, sondern weckt auch bei Unternehmensleitungen und Logistikführungskräften die Hoffnung einer Vereinfachung der Koordination oder anderer positiver Effekte auf die Erreichung ihrer Ziele. Allerdings wurde auch deutlich: Partizipation basiert mit Ausnahme der gesetzlich garantierten Mitbestimmung auf einem Entgegenkommen der Kapitalisten. Ein solches Entgegenkommen ist jedoch nur dann zu erwarten, wenn diese davon ausgehen können, dass Arbeitnehmerinnen und Arbeitnehmer sowie andere teilhabende Akteure ihre Entscheidungen in einer Weise treffen, welche die Erreichung ihrer Ziele fördert oder diesen zumindest nicht zuwider läuft. Daraus resultiert die Frage, auf welche Weise Kapitalisten und die von ihnen beauftragten Logistikführungskräfte die **Konformität von dezentralisierten Entscheidungen** gewährleisten.

Ein möglicher Ansatz, eine solche Konformität zu erreichen, stellt der Versuch dar, Handelnden der Logistik zwar die Teilhabe an Entscheidungen zu eröffnen, durch **angemessene und aufeinander abgestimmte Anreize** jedoch gleichzeitig ein zielkonformes und koordiniertes Verhalten zu erreichen. Im oben dargestellten Fall einer teilautonomen Arbeitsgruppe im Wareneingang könnten solche Anreize beispielsweise dazu dienen, die Bereitschaft zur Selbstabstimmung zu erhöhen und auch die Erledigung unbeliebter Arbeiten sicherzustellen.

---

[669]  Vgl. Dörre (1996), S. 17, Antoni (2004), Sp. 383, Minssen (2006), S. 129.

Anreize werden nur dann eine gewünschte Wirkung entfalten, wenn sie angemessen sind. Mit der Forderung nach angemessenen Anreizen sind sehr unterschiedliche Aspekte angesprochen. Zunächst muss es sich um einen Anreiz aus Sicht des Geführten handeln, d.h. Anreize müssen sich an den **individuellen Bedürfnissen von Menschen** orientieren.[670] Arbeitnehmerinnen und Arbeitnehmer in prekären Beschäftigungsverhältnissen werden beispielsweise in erster Linie an der Verbesserung ihrer Einkommenssituation und an der Verringerung ihrer Unsicherheit interessiert sein. So fanden *Pfohl*, *Gomm* und *Frunzke* empirische Belege für eine vergleichsweise hohe Bedeutung des Entgelts aus Sicht von Logistikausführenden, wobei allerdings Bedürfnisse nach Anerkennung, Lob und Partizipation in nur unwesentlich geringerem Maße artikuliert wurden.[671]

Weiterhin müssen zwischen einem potenziellen Anreiz, einer Entscheidung und der Wirkung daraus angemessen **starke Zusammenhänge** bestehen.[672] Gerade bei schwachen Zusammenhängen müssen sehr starke Anreize gesetzt werden, um die Entscheidungen und damit die Handlungen von Logistikausführenden bzw. von Logistikmanagerinnen und -managern spürbar zu beeinflussen. Damit umfasst die Forderung nach einem angemessenen Anreiz auch jene nach einer angemessenen Höhe. Anreize, z.B. materieller Art, wirken in Abhängigkeit von der Einkommenssituation erst ab einer bestimmten Höhe. Andererseits können sich auch bei Anreizen Sättigungseffekte einstellen.[673] So wird eine zunehmende Anzahl von Fortbildungsangeboten ggf. sogar kontraproduktiv wirken, da sich Arbeitnehmerinnen und Arbeitnehmer hierdurch unter Druck gesetzt fühlen können.

Erforderlich ist weiterhin die **Abstimmung von Anreizen**, die „im Wirkungsverbund erwünschte Verhaltensweisen auslösen und unerwünschte Verhaltensweisen unterdrücken oder zurückdrängen."[674] Dies gilt zum einen für verschiedenartige Anreize, die eine individuelle Leistungssteigerung eines Akteurs bewirken sollen, z.B. bestimmte Lohnformen und Fortbildungsangebote. Von weitaus höherer Bedeutung ist die Abstimmung zwischen Anreizen zur Leistungsförderung und zur Koordination durch Selbstabstimmung. Wenden Arbeitnehmerinnen und Arbeitnehmer ihre gesamte Arbeitskraft auf, um bestimmte Leistungsvorgaben zu erreichen und hierfür Belohnungen zu erhalten oder Sanktionen zu vermeiden, bleibt zu wenig Zeit zum Austausch von Informationen und zur Abstimmung von Handlungen. Deshalb können Anreize zur Förderung kooperativen Verhaltens verpuffen, wenn diese z.B. durch monetäre Leistungsanreize dominiert werden.

Die bisherigen Ausführungen haben bereits exemplarisch unterschiedliche Sachverhalte angesprochen, von denen Anreizwirkungen ausgehen können. Prinzipiell können finanzielle und nicht-finanzielle Anreize unterschieden werden.[675] Diese Unterscheidung findet sich somit auch in der Logistikführung. Grundlage für **finanzielle Anreize** ist das Wesen von Arbeitnehmer-Arbeitgeber Beziehungen, denn durch „den Dienstvertrag wird derjenige, welcher Dienste zusagt, zur Leistung der versprochenen Dienste, der andere Teil zur Gewäh-

---

[670]  Drumm (2008), S. 457.

[671]  Vgl. Pfohl/Gomm/Frunzke (2009b), S. 95–96.

[672]  Vgl. Drumm (2008), S. 457.

[673]  Vgl. Drumm (2008), S. 458.

[674]  Drumm (2008), S. 457.

[675]  Vgl. Pfohl/Gomm/Frunzke (2009a), S. 52–70.

rung der vereinbarten Vergütung verpflichtet."[676] Im Mittelpunkt stehen dabei auch in der Logistik die Arbeitsentgelte.

Zur Bestimmung möglicher Anreizwirkungen, können unterschiedliche **Entgeltformen** unterschieden werden.[677] Löhne und Gehälter können sich prinzipiell aus drei Bestandteilen zusammensetzen: Grundentgelt, Leistungsentgelt und Sonderentgelt. Das **Grundentgelt** wird in der Regel für eine erbrachte Arbeitszeit bezahlt. Während im Logistikmanagement Monatsgehälter die Regel sind, finden sich in der Logistikausführung häufig Stundenlöhne, die je tatsächlich geleisteter Arbeitsstunde gezahlt werden. Die Untergrenze wird dabei auch in der Logistik durch den Mindestlohn gebildet.[678] Grundentgelte in der Logistik variieren somit nicht mit dem Quantum logistischer Leistungen, welches eine Arbeitnehmerin oder ein Arbeitnehmer durch entsprechende Handlungen erzeugt.[679] Es handelt sich vielmehr um Zeitlöhne. Die Höhe des Zeitlohns wird durch die Arbeitsanforderungen bestimmt. Anreize entstehen deshalb nur in Verbindung mit Beförderungen oder Versetzungen auf Stellen mit höherem Anforderungsniveau und damit höherer Bezahlung. Das Grundentgelt kann sich statt an den konkreten Anforderungen auch an den Qualifikationen einer Arbeitnehmerin bzw. eines Arbeitnehmers ausrichten. Auch in diesem Fall ergeben sich Anreize nur in Verbindung mit anderen Mechanismen, z.B. mit gewährten Fortbildungsmöglichkeiten, die einen entsprechenden Aufstieg ermöglichen.

Ein in der Produktion von Sachgütern verbreitetes direktes **Leistungsentgelt** stellt der Akkordlohn dar. Prinzipiell können **Akkordlöhne** auch in der Logistik einsetzt werden, sofern eine Steigerung der erbrachten Leistungsmenge angestrebt wird. Dies ist beispielsweise im Bereich der Kommissionierung der Fall. Allerdings kann eine einseitige Mengenorientierung zu Problemen führen, die sich in einem Anstieg der Kommissionierfehler niederschlagen können. In vielen Bereichen der Logistik ist es deshalb angebracht, ein Grundentgelt mit einem **Prämienlohn** zu kombinieren. Am Beispiel von ausführenden Lagerarbeiten in der Konsumgüterindustrie konnte *Pfohl* Belege für eine verbreitete Nutzung von Prämienlöhnen finden.[680] Jedoch scheinen Prämien primär für die quantitative Leistungserreichung gewährt zu werden. Eine Prämie kann allerdings auch gezahlt werden, wenn ein Kommissionierer in einem bestimmten Zeitraum eine vorab festgelegte Anzahl von Kommissionierfehlern unterschreitet. Da, wie bereits angesprochen, gerade im Bereich der Logistikausführung niedrige Löhne eher die Regel sind, eignen sich Prämien im besonderen Maße, um gewünschte Wirkungen zu erzielen. Allerdings lassen sich diese auch im Logistikmanagement als Anreize nutzen.

Die **potenziellen Wirkungen von Prämien** gehen dabei über eine qualitative und quantitative Leistungssteigerung hinaus. Prämien können auch eingesetzt werden, um Anreize für eine Intensivierung der Koordination zu erreichen. Stimmt sich ein Logistikmanager beispielsweise eng mit einem Produktionsplaner ab und sinken hierdurch die Bestände an Produkti-

---

[676] § 611 Abs. 1 BGB.

[677] Detaillierte Ausführungen zu den unterschiedlichen Entgeltformen finden sich in der personalwirtschaftlichen Lehrbuchliteratur. Siehe z.B. Drumm (2008), S. 485–518, Oechsler (2011), S. 438–467.

[678] Vgl. §1 MiLoG.

[679] Zur Messung logistischer Leistungen siehe Abschnitt 5.2.1.

[680] Vgl. Pfohl (2005), S. 318.

onsmaterial, so kann dieses Verhalten durch Prämien honoriert werden. Andererseits müssen auch die negativen Begleiterscheinungen durch finanzielle Anreize beachtet werden. Erhält ein Arbeitnehmer eine Prämie für den erfolgreichen Vollzug einer festgelegten Aufgabe, besteht die Gefahr der Vernachlässigung anderer Aufgaben, deren Erledigung schwerer mit quantitativen Messgrößen zu bewerten ist. Werden beispielsweise einer Logistikmanagerin bzw. einem Logistikmanager nur für die Erreichung operativer Zielsetzungen, wie die Bestandssenkung oder die Reduktion von Transportkosten, Prämien gewährt, so kann dies dazu führen, dass Aufgaben der strategischen Logistikplanung nicht oder nur mit ungenügendem Einsatz angegangen werden.

Die Anreizwirkung von **Sonderentgelten**, wie beispielsweise Urlaubsgeld, ist dagegen eher gering, da kein direkter Zusammenhang mit bestimmten Anforderungen und Handlungen hergestellt wird. Arbeitnehmerinnen und Arbeitnehmer betrachten diese Sonderentgelte häufig als Bestandteil des Grundentgelts und es kommt zu reinen Mitnahmeeffekten.

Als **nicht-finanzielle Anreize** können unterschiedlichste Sachverhalte wirken, sofern diese zur Bedürfnisbefriedigung eines Menschen beitragen. Beispielsweise können Berufskraftfahrer, die in der Vergangenheit gute Arbeitsergebnisse gezeigt haben, bei der Auswahl der Fahrzeuge und deren individueller Ausstattung beteiligt werden.[681] Im weitesten Sinne schaffen somit die Arbeitsbedingungen, denen Arbeitnehmerinnen und Arbeitnehmer der Logistik ausgesetzt sind, das Potenzial zur Generierung von Anreizen.[682] Als potenzielle Anreize können deshalb prinzipiell alle Aspekte der Arbeit betrachtet werden, sofern von diesen ein positiver Effekt auf das Arbeitsergebnis und die Arbeitszufriedenheit ausgeht oder solche Effekte zumindest vermutet werden können.[683] In den vorangegangenen Ausführungen wurden bereits einzelne nicht-finanzielle Anreize exemplarisch benannt: Anerkennung, Lob, Partizipation, Fortbildungsangebote. Hinzufügen ließen sich beispielsweise die Chance zur Entwicklung von beruflichen Fertigkeiten und Kenntnissen, verbunden mit der Aussicht auf Beförderungen und interessante Versetzungen, das Angebot einer Altersteilzeit oder sonstiger Auszeiten, sowie die Gewährung von Freiheiten hinsichtlich der Festlegung von Arbeitszeiten. Im Vergleich zu finanziellen Anreizen fällt es bei diesen sehr heterogenen nicht-finanziellen Anreizen noch schwerer, einen Zusammenhang mit einer erwünschten Wirkung herzustellen. Ein solcher Zusammenhang ist jedoch Voraussetzung, um überhaupt berechtigter Weise von einem Anreiz zu sprechen.

Um einen Zusammenhang zwischen Anreizen und erwünschten Wirkungen von Handlungen herzustellen, treffen Logistikführungskräfte **Zielvereinbarungen** mit Logistikausführenden sowie mit Logistikmanagerinnen und -managern.[684] Werden die Ziele und ihre Ausprägungen aufeinander abgestimmt oder aus Oberzielen stringent abgeleitet, so lässt sich zudem eine Koordination der erforderlichen Handlungen erreichen. Im Rahmen einer Zielvereinbarung wird durch den Führenden zugesagt, einen bestimmten Anreiz zu gewähren, wenn im

---

[681]  Vgl. Peirowfeiz/Large (2013), S. 17.
[682]  Vgl. Drumm (2008), S. 458.
[683]  Siehe dazu Abschnitt 1.2.4.
[684]  Vgl. Braczyk (2001), S. 48, Minssen (2006), S. 130, Drumm (2008), S. 460.

Gegenzug ein bestimmtes Ziel durch den Geführten erreicht wird.[685] Die hierfür erforderlichen Handlungen kann der Geführte weitgehend selbst festlegen. Ebenso den Grad der Selbstabstimmung mit anderen Handelnden. Wesentlich ist allerdings in welchem Ausmaße der Akt der Vereinbarung von Zielen selbst vom Grundsatz der Partizipation geprägt ist.[686] Im engeren Sinne verdienen Zielvereinbarungen diese Bezeichnung nur dann, wenn das Ziel und die in Aussicht gestellten Belohnungen zwischen dem Führenden und dem Geführten frei verhandelt werden. Dies wird realiter auch in der Logistik nur in Ausnahmefällen der Fall sein, da mit Ausnahme von machtlosen Logistikführungskräften die Verhandlungspositionen ungleich verteilt sind. Deshalb werden Geführte durchaus Ziele akzeptieren, obwohl sie von deren Sinnhaftigkeit oder Erreichbarkeit nicht überzeugt sind. Gerade im Bereich der Logistikausführung haben Zielvereinbarungen deshalb eher den Charakter von einseitigen **Zielvorgaben.** Dieser Sachverhalt wurde bereits im Zusammenhang mit der Bestimmung von Leistungslöhnen deutlich, auf deren Höhe und Bezugsgrößen die einzelnen Logistikausführenden keinen Einfluss haben. Sofern in einem Betrieb vorhanden, steht jedoch dem Betriebsrat das Recht der Mitbestimmung darüber zu.[687]

Zielvereinbarungen lassen sich nicht nur zwischen Arbeitnehmerinnen und Arbeitnehmern der Logistik und Logistikführungskräften treffen, sondern auch mit anderen Akteuren. Zunächst können dies **Handelnde anderer Funktionsbereiche** sein. Problematisch ist dabei jedoch die Zuordnung von gewährten Anreizen, da eine Logistikführungskraft, z.B. nicht über Prämien oder sonstige Anreize für Werktätige anderer Funktionsbereiche entscheiden kann. Denkbar sind jedoch gegenseitige Zielvereinbarungen, d.h. Logistikführungskräfte versprechen die Erreichung bestimmter Ziele, wenn andere Funktionsbereiche ihrerseits Leistungszusagen abgeben.

Vergleichsweise einfach sind dagegen **logistische Zielvereinbarungen mit anderen Organisationen**, z.B. mit Vertragshändlern oder Lieferanten, zu erreichen und mit entsprechenden Anreizen zu unterlegen. So können beispielsweise im Rahmen des Aufbaus der flussbezogenen Ebene von Lieferanten-Abnehmer-Beziehungen entsprechende Prämien oder umgekehrt Vertragsstrafen vereinbart werden.[688] Diese können als Anreize für die Erreichung von logistischen Leistungsgrößen oder auch für die Verbesserung der Koordination, z.B. die frühzeitige Weitergabe von Informationen, eingesetzt werden. Allerdings wirken solche Anreize für andere Organisationen nicht notwendigerweise auf das Verhalten von einzelnen Mitgliedern dieser Organisationen. Dazu sind weitergehende Mechanismen, z.B. persönliche Weisungen oder entsprechende Anreizsysteme, in diesen Organisationen erforderlich.

---

[685] Verwandt ist dieser Ansatz mit der sogenannten Managementtechnik „Management by Objectives". Siehe dazu z.B. Kappler (2004).

[686] Vgl. Drumm (2008), S. 455.

[687] Vgl. §87 Abs. 1 BetrVG.

[688] Vgl. Large (2013), S. 191–197.

# 3.5 Personalentwicklung in der Logistik

Wie im vorangegangenen Abschnitt gezeigt, stellt die Unterstützung bei der Verbesserung von beruflichen Fertigkeiten und Kenntnissen, verbunden mit der Hoffnung auf Beförderungen oder interessante neue Aufgaben, einen potenziellen nicht-finanziellen Anreiz für Logistikausführende und vor allem für Logistikmanagerinnen und -manager dar, ihre Leistung zu steigern oder sonstige vereinbarte Ziele zu erreichen. Dieser Effekt wird potenziell verstärkt, da mit Beförderungen und Versetzungen in der Regel auch die Erwartung höherer Einkommen verbunden ist, also zusätzlich ein finanzieller Anreiz einhergeht.[689] In Anlehnung an die personalwirtschaftliche Terminologie soll eine derartige Unterstützung durch den Arbeitgeber im Folgenden als **Personalentwicklung in der Logistik** bezeichnet werden.[690]

> Die Personalentwicklung in der Logistik umfasst alle Handlungen, die Arbeitnehmerinnen und Arbeitnehmer der Logistik unterstützen, ihre Fertigkeiten und Kenntnisse zu erweitern oder zu verbessern, um neue und anspruchsvollere Aufgaben übernehmen zu können.

Personalentwicklung verfolgt jedoch vielfältige Zwecke und stellt nicht nur einen potenziellen Anreiz im Rahmen einer partizipativen Logistikführung dar. Es lassen sich deshalb weitere zweckrationale **Begründungen der Personalentwicklung** anführen. Personalentwicklung kann aus Sicht des Arbeitgebers auch einen Beitrag zur Bindung von Arbeitnehmerinnen und Arbeitnehmern leisten. Dieser Aspekt ist insbesondere hinsichtlich solcher Berufsgruppen relevant, für die bereits Knappheit besteht oder zumindest erwartet werden kann, wie beispielsweise für Berufskraftfahrer.[691] Im Rahmen der taktischen Logistikplanung wurde weiterhin die Personalentwicklung als Instrument der internen Beschaffung logistischer Arbeitskraft diskutiert.[692] Arbeitnehmerinnen und Arbeitnehmer, die über ein entsprechendes Potenzial verfügen, können, nachdem sie eine entsprechende Entwicklung durchlaufen haben, Nettobedarfe an logistischer Arbeitskraft auf einem höheren Qualifikationsniveau decken.

Sogenannte **Entwicklungsadressaten** stellen nach *Drumm* deshalb solche Personen dar, die über ein Entwicklungspotenzial verfügen, bei denen ein konkreter Entwicklungsbedarf besteht und die bereit sind, die angebotenen Förderungen anzunehmen.[693] Gerade die letzte Bedingung unterstreicht die aktive Rolle der Arbeitnehmerinnen und Arbeitnehmer im Prozess der Personalentwicklung: Die Arbeitgeber bieten lediglich eine Förderung an. Die eigentliche Entwicklung erfolgt durch die Beschäftigten selbst, indem diese an ihren eigenen Fertigkeiten und Kenntnissen arbeiten und hierdurch versuchen, ein höheres Qualifikations-

---

[689]   Vgl. Frey/Benz (2004), Sp. 27.

[690]   Wird im weiteren Sinne eine solche Unterstützung nicht auf Arbeitnehmerinnen und Arbeitnehmer beschränkt, sondern auch anderen Funktionsbereichen oder anderen Organisationen gewährt, ergeben sich vergleichbare Konzepte. Als Beispiel dafür kann die sogenannte Lieferantenentwicklung angeführt werden. Im Rahmen der Lieferantenentwicklung ist zudem die Förderung einzelner Arbeitnehmerinnen und Arbeitnehmer eines Lieferanten möglich. Siehe dazu Large (2013), S. 256–258.

[691]   Siehe dazu Peirowfeiz/Large (2013), Large/Breitling/Kramer (2014a), Large/Breitling/Kramer (2014b).

[692]   Siehe Abschnitt 2.2.4.

[693]   Vgl. Drumm (2008), S. 345.

niveau zu erreichen. Voraussetzung dafür ist die eigene Wahrnehmung von entsprechenden Entwicklungsbedarfen.[694]

Welche Fertigkeiten und Kenntnisse durch das beschäftigende Unternehmen gefördert werden, hängt allerdings wesentlich von den Anforderungen jener Aufgaben ab, die dafür ausgewählte Arbeitnehmerinnen und Arbeitnehmer aktuell oder zukünftig erfüllen sollen. Eine wichtige Orientierung bieten insbesondere im Bereich der Logistikausführung die **Ausbildungsberufsbilder der Logistik**. Die in den relevanten Ausbildungsberufsbildern benannten beruflichen Fertigkeiten, Kenntnisse und Fähigkeiten können als hinreichend für typische Anforderungen dieser Berufe gewertet werden. Soll beispielsweise einen Person ohne Berufsausbildung die Aufgaben einer Fachkraft im Lager wahrnehmen, kann die Verordnung über die Berufsausbildung im Lagerbereich als Maßstab herangezogen werden.[695]

Wie in Abschnitt 1.1.3 gezeigt, sind die **Berufsbilder des Logistikmanagements** dagegen ausgesprochen unbestimmt und vielschichtig.[696] Ausbildungsberufsbilder existieren nur für die Berufsgruppe der Kaufleute der Logistik. Ebenso lassen sich bestimmte Fertigkeiten und Kenntnisse aus Prüfungsordnungen zu Aufstiegsfortbildungen ableiten, wie z.B. jener des Geprüften Fachkaufmanns für Logistiksysteme.[697] Deshalb kommt der Erforschung von üblicherweise erforderlichen Fertigkeiten und Kenntnissen besondere Bedeutung zu. Diese lassen sich in mannigfacher Weise gliedern. *Straube* und *Pfohl* unterscheiden beispielsweise die drei Bereiche logistische Fachkompetenz, soziale Kompetenz, Methodenkompetenz.[698] Entsprechend werden, wie bereits im Rahmen der taktischen Planung logistischer Arbeitskraft angesprochen, neben fachlichen eher allgemeine Fähigkeiten, z.B. Teamfähigkeit, Problemlösungsfähigkeit, Kommunikationsfähigkeit, Führungserfahrung oder Fertigkeiten im Projektmanagement, angeführt.[699] Nicht selten wird allgemeinen Management- und Führungsfähigkeiten eine vergleichsweise hohe Bedeutung zugemessen.[700] Letztlich kann jedoch eine derart allgemeine Betrachtung die Analyse der spezifischen Anforderungen in einem Betrieb und die daraus folgende Ableitung der erforderlichen Fertigkeiten und Kenntnisse nicht ersetzen.

Aufgrund dieser unterschiedlichen Anforderungen wird in der Literatur der Bereich der Entwicklung von Logistikmanagerinnen und -managern und jener der Entwicklung von Logistikausführenden unterschieden, wobei allerdings in der Regel lediglich Logistikführungskräfte als Logistikmanager betrachtet werden.[701] Hierdurch entsteht der Teilbereich der sogenannten **Managemententwicklung in der Logistik**.[702] Diese wird in der Regel eng mit einer

---

[694]  Siehe dazu Burcher/Lee/Sohal (2005), S. 213.

[695]  Siehe LWLogAusbV.

[696]  Vgl. Engelhardt-Nowitzki, 2006, S. 3–4.

[697]  Vgl. FachkLogSystPrV.

[698]  Vgl. Straube/Pfohl (2008), S. 54.

[699]  Vgl. Gammelgaard/Larson (2001), S. 35, Gibson/Cook (2003), S. 125, Myers et al. (2004), S. 223, Straube/Pfohl (2008), S. 54–55.

[700]  Vgl. Murphy/Poist (1991), S. 11–12, Pfohl (1993), S. 66, Murphy/Poist (1998), S. 294, Murphy/Poist (2007), S. 428–429.

[701]  Vgl. Dubbert (1991), S. 5–6.

[702]  Siehe dazu grundlegend Dubbert (1991).

individuellen Karriereplanung für einzelne Logistikführungskräfte verbunden. Dabei werden gemeinsam mit der jeweiligen Logistikführungskraft mögliche zukünftige Einsatzmöglichkeiten und hierarchische Veränderungen durchdacht sowie die jeweils dafür erforderlichen Entwicklungsmaßnahmen festgelegt.[703] Aufgrund der umfänglichen Koordinationsbedarfe der Logistik, sollten dabei auch Wechsel auf Stellen in anderen Funktionsbereichen ins Auge gefasst werden.

Wie in Abschnitt 2.2.4 bereits angesprochen, ist eine kategorische Unterscheidung von Logistikausführenden und Logistikmanagerinnen und -managern jedoch zuweilen problematisch. Entsprechend erscheint eine scharfe Trennung der Personalentwicklung hinsichtlich dieser Adressatengruppen nicht sinnvoll. Ziel der Personalentwicklung kann gerade sein, Logistikausführende bei der **Entwicklung zu Logistikmanagerinnen bzw. -managern** zu unterstützen oder sogar die Voraussetzungen zu schaffen, ihnen sogar Führungsaufgaben zu übertragen. Beispielsweise kann ein Berufskraftfahrer unterstützt werden, seine Kenntnisse und Fähigkeiten zu erweitern, um Aufgaben der Transportplanung zu übernehmen, oder eine Fachkraft für Lagerlogistik erhält zeitliche Freiräume, um eine Aufstiegsfortbildung zum Geprüften Logistikmeister nach der LogMstrV zu durchlaufen.

Die **Maßnahmen der Personalentwicklung** sind vielfältig und lassen sich nach unterschiedlichen Kriterien gliedern.[704] Die Entwicklung von Logistikausführenden oder von Logistikmanagerinnen und -managern kann am aktuellen Arbeitsplatz erfolgen oder auf einen zukünftigen Arbeitsplatz ausgerichtet sein. Im ersten Fall benötigen Arbeitnehmerinnen und Arbeitnehmer Unterstützung um ihre gegenwärtige Aufgabe auszuführen. Die Förderung kann beispielsweise durch eine bedarfsorientierte Beratung und Begleitung erfolgen. So konnten beispielsweise *Ellinger*, *Ellinger* und *Keller* empirische Belege für die positive Wirkung der Anleitung von Lagerhausbeschäftigten durch deren Vorgesetzte finden.[705] Darüber hinaus sind Maßnahmen möglich und sinnvoll, die eine aktive Mitwirkung des Entwicklungsadressaten voraussetzen. Beispiele dafür sind die schrittweise Erweiterung und Bereicherung von Arbeitsaufgaben. Dazu kann auch die vermehrte Teilhabe an Entscheidungen zählen. Eine große Bedeutung kommt deshalb insbesondere im Bereich der Logistikausführung den autonomen Arbeitsgruppen zu. Die Entwicklung von Arbeitnehmerinnen und Arbeitnehmern lässt sich darüber hinaus durch die Berufung in Projektgruppen fördern, die z.B. Mitglieder aus unterschiedlichen logistischen Teilfunktionen, Funktionsbereichen oder sogar Unternehmen zusammenführen. Weitergehende Maßnahmen sind Traineeprogramme, die Hospitation oder sogar ein Stellenwechsel, die bereits stärker auf die Übernahme neuer Arbeitsplätze ausgerichtet sind. Alle diese Maßnahmen können und sollten durch entsprechende Schulungen und Trainings ergänzt werden.

Darüber hinaus lassen sich Maßnahmen nach dem Grad der Nutzung von **Leistungen externer Einrichtungen** gliedern. Die bisher genannten Einzelmaßnahmen können weitgehend durch Angehörige des Unternehmens selbst, insbesondere durch Personalabteilungen, durch vorgesetzte Logistikführungskräfte oder durch mit Einzelmaßnahmen betraute Personen,

---

[703] Vgl. Becker (2004), Sp. 581.

[704] Siehe z.B. Drumm (2008), S. 349. Dort werden nach verschiedenen Kriterien neun Gruppen von Entwicklungsmaßnahmen identifiziert.

[705] Vgl. Ellinger/Ellinger/Keller (2005), S. 627–629.

ergriffen werden. Bereits im Rahmen der beratenden Begleitung oder bei einzelnen Schulungen kann die externe Unterstützung sinnvoll oder sogar erforderlich sein. Große Bedeutung kommt externen Einrichtungen vor allem im Bereich der Weiterbildung auf Basis von Seminaren, Lehrgängen und Aufbaustudien zu.

Der Begriff der Weiterbildung ist rechtlich nicht normiert und wird sehr heterogen verwendet. Zudem umfasst die Weiterbildung alle Lebensbereiche und ist nicht auf den Bereich der Personalentwicklung begrenzt. Als Weiterbildung können alle Bildungsaktivitäten inklusive autodidaktischer Bildung verstanden werden, die nach einer primären Ausbildung erfolgen. Neben beruflichen Inhalten können z.B. auch kulturelle oder soziale Sachverhalte Gegenstand einer Weiterbildung sein. Dagegen ist die **berufliche Fortbildung** ein durch das Berufsbildungsgesetzes (BBiG) definierter Begriff. Danach gliedert sich die Berufsbildung in die Berufsausbildungsvorbereitung, die Berufsausbildung, die berufliche Fortbildung und die berufliche Umschulung. „Die berufliche Fortbildung soll es ermöglichen, die berufliche Handlungsfähigkeit zu erhalten und anzupassen oder zu erweitern und beruflich aufzusteigen."[706] Dazu zählen standardisierte Aufstiegsfortbildungen, z.B. mit dem Fortbildungsabschluss Geprüfter Fachkaufmann für Logistiksysteme bzw. Geprüfte Fachkauffrau für Logistiksysteme.[707] Daneben können die jeweiligen Betriebe alleine oder in Kooperation mit sonstigen Berufsbildungseinrichtungen individuell auf Arbeitsgebiete oder sogar auf Einzelpersonen zugeschnittene Fortbildungsprogramme entwerfen, die im Rahmen der Personalentwicklung eingesetzt werden können.

Welche Maßnahmen für welche Personengruppen im Einzelfall tatsächlich ergriffen werden, hängt von vielen Einflussgrößen ab. Ebenso liegen unterschiedliche Einschätzungen zu deren Nützlichkeit vor.[708] Allgemein gesprochen sollte bei der **Auswahl von Maßnahmen** darauf geachtet werden, dass diese zusammenwirken und die gesteckten Entwicklungsziele effizient erfüllen.[709] Aus Sicht der Unternehmensleitung werden darüber hinaus sicherlich jene Maßnahmen präferiert, die den Logistikausführenden und vor allem den Logistikmanagerinnen und -managern die Wertvorstellungen des Arbeitgebers vermitteln und damit den gegenwärtigen oder zukünftigen Zielvorstellungen des Unternehmens dienen.[710] Gerade in diesem Kontext ist nochmals der besondere Charakter der Personalentwicklung zu betonen. Die Entwicklung der eigenen Fertigkeiten und Kenntnissen erfolgt durch die Beschäftigten selbst. Der Arbeitgeber kann lediglich geeignete Unterstützung dazu leisten. Entsprechend werden durch Arbeitgeber ausgewählte Maßnahmen ihre Wirkung – als Instrument der internen Beschaffung logistischer Arbeitskraft, als Mittel der Personalbindung und als Anreiz – verfehlen, wenn diese durch die einzelnen Arbeitnehmerinnen und Arbeitnehmer als nicht förderlich eingestuft und abgelehnt werden. Im extremen Fall können Logistikausführende sowie Logistikmanagerinnen und -manager Entwicklungsmaßnahmen sogar als zusätzliche Belastung empfinden.

---

[706]  § 1 Abs. 4 BBiG.

[707]  Siehe dazu FachkLogSystPrV.

[708]  Vgl. Mangan/Gregory/Lalwani (2001), S. 321–322, Mangan/Christopher (2005), S. 188–189.

[709]  Drumm (2008), S. 348, führt dazu vier einzelne Kriterien an.

[710]  Vgl. Drumm (2008), S. 334.

# 4 Logistikorganisation

Im vorangegangenen Kapitel wurden der Logistikführung alle Handlungen der Einflussnahme auf Handelnde der Logistik zugerechnet, die auf einzelnen persönlichen Weisungen und Selbstabstimmungen beruhen. Solche Handlungen sind jedoch ineffizient, wenn sie sich auf wiederkehrende und weitgehend standardisierte Sachverhalte beziehen. Denn in diesen Fällen können fallweise Führungshandlungen durch die Vorgabe von generell gültigen Regeln und darauf aufbauende Ordnungen ersetzt werden. Diese grundlegende Alltagserfahrung beschreibt im betriebswirtschaftlichen Bereich das sogenannte Substitutionsgesetz der Organisation.[711] Entsprechend wurde in Abschnitt 1.1.2 die Logistikorganisation als Phänomen umschrieben, welches alle Handlungen der Einflussnahme auf Handelnde der Logistik und damit auf deren Handlungen der Planung, Steuerung und Ausführung des Transfers von Gütern und Abfällen durch die Vorgabe von Regeln umfasst, die zu beständigen Ordnungen führen.

## 4.1 Logistikablauforganisation

### 4.1.1 Wesen und Gegenstand der Logistikablauforganisation

In der deutschsprachigen Betriebswirtschaftslehre werden traditionell zwei **Teilbereiche der Organisation** als Managementhandlung unterschieden. Wenngleich es sich bei der Ablauforganisation und der Aufbauorganisation – wie bereits *Kosiol* betont – letztlich nur um „verschiedene Gesichtspunkte der Betrachtung für den gleichen einheitlichen Gegenstand"[712] handelt, setzen beide Managementbereiche unterschiedliche Schwerpunkte. Während bei der Ablauforganisation die inhaltliche und zeitliche Ordnung von Handlungen und Handlungsfolgen im Mittelpunkt steht, beschäftigt sich die Aufbauorganisation mit der formalen Struktur einer Organisation, welche sich als soziales Gebilde aus den Handelnden zusammensetzt. Zentrale Bedeutung kommt dabei den Aufgaben zu, welche den individuellen oder kollektiven Aufgabenträgern zur arbeitsteiligen Erfüllung zugeordnet werden. Beide Managementbereiche sind somit eng miteinander verwoben, da Personen übernommene Aufgaben durch konkrete Handlungen erfüllen und diese Handlungen hierdurch einen Sinnzusammenhang erhalten. Wie bereits in Abschnitt 1.3.1 gezeigt, ist ein solcher Sinnzusammenhang zwischen Handlungen vor allem dann gegeben, wenn ein Zweckzusammenhang besteht.[713]

---

[711] Vgl. Gutenberg (1958), S. 50, Gutenberg (1983), S. 238.

[712] Kosiol (1962), S. 33.

[713] Vgl. Sombart (1967), S. 211.

Durch die **Ablauforganisation** werden vorab durchdachte Regeln für Handlungsfolgen (Arbeitsprozesse) festgelegt, welche die zweckorientierte und aufeinander abgestimmte Ausführung der einzelnen Handlungen ermöglichen. Als Ablauforganisation könnten deshalb sowohl die Regeln für Handlungsfolgen selbst bezeichnet werden als auch jene Managementhandlungen, die solche Regeln hervorbringen. Um diese beiden Aspekte begrifflich zu unterscheiden, soll im Folgenden einerseits von der Ordnung einer Handlungsfolge und andererseits von der Ablauforganisation als Handlung zur Ordnung von Handlungsfolgen gesprochen werden.

Dieses breite Verständnis der Ablauforganisation als Managementhandlung lässt sich auf den Bereich der Logistik übertragen. Durch eine im Voraus festgelegte Ordnung sollen logistische Handlungen einer durchdachten und zweckorientierten Anleitung folgen und hierdurch koordiniert ablaufen. Der grundlegende Zweck der Logistik besteht im räumlichen und zeitlichen Transfer von Gütern und Abfällen um hierdurch die Zweckerfüllung der gesamten Wirtschaft – die Bereitstellung von Gebrauchswerten – zu unterstützen. Hieraus folgt mit Bezug auf die in Abschnitt 1.1.2 erfolgte Definition der Logistikorganisation der **Gegenstand der Logistikablauforganisation**.

Logistikablauforganisation als Phänomen umfasst alle Handlungen der Einflussnahme auf Handelnde der Logistik und damit auf deren Handlungen der Planung, Steuerung und Ausführung des Transfers von Gütern und Abfällen durch die Vorgabe von Regeln, die zu beständigen Ordnungen für logistische Handlungsfolgen führen.

Analog zur Logistikführung, bei der die persönliche Weisung und die Selbstabstimmung betrachtet wurden, können auch im Rahmen der Logistikorganisation die **Fremdorganisation** und die **Selbstorganisation** unterschieden werden. Die Fremdorganisation stellt eine indirekte Form der Weisung dar. Logistikführungskräfte erstellen mit der Absicht der Einflussnahme Ordnungen für Handlungsfolgen, die andere Akteure ausführen sollen. Mit dem Begriff der Selbstorganisation sind zwei Aspekte angesprochen.[714] Die sogenannte autonome Selbstorganisation basiert auf dem Prinzip der Partizipation. Logistikausführende sowie Logistikmanagerinnen und -manager geben sich selbst Ordnungen für ihre eigenen Handlungen und stimmen diese dabei untereinander ab. Die zweite Ausprägung der Selbstorganisation – die autogene Selbstorganisation – stellt dagegen keinen Teil der Logistikorganisation dar, denn durch diese entstehen Ordnungen ohne eine zugrunde liegende ordnende Handlung. Eine Handlungsfolge läuft in diesem Fall nach einem bestimmten wiederkehrenden Muster ab, als ob eine vorgegebene oder von den Handelnden selbst gestaltete Ordnung vorliegen würde.

Die Begriffe „Regel", „Ordnung" und „Organisation" erwecken den Eindruck, die Logistikablauforganisation würde stets starre Vorgaben und determinierte Handlungsfolgen anstreben. Dies ist jedoch keineswegs der Fall. Vielmehr soll für jede Handlungsfolge ein angemessener Grad von Regulierung gefunden werden, der im Sinne des Substitutionsgesetzes der Organisation einen effizienten Ablauf ermöglicht.[715] Bereits *Nordsieck* hat deshalb **fünf**

---

[714]  Vgl. Göbel (2004), Sp. 1313–1315.

[715]  Zum sogenannten Substitutionsgesetz siehe Abschnitt 1.1.2.

**Stufen der Ablauforganisation** unterschieden,[716] die im Folgenden mit Bezug auf logistische Handlungsfolgen kurz erläutert werden sollen.

1. Handlungsfolgen mit **freiem Verlauf** zeichnen sich durch keine im Vorhinein festgelegte Ordnung aus. Die einzelnen Handlungen werden vielmehr ad hoc durch die einzelnen Akteure oder nach persönlicher Weisung einer Logistikführungskraft durchgeführt. Freie Verläufe sind dann angebracht, wenn im Vorhinein Unsicherheit über die auszuführenden Handlungsfolgen besteht und sogar Handlungen erforderlich sein können, mit denen niemand gerechnet hat:

2. Bei **inhaltlich gebundenem Verlauf** werden die erforderlichen Handlungen und nach Möglichkeit die dazu erforderliche quantitative und qualitative Arbeitskraft sowie benötigte Betriebsmittel festgelegt. Eine feste Reihenfolge der Handlungen wird jedoch entweder zur Wahrung von Freiräumen bewusst nicht vorgegeben oder kann aufgrund von Unsicherheit über den zeitlichen Ablauf nicht vorgegeben werden.

3. Eine solche Festlegung ist das Kennzeichen eines **abfolgegebundenen Verlaufs**. Abfolgegebundene Verläufe finden sich sehr häufig in der Logistik. Beispielsweise geht einem Transport zwingend die Beladung voraus. Und auch die Beladung selbst besteht aus Einzelhandlungen des Einbringens der Ladung, der Ladungssicherung und der Dokumentation, die nacheinander ablaufen.

4. Werden zusätzlich die Zeitdauern der Tätigkeiten oder bestimmte Anfangs- und Endzeitpunkte vorgegeben, entsteht ein **zeitlich gebundener Verlauf**. Beispielsweise kann in einer Standardtour festgelegt sein, einen Kunden zu einem bestimmten Zeitpunkt oder innerhalb eines Zeitfensters zu beliefern. Ebenso lassen sich, z.B. bei der Anwendung von Akkordlöhnen, Vorgabezeiten für die einzelnen Handlungen vorab definieren.

5. **Taktmäßig gebundene Verläufe** sind in der Logistik weitaus seltener als lediglich zeitlich gebundene, da die Bestimmung gleichartiger und zeitlich abgestimmter Ablaufabschnitte in der Regel nicht möglich ist. Sie beschränken sich deshalb auf spezielle Handlungsfelder, beispielsweise im innerbetrieblichen Transport oder bei der Logistikeinheitenbildung.

Die Organisation von logistischen Handlungsfolgen umfasst auch das Durchdenken der angestrebten Handlungen und ihrer Ordnung. Es müssen in Abhängigkeit von der Stufe der Ablauforganisation vorab einzelne Handlungen ausgewählt, deren optimale Reihenfolge bestimmt und die erforderlichen Zeiten festgelegt werden. Würde dies nicht geschehen, wären ad hoc Ordnungen ohne rationale Fundierung die Folge. Ein solches Durchdenken ist jedoch definitionsgemäß Gegenstand der Planung. Hierdurch ergibt sich das Problem der **Abgrenzung von Ablauforganisation und Ablaufplanung**. *Küpper* und *Helber* betrachten die Ablaufplanung als Teilgebiet der Ablauforganisation.[717] Eine scharfe Trennung nimmt dagegen *Gutenberg* vor. Folgt man dieser, so darf „unter Organisation nur diejenige Apparatur verstanden werden, die die Aufgabe hat, eine durch Planung vorgegebene Ordnung im Betriebe zu realisieren."[718] Eine solche Abgrenzung ist formal korrekt und auf den ersten Blick angemessen, denn auch die Logistikorganisation im Besonderen wurde in Abschnitt

---

[716]  Vgl. Nordsieck (1972), S. 34–36. Siehe dazu auch Large (2013), S. 286.

[717]  Vgl. Küpper/Helber (2004), S. 20–21.

[718]  Gutenberg (1983), S. 234.

1.1.2 primär als Phänomen der Einflussnahme auf Handelnde und Handlungen eingeführt. Allerdings finden Ablaufplanungen bereits mit der Absicht statt, dauerhafte Ordnungen zu schaffen und können deshalb sinnvollerweise nicht isoliert von dieser Steuerungsabsicht betrachtet werden. Die Reduktion der Logistikorganisation auf den Akt der Realisation erscheint deshalb nicht sinnvoll. Zudem müssen auch Weisungen und Selbstabstimmungen im Rahmen der Logistikführung durchdacht sein und setzen deshalb eine Planung inklusive der dabei erforderlichen Entscheidungen voraus. Im Folgenden soll deshalb die Ablaufplanung als Bestandteil der Ablauforganisation betrachtet werden, der gerade in frühen Phasen besondere Bedeutung zukommt.

Die einzelnen Managementhandlungen, die im Rahmen der Ablauforganisation der Logistik zu vollziehen sind, lassen sich unterschiedlichen **Phasen der Logistikablauforganisation** zuordnen. Diese Phasen werden – zumindest idealtypisch – sukzessiv durchlaufen. In der Literatur finden sich im Detail unterschiedliche, jedoch im Prinzip ähnliche Phasengliederungen der Ablauforganisation, die zumindest eine grobe Gliederung in Phasen des Entwurfs von Ordnungen (Ablaufplanung i.e.S.) sowie der Implementierung und Nutzung von Ordnungen (Steuerung i.e.S.) zulassen.[719] Am Anfang jeder Art von Neugestaltung steht die Problemerkennung auf der eine möglichst konkrete Problemformulierung aufbaut. Eine Situation kann jedoch nur dann als „problematisch" eingestuft werden, wenn zumindest eine grobe Vorstellung der verfolgten Ziele vorliegt. Die erste Phase der Logistikablauforganisation soll deshalb als die Phase der Problemerkennung und Problembeschreibung bezeichnet werden (Abschnitt 4.1.2). Wird in dieser Phase der erste Eindruck problematischer Handlungsfolgen bestätigt, schließt sich als zweite Phase die Zielbildung und Generierung von Ablaufalternativen an (Abschnitt 4.1.3). Gegenstand der Zielbildung ist das Überprüfen bestehender und das Setzen neuer Ziele für eine Handlungsfolge. Die generierten Alternativen werden mit Hilfe der Ziele sodann einer kritischen Prüfung unterzogen an deren Ende die Entscheidung für eine zu implementierende Ordnung von Handlungen steht. Dieser Abschnitt wird nachfolgend als Phase der Bewertung und Entscheidung beschrieben (Abschnitt 4.1.4) und schließt den Bereich eher planerischer Handlungen ab. Die Einflussnahme auf Handelnde der Logistik kann jedoch nur erreicht werden, wenn diese Ordnungen wie beabsichtigt realisiert werden. Diese Aufgabe ist Gegenstand der Phase der Implementierung neuer Logistikabläufe (Abschnitt 4.1.5). Erst mit den Tätigkeiten der letzten Phase wird somit eine Ordnung im engeren Sinne errichtet oder zumindest verändert und hierdurch die Steuerung von Handelnden und ihren Handlungen bewirkt.

## 4.1.2 Problemerkennung und Problembeschreibung

Die **Ausgangssituationen**, mit denen sich Logistikmanagerinnen und -manager im Rahmen der Logistikablauforganisation konfrontiert sehen, treten sehr unterschiedlich in Erscheinung. Die nachfolgende Abbildung 10 zeigt den Versuch, diese vielfältigen Zustände zumindest grundlegend zu systematisieren.

---

[719]  Vgl. Küpper/Helber (2004), S. 33–36, Gaitanides (2004), Sp. 1215–1217, Gaitanides (2012), S. 149–150.

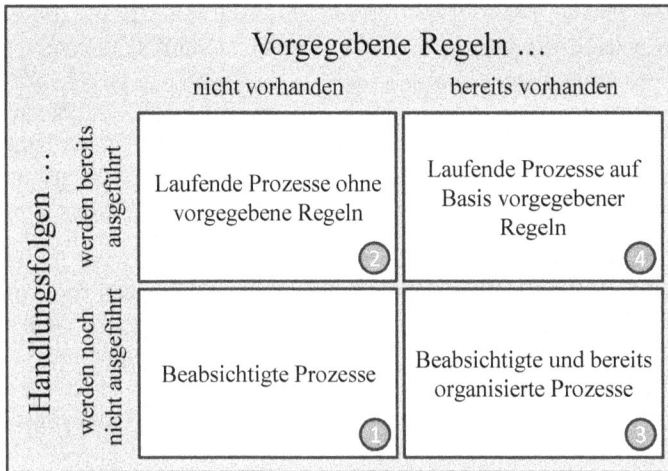

*Abbildung 10: Ausgangssituationen der Gestaltung der Ablauforganisation.*

Die abgebildete Matrix berücksichtigt, ob Handlungsfolgen bereits ausgeführt werden und ob Regeln für diese Prozesse existieren. Hierdurch lassen sich vier grundlegende Fälle unterscheiden:[720]

- Im **ersten Fall** werden die betrachteten Handlungsfolgen noch nicht ausgeführt, z.B. weil die zugrunde liegende Aufgabe bisher nicht bestand. Solche Prozesse sind also lediglich beabsichtigt. Regeln für diese zukünftigen Abläufe wurden bisher nicht festgelegt. Entsprechend besteht ein großer Gestaltungsspielraum, jedoch auch eine hohe Unsicherheit, da weder auf eine existierende Praxis noch auf bisherige Ordnungen zurückgegriffen werden kann.
- Der **zweite Fall** beschreibt Situationen, bei denen zwar Handlungsfolgen ablaufen, jedoch bewusst oder unbewusst bisher auf dem Weg der Fremdorganisation oder der autonomen Selbstorganisation keine Regelungen festgelegt wurden. Es liegen somit entweder autogene Ordnungen vor oder die jeweils erforderlichen Handlungen werden ad hoc nach Gutdünken einzelner Akteure, durch persönliche Weisungen von Logistikführungskräften oder durch Selbstabstimmung von mehreren Handelnden festgelegt.
- Im Gegensatz dazu ist der **dritte Fall** durch Situationen charakterisiert, in denen zwar Handlungsfolgen realiter nicht oder noch nicht ablaufen, jedoch bereits Ordnungen für diese beabsichtigten Prozesse verbindlich festgelegt sind. Mit anderen Worten wurde also die Logistikablauforganisation bereits vollzogen, deren Überprüfung an der Realität steht jedoch aus.
- Eine solche Überprüfung ist im **vierten Fall** möglich, denn Handlungsfolgen werden real ausgeführt. Ebenso existieren verbindliche Regeln für diese Prozesse, die durch Fremdorganisation oder der autonomen Selbstorganisation festgelegt wurden. Es besteht jedoch nicht notwendigerweise ein Gleichklang zwischen diesen Ordnungen und den einzelnen realen Handlungen und ihrer Abfolge.

---

[720] Siehe Large (2013), S. 289–290.

Diese Ausgangslagen alleine geben noch keinen Anlass, Handlungen der Logistikablauforganisation zu ergreifen. Nur wenn die **Vermutung einer Problemsituation** besteht, werden Logistikführungskräfte diese Situationen genauer betrachten und dabei ggf. bestehende Ordnungen oder reale Handlungsfolgen in Zweifel ziehen. Oft handelt es sich zu Beginn zunächst um eher diffuse Ahnungen möglicher Probleme. Die Auslöser solcher Vermutungen können in den vier aufgezeigten Fällen durchaus unterschiedlich sein. Ebenso können mehrere Problemlagen gleichzeitig auftreten.

Zunächst können Logistikführungskräfte das völlige oder partielle **Fehlen von Regeln** an sich bereits als problematisch empfinden (Fall 1 und 2). Dies ist vor allem dann zu vermuten, wenn hierdurch ein hoher Bedarf an persönlichen Weisungen und Selbstabstimmung auch für wiederkehrende Routineaufgaben auftritt oder zumindest befürchtet werden muss. Hierdurch würde das bereits angesprochene Substitutionsgesetz der Organisation verletzt. Ebenso wird der Eindruck beliebiger und nicht reproduzierbarer Handlungen und Handlungsfolgen (Fall 2) die Vermutung einer Problemsituation bestärken.

Im dritten und vierten Fall können Zweifel an der angemessenen Stufe der Ablauforganisation, d.h. an dem **Grad der Organisiertheit** der Prozesse, entstehen. Abläufe werden dann entweder als beliebig und unorganisiert oder gerade im Gegenteil als „überorganisiert" und bürokratisch wahrgenommen. Das Problem besteht also in einem zu viel oder zu wenig an Regelung.

Im Fall 4 kann das Problem einer als unzureichend wahrgenommenen **Übereinstimmung der realen Ordnungen mit den vorgegebenen Ordnungen** vorliegen. Dabei ist zunächst unerheblich, ob durch diese Divergenz das Handlungsergebnis verbessert oder verschlechtert wird. Das Problem besteht in der Diskrepanz an sich, da diese die Ablauforganisation als steuernde Managementhandlung in Frage stellt. Ebenso bleibt zunächst im Dunkel, worin die Ursache der Abweichung besteht. So werden sich im weiteren Verlauf der Logistikablauforganisation die Vorgaben möglicherweise als nicht umsetzbar erweisen. Oder es lässt sich bei genauerer Betrachtung feststellen, dass die Handelnden angeordnete oder vereinbarte Regeln nicht halten, obwohl diese zielführend sind.

In den Fällen 2 und 4 werden Logistikführungskräfte nicht selten die aus einer vollzogenen Handlungsfolge resultierende Logistikleistung als unzureichend oder zumindest als stark schwankend wahrnehmen. Den Anlass dafür können beispielsweise entsprechende Ergebnisse der Logistikkontrolle geben.[721] Dabei ist es im Fall 4 zunächst unerheblich, ob der betrachtete Prozess vollständig den Vorgaben folgt und trotzdem kein befriedigendes Ergebnis hervorbringt oder ob eine bewusste oder auch unbewusste Nichteinhaltung von vorgegebenen Ordnungen gegeben ist. Solche Handlungsfolgen erfüllen ihren Zweck nicht oder zumindest nicht in ausreichendem Maße. Mit anderen Worten mangelt es an der **Effektivität der Prozesse**. Um eine solche Problemlage wahrzunehmen, muss zumindest eine grobe Vorstellung hinsichtlich der beabsichtigten Logistikleistungen bestehen. Prinzipiell kann eine Handlungsfolge Leistungen hinsichtlich jeder der im ersten Band mit Bezug auf *Weber* eingeführten vier Kategorien des Logistikleistungsbegriffs hervorbringen.[722] Um die Effektivität

---

[721] Siehe dazu Ausführlich Kapitel 5.

[722] Vgl. Weber (1986), S. 1198–1204, Weber/Kummer (1998), S. 116–117, Weber (2012), S. 137–150. Siehe dazu ausführlich Abschnitt 5.2.1.

eines Prozesses zu beurteilen, muss darüber hinaus für die relevanten Logistikleistungen zumindest ein grobes Bild der zur Zielerreichung erforderlichen quantitativen und qualitativen Ausprägungen bestehen. Eine ergebnisorientierte Logistikleistung kann beispielsweise aus qualitativer Sicht als erbracht gelten, wenn ein vorgegebenes Zeitfenster einer Anlieferung eingehalten wird.[723]

Andererseits kann der Eindruck mangelnder **Effizienz existierender Prozesse** entstehen. Die Prozesse werden dann als zu aufwendig, umständlich oder sogar als verschwenderisch empfunden. In diesem Fall ist mehr Arbeitskraft für eine Handlungsfolge erforderlich als angenommen oder mit der eingesetzten Arbeitskraft werden nur unzureichende Leistungen erzielt. Fassbar wird dieses Problem durch eine zu geringe Arbeitsproduktivität eines Logistikprozesses als Maß für dessen Effizienz.[724] Beispielsweise erscheint die Anzahl der kommissionierten Positionen pro Arbeitsperson zu gering. Darüber hinaus kann sich mangelnde Effizienz auch in schlechten Arbeitsbedingungen offenbaren. Arbeitnehmerinnen und Arbeitnehmer der Logistik können die erforderliche Logistikleistung nur erbringen, wenn sie länger oder schneller arbeiten oder sogar Maßnahmen des Arbeitsschutzes außer Acht lassen. Die Folgen davon können hohe Unzufriedenheit mit der Arbeit, starke Fluktuation oder hoher Krankenstand sein. Die aufgezeigten Problemsituationen sollen nun mit Hilfe des folgenden Fallbeispiels der P&S Handelsgesellschaft mbH erläutert werden.

**Fallbeispiel 4: Ablauforganisation bei P&S**

Die P&S Handelsgesellschaft mbH vertreibt Süßwaren an Großverbraucher und an den Einzelhandel. Kunden, die bis 16.00 Uhr bestellen, sollen die Waren als Mischpaletten bis spätestens 8.00 Uhr am Folgetag zugestellt bekommen. Die Auslieferung erfolgt von Montag bis Samstag.
Im letzten Jahr haben durchschnittlich 132 Kunden pro Tag bestellt. Es wurden im Schnitt 304 Paletten ausgeliefert. Die Nachfrage ist vergleichsweise stabil. In aller Regel schwankt die Anzahl der täglichen Paletten nicht mehr als 10% um diesen Mittelwert.
Der Transport erfolgt durch Fahrzeuge des Transportunternehmens Schnelle. Mit der Firma Schnelle wurde ein Jahresvertrag abgeschlossen. Darin verpflichtet sich das Unternehmen täglich bis zu 25 Fahrzeuge bereitzustellen. Mit Hilfe der Tourenplanung kann eine durchschnittliche Auslastung der Fahrzeuge bei Abfahrt von etwa 80% – bezogen auf die Ladefläche – erreicht werden. Die Daten der eingesetzten Fahrzeuge sind in Tabelle 2 gegeben.
P&S verfügt über eine zentrale Abteilung für die Auftragsbearbeitung, die täglich bis 17.00 Uhr aus den Kundenbestellungen die erforderlichen Kommissionieraufträge generiert und einen Tourenplan inklusive der erforderlichen Unterlagen für die Fahrer erstellt. Ebenso wird durch die Auftragsbearbeitung täglich ein Auftrag an die Firma Schnelle erteilt, der die genaue Art und Anzahl der erforderlichen Fahrzeuge sowie die Bereitstellungszeiten festlegt. Durchschnittlich werden etwa 63t pro Tag transportiert. Aufgrund unterschiedlich langer Touren muss das erste Fahrzeug üblicherweise das Lager um 2.45 Uhr verlassen, das letzte spätestens um 5 Uhr.

---

[723] Siehe dazu ausführlich Abschnitt 5.2.4.
[724] Siehe dazu Large (2012), S. 32.

Das Lager verfügt über 25 Tore, denen jeweils eine Bereitstellungsfläche in der Versandhalle zugeordnet ist. Dort erfolgt die Bereitstellung der Paletten zur Verladung auf das jeweilige Fahrzeug. Die Verladung wird von zwei Mitarbeitern mit Hilfe von Gabelhubwagen durchgeführt. Durchschnittlich sind hierzu 1,5 Minuten pro Palette erforderlich. Pro Fahrzeug müssen etwa 10 Minuten zur Ladungssicherung und gemeinsamer Kontrolle mit dem Fahrer veranschlagt werden.

Im Lager sind 15 Mitarbeiter beschäftigt, welche die Bestellungen auf Paletten kommissionieren. Grundlage bilden von der Auftragsbearbeitung erstellte Listen je Mischpalette. Die Kommissionierung erfolgt mit Hilfe von Gabelhubwagen. Nach Abschluss der Zusammenstellung, Ladungssicherung auf der Palette und Beschriftung mit Hilfe eines der Kommissionierliste beigefügten Klebeetiketts wird die Palette durch den Lagermitarbeiter zur jeweiligen Bereitstellungsfläche an den Toren gebracht. Die Distanz beträgt etwa 40 m. Pro Palette sind für diese Arbeiten durchschnittlich 30 Minuten erforderlich.

Zur Sicherstellung geordneter Abläufe und zur Vermeidung von wiederholten persönlichen Weisungen hat die P&S Handelsgesellschaft mbH bereits vor einiger Zeit die wesentlichen Abläufe organisiert und die dabei entstehenden Ordnungen als verbindlich vorgegeben. Die jeweiligen Arbeitnehmerinnen und Arbeitnehmer wurden entsprechend unterwiesen und verpflichtet, diese Regeln anzuwenden.

Trotzdem beschweren sich die Kunden. Einige Lieferungen werden erst nach 8.00 Uhr zugestellt. Die Fahrer fahren zu spät los, da die Verladung nicht rechtzeitig abgeschlossen ist. Oft müssen sie bei der Verladung helfen, um den Zeitplan einigermaßen einzuhalten. Zudem häufen sich Kommissionierfehler. Die Lagerarbeiter sind unzufrieden, da sie schneller arbeiten müssen als vorgesehen. Die Anzahl der Fehltage durch Krankheit ist hoch. Andererseits haben die Logistikausführenden in der Versandhalle zu Beginn ihrer Schicht zunächst nichts zu tun, da die Paletten, die zuerst in ein Fahrzeug verladen werden müssen, noch nicht bereitstehen.

*Tabelle 2: Daten der eingesetzten Fahrzeuge.*

| Fahrzeuge | Zulässiges Gesamtgewicht t | Nutzlast t | Ladefläche | | Paletten |
|---|---|---|---|---|---|
| | | | Länge m | Breite m | |
| Typ 1 | 7,5 | 2,5 | 6,1 | 2,45 | |
| Typ 2 | 12 | 4,9 | 8,2 | | |

Betrachtet man insbesondere den letzten Abschnitt des Fallbeispiels, so kann eine erste **Beschreibung der Problemsituation** vorgenommen werden. Im Sinne der Abbildung 10 liegt die Ausgangssituation vom Typ 4 vor. Das Problem besteht also nicht im Fehlen von vorgegebenen Ordnungen. Regelungen wurden für diesen Bereich entworfen und implementiert. Ebenso weisen keine Symptome auf einen unangemessenen Grad der Organisiertheit hin. Dagegen besteht eine sichtbare Diskrepanz zwischen den beabsichtigten Handlungen und den real vollzogenen. Vorgabezeiten im Lager reichen nicht aus, um die anstehenden Arbeiten zu verrichten. Die Fahrer müssen Handlungen vollziehen, die nicht für sie vorgesehen waren. Trotzdem gelingt es ihnen nicht, rechtzeitig loszufahren. Es mangelt also an Effektivität, denn einige Kunden werden zu spät beliefert und sind deshalb unzufrieden. Darüber hinaus sind die Prozesse nicht effizient, denn bei der Beladung entstehen unbeabsichtigte

Wartezeiten, d.h. zur Verfügung stehende Arbeitskraft wird nicht eingesetzt. Andererseits müssen Lagerarbeiter schneller arbeiten als vorgesehen, um das Fehlen von Arbeitskraft auszugleichen.

Aufbauend auf dieser eher an den Symptomen ansetzenden ersten Problembeschreibung kann sodann versucht werden, eine erste grobe **Ergründung der Problemursachen** vorzunehmen. Durchschnittlich werden von der P&S Handelsgesellschaft mbH pro Tag 304 Paletten ausgeliefert. Pro Palette sind 30 Minuten für die Kommissionierung und den Transport zur Bereitstellungsfläche erforderlich. Diese Arbeit wird von 15 Mitarbeitern verrichtet. Es lässt sich also leicht abschätzen, dass durchschnittlich 10 Stunden erforderlich sind, um diese Arbeiten zu verrichten. Selbst wenn pünktlich um 17.00 Uhr mit der Kommissionierung begonnen wird und alle Prozesse ungestört ablaufen, ist die Bereitstellung erst um 3 Uhr völlig abgeschlossen. Das erste Fahrzeug kann das Lager deshalb nur dann um 2.45 Uhr verlassen, wenn dessen Ladung bereits deutlich früher vollständig bereit stand und rechtzeitig mit der Verladung jener Palette begonnen werden konnte, die aufgrund der Entladungsreihenfolge als erste in das Fahrzeug verbracht werden muss. Da keine bestimmte Reihenfolge der Kommissionierung vorgegeben ist, kann zufällig die als erstes in das erste Fahrzeug zu verladende Palette sogar als letzte an der Bereitstellungsfläche eintreffen. Die beschriebenen Verzögerungen und die daraus resultierenden Probleme werden sich deshalb mit einer gewissen Wahrscheinlichkeit einstellen. Verstärkt wird das Problem, wenn höhere Nachfragen auftreten. Da Schwankungen bis $\pm$ 10% möglich sind, kann es erforderlich sein, bis zu 30 weitere Paletten zu kommissionieren, wofür eine weitere Stunde erforderlich wäre.

## 4.1.3 Zielbildung und Generierung von Logistikablaufalternativen

Die **grundlegenden Zielsetzungen** der Logistikablauforganisation wurden bereits im vorangehenden Abschnitt diskutiert, denn sie schlagen sich in den allgemeinen Erwartungen an Prozesse nieder und werden insbesondere durch die Artikulation einer Problemsituation offenbar. Prozesse werden als problematisch wahrgenommen, wenn die Erwartungen an diese nicht erfüllt scheinen. Solche Erwartungen sind, wie oben gezeigt, ein angemessener Grad an Organisiertheit, die Übereinstimmung der realen Ordnungen mit den vorgegebenen sowie die Effektivität und Effizienz der Prozesse.

Diese allgemeinen Anforderungen und Wünsche können jedoch nur eine grundsätzliche Orientierung für die Gestaltung von Prozessen geben. Erforderlich ist deshalb die konkrete Festlegung von **spezifischen Zielen und Zielausprägungen** für die jeweils betrachteten Handlungsfolgen. *Küpper* und *Helber* listen dazu Zeitgrößen, Erfolgsgrößen, Qualitätsgrößen, soziale Größen und Umweltgrößen auf und beziehen diese entweder auf das Objekt (auftragsorientierte Ziele) oder auf das Subjekt einer Handlungsfolge (arbeitsträgerorientierte Ziele).[725] Allerdings sind diese Größen nicht voneinander unabhängig. So stellt die Erreichung von Zeit- oder Qualitätszielen eine wesentliche Voraussetzung für den Erfolg einer Handlungsfolge dar. Darüber hinaus können die angeführten Zielgrößen sowohl Restriktionen als auch Zielgrößen im engeren Sinne darstellen. Diese Unterscheidung ist jedoch im

---

[725]  Vgl. Küpper/Helber (2004), S. 22–23.

Rahmen der Generierung von Ablaufalternativen und nachfolgend für die Bewertung dieser Alternativen von wesentlicher Bedeutung.

**Restriktionen** müssen erfüllt werden. Handlungsfolgen, die eine Restriktion verletzen, sind nicht zulässig. Beispielsweise können zu erreichende Zeitpunkte und einzuhaltende Zeiträume eine solche Bedingung darstellen. Im Fall der P&S Handelsgesellschaft mbH bilden der späteste Bestellzeitpunkt (16.00 Uhr) und der späteste Lieferzeitpunkt (8:00 Uhr) wesentliche Zeitrestriktionen, die durch strategische Überlegungen des Marketings vorgegeben werden und für die Logistik bindend sind. Innerhalb des hierdurch vorgegebenen Zeitfensters muss die Auslieferung aller Bestellungen vollzogen werden. Eine Ablaufalternative, die dies als Regelfall nicht sicherstellt, ist deshalb nicht zulässig. Weiterhin stellt die verfügbare quantitative und qualitative Arbeitskraft zumindest kurzfristig eine Restriktion dar, die nur durch eine entsprechende taktische Planung logistischer Arbeitskraft und darauf aufbauende Maßnahmen zur Deckung der Nettobedarfe gelockert werden kann.[726] Gleiches gilt für die verfügbaren logistischen Betriebsmittel. Auch hinsichtlich dieser sind mengenmäßige und qualitative Beschränkungen zu beachten. Weitere Restriktionen stellen rechtliche Regelungen, z.B. zum Arbeitsschutz, dar, die zwingend einzuhalten sind.

Die **Zielgrößen im engeren Sinne** erlauben dagegen die Optimierung der jeweiligen Prozesse. Logistische Handlungsfolgen sind „richtig",[727] wenn die Ausprägungen dieser Zielgrößen unter Einhaltung der Restriktionen möglichst hoch bzw. möglichst gering sind. Als Zielgrößen für die Logistikablauforganisation eignen sich die im ersten Band eingeführten Beurteilungskriterien der Logistik. Dies sind die quantitativen und qualitativen Logistikleistungen, die Logistikkosten und ggf. die logistikinduzierten Erlöse sowie der Beitrag der Logistik zur nachhaltigen Entwicklung. Mit deren Hilfe kann zudem die Effektivität und die Effizienz von logistischen Handlungsfolgen beurteilt werden. Werden mehrere Ziele gleichzeitig verfolgt, sind entsprechende Zielgewichtungen erforderlich. Im obigen Fallbeispiel 4 sind die angemerkten Kommissionierfehler ein deutlicher Hinweis für die zu geringe Qualität der Kommissionierung. Ziel könnte es deshalb sein, die Fehlerrate zu minimieren. Neben den Logistikleistungen stellen die Kosten, welche durch eine Handlungsfolge verursacht werden, potenzielle Zielgrößen dar. Bei der Kostenbetrachtung ist ein Bezug der Kosten auf eine bestimmte Ergebnisgröße sinnvoll, um damit Aussagen über die Effizienz der Prozesse zu erhalten. Eine solche Vorgehensweise liegt auch dem Ansatz der Prozesskostenrechnung zugrunde, bei dem die Kosten einer Handlungsfolge auf sogenannte Kostentreiber bezogen werden.[728] Beispielsweise kann durch die Neugestaltung die Minimierung der Logistikkosten je pünktlich ausgelieferte Palette angestrebt werden. Weiterhin sollen logistische Handlungsfolgen auch einen Beitrag zur Erreichung ökologischer und sozialer Ziele leisten und damit die Wertrationalität der Logistikablauforganisation sichern. Dazu zählt insbesondere die Verringerung von Arbeitsbelastungen für Arbeitnehmerinnen und Arbeitnehmer.

Auch für diese Zielgrößen im engeren Sinne kann eine minimale bzw. maximale Ausprägung als Grenze der Zulässigkeit festgesetzt werden. Sie erhalten damit zumindest ansatzweise den **Charakter einer Restriktion**. Beispielsweise haben die Überlegungen zur als S-förmig

---

[726] Siehe dazu Abschnitt 2.2.4.

[727] Zum Verständnis „richtiger" Handlungen der Logistik siehe grundlegend Large (2012), S. 22–23.

[728] Siehe dazu z.B. Pfohl/Stölzle (1991), Glaser (1992).

angenommenen Marktreaktionsfunktion[729] gezeigt, dass sich der maximale logistikinduzierte Erfolg keineswegs bei maximaler Logistikleistung einstellt. Eine angemessene Konsequenz wäre deshalb, für eine bestimmte Messgröße der Logistikleistung, z.B. der Termintreue, eine Ober- und Untergrenze vorzugeben.

Sind die Ziele und Restriktionen der Neugestaltung in hinreichendem Maße definiert und besteht weiterhin eine deutliche Problemwahrnehmung, folgt mit der Generierung von Ablaufalternativen die nächste Phase der Ablauforganisation. Diese kann zugleich als die kreativste bezeichnet werden, denn die Aufgabe besteht darin, die genaue **Gestalt möglicher Ablaufalternativen** zu entwerfen. Es soll deshalb zunächst betrachtet werden, woraus solche Handlungsfolgen bestehen können und wodurch sie ihre Ordnung erhalten.

Zu diesem Zweck kann nochmals auf die fünf Stufen der Ablauforganisation nach *Nordsieck* Bezug genommen werden.[730] Sieht man von freien Verläufen ab, deren Handlungen ad hoc bestimmt werden und die bewusst keine im Vorhinein festgelegte Ordnung erhalten, entsteht ein minimaler Grad an Organisiertheit bei inhaltlich gebundenen Verläufen. Im Mittelpunkt stehen deshalb zunächst die zu vollziehenden **Handlungen** und deren **inhaltlicher Zusammenhang**.

Die grundlegende Aufgabe der Generierung von Ablaufalternativen besteht darin, einzelne Handlungen oder zumindest Teilprozesse zu definieren, die erforderlich sind, um die gesteckten Ziele zu erfüllen und die Restriktionen einzuhalten.

*Kosiol* hat dazu die **Arbeitsanalyse und -synthese** vorgeschlagen, die bis heute die methodische Basis der ablauforganisatorischen Gestaltung bildet.[731] Grundidee ist dabei, zunächst die Gesamtheit der erforderlichen Arbeiten mit Hilfe unterschiedlicher Kriterien in kleine, durch einzelne Personen auszuführende Einheiten zu zerlegen, um diese anschließend zu alternativen Handlungsfolgen zu integrieren. Durch diese Methodik wird zugleich eine inhaltliche Abstimmung der Handlungen erreicht. Da bereits die Arbeitsanalyse vielfältige Möglichkeiten der Bildung von Einzelhandlungen eröffnet, ergibt sich durch diese systematische Vorgehensweise potenziell eine Fülle potenzieller Ablaufalternativen.

Elementar für die Arbeitsanalyse ist dabei das **Kriterium der Verrichtung**. Verrichtungen stellen einzelne Handlungen oder kürzere Handlungsfolgen (Teilprozesse) von Logistikausführenden oder von Logistikmanagerinnen und -managern dar. Im Fallbeispiel 4 der P&S Handelsgesellschaft lassen sich nach diesem Kriterium grundlegend die folgenden Teilprozesse im Unternehmen unterscheiden: Auftragsbearbeitung, Tourenplanung, Fahrzeugplanung, Kommissionierplanung, Kommissionierung, innerbetrieblicher Transport und Verladung. Hinzu kommen die Teilprozesse Fahrzeugdisposition, Fahrzeugbereitstellung und außerbetrieblicher Transport, die durch das Transportunternehmen Schnelle durchgeführt werden. Zwischen diesen Teilprozessen besteht weiterhin ein inhaltlicher Zusammenhang, da die Gesamtaufgabe der Auslieferung der bestellten Waren all diese erfordert.

[729] Siehe dazu Large (2012), S. 28–29.
[730] Vgl. Nordsieck (1972), S. 34–36. Siehe dazu Abschnitt 4.1.1.
[731] Siehe dazu grundlegend Kosiol (1962), S. 192–194.

Jeder Teilprozess lässt sich wiederum in einzelne Tätigkeiten untergliedern, wobei erneut das Kriterium der Verrichtung angewendet werden kann. Darüber hinaus führt ***Kosiol*** das Kriterium der **Phase** an, nach welchem Handlungen der Planung, Ausführung und Kontrolle unterschieden werden. Weiterhin lassen sich Tätigkeiten auch nach dem **Objekt** unterscheiden, an dem eine Handlung vollzogen wird. In der Logistik sind dabei vor allem die einzelnen Logistikeinheiten von Bedeutung. Objekte können jedoch auch einzelne Positionen bei der Kommissionierung oder unterschiedliche Planungsgegenstände sein. In der Ablauforganisation spielt zudem der sogenannte **Rang** einer Tätigkeit eine zentrale Rolle, da hiermit Entscheidungshandlungen von Ausführungshandlungen unterschieden werden können.[732]

Der nächst höhere Grad an Organisiertheit wird durch abfolgegebundene Verläufe erreicht. Diese erfordern zusätzlich zur Definition von Handlungen die **Festlegung einer bestimmten Reihenfolge**, in der diese Handlungen vollzogen werden sollen.

Bei abfolgegebundenen Verläufen besteht eine zusätzliche Aufgabe darin, eine bestimmte Reihenfolge der Handlungen zu definieren, die erforderlich ist, die gesteckten Ziele zu erfüllen und die Restriktionen einzuhalten.

Über die inhaltliche Abstimmung hinaus, wird hierdurch die zeitliche Koordination der Handlungen erreicht. In Abhängigkeit von der zu erfüllenden Aufgabe können sich dabei unterschiedliche **Formen von Folgebeziehungen** ergeben.[733] Diese sind in Abbildung 11 zusammengestellt.

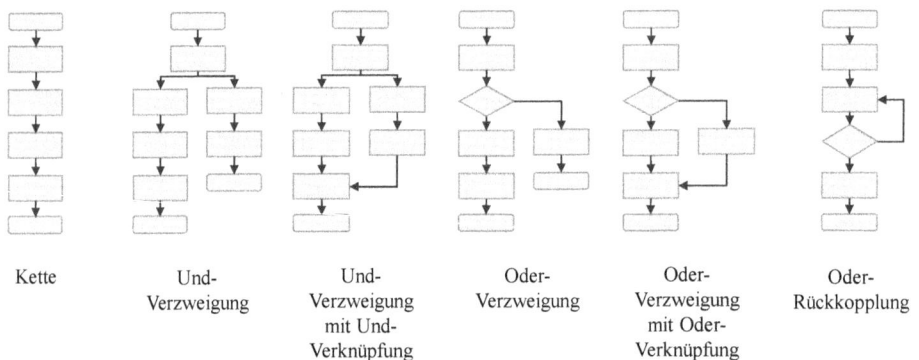

| Kette | Und-Verzweigung | Und-Verzweigung mit Und-Verknüpfung | Oder-Verzweigung | Oder-Verzweigung mit Oder-Verknüpfung | Oder-Rückkopplung |

*Abbildung 11: Formen von Folgebeziehungen (in Anlehnung an Liebelt (1992), Sp. 20).*

Die einfachste Form von Folgebeziehungen bilden **Ketten**. Die einzelnen Handlungen werden nacheinander ausgeführt. Die richtige Reihenfolge der Handlungen lässt sich bei einfachen Ketten möglicherweise unter Nutzung quantitativer Verfahren vergleichsweise mechanistisch ermitteln. Ein Beispiel dafür ist die Bestimmung der Route einer Standardtour, d.h. der Reihenfolge der einzelnen Handlungen der Belieferung. Dabei wird die Belieferung als

---

[732]  Vgl. Kosiol (1962), S. 193.

[733]  Vgl. Liebelt (1992), Sp. 19–21.

Traveling-Salesman-Problem (TSP)[734] abgebildet und das Problem mit entsprechenden Verfahren gelöst.[735] Müssen allerdings unterschiedliche Handlungen verrichtet werden, die in einem inhaltlichen und zeitlichen Zusammenhang stehen, ist die Bildung der Abfolge jedoch nur durch entsprechende sachlogische Überlegungen möglich.

Sogenannte **Und-Verzweigungen** ergeben sich, wenn Handlungen parallel von unterschiedlichen Handelnden ausgeführt werden können und sollen. Durch den parallelen und damit gleichzeitigen Handlungsvollzug kann gegenüber einer sukzessiven Verrichtung eine wesentliche Zeitersparnis erreicht werden. Voraussetzung dafür ist die inhaltliche Unabhängigkeit von Handlungen, die unterschiedlichen Ästen zugeordnet werden. Dies ist insbesondere der Fall, wenn sich diese Handlungen auf unterschiedliche Objekte beziehen. Werden parallel ausgeführte Äste einer Abfolge zusammengeführt, ergibt sich eine **Und-Verknüpfung**.

Entscheidungen führen in Handlungsfolgen zu sogenannten **Oder-Verzweigungen**. Beispielsweise muss aufgrund des Volumens und Gewichts eines auszuliefernden Gutes entschieden werden, ob die Versendung als einzelnes Packstück oder auf einer Palette erfolgen soll. Abhängig davon werden in der Folge unterschiedliche Handlungen erforderlich. Die Äste nach der Oder-Verzweigung werden also alternativ durchlaufen, können jedoch wieder zusammengeführt werden, sobald gemeinsame Handlungen vollzogen werden. In diesem Fall wird von einer **Oder-Verknüpfung** gesprochen.

Einen besonderen Fall der Oder-Verzweigung mit Oder-Verknüpfung stellt die **Oder-Rückkopplung** dar. Als Ergebnis einer Entscheidung (Oder-Verzweigung) werden vorangegangene Handlungen nochmals ausgeführt, d.h. die Oder-Verknüpfung liegt vor der Verzweigung. Gegenstand einer solchen Entscheidung kann z.B. eine Kontrollhandlung darstellen. Wurde eine vorangehende Handlung nicht zufriedenstellend ausgeführt, muss diese wiederholt werden. Rückkopplungen können auch verwendet werden, wenn Handlungen wiederholt ausgeführt werden sollen. Beispielsweise werden Paletten so lange in ein Fahrzeug verladen, bis die Bereitstellungsfläche leer ist. Erst dann folgen andere Tätigkeiten, z.B. der Ladungssicherung.

Wird darüber hinaus ein zeitlich gebundener Verlauf angestrebt, so sind zusätzlich Vorgaben von **Zeitpunkten oder Zeitdauern** erforderlich.

> Bei zeitlich gebundenen Verläufen besteht eine zusätzliche Aufgabe darin, jene Zeitdauern und Zeitpunkte zu definieren, die erforderlich sind, die gesteckten Ziele zu erfüllen und die Restriktionen einzuhalten.

Zeitpunkte können früheste, späteste oder genaue Zeitpunkte darstellen. Dabei handelt es sich insbesondere um Anfangs- und Endzeitpunkte einzelner Handlungen. Im Fallbeispiel der P&S Handelsgesellschaft finden sich mehrere Zeitpunkte, die verbindlich einzuhalten sind: Bestellungen müssen bis spätestens 16.00 Uhr abgegeben werden und die Belieferung muss bis 8.00 Uhr am Folgetag abgeschlossen sein. Die Kommissionierung kann frühestens um 17.00 Uhr beginnen. Das erste Fahrzeug muss das Lager spätestens um 2.45 Uhr verlas-

---

[734]  Siehe dazu Domschke/Drexl (2011), S. 144–157.
[735]  Siehe dazu ausführlich Large (2012), S. 106.

sen und das letzte spätestens um 5 Uhr. Zeitdauern beziehen sich auf einzelne Handlungen oder Teilprozesse. Ebenso können sie gewollte Wartezeiten abbilden. Auch im Fallbeispiel 4 werden Zeitdauern für einzelne Handlungen genannt. Die Kommissionierung, der innerbetriebliche Transport und die Bereitstellung an den Toren soll maximal 30 Minuten pro Palette dauern, d.h. beim Einsatz von 15 Personen insgesamt durchschnittlich 606 Minuten. Pro Palette werden für die Beladung 1,5 Minuten vorgegeben und für die Ladungssicherung zusätzlich 10 Minuten. Für ein Fahrzeug vom Typ 2 (max. 20 Paletten) ergibt sich bei einer Auslastung von 80% daraus insgesamt eine Beladezeit von 34 Minuten.

Beim Entwurf von neuen Ablaufalternativen bieten sich prinzipiell **zwei unterschiedliche Vorgehensweisen** an. Zum einen können Logistikführungskräfte bereits bekannte Alternativen völlig außer Acht lassen. Es wird also grundlegend ermittelt, welche Handlungen zur Erreichung der Ziele und Einhaltung der Restriktionen führen und welche Ordnung diese erfahren könnten. Durch diese Vorgehensweise wird der Entwurf **völlig neuartiger Handlungsfolgen** angestrebt, die möglicherweise wesentlich bessere Zielerreichungsgrade aufweisen als bisherige. Zur Unterstützung lassen sich Kreativitätstechniken einsetzen.[736] So hilft ein morphologischer Kasten denkbare Ausprägungen von Prozessen systematisch zu ermitteln. Beispielsweise kann durch die Betrachtung prinzipiell möglicher Technologien, Logistikeinheiten und Arbeitsformen ein Spektrum unterschiedlicher Handlungen aufgezeigt werden, mit denen im Fallbeispiel 4 eine bestimmte Raumüberbrückung zwischen dem Kommissionierlager und den Bereitstellungsflächen grundsätzlich realisiert werden könnte. Ebenso können Gruppenkreativitätstechniken, wie beispielsweise Brainstorming und Kartentechnik, fruchtbar eingesetzt werden, um neue Abläufe zu identifizieren. Durch die Partizipation der Handlungsträger kann deren spezifisches Erfahrungswissen in den Gestaltungsprozess eingebracht werden. Gleichzeitig erhöht sich die Akzeptanz der auf diese Weise gewonnenen Alternativen.

Andererseits können bereits vorliegende Handlungsfolgen und deren Ordnungen im weiteren Verlauf als denkbare Alternativen berücksichtigt werden, sofern diese nicht offensichtlich die Restriktionen verletzen oder zur Zielerreichung gänzlich ungeeignet sind. Die **partielle Modifikation** dieser Handlungsfolgen ist gerade bei komplexen Abläufen ein überlegenswerter Weg. Bewährte Teilprozesse bleiben dabei in der bestehenden Form erhalten. Verletzen bestehende Abläufe lediglich eine bestimmte Restriktion, z.B. eine Zeitdauer, kann in diesem Fall versucht werden, durch Verzicht auf nicht zwingend notwendige Handlungen, durch Nutzung schnellerer Betriebsmittel oder durch parallele Ausführung bestimmter Arbeiten Zeit zu sparen. Ebenso ist es sinnvoll, unnötige Handlungen zu vermeiden, um hierdurch die Kosten zu senken und damit die Effizienz von Handlungsfolgen zu erhöhen. Andererseits können gerade zusätzliche Handlungen erforderlich sein, um eine hinreichende Effektivität zu erreichen.

Die jeweilige **Ausgangssituation** (Abbildung 10) beeinflusst deshalb die Handlungen der Logistikablauforganisation wesentlich. In der ersten Situation ist es nicht möglich, bestehende Alternativen in die weitere Betrachtung einzubeziehen, denn die betrachteten Handlungsfolgen werden noch nicht ausgeführt und Regeln für diese zukünftigen Abläufe existieren noch nicht. Im zweiten Fall liegt zumindest eine Ablaufalternative vor, nämlich die faktisch

[736] Siehe dazu z.B. Pepels (1996).

vollzogene. Diese kann beobachtet und dokumentiert werden. Arbeitswissenschaftliche Verfahren der Zeitaufnahme dienen dabei zur zeitlichen Erfassung von Dauern.[737] Werden solche Prozesse im Wechsel von verschiedenen Personen verrichtet, können sich unterschiedliche Handlungen und Reihenfolgen zeigen, da jeder Handelnde diese nach eigenem Belieben vollzieht. Deshalb ist es prinzipiell möglich, dass eine Ist-Aufnahme bereits mehrere Alternativen offenbart. Der dritte Fall wird in aller Regel nicht Gegenstand einer ablauforganisatorischen Gestaltung sein, da bereits Ordnungen vorliegen, die noch nicht durch reale Anwendung überprüft werden konnten. Im vierten Fall können insbesondere bei vorliegender Problemwahrnehmung der Ist-Prozess und der Soll-Prozess durchaus voneinander abweichen. Auch in diesem Fall sollte deshalb eine sorgsame Erhebung und Dokumentation der realen Handlungen und ihrer Ordnung erfolgen, um diesen Sachverhalt zu überprüfen. Unterscheiden sich diese, ergeben sich zwei zumindest potenzielle Ablaufalternativen. In der vierten Ausgangssituation befindet sich auch die P&S Handelsgesellschaft mbH: Es existiert sowohl ein Ist-Prozess als auch ein Soll-Prozess, die im Detail voneinander abweichen.

Allerdings sind im Fallbeispiel 4 **beide Abläufe in der vorliegenden Gestalt unzulässig** und benötigen bei weiterer Berücksichtigung zumindest eine partielle Modifikation. Die Beladung des ersten Fahrzeugs ist selbst bei durchschnittlicher Belastung mit 304 Paletten pro Tag im ungünstigsten Fall erst um 3.40 Uhr abgeschlossen, denn die Kommissionierung, der innerbetriebliche Transport und die Bereitstellung dauern entsprechend der Vorgaben insgesamt durchschnittlich 606 Minuten und die Beladung des ersten Fahrzeugs 34 Minuten. Wie bereits bei der Problembeschreibung vermutet, ist deshalb der bisherige Soll-Ablauf der P&S Handelsgesellschaft mbH nicht zulässig. Auch der Ist-Ablauf, der mit entsprechender Mehrarbeit und Unterstützung der Fahrer vollzogen wird, führt häufig zu keinen zulässigen Ergebnissen, da Fahrzeuge trotzdem das Lager zu spät verlassen. Zudem verletzen die beabsichtigten und realisierten Arbeitszeiten und die nicht eingehaltenen Pausenregelungen im Lager generell die Regelungen des Arbeitszeitgesetzes und damit eine wesentliche Restriktion.[738]

Es sind deshalb neue Ablaufalternativen erforderlich, welche die Einhaltung der Restriktionen und zumindest eine befriedigende Zielerreichung sicherstellen. Aufgrund der Komplexität und der nicht grundsätzlichen Ungeeignetheit des bisherigen Ablaufs empfiehlt sich dabei die Vorgehensweise der partiellen Modifikation. Im Folgenden sollen **zwei grundsätzliche Alternativen** beispielhaft diskutiert werden, die das Problem des innerbetrieblichen Transports auf unterschiedliche Weise lösen.

Ablaufalternative A basiert auf der Grundidee der **Entkopplung** von Kommissionierung und innerbetrieblichem Transport, verbunden mit dem Einsatz von schnelleren Fördermitteln. Die Handlungsfolge dieser Ablaufvariante ist in Abbildung 12 dargestellt. Die Entkopplung der beiden Teilprozesse wird durch die Einrichtung einer **Übergabefläche für die kommissionierten Paletten** ermöglicht. Die Kommissionierer werden deshalb den interbetrieblichen Transport der kommissionierten Waren zur Bereitstellungsfläche an den Toren nicht mehr durchführen. Diese Aufgabe des Transports soll bei Variante A zukünftig von den Arbeitnehmerinnen und Arbeitnehmern der Versandhalle mit Hilfe von vier Gabelstaplern verrich-

---

[737] Siehe dazu z.B. Schlick/Bruder/Luczak (2010), S. 672–675, Arnold/Furmans (2009), S. 245–246.

[738] Vgl. §4 und §6 ArbZG.

tet werden. Damit entfällt der belastende Transport mit den Gabelhubwagen. Allerdings ist dazu die Versetzung von zwei Beschäftigten von der Kommissionierung in den Versandbereich erforderlich.

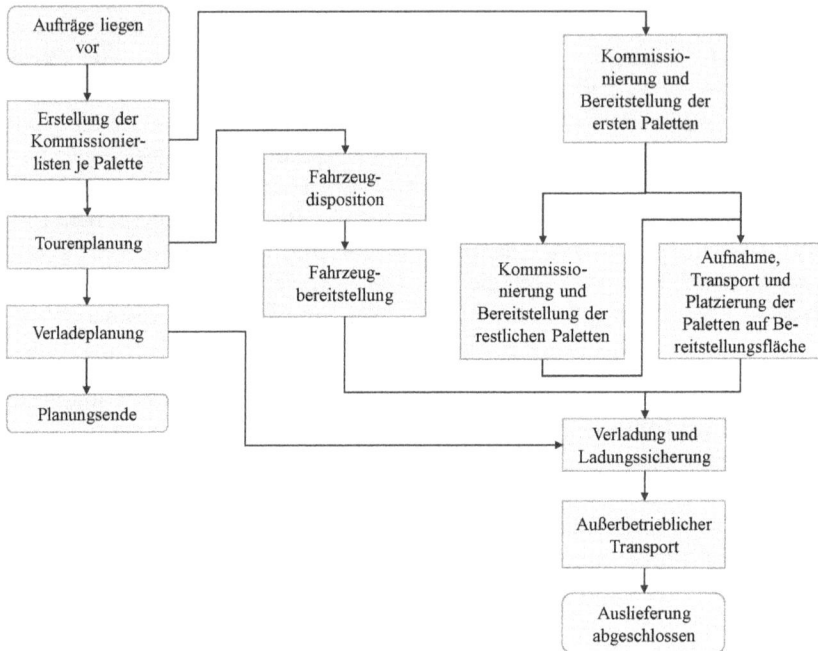

*Abbildung 12: Ablaufalternative A der P&S Handelsgesellschaft mbH.*

Entsprechend ergeben sich die folgenden **Zeitdauern und Zeitpunkte** für die Ablaufvariante A. Durch den Wegfall des Transports über 40m Distanz reduziert sich der Zeitbedarf für eine Mischpalette auf die reine Kommissionierzeit von durchschnittlich 20 Minuten. Damit dauert die Kommissionierung bei einer als durchschnittlich angenommenen Anzahl von 304 Paletten und 13 verbliebenen Beschäftigten insgesamt 7,8 Stunden. Unter Berücksichtigung einer Pause von 30 Minuten ist diese somit bis ca. 1.30 Uhr abgeschlossen. Die Aufnahme einer Palette mit dem Gabelstapler, die Fahrt zur Bereitstellung, deren Platzierung im richtigen Bereitstellungsfeld und die Rückfahrt zum Lager dauert etwa 4 Minuten. Für den innerbetrieblichen Transport sind somit bei vier eingesetzten Beschäftigten 5,1 Stunden erforderlich. Hinzu kommen 1,9 Stunden für die Verladung der Paletten und eine Stunde für Kontrolle und Ladungssicherung. Folglich resultiert auch für die nun vier Arbeitnehmerinnen und Arbeitnehmer der Versandhalle eine Arbeitszeit von etwa 8 Stunden. Aufgrund von Pausenzeiten beginnen die Beschäftigten der Versandhalle ihre Arbeit um 20.30 Uhr und beenden diese um 5.00 Uhr.

Grundprinzip der Ablaufalternative B ist dagegen nicht die Entkopplung, sondern die **Koordination** der erforderlichen Handlungen. Diese wird zum einen durch die **Priorisierung der Kommissionieraufträge** erreicht. Nach der Touren- und Verladungsplanung liegen die erforderlichen Informationen vor, um eine solche Reihenfolge zu bilden. Auf diese Weise werden jene Paletten zuerst kommissioniert, die als erste verladen werden müssen. Weiterhin wird versucht, die kommissionierten Paletten möglichst zügig den Bereitstellungsflächen an den Toren zuzuführen und nicht über einen längeren Zeitraum auf einer gesonderten Fläche zu puffern. Dazu wird zur Überbrückung der Distanz von 40m eine Rollenbahn aufgebaut, welche die Verwendung von Gabelhubwagen ermöglicht.[739] Die Förderstrecke gewährleistet die Beibehaltung der Reihenfolge der Paletten und dient zugleich als Kurzzeitpuffer. Die Übergabe an die Rollenbahn erfolgt durch die Kommissionierer. Am Ende der Rollenbahn werden die eintreffenden Paletten von den Beschäftigten der Versandhalle mit Gabelhubwagen übernommen, zur jeweiligen Bereitstellungsfläche transportiert und dort an der richtigen Stelle platziert. Hierfür und für die Rückkehr zum Übernahmepunkt wird eine Zeitdauer von 4 Minuten angenommen. Die erste Palette verlässt somit nach durchschnittlich etwas mehr als 20 Minuten die Förderstrecke und befindet sich bereits nach wenigen Minuten am jeweiligen Tor. Ablaufvariante A ist in Abbildung 13 dargestellt.

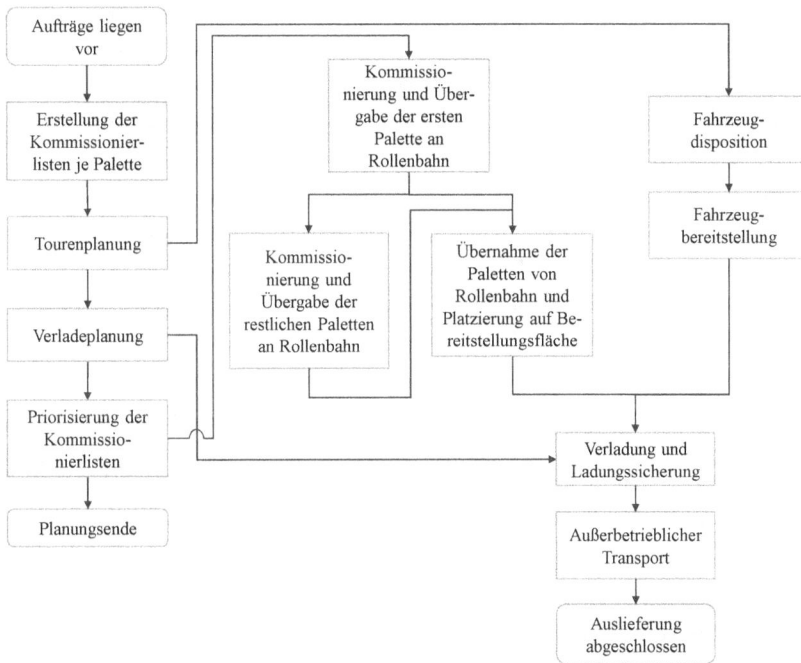

*Abbildung 13: Ablaufalternative B der P&S Handelsgesellschaft mbH.*

Damit ein **abgestimmter Zu- und Abfluss an der Rollenbahn** realisiert werden kann, ist die genaue Koordination der Handlungen der Kommissionierung mit jenen der Bereitstellung an den Toren erforderlich. Wie bei Realisation der Ablaufvariante A werden auch bei dieser Alternative zwei Schichten mit 13 bzw. 4 Beschäftigten vorgesehen. Die erste Schicht beginnt ebenfalls um 17.00 Uhr und endet um 1.30 Uhr, die zweite beginnt um 20.30 Uhr und endet um 5.00 Uhr (8 Stunden Arbeitszeit und jeweils 30 Minuten Pause). Im Gegensatz zur

---

[739] Beispielsweise kann dazu eine Palettenhubstation eingesetzt werden.

Ablaufvariante A werden die Arbeitnehmerinnen und Arbeitnehmer jedoch variabel in den verschiedenen Bereichen eingesetzt (Tabelle 3) und die Bereitstellung an den Toren beginnt, sobald die erste Palette das Ende der Förderstrecke erreicht hat. Auf diese Weise kann der Bestand auf der Förderstrecke in diesem Beispiel auf maximal 21 Paletten oder eine belegte Länge von 25m begrenzt werden.

*Tabelle 3: Arbeitsverteilung und Palettenfluss bei Ablaufvariante B (P = Erholungspause).*

| Zeit | | | Schicht | | Personenstunden | | | | Förderstrecke | | | Versand | |
| --- | --- | --- | --- | --- | --- | --- | --- | --- | --- | --- | --- | --- | --- |
| von | bis | Dauer | 1 | 2 | Summe | Kom. | Bereits. | Verlad. | Zufluss | Abfluss | Bestand | Verlad. | Bestand |
| 17 | 18 | 1 | 13 | | 13,0 | 11,0 | 2,0 | 0,0 | 33 | 20 | 13 | | 20 |
| 18 | 19 | 1 | 13 | | 13,0 | 11,0 | 2,0 | 0,0 | 33 | 30 | 16 | | 50 |
| 19 | 20 | 1 | 13 | | 13,0 | 11,0 | 2,0 | 0,0 | 33 | 30 | 19 | | 80 |
| 20 | 21 | 0,5 | 13 | | 6,5 | 5,5 | 1,0 | 0,0 | 17 | 15 | 21 | | 95 |
| | | 0,5 | P | 4 | 2,0 | 1,5 | 0,5 | 0,0 | 5 | 8 | 19 | | 103 |
| 21 | 22 | 1 | 13 | 4 | 17,0 | 14,0 | 3,0 | 0,0 | 42 | 45 | 16 | | 148 |
| 22 | 23 | 1 | 13 | 4 | 17,0 | 14,0 | 3,0 | 0,0 | 42 | 45 | 13 | | 193 |
| 23 | 24 | 1 | 13 | 4 | 17,0 | 14,0 | 3,0 | 0,0 | 42 | 45 | 10 | | 238 |
| 0 | 1 | 1 | 13 | 4 | 17,0 | 14,0 | 3,0 | 0,0 | 42 | 45 | 7 | | 283 |
| 1 | 2 | 0,5 | 13 | P | 6,5 | 5,0 | 1,5 | 0,0 | 15 | 22 | 0 | | 304 |
| | | 0,5 | | 4 | 2,0 | 0,0 | 0,0 | 2,0 | 0 | 0 | 0 | 43 | 261 |
| 2 | 3 | 1 | | 4 | 4,0 | | | 4,0 | 0 | 0 | 0 | 87 | 174 |
| 3 | 4 | 1 | | 4 | 4,0 | | | 4,0 | 0 | 0 | 0 | 87 | 87 |
| 4 | 5 | 1 | | 4 | 4,0 | | | 4,0 | 0 | 0 | 0 | 87 | 0 |
| | | | | | | | | | 304 | 304 | | 304 | |

Die Tabelle 3 zeigt die folgende **Verteilung der Personenstunden** für die Ablaufvariante B: In der Kommissionierung arbeiten zunächst 11 Personen. Mit Beginn der zweiten Schicht um 20.30 Uhr wird die Anzahl auf 14 erhöht. Analog arbeiten zunächst zwei und dann drei Beschäftigte in der Versandhalle. Während der Pause der ersten Schicht arbeiten drei Personen der zweiten Schicht in der Kommissionierung und eine in der Versandhalle. Zwischen 1 Uhr und 1.30 Uhr befindet sich die zweite Schicht in der Pause. Die verbleibenden 13 Beschäftigten der ersten Schicht verteilen sich bedarfsgerecht auf die beiden Arbeitsbereiche, um noch anstehende Kommissionieraufträge abzuarbeiten und die Förderstrecke völlig zu entleeren.[740] Um 1.30 Uhr sollte die mittlere Anzahl von 304 Paletten vollständig an den Toren bereitgestellt sein. Nach der Pause beginnt die zweite Schicht mit der Beladung der LKW. Bei dieser Betrachtung ist zu berücksichtigen, dass die mittlere Anzahl von Paletten zugrunde gelegt wurde. Bei einer höheren Anzahl von Paletten müssen die Arbeitnehmerinnen und Arbeitnehmer der ersten Schicht etwas länger arbeiten und diese Mehrarbeit an einem anderen Tag mit weniger Aufträgen ausgleichen. Da die Paletten für das erste Fahrzeug zuerst kommissioniert wurden, kann auch im Fall einer hohen Anzahl von Paletten das erste Fahrzeug auf jeden Fall ab 1.30 Uhr von den Beschäftigten der zweiten Schicht beladen werden.

---

[740] Siehe dazu Abschnitt 4.1.5.

## 4.1.4 Bewertung und Entscheidung

Am Ende der Phase der Generierung von Ablaufalternativen liegen mehrere Entwürfe von Handlungsfolgen vor, deren prinzipielle Zulässigkeit bereits im Entwurfsprozess immer wieder kritisch hinterfragt wurde. Zu Beginn der Bewertungsphase sollten trotzdem nochmals alle Restriktionen betrachtet und eine finale Prüfung der Zulässigkeit durchgeführt werden. Dazu erfolgt zunächst eine **formale Überprüfung** der generierten Ablaufalternativen.[741] Geprüft wird dabei beispielsweise, ob der Beginn und das Ende des Prozesses eindeutig festgelegt und ob die Handlungsfolgen vollständig und durchgängig beschrieben sind. Enthalten Handlungsfolgen Oder-Verzweigungen, kann eine Handlungsfolge von Fall zu Fall auf unterschiedliche Weise durchlaufen werden. Hierdurch entstehen unterschiedliche Ablaufvarianten innerhalb einer Handlungsfolge. An jeder Oder-Verzweigung lassen sich Wahrscheinlichkeiten für die möglichen Wege ermitteln.[742] Der Verlauf mit den jeweils höchsten Wahrscheinlichkeiten bildet den Hauptast des Prozesses. Der Hauptast sollte den gewünschten „Normalablauf" abbilden und mit einer hohen Wahrscheinlichkeit durchlaufen werden. Obwohl in diesem Fall die Nebenzweige nur selten zum Tragen kommen, können diese zu unbefriedigenden oder sogar nicht zulässigen Ergebnissen führen. Im Rahmen der Bewertung sind deshalb ggf. alle Ablaufvarianten, deren Wahrscheinlichkeit und deren Resultat zu beachten.

Nach dieser rein sachlogischen Kontrolle erfolgt die **Überprüfung der einzelnen Restriktionen**. Beispielsweise halten die im vorangegangenen Abschnitt dargestellten Ablaufalternativen A und B die zu erreichenden Zeitpunkte und Zeiträume ein, insbesondere den spätesten Lieferzeitpunkt (8:00 Uhr). Beide Vorschläge nutzen die derzeit verfügbare Arbeitskraft. Zeiten der Untätigkeit in der Versandhalle entfallen. Zusätzliche Quanten an Arbeitskraft sind nicht erforderlich, es werden lediglich neue Schichten gebildet. Diese umfassen jeweils 8 Stunden Arbeitszeit und 30 Minuten Pause und erfüllen damit die rechtlichen Anforderungen. Bei Variante A sind vier Staplerfahrer erforderlich. Verfügen die vorhandenen Arbeitnehmerinnen und Arbeitnehmer nicht über diese Qualifikation, entstehen entsprechende Weiterbildungskosten. Variante B erfordert die Schulung aller Mitarbeiter, da diese zukünftig alle anfallenden Tätigkeiten verrichten sollen. Bei beiden Ablaufalternativen sind Betriebsmittel erforderlich, die derzeit nicht zur Verfügung stehen. Die hierdurch bedingten Investitionen – vier Gabelstapler und eine Pufferfläche bzw. eine Rollenbahn über eine Länge von 40m – sind überschaubar und sollten prinzipiell keine unüberwindbare Hürde darstellen. Allerdings muss zur genauen Bewertung eine Investitionsrechnung durchgeführt werden. Dem Aufbau der Rollenbahn dürfen jedoch keine baulichen Restriktionen entgegenstehen. Ablaufalternative A erfordert die Einrichtung einer Übergabefläche. Aufgrund der Verwendung von Gabelhubwagen scheidet eine Regallösung aus. Bis zur Aufnahme der Arbeit in der Versandhalle wurden durchschnittlich bereits 136 Paletten kommissioniert, die damit eine gesamte Stellfläche von etwa 130 m$^2$ beanspruchen. Diese Stellfläche zuzüglich entsprechender Bewegungsflächen für die Stapler muss also zur Verfügung stehen, um Ablaufalternative A zu realisieren.

---

[741]  Siehe dazu Large (2013), S. 293.

[742]  Siehe auch Liebelt (1992), Sp. 30–31.

Auch hinsichtlich der **Zielgrößen im engeren Sinne** zeigen beide Ablaufalternativen auf den ersten Blick ähnliche Ergebnisse. Die geforderte quantitative und qualitative Logistikleistung wird bei durchschnittlicher Belastung mit 304 Paletten pro Tag zuverlässig erreicht. Da der Zeitdruck der Kommissionierinnen und Kommissionierer sinkt, dürfte auch die Anzahl der Kommissionierfehler zurückgehen. Die eingesetzte Arbeitskraft unterscheidet sich nicht. Deshalb ergeben sich keine nennenswerten Differenzen hinsichtlich der Personalkosten. Den Betriebskosten für die Gabelstapler stehen jene für die Rollenbahn gegenüber. Bei beiden Alternativen entfällt der belastende manuelle Transport vom Kommissionierlager zur Versandhalle.

Berücksichtigt man die **Schwankung der versendeten Mengen**, weist Ablaufalternative B jedoch wesentliche Vorteile auf. Da sich die Paletten, die als erste versendet werden müssen, schon früh an der Bereitstellung befinden, können diese verladen werden, auch wenn die Kommissionierung und Bereitstellung der anderen Paletten noch nicht abgeschlossen ist. Die Beschäftigten sind zudem aufgrund umfassender Einweisung flexibel einsetzbar, so dass bei Störungen oder wesentlich größeren Mengen an Paletten durch Maßnahmen der Logistikführung fallweise eine Umverteilung der Arbeitskraft vorgenommen werden kann. Um saisonale Schwankungen auszugleichen, können zeitweise Aushilfskräfte in der Kommissionierung und in der Versandhalle eingesetzt werden, ohne die Abläufe oder die baulichen Gegebenheiten zu verändern. Voraussetzung für die Verwirklichung der Ablaufalternative B ist allerdings, dass die Priorisierung der Kommissionierlisten ohne wesentlichen Zeitbedarf vorgenommen werden kann.

Die Phase der Bewertung wird durch eine **Entscheidung über die zu realisierende Ablaufalternative** abgeschlossen. Erscheint keine der bewerteten Abläufe angemessen, so muss die Phase der Generierung von Ablaufalternativen erneut durchlaufen werden. Dabei können vorliegende Alternativen wiederum partiell modifiziert werden, um zufriedenstellende Abläufe zu gewinnen. In Abhängigkeit davon, ob eine Fremd- oder Selbstorganisation vorliegt, liegt die finale Entscheidung bei den betroffenen Akteuren oder einer Logistikführungskraft. Auch im Fall der Fremdorganisation können die Handelnden an diesem Schritt der Logistikablauforganisation partizipieren, um die Implementierung der neuen Handlungsfolge zu vereinfachen. Diese Phase wird im folgenden Abschnitt behandelt.

## 4.1.5 Implementierung neuer Logistikabläufe

Logistikablauforganisation hat die Aufgabe Regeln vorzugeben, die zu beständigen Ordnungen für logistische Handlungsfolgen führen. Solche Regeln wurden in der Phase der Generierung von Ablaufalternativen entworfen. Lediglich die Existenz von Regeln sichert jedoch noch nicht die beständige Ordnung einer Handlungsfolge. Eine neue Handlungsfolge gilt aus dem Blickwinkel der Logistikablauforganisation erst als implementiert, wenn der laufende Prozess auf Basis dieser neuen Regeln abläuft. In Anlehnung an die in Abbildung 10 dargestellten Ausgangssituationen wird also Zustand vier angestrebt. Die Implementierung neuer Logistikabläufe erfordert somit die **Erfüllung von zwei Aufgaben**. Zunächst muss die ausgewählte Ablaufalternative in Form von Handlungsanweisungen dokumentiert und als solche in Kraft gesetzt werden. Danach müssen diese Regeln in der Realität tatsächlich angewendet werden, damit sie eine gewünschte Ordnung einer Handlungsfolge entfalten können. Diese beiden Aufgaben werden im Folgenden genauer betrachtet.

Die in der vorangegangenen Phase entworfene und schließlich ausgewählte Ablaufalternative enthält eine Vielzahl von Regeln hinsichtlich der zu vollziehenden Handlungen, der Reihenfolge dieser Handlungen, der eingesetzten Arbeitskraft und Betriebsmittel sowie der Zeitpunkte und Zeiträume. Damit diese Regeln definitionsgemäß die Einflussnahme auf Handelnde der Logistik und damit auf deren Handlungen bewirken, müssen diese als **konkrete Handlungsanweisungen** formuliert werden. Mit einer solchen Formulierung geht üblicherweise eine Detaillierung der ausgewählten Ablaufalternative einher, um für die betroffenen Personen oder Personengruppen den angemessenen Grad an Nachvollziehbarkeit und Definiertheit zu erreichen. Prinzipiell sind Handlungsanweisungen an keine bestimmte Form gebunden. Im Gegensatz zu persönlichen Weisungen, die in der Regel mündlich erfolgen, müssen Handlungsanweisungen im Rahmen der Logistikablauforganisation jedoch für einen längeren Zeitraum verfügbar sein und sollten deshalb dokumentiert werden. Der Dokumentation in reiner Textform mangelt es insbesondere bei langen und komplex strukturierten Abläufen in der Regel an der erforderlichen Übersichtlichkeit. Deshalb bietet sich eher eine graphische Dokumentation an.

Als Instrument der graphischen Dokumentation dienen beispielsweise ausführliche **Ablaufdiagramme**, welche in Anlehnung an die Datenfluss- und Programmablaufpläne nach DIN 66001 erstellt werden können. Diese bauen auf vergleichsweise einfachen graphischen Elementen auf, die bereits zur Darstellung der Formen von Folgebeziehungen (Abbildung 11) verwendet wurden. Solche Elemente kennzeichnen u.a. Handlungen (Rechtecke), Entscheidungen (Rauten) und Zustände (abgerundete Rechtecke). Prinzipiell sollte in einem Ablaufdiagramm, welches als Handlungsanweisung dienen soll, jede Handlung, die eine Arbeitnehmerin oder ein Arbeitnehmer der Logistik ausführen muss, explizit angeführt sein. In der nachfolgenden Abbildung 14 ist für das obige Fallbeispiel 4 exemplarisch ein Ablaufdiagramm für einen Kommissionierer in der ersten Schicht bei Umsetzung der Ablaufvariante B dargestellt. Diese Handlungsanweisung verlangt zuerst die Abarbeitung der Kommissionieraufträge. Erst wenn diese alle erfüllt sind und entsprechend keine Kommissionierlisten mehr zur Bearbeitung vorliegen, steht der Kommissionierer für die Bereitstellung der Paletten in der Versandhalle zur Verfügung.

Ablaufdiagramme können darüber hinaus auch als Hilfsmittel der Umsetzung, d.h. der **Realisation einer gewünschten Ordnung**, verwendet werden. Damit ist die zweite der beiden angerissenen Aufgaben der Implementierung angesprochen. Die in entsprechenden Dokumenten dargelegten Regeln müssen in der Realität Anwendung finden, damit sich die beabsichtige Ordnung einer Handlungsfolge einstellt. Beispielsweise kann eine Logistikführungskraft das Ablaufdiagramm einem Beschäftigten aushändigen und erläutern. Erst hierdurch erhält die Logistikablauforganisation den Charakter der Steuerung und ermöglicht die konkrete Handlungsbeeinflussung. Ablaufdiagramme oder andere Diagramme sollten deshalb für die Handelnden verständlich sein. Ein häufiger Fehler, gerade bei der Verwendung von Ablaufdiagrammen, ist die mangelnde Definiertheit. Selbst wenn in den einzelnen Diagrammsymbolen zu wenig Platz zur Verfügung steht, um die auszuführenden Handlungen hinreichend genau zu beschreiben, müssen die Akteure ein klares Bild der geforderten Aktivitäten gewinnen. Bei Bedarf sind deshalb graphische Übersichten durch entsprechende Erläuterungen in Form von Texten oder auch anderen Medien, wie z.B. kurzen Instruktionsfilmen, zu ergänzen.

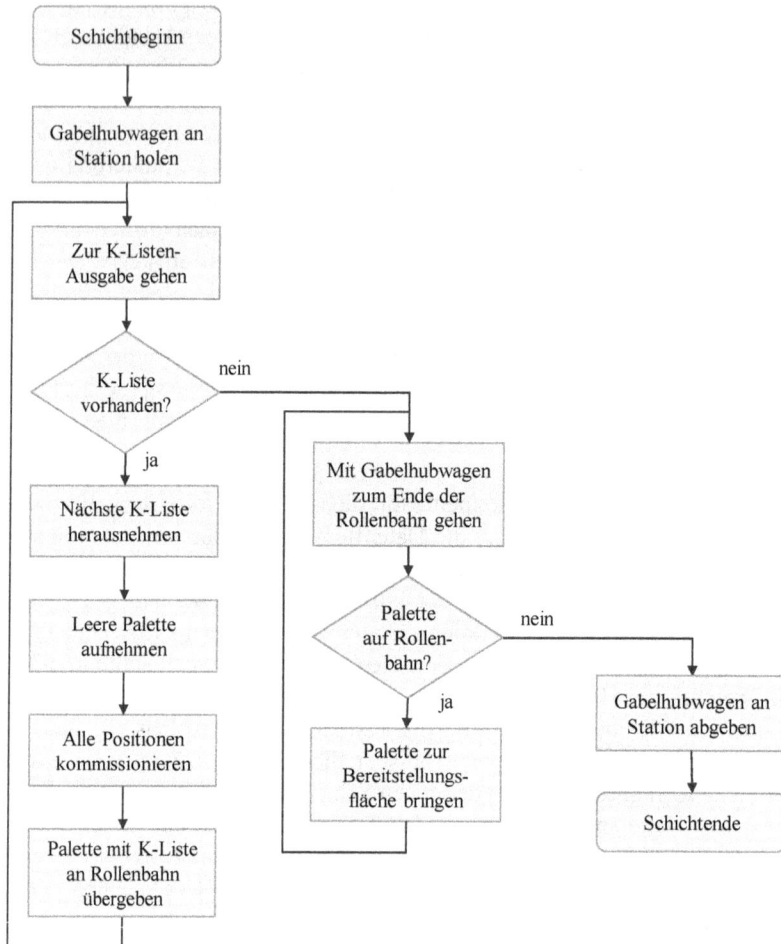

*Abbildung 14: Ablaufdiagramm für einen Kommissionierer im Fallbeispiel 4 bei Umsetzung der Ablaufvariante B.*

Zur erfolgreichen Implementierung von Abläufen müssen unterschiedliche **Implementierungsvoraussetzungen** erfüllt werden, die grundsätzlich zwei unterschiedlichen Ebenen zugeordnet werden können.[743] Auf der technologischen Ebene ist die Bereitstellung der benötigten Hilfsmittel erforderlich. Beispielsweise sind informationstechnische Anpassungen erforderlich, um die Kommissionierlisten in der Reihenfolge der Verladung der Paletten zu erzeugen. Ebenso müssen neue Betriebsmittel beschafft und installiert oder bestehende Betriebsmittel zumindest angepasst werden. Im Fallbeispiel 4 wäre dies vor allem die Rollenbahn mit geeigneten Übergabestationen. Auf der menschlichen Ebene sind Logistikführungskräfte gefordert, die erforderliche Bereitschaft der Betroffenen zu fördern, die entsprechenden Veränderungen anzunehmen. Bestand für die Beschäftigten die Möglichkeit, an der

---

[743]  Vgl. Gaitanides (2004), Sp. 1216–1217.

Gestaltung der neuen Abläufe zu partizipieren, dürfte dies einen positiven Einfluss auf deren
Bereitschaft zum Wandel haben. Auch aus diesem Grund sollte die Partizipation der Betroffenen und ggf. ein hoher Grad an autonomer Selbstorganisation ernsthaft in Betracht
gezogen werden.[744]

## 4.2  Logistikaufbauorganisation

### 4.2.1  Wesen und Gegenstand der Logistikaufbauorganisation

Im vorangegangenen Hauptabschnitt wurde die Ablauforganisation als eine der beiden Teilbereiche der Organisation ausführlich mit Bezug auf die Logistik behandelt. Fasst man diese
Ausführungen zusammen, so strebt die Logistikablauforganisation an, durch die Vorgabe
von Regeln, die zu beständigen Ordnungen für logistische Handlungsfolgen führen, das
Handeln von Akteuren zielführend zu beeinflussen. Dagegen strukturieren Managerinnen
und Manager mit Handlungen der **Aufbauorganisation** die sozialen Gebilde selbst, in denen
die Handelnden als deren Mitglieder ihre Handlungen vollziehen. Dies trifft vor allem für
solche sozialen Gebilde zu, die eine formale Struktur aufweisen und sich deshalb durch die
Vorgabe von Regeln ordnen lassen. Diese können als **Organisationen** bezeichnet werden,
denn Organisationen sind „soziale Gebilde, die dauerhaft ein Ziel verfolgen und eine formale
Struktur aufweisen, mit deren Hilfe die Aktivitäten der Mitglieder auf das verfolgte Ziel
ausgerichtet werden sollen."[745] Insbesondere stellen Unternehmen und ihre Betriebe Organisationen dar.

Diese generellen Gedanken zum Wesen der Aufbauorganisation als Managementhandlung
lassen sich auf die Logistik übertragen. **Logistikaufbauorganisation** ist vereinfacht gesprochen jenes Teilgebiet der Aufbauorganisation als Managementhandlung, welches sich mit
der Bildung und Ordnung von Organisationseinheiten der Logistik beschäftigt. Da diese
Einheiten der Logistik nicht unabhängig von den sonstigen Organisationseinheiten definiert
und strukturiert werden können, ist selbstredend die angemessene Einbettung der Logistikaufbauorganisation in die gesamte Aufbauorganisation zu beachten. Mit Bezug auf die in
Abschnitt 1.1.2 gegebene Definition der Logistikorganisation folgt aus diesen Überlegungen
der Gegenstand der Logistikaufbauorganisation.

Logistikaufbauorganisation als Phänomen umfasst alle Handlungen der Einflussnahme auf
Handelnde der Logistik und damit auf deren Handlungen der Planung, Steuerung und Ausführung des Transfers von Gütern und Abfällen durch die Vorgabe von Regeln, die zu beständigen Ordnungen für logistische Organisationseinheiten führen.

Die Managementhandlungen der Logistikaufbauorganisation sind deshalb nicht nur als Tätigkeiten der zielgerichteten Einflussnahme auf einzelne Handelnde der Logistik zu verstehen. Die Logistikaufbauorganisation definiert als Voraussetzung dieser Einflussnahme Re-

---

[744]  Siehe dazu Abschnitt 4.1.1 sowie grundlegend Hauptabschnitt 3.3.

[745]  Kieser/Walgenbach (2010), S. 6.

geln, die zu beständigen Ordnungen für logistische Organisationseinheiten führen und beeinflusst hierdurch die **formale Struktur der Organisation** insgesamt. Bisher wurde jedoch noch nicht näher bestimmt, was unter einer solchen formalen Struktur verstanden werden kann.

Eine frühe Gliederung der formalen Struktur von Organisationen stammt von einer Arbeitsgruppe um **Pugh**, die mehrere **Dimensionen der formalen Organisationsstruktur** einführen und diskutieren: specialization, standardization, formalization, centralization, configuration, flexibility und traditionalism.[746] In ähnlicher Weise unterscheiden **Kieser** und **Walgenbach** mit der Spezialisierung, der Koordination, der Konfiguration, der Entscheidungsdelegation und der Formalisierung fünf Dimensionen,[747] die zur umfassenden Beschreibung von formalen Organisationsstrukturen verwendet werden können.

Einen wesentlichen Bestandteil der formalen Organisationsstruktur stellen die Regeln zur Zuweisung der zu erledigenden Aufgaben an einzelne Organisationseinheiten, insbesondere an Stellen als kleinste Einheiten, dar. Durch die Verteilung von Aufgaben bezwecken Logistikführungskräfte die Einflussnahme auf die Handlungen von Logistikausführenden sowie von Logistikmanagerinnen und -managern. Der Grad der **Spezialisierung** charakterisiert den Umfang der Arbeitsteilung innerhalb einer Organisation. Dabei stellt die Spezialisierung eine bestimmte Form der Arbeitsteilung dar, nämlich eine solche, die im Unterschied zur Mengenteilung zu unterschiedlichen Aufgaben führt (Artenteilung). Die Artenteilung ermöglicht eine spezialisierte und damit effiziente Aufgabenerfüllung durch eine Stelle.

Eine Chance der Beeinflussung von Handelnden besteht, weil jede zugewiesene Aufgabe einen langfristigen **Auftrag an Individuen oder Kollektive** und damit eine Steuerungshandlung darstellt. So formuliert bereits **Kosiol** treffend: „Jede Aufgabe ist daher als Aufforderung, als zu erfüllender Anspruch an Menschen gerichtet."[748] Durch die Aufgabenerfüllung mit Hilfe angemessener Handlungen sollen die Ziele der Organisation erreicht werden. Bezogen auf die Logistik bedeutet dies, dass bei der Erfüllung logistischer Aufgaben, die im ersten Band abgeleiteten Beurteilungskriterien als Bewertungsmaßstäbe angelegt werden. Prinzipiell wäre es möglich, Aufträge nach fallweiser Entscheidung durch persönliche Weisung zu vergeben. Aufgaben, die sich auf regelmäßig vorkommende und gleichartige Sachverhalte beziehen, sollten jedoch durch Handlungen der Aufbauorganisation definiert und effizient für einen längeren Zeitraum zugewiesen werden. Auch auf Ebene der Aufbauorganisation beansprucht somit das sogenannte Substitutionsgesetz der Organisation prinzipielle Gültigkeit.[749]

Um insbesondere bei hoher Spezialisierung ein angemessenes Zusammenwirken der Handelnden zu bewirken, muss die Aufgabenerfüllung abgestimmt werden. Somit entsteht die Notwendigkeit der **Koordination** der vollzogenen Handlungen.[750] Der Begriff der Koordination wurde sehr ausführlich in Abschnitt 1.3.1 diskutiert und als zielorientierte Ordnung und

---

[746]  Vgl. Pugh et al. (1963), Pugh et al. (1968)

[747]  Vgl. Kieser/Walgenbach (2010), S. 71.

[748]  Kosiol (1962), S. 43.

[749]  Siehe dazu Abschnitt 1.1.2.

[750]  Vgl. Kosiol (1962), S. 37.

Abstimmung von Handlungen und Handlungsfolgen durch Managementhandlungen und ergänzende Institutionen definiert. Im Rahmen der Aufbauorganisation können Regeln für die Koordination verbindlich vorgegeben werden. Insbesondere wird festgelegt, welche Koordinationsinstrumente im welchem Umfang genutzt werden sollen. Organisationen unterscheiden sich dabei vor allem hinsichtlich der Verteilung der Nutzung persönlicher und technokratischer Koordinationsinstrumente.[751]

Die **Konfiguration** kennzeichnet die „äußere Form des Stellengefüges"[752] einer Organisation und wird üblicherweise mit Hilfe von Organigrammen visualisiert. Sie resultiert aus der Zuteilung von Aufgaben an Stellen. Verbunden damit ist die Zuweisung der erforderlichen Weisungsrechte. Deshalb werden Stellen mit Weisungsbefugnis (Instanzen) in der Regel besonders ausgewiesen, wodurch Aussagen über die Leitungsstruktur des Unternehmens möglich werden. Aus der Hierarchie von Aufgaben folgt durch Zuordnung dieser zu Organisationseinheiten eine Stellenhierarchie und daraus wiederum durch die Stellenbesetzung in aller Regel eine ausgeprägte Personenhierarchie.[753] Die Aufbauorganisation schafft hierdurch wesentliche Machtbasen und bildet somit eine Grundlage der Führung. Bei kapitalistischer Produktionsweise wird durch Handlungen der Aufbauorganisation das Direktionsrecht des Arbeitgebers auf einzelne Führungskräfte übertragen.[754] Mit anderen Worten definiert die Aufbauorganisation Führer und Geführte und sichert damit die Ausübung der Weisungsrechte des Kapitalisten gegenüber den Arbeitnehmerinnen und Arbeitnehmern, deren Arbeitskraft er gekauft hat.[755]

Die Dimension der **Entscheidungsdelegation** steht für die bewusste Übertragung von Entscheidungsrechten an untergeordnete Stellen.[756] Entsprechend des Kongruenzprinzips der Organisation[757] ist mit der Delegation stets auch die Zuweisung von Aufgaben und Verantwortlichkeiten verbunden. Im Gegensatz zur Partizipation, welche für die Teilhabe von Arbeitnehmerinnen und Arbeitnehmern an der Vorbereitung, Durchführung und Umsetzung von Entscheidungen steht, ist die Delegation stets an eine Beauftragung mit einer zu vollziehenden Aufgabe gebunden. Durch Delegation entstehen sogenannte Agency-Beziehungen. *Jensen* und *Meckling* führen dazu aus: „We define an agency relationship as a contract under which one or more persons (the principal(s)) engage another person (the agent) to perform some service on their behalf which involves delegating some decision making authority to the agent."[758] Allerdings bedeutet dies nicht notwendigerweise, die sehr negativen Verhaltensannahmen der Agency Theory zu Grunde zu legen.

Die **Formalisierung** stellt im strengen Sinne keine zusätzliche Strukturdimension dar, denn sie bildet keinen eigenständigen Aspekt der formalen Organisationsstruktur ab. Vielmehr steht diese für den Umfang der schriftlichen und bildlichen Dokumentation von organisatori-

---

[751] Vgl. Kieser/Walgenbach (2010), S. 100–101.

[752] Kieser/Walgenbach (2010), S. 127.

[753] Vgl. Kieser/Walgenbach (2010), S. 86–87.

[754] Siehe dazu Hauptabschnitt 3.1.

[755] Marx (2008), S. 199.

[756] Vgl. Kieser/Walgenbach (2010), S. 153.

[757] Siehe dazu grundlegend Reiß (1982).

[758] Jensen/Meckling (1976), S. 308.

schen Regeln, die sich auf die ersten vier Dimensionen beziehen. Ein hoher Formalisie-
rungsgrad ist beispielsweise gegeben, wenn die Zuweisung von Aufgaben durch schriftliche
Stellenbeschreibungen oder die Konfiguration durch ausführliche Organigramme fixiert
ist.[759]

## 4.2.2  Aufgaben der Logistikaufbauorganisation

Zur Ableitung und Abgrenzung der relevanten Aufgaben der Logistikaufbauorganisation
könnte man direkt auf die fünf im vorangegangenen Abschnitt dargestellten Dimensionen
zurückgreifen. Allerdings wären viele der daraus abzuleitenden **Handlungen der Aufbauorganisation** eher allgemeiner Natur und nicht spezifisch auf die Logistik ausgerichtet. Derartiges Wissen kann der Leser durch das Studium der umfangreichen Literatur zur betriebswirtschaftlichen Organisationslehre gewinnen. Zudem wurden einige Aspekte – insbesondere
die möglichen Koordinationshandlungen – in diesem Buch bereits ausführlich behandelt, da
diese grundlegende Bedeutung für das Logistikmanagement aufweisen und nicht nur aus
dem Blickwinkel der Logistikaufbauorganisation betrachtet werden sollten.

Die spezifischen Aufgaben, die Logistikmanagerinnen und -manager üblicherweise im Rah-
men der Organisationsarbeit erfüllen müssen, lassen sich vielmehr aus den grundlegenden
Fragestellungen der Logistikaufbauorganisation ableiten. An dieser Stelle sollen deshalb die
Ausführungen auf **drei interdependente Fragestellungen** fokussiert werden, die sich im
Rahmen der Logistikaufbauorganisation stellen.[760]

1. Welche Aufgaben sollen einer logistischen Organisationseinheit oder ggf. mehreren logistischen Organisationseinheiten zugewiesen werden?
2. Welche hierarchische Einordnung sollte eine logistische Organisationseinheit erfahren?
3. Wie soll eine logistische Organisationseinheit im Inneren gegliedert werden?

Bei der Beantwortung dieser Fragen ist begrifflich deutlich zu unterscheiden, ob von der
Logistik als Funktion oder als organisatorische Einheit gesprochen wird. *Pfohl* hat zur klaren
Trennung dieser beiden Begriffsverwendungen das Konzept der **funktionalen und instituti-
onellen Dimension** der Logistik eingeführt.[761] Die funktionale Dimension bildet das im
ersten Band erarbeitete Verständnis der Logistik als Phänomen ab. Dort findet sich die folgende Umschreibung „Die Funktion der Logistik als Phänomen besteht in der Unterstützung
der Gütertransformation und -transaktion durch räumliche und zeitliche Transfers, um damit
die faktische Verfügbarkeit von Gütern für den Konsum oder die Weiterverwendung in der
Produktion herzustellen."[762] Diese Funktion schließt auch den Transfer der dabei entstehenden Abfälle ein. Aufgaben, die im Zusammenhang mit der Funktionserfüllung der Logistik
anfallen, sind somit logistische Aufgaben. Dagegen wird als Logistik in institutioneller Dimension ein „organisatorischer Teilbereich verstanden, in dem die logistischen Aufgaben

---

[759]   Vgl. Kieser/Walgenbach (2010), S. 153.

[760]   Vgl. Pfohl/Large (1998), S. 92–93.

[761]   Vgl. Pfohl (1980), S. 1201. Weiterhin wird dort der Logistik eine methodisch instrumentelle Dimension zuge-
        sprochen.

[762]   Large (2012), S. 11.

eines Industrie- oder Handelsbetriebes ganz oder teilweise zusammengefasst sind."[763] Dieser organisatorische Teilbereich bildet somit nach dem hier zugrundeliegenden Verständnis eine logistische Organisationseinheit. Wesentlich ist dabei, dass in solchen Organisationseinheiten primär solche Handlungen vollzogen werden, die der Logistik nach dem hier zugrunde gelegten Verständnis funktional zugerechnet werden können, also solche der Planung, Steuerung und Ausführung des Transfers von Gütern und Abfällen.

Die genaue **Benennung logistischer Organisationseinheiten** im Einzelfall ist dagegen für die Beantwortung der drei Fragen nicht ausschlaggebend. Nicht selten finden sich in Betrieben Abteilungsbezeichnungen, die nicht die tatsächlichen Aufgaben dieser Organisationseinheiten widerspiegeln. So existieren Beschaffungs- oder Materialwirtschaftsabteilungen, welche mit der Bezeichnung „Logistik" versehen werden, obwohl Aufgaben des Einkaufs und nicht der Logistik im Mittelpunkt stehen. Umgekehrt erfüllen als Materialwirtschaftsabteilungen gekennzeichnete Organisationseinheiten nicht selten auch Aufgaben der Distributionslogistik, die definitionsgemäß keine Materialien sondern Erzeugnisse zum Gegenstand haben. Abteilungsbenennungen werden zudem durch modische Managementkonzepte beeinflusst, welche die Implementierung der neuen Konzepte als unvermeidbar darstellen und deshalb deren sichtbare Umsetzung in der Organisation verlangen.[764] Seit einigen Jahren finden sich beispielsweise Organisationseinheiten mit der Bezeichnung „Supply Chain Management", obwohl diese nicht selten lediglich herkömmliche Logistik- und/oder Beschaffungsaufgaben erfüllen.[765] Auch deshalb wurde zur Formulierung der drei Fragestellungen statt der Begriffe „Organisationseinheit Logistik" oder „Logistikabteilung" die allgemeinere Bezeichnung „logistische Organisationseinheit" gewählt.

Es ist offensichtlich, dass die drei aufgeworfenen Fragestellungen in einem engen Zusammenhang mit mehreren Dimensionen der formalen Organisationsstruktur stehen. Die erste Frage nach den Aufgaben, welche einer logistischen Organisationseinheit oder ggf. mehreren logistischen Organisationseinheiten zugewiesen werden sollen, betrifft primär die **Spezialisierung**. Durch die **Abteilungsbildung** wird die Arbeitsteilung zwischen einer logistischen Organisationseinheit und anderen Organisationseinheiten im Unternehmen vorgenommen. Die wissenschaftliche Diskussion wurde dabei lange Zeit durch das sogenannte „Integrationsparadigma"[766] bestimmt. Danach wird die Zusammenfassung möglichst aller logistischen Aufgaben in einer Organisationseinheit als generell vorteilhaft betrachtet.[767] Durch die Integration logistischer Aufgaben in einer darauf spezialisierten Organisationseinheit wird nicht nur eine höhere Wirtschaftlichkeit erwartet. Es lassen sich darüber hinaus Zielkonflikte vermeiden, die entstehen können, wenn logistische Aufgaben gemeinsam mit vermeintlichen Hauptaufgaben innerhalb einer anderen Organisationseinheit erfüllt werden müssen.[768] Eben-

---

[763]   Pfohl (1980), S. 1201.

[764]   Vgl. Kieser (1996), S. 23, Kieser (1997), S. 57–58.

[765]   Siehe dazu Abschnitt 1.3.5.

[766]   Vgl. Bowersox et al. (2013), S. 345.

[767]   Vgl. Bowersox (1968), S. 54

[768]   Vgl. Pfohl (2010), S. 232–233 sowie bereits grundlegend Bowersox (1968), S. 54, Pfohl (1972), S. 57–58, Pfohl (1980), S. 1205.

so wird die Zusammenfassung logistischer Handlungen unter einheitlicher Leitung schon früh als Vorteil angeführt.[769]

Im Rahmen der Abteilungsbildung sollte gleichzeitig geklärt werden, ob weitere logistische Organisationseinheiten erforderlich sind. Neben der Verteilung auf zentrale und mehrere dezentrale Organisationseinheiten, deren Grundtypen in Abschnitt 4.2.3 behandelt werden, stellt sich insbesondere die Frage nach der Notwendigkeit **ergänzender Organisationseinheiten**, die häufig temporär angelegt sind und einen abteilungsübergreifenden Charakter aufweisen. Solche Einheiten sind insbesondere Ausschüsse, Projektgruppen und Konferenzen. Ausschüsse wurden bereits im Rahmen der Selbstabstimmung als Möglichkeit der institutionalisierten Interaktion eingeführt.[770] Diese dienen vor allem dem regelmäßigen Austausch der Mitglieder sowie der themenbezogenen Diskussion und ggf. Entscheidung über zu koordinierende Sachverhalte. Ausschüsse treten regelmäßig, jedoch vergleichsweise selten und üblicherweise für nur wenige Stunden zusammen. Projektgruppen erfüllen dagegen einen zugewiesenen Auftrag mit konkreter Zielsetzung. Die Mitglieder der Gruppe arbeiten innerhalb eines vorgegebenen Zeitraums zusammen und sind dafür vollständig oder teilweise von ihrer Hauptaufgabe entbunden. Neben Arbeitnehmerinnen und Arbeitnehmern der Logistik wirken in solchen Gruppen in der Regel Personen aus anderen Organisationseinheiten mit. Darüber hinaus können auch Angehörige anderer Unternehmen als Mitglieder eingebunden werden. Eine typische Aufgabe einer Projektgruppe könnte beispielsweise die Auswahl und Einführung eines neuen Behältersystems sein. Konferenzen führen dagegen i.d.R. einmalig eine größere Anzahl von Personen zusammen, um Informationen weiterzugeben oder eine thematisch eng umrissene Fragestellung zu diskutieren.

Aus Sicht der Unternehmensleitung berührt die erste Frage neben der Spezialisierung ebenso die Dimension der **Entscheidungsdelegation**, denn mit der Abteilungsbildung geht die Übertragung von Entscheidungsrechten an diese logistische Organisationseinheit einher.[771] Wird nur eine Abteilung gebildet und werden dieser alle Entscheidungskompetenzen zugewiesen, liegt ein hoher Grad an Entscheidungszentralisation hinsichtlich dieser logistischen Organisationseinheit vor. Existieren dagegen mehrere logistische Organisationseinheiten müssen Entscheidungen hinsichtlich der Aufgabenverteilung und damit auch der Kompetenzverteilung getroffen werden.

Schließlich führt jede Form von Spezialisierung zu Koordinationsbedarfen. Entsprechend ist auch die Dimension **Koordination** betroffen. Durch eine geschickte Bildung von Organisationseinheiten lassen sich jedoch Koordinationsbedarfe beeinflussen.[772] In der Logistikliteratur wird im Kontext des bereits angesprochenen Integrationsparadigmas traditionell die These vertreten, dass eine Zusammenfassung logistischer Aufgaben in einer umfassenden „Organisationseinheit Logistik" die Koordinationsbedarfe reduziert.[773] Grundlage dieser Annahme ist das sogenannte Autonomieprinzip. Danach sollen Abteilungen derart gebildet

[769] Vgl. Kirsch et al. (1973), S. 347.

[770] Siehe Hauptabschnitt 3.3.

[771] Vgl. Kieser/Walgenbach (2010), S. 83.

[772] Zu Möglichkeiten der Reduktion von Koordinationsbedarfen siehe Kieser/Walgenbach (2010), S. 99–100.

[773] Vgl. Pfohl (1972), S. 57–58, Pfohl (1980), S. 1207, Pfohl/Large (1998), S. 91–92, Pfohl (2010), S. 232. Siehe dazu prinzipiell Kieser/Walgenbach (2010), S. 99.

werden, dass „diese ihren Aufgabenbereich so autonom wie möglich, d.h. weitgehend unabhängig von der Aufgabenerfüllung anderer Abteilungen, wahrnehmen können."[774] Die These
trifft mit Blick auf die Ebenen der Koordination der Logistik für Koordination der Handlungen innerhalb logistischer Teilfunktionen und die Koordination der logistischen Teilfunktionen untereinander sicherlich zu.[775] Allerdings ergeben sich durch eine solche Abteilungsbildung ausgeprägte Schnittstellen zu anderen betrieblichen Funktionen sowie ggf. zu anderen
Organisationen.[776] Die aus diesen Schnittstellen resultierenden Koordinationsbedarfe können
zwar durch abteilungs- und organisationsübergreifende Organisationseinheiten reduziert
werden, beispielsweise durch die Einrichtung der bereits angesprochenen Ausschüsse und
Projektgruppen. Generell sind solche Schnittstellen, z.B. zwischen der Beschaffungslogistik
und dem Einkauf,[777] nicht unproblematisch.

Die zweite Frage, nach der angemessenen **hierarchischen Einordnung** einer logistischen
Organisationseinheit zielt wesentlich auf die formale Strukturdimension der **Konfiguration**
ab. Die hierarchische Einordnung ist an der Stellung der höchsten logistischen Instanz erkennbar. Traditionell werden im deutschsprachigen Raum die Leitungsebene (Vorstand,
Geschäftsführung), die Bereichsebene oder Geschäftsbereichsebene, die Hauptabteilungsebene, die Abteilungsebene i.e.S. und die Gruppenebene unterschieden. Entsprechend kann
eine logistische Organisationseinheit als Gruppe, Abteilung, Hauptabteilung oder Bereich
eingegliedert werden. Die höchste hierarchische Einordnung liegt vor, wenn ein Mitglied der
obersten Leitungsebene direkt für die Logistik Verantwortung trägt. Bei Aussagen über die
Hierarchieebene der Logistik sollte die Gliederungstiefe eines Unternehmens insgesamt
beachtet werden. Diese Messgröße gibt die Anzahl der in einem Unternehmen vorzufinden-
den Hierarchieebenen an.[778] Die Konsequenz einer Einordnung – beispielsweise als Abteilung – ist davon abhängig, ob Hauptabteilungen existieren oder ob Abteilungen direkt an die
Unternehmensleitung berichten.

Der hierarchischen Einordnung kommt wesentliche Bedeutung hinsichtlich der **Koordination logistischer Handlungen** zu. Die Koordination mit anderen Funktionsbereichen (Ebene 3
in Abbildung 2) wird wesentlich erleichtert, wenn die oberste Logistikführungskraft Abstimmungen mit den Leitern anderer Funktionsbereiche auf Augenhöhe durchführen kann.[779]
Auch die Einwirkung auf externe Akteure (Lieferanten, Kunden, Logistikunternehmen) wird
einfacher sein, wenn die Logistik eine hohe hierarchische Stellung einnimmt (Ebene 4 in
Abbildung 2). Ein Abteilungsleiter Logistik, der dem Hauptabteilungsleiter Produktion unterstellt ist, wird sicherlich nur bedingt als Gesprächspartner von Leitungskräften anderer
Unternehmen akzeptiert. Ein weiterer, jedoch keineswegs zu vernachlässigender Aspekt, ist
die Attraktivität der Logistik für den **Führungsnachwuchs**. Lassen sich lediglich mittlere
Positionen in der Logistik erreichen, werden sich leistungsfähige Logistikführungskräfte
nach Einsatzmöglichkeiten in anderen Bereichen umsehen.

---

[774]  Kieser/Walgenbach (2010), S. 90.

[775]  Siehe dazu Abbildung 2 in Abschnitt 1.3.4.

[776]  Vgl. Feierabend (1987), S. 57–58.

[777]  Vgl. Large (2013), S. 22–23.

[778]  Vgl. Kieser/Walgenbach (2010), S. 176.

[779]  Vgl. Pfohl (2010), S. 247.

Die Frage nach der hierarchischen Ebene lässt sich nicht von der ersten Frage nach dem Aufgabenumfang einer logistischen Organisationseinheit trennen. Tendenziell dürften sich eine hohe Anzahl der einer logistischen Organisationseinheit zugeordneten Aufgaben, ein großer Umfang der erteilten Entscheidungskompetenz und die hohe hierarchischen Einordnung **gegenseitig bedingen**. Verrichtet eine logistische Organisationseinheit beispielsweise nur Tätigkeiten der Produktionslogistik, kann eine Einordnung in den Produktionsbereich vermutet werden. Verantwortet diese dagegen alle Transfers eines Unternehmens ist eher eine Einordnung als Bereich oder sogar eine Vertretung in der Unternehmensleitung angezeigt.

Auch die dritte Frage nach der **inneren Gliederung** einer logistischen Organisationseinheit kann nur im Zusammenhang mit der Bearbeitung der beiden ersten Fragestellungen beantwortet werden. Der Umfang und die Art der Aufgaben sowie die höchste Instanz der Logistik bestimmen wesentlich die Anforderungen an innere Gliederung. Sind einer logistischen Organisationseinheit nur wenige Aufgaben von geringem Umfang zugewiesen, so ist in der Regel nur eine geringe Anzahl von Stellen erforderlich, um diese Aufgaben zu erfüllen. Entsprechend reicht ggf. eine Leitungsebene aus, ohne eine angemessene Leitungsspanne für die oberste Logistikinstanz zu überschreiten.[780] Insbesondere in diesem Fall sollten Logistikmanagerinnen und -manager die innere Gliederung der logistischen Organisationseinheit entsprechend der individuellen Fähigkeiten der dort beschäftigten Personen erwägen (ad personam). Bereits *Kosiol* bemerkt zutreffend: „Die persönliche Bildung und Verteilung von Aufgaben entspricht durchaus der Bedeutung des Menschen in der Organisation. Sie nutzt seine speziellen Interessen, Begabungen und Fähigkeiten oft weit besser, als dies eine sachliche Aufgabenbildung und -verteilung vermag."[781] Allerdings warnt er gleichzeitig vor einer zu starken Bindung der organisatorischen Gestaltung an einzelne Personen.

Mit zunehmender Anzahl von Aufgaben stellt sich auch hinsichtlich der inneren Organisation verstärkt die Frage nach dem inhaltlich angemessenen Grad der **inneren Spezialisierung**. Zur Festlegung der Arbeitsteilung werden in diesem Fall eher sachliche und formale Kriterien herangezogen. Die sachliche Gliederung (ad rem) kann mit Hilfe der Kriterien Verrichtung und Objekt erfolgen. Beiden kommt in der Logistik eine hohe Bedeutung zu. Das erstere Kriterium erlaubt eine Spezialisierung nach logistischen Teilfunktionen und weiter nach einzelnen Handlungen innerhalb der Teilfunktionen. Einer Stelle kann beispielsweise die Aufgabe des innerbetrieblichen Transports mit einem Gabelstapler zugeordnet werden. Objekte der Logistik sind die zu transferierenden Güter und Abfälle. Ein Bereich Logistik kann beispielsweise in die Hauptabteilungen Materiallogistik, Produktlogistik und Ersatzteillogistik untergliedert werden. Auf Stellenebene bietet sich zudem eine Arbeitsteilung nach Logistikeinheiten an. So kann eine Stelle für den Versand von Paletten, eine andere für einzelne Packstücke zuständig sein. Weiterhin stehen die formalen Kriterien Rang und Phase zur Verfügung, die eine Abgrenzung von Entscheidungs- und Ausführungsaufgaben bzw. von Planungs-, Realisations- und Kontrollaufgaben erlauben. Mit ihrer Hilfe werden Stellen der Logistikausführung und des Logistikmanagements gebildet. Bei hinreichender Größe der

---

[780] Die Leitungsspanne gibt die Anzahl von Stellen an, die einer Instanz direkt untergeordnet sind. Siehe z.B. Kieser/Walgenbach (2010), S. 149.

[781] Kosiol (1962), S. 83.

logistischen Organisationseinheit lassen sich auf diese Weise hochspezialisierte Stellen, z.B. für die Transportplanung, bilden.

Übersteigt die Anzahl der Stellen innerhalb der logistischen Organisationseinheit die maximale Leitungsspanne der obersten Logistikführungskraft, sind weitere Führungsebenen erforderlich. Damit ist ein zentraler Aspekt der **inneren Konfiguration** der Logistikabteilung angesprochen. Die Gliederungstiefe der Logistik gibt an, wie viele hierarchische Ebenen innerhalb einer logistischen Organisationseinheit vorzufinden sind. Die erforderliche Gliederungstiefe wird zum einen durch den Aufgabenumfang und zum anderen durch die hierarchische Einordnung in die gesamte Unternehmensstruktur bestimmt.

Deskriptive Ergebnisse **empirischer Untersuchungen** zur Logistikaufbauorganisation und speziell zu den drei aufgeworfenen Fragestellungen finden sich primär in der frühen Logistikliteratur.[782] Im Mittelpunkt stand dabei die Frage nach der Existenz und dem realen Aufgabenumfang einer umfassenden „Organisationseinheit Logistik". Zweck dieser Untersuchungen war es nicht nur, Aussagen über vorherrschende organisatorische Lösungen zu generieren. Vielmehr sollte mit „Soll-Ist-Erhebungen" auch der funktionale Umfang der Logistik (Soll) geklärt bzw. empirisch untermauert werden. Zudem wurden Daten zur hierarchischen Einordnung wiederholt erhoben. Seltener sind Aussagen über den inneren Aufbau einer logistischen Organisationseinheit, die in der Regel auf einzelnen Fallstudien beruhen. Obwohl sich die gewonnenen Ergebnisse im Detail unterscheiden, stimmen diese frühen Untersuchungen weitgehend darin überein, dass der Anteil von Unternehmen mit einer logistischen Organisationseinheit, der Umfang der zugeordneten Aufgaben und die Hierarchieebene im Zeitverlauf steigen oder ein solcher Anstieg von den Befragten zumindest erwartet bzw. gewünscht wird.

Vergleichbare **Untersuchungen jüngeren Datums** sind dagegen eher selten, zumal – wie gezeigt – die Bindung der Datenerhebung an die formale Benennung einer logistischen Organisationseinheit problematisch ist, da unterschiedliche Bezeichnungen in den Unternehmen verwendet werden. Weiterhin durchgeführt werden die traditionellen Studien der Bundesvereinigung Logistik (BVL) zu Trends und Strategien in der Logistik. Diese behandeln zwar wechselnde Themen, beziehen jedoch häufig auch Fragen zur Logistikaufbauorganisation ein. In der Ausgabe von 2008 findet sich eine Übersicht der „**Verantwortungsbereiche der Logistik**".[783] Danach verantwortet in 77% der befragten Industrieunternehmen die Logistik vollständig oder in 20% zumindest teilweise die Aufgaben Transport, Umschlag und Lager. Im Fall der Bestands- und Materialdisposition sind dies 48% bzw. 41% und beim Behältermanagement 63% bzw. 26%. Diese Werte deuten also auf einen gewissen Anteil von Unternehmen hin, die selbst diese zentralen Aufgaben der Logistik nicht einer solchen Organisationseinheit zuordnen. Zudem scheinen die Anteile gegenüber früheren Untersuchungen eher zu sinken.

**Empirische Ergebnisse zur hierarchischen Einordnung** enthält die Ausgabe von 2013, die jedoch aufgrund von Mehrfachnennungen mit Bedacht zu interpretieren sind. Danach verfügen 41% der befragten deutschen Unternehmen über eine logistische Position auf Geschäfts-

---

[782] Siehe dazu die Literaturübersicht in Pfohl/Large (1998), S. 93–96, sowie in Pfohl (2010), S. 235–237.

[783] Vgl. Straube/Pfohl (2008), S. 25.

führungsebene, 50% über eine logistische Organisationseinheit auf Geschäftsbereichsebene, 58% auf Hauptabteilungsebene und 57% auf Abteilungsebene.[784] Da die Summe dieser Anteile einen Wert von über 200% ergibt, scheint ein vergleichsweise großer Anteil von Unternehmen zu existieren, die parallel mehrere logistische Organisationseinheiten auf verschiedenen hierarchischen Ebenen aufweisen. Auch im Fall der Hierarchie konstatieren die Autoren einen Rückgang des Anteils höherer Einordnung vor allem auf Geschäftsführungsebene. Grundsätzlich werden empirische Untersuchungen zur Aufbauorganisation durch das Bemühen von Unternehmen erschwert, Hierarchien zu bestreiten oder zu verschleiern. Statt von hierarchischen Ebenen wird eher neutral von Verantwortungsbereichen oder Führungskreisen gesprochen. Viele Führungskräfte sind deshalb heute nicht in der Lage, ihre Hierarchieebene eindeutig zu benennen. Es ist deshalb im Rahmen von Befragungen nicht einfach, Hierarchieebenen klar zu identifizieren und korrekt einzuordnen.

## 4.2.3 Gestaltungsalternativen der Logistikaufbauorganisation

Um die im vorgegangenen Abschnitt dargelegten drei grundlegenden Aufgaben der Logistikaufbauorganisation zu erfüllen – Zuweisung von Aufgaben zu logistischen Organisationseinheiten, Wahl der hierarchischen Einordnung und innere Gliederung dieser Organisationseinheiten – müssen Logistikmanagerinnen und -manager aufbauorganisatorische Handlungen vollziehen, die sich ähnlich wie im Fall der Logistikablauforganisation einzelnen **Phasen** zuteilen lassen. Analog könnten im Folgenden die Problemerkennung und Problembeschreibung, die Zielbildung und Generierung von Aufbaualternativen, die Bewertung und Entscheidung sowie die Implementierung neuer Logistikorganisationsstrukturen detailliert behandelt werden. Dabei würden sich jedoch viele Ähnlichkeiten zur Logistikablauforganisation ergeben. Inhaltliche Wiederholungen ohne wesentlichen Erkenntniszuwachs wären die Folge. Wesentliche inhaltliche Unterschiede weist lediglich die Phase der Zielbildung und Generierung von Logistikaufbaualternativen auf, weshalb diese kurz angerissen werden soll.

Die **Zielbildung** ist auch im Fall der Logistikaufbauorganisation eine bedeutsame Voraussetzung der Ermittlung zulässiger Alternativen. Dabei lassen sich Parallelen zur Logistikablauforganisation ziehen. So könnte auch hier ein angemessener Grad an Organisiertheit, die Übereinstimmung der realen mit den vorgegebenen Ordnungen sowie die Effektivität und Effizienz der formalen Organisationsstruktur gefordert werden. Im Gegensatz zur Ablauforganisation, die in der Regel eine abgegrenzte logistische Handlungsfolge zum Gegenstand hat, beeinflusst die Logistikaufbauorganisation die formale Organisationsstruktur des Unternehmens als Ganzes. Entsprechend beziehen sich Zielgrößen i.d.R. auf die Gesamtorganisation. Entsprechend sind aus Sicht von Logistikmanagerinnen und -managern fundierte Aussagen insbesondere über die Effektivität und Effizienz einer bestimmten Logistikaufbauorganisation kaum möglich. Voraussetzung dafür wäre bewährtes wissenschaftliches Wissen über den Zusammenhang zwischen bestimmten Ausprägungen formaler Organisationsstrukturen und den einzelnen Zielen einer Organisation.[785] Nicht zuletzt deshalb ist die praktische

---

[784]  Vgl. Handfield et al. (2013), S. 42.
[785]  Siehe dazu Abschnitt 4.2.4.

Organisationsarbeit durch ein hohes Maß von Ausprobieren gekennzeichnet, welches zu regelmäßigen Reorganisationen führt.[786]

Auch die Aufgabe der **Generierung von Logistikaufbaualternativen** ist komplexer, als dies die Ausführungen des vorangegangenen Abschnitts 4.2.2 zunächst vermuten lassen. Die bisherigen Überlegungen waren stark am Leitbild einer einzigen logistischen Organisationseinheit orientiert. Dies wird insbesondere an den drei aufgeworfenen Fragestellungen deutlich. Allerdings weisen u.a. die dargestellten Ergebnisse empirischer Untersuchungen auf die Existenz mehrerer logistischer Organisationseinheiten in einem Unternehmen hin. Zudem wurde bisher weitgehend von der in einem bestehenden Unternehmen bereits existierenden Aufbauorganisation abstrahiert. Diese muss jedoch in aller Regel von Logistikmanagerinnen und -managern bei Reorganisationen als Restriktion akzeptiert und damit berücksichtigt werden. Die Generierung von Logistikaufbaualternativen ist somit prinzipiell als eine komplexe Aufgabe zu charakterisieren, die unternehmensindividuell erfüllt werden muss.

Nichtsdestotrotz können sich Logistikmanagerinnen und -manager bei der Generierung von Logistikaufbaualternativen an möglichen **Typen der Logistikaufbauorganisation** orientieren, die sich aus der logischen Betrachtung unterschiedlicher aufbauorganisatorischer Modelle ergeben. Im Vordergrund stehen dabei die Spezialisierung und die Konfiguration. Die Typen unterscheiden sich jedoch auch hinsichtlich der auftretenden Koordinationsbedarfe, des Grads der erforderlichen Delegation sowie des notwendigen Formalisierungsgrads. Zur Bildung der Typen wird in der Lehrbuch- und Forschungsliteratur üblicherweise grundlegend zwischen Typen auf Basis einer funktionalen oder einer divisionalen Organisationsstruktur des Gesamtunternehmens unterschieden.[787] Daneben finden sich Überlegungen zur Eingliederung der Logistik in eine Matrixorganisation.[788] Im Folgenden soll eine Typologie, bestehend aus neun Typen der Logistikaufbauorganisation, vorgestellt werden, die im Gegensatz zu bereits vorliegenden Ansätzen sowohl die Möglichkeit unterstützender Serviceeinheiten als auch jene weitergehender Fremdvergabe berücksichtigt:[789]

1. Keine logistische Organisationseinheit,
2. Logistische Organisationseinheit als Stab,
3. Logistische Organisationseinheiten innerhalb funktionaler Organisationseinheiten,
4. Logistische Organisationseinheit als funktionale Organisationseinheit,
5. Logistische Organisationseinheiten als Zentraleinheit und als dezentrale Einheiten,
6. Logistische Organisationseinheit als Serviceeinheit,
7. Logistische Organisationseinheit als Sparte,
8. Logistische Organisationseinheit als Tochterunternehmen,
9. Völlige Fremdvergabe und Bezug als Logistikdienstleistung.

---

[786]  Vgl. Handfield et al. (2013), S. 43.

[787]  Vgl. Beier (1973), S. 314–317, Bowersox (1968), S. 54–56, Pfohl (1980), S. 1207, Stock/Lambert (2001), S. 586–589, Pfohl (2010), S. 238–246, Bowersox et al. (2013), S. 345–347.

[788]  Vgl. Hayes (1954), S. 41–45, Kirsch et al. (1973), S. 347–348, Stock/Lambert (2001), S. 589–590, Pfohl (2010), S. 252.

[789]  Eine analoge Unterscheidung in fünf Beschaffungsorganisationstypen findet sich in Large (2013), S. 267–268.

**Zu 1:** Eine prinzipiell mögliche Gestaltungsalternative der Logistikaufbauorganisation besteht darin, **keine logistische Organisationseinheit** zu bilden, die mehrere Stellen umfasst. Da es kaum Betriebe geben dürfte, in denen keine logistischen Aufgaben existieren, sind die damit betrauten Stellen somit einer oder mehreren Organisationseinheiten zugewiesen, deren Arbeitsschwerpunkte nicht im Bereich der Logistik liegen. Die erste Gestaltungsalternative widerspricht somit der in Abschnitt 4.2.2 angeführten These der Vorteilhaftigkeit einer spezialisierten Organisationseinheit der Logistik. In der Literatur wird deshalb mit negativem Unterton von einer Fragmentierung oder Aufsplitterung der Logistik gesprochen.[790] Die bei der Planung, Steuerung und Ausführung der logistischen Handlungen entstehenden Koordinationsbedarfe können somit nicht abteilungsintern gedeckt werden, sondern verlangen einen abteilungsübergreifenden Einsatz geeigneter Koordinationsinstrumente. *Ihde* hat bereits früh darauf hingewiesen, dass bei Einsatz eines angemessenen Koordinationsinstrumentariums die Abstimmung logistischer Handlungen insbesondere in kleineren Unternehmen auch ohne eine spezialisierte logistische Organisationseinheit möglich ist.[791] Neben technokratischen Instrumenten, wie abteilungsübergreifenden Plänen oder Programmen (Logistikablauforganisation), sollte vor allem die Selbstabstimmung zwischen den Stelleninhabern mit logistischen Aufgaben gefördert werden. Gelingt dies nicht, muss die Koordination vertikal per persönlicher Weisung über die betroffenen Hierarchieebenen hinweg erfolgen, wodurch eine starke Belastung der betroffenen Führungskräfte entsteht.

**Zu 2:** Die Entlastung der Führungskräfte kann durch Einrichtung eines **Logistikstabs** erreicht werden. Ein Stab besteht aus einer oder mehreren Stellen und ist stets einer Instanz direkt zugeordnet. Der im deutschsprachigen Raum übliche Stabsbegriff darf nicht mit dem englischen Begriff „staff" gleichsetzt werden,[792] der eher für Zentraleinheiten im Sinne des fünften Typs steht.[793] Stabsstellen sollten mit solchen Logistikmanagerinnen und -managern besetzt werden, die aufgrund ihrer speziellen Logistikfähigkeiten in der Lage sind, die Instanz zu unterstützen. Beispielsweise kann ein Logistikstab der Unternehmensleitung gebildet werden, welcher Logistikpläne und -programme für diese entwirft. Da der Stab jedoch definitionsgemäß selbst über keine Weisungsbefugnis verfügt und Entscheidungen lediglich vorbereiten soll, bleibt prinzipiell eine Belastung der Instanz bestehen. Entscheidungen, persönliche Weisungen und die Inkraftsetzung von Plänen und Programmen obliegen nur der Instanz.

**Zu 3:** Verfügt ein Unternehmen über eine Funktionalorganisation als Grundmodell, ist also beispielsweise unterhalb der Leitungsebene in die Bereiche Verwaltung, Beschaffung, Produktion, Absatz sowie Forschung und Entwicklung untergliedert, können logistische Organisationseinheiten, die größer sind als einzelne Stellen, **innerhalb der funktionalen Organisationseinheiten** eingegliedert werden. Dabei sind zumindest zwei „Kristallisationspunkte für die Zusammenfassung von Logistikaufgaben"[794] in den Funktionen Beschaffung und Absatz plausibel. In Unternehmen, die eine synthetische Produktion, Variantenfertigung und

---

[790]  Vgl. Bowersox et al. (2013), S. 345, bzw. Pfohl (2010), S. 232.

[791]  Vgl. Ihde (1985).

[792]  Siehe zum Stabsbegriff z.B. Neuwirth (2004), Sp. 1350.

[793]  Siehe z.B. Kim (2007), S. 328–329, Daugherty/Dröge (1997), S. 340.

[794]  Pfohl (2010), S. 239.

eine geringe Fertigungstiefe aufweisen und deshalb viele und unterschiedliche Materialien bei Lieferanten beschaffen und der Produktion zuführen müssen, liegt ebenso eine übergreifende Abteilung mit der Bezeichnung „**Materialwirtschaft**" nahe, in der Aufgaben der Materiallogistik, der Materialprüfung und des Materialeinkaufs vereinigt werden.[795] Diese Organisationseinheit kann prinzipiell in den Bereich Produktion oder den Bereich Beschaffung eingegliedert werden.

In ähnliche Weise böte sich eine Abteilung „**Beschaffungslogistik**" an. *Johnson*, *Leenders* und *Fearon* berichten hinsichtlich nordamerikanischer Industrieunternehmen über einen hohen Anteil von Unternehmen, bei denen die Verantwortung für traditionelle logistische Teilfunktionen, wie beispielsweise eingehender außerbetrieblicher Transport, physische Lagerung und Lagerhaltung, beim Chief Purchasing Officer (CPO), also der höchsten Beschaffungsposition im Unternehmen, angeordnet ist.[796] Selbst bei ausgehenden außerbetrieblichen Transporten liegt der Anteil bei über 30%. Prinzipiell denkbar ist auch ein Kristallisationspunkt „Produktionslogistik" im Bereich der Produktion.

Andererseits werden Unternehmen, die lediglich mit vergleichsweise umfangreichen Logistikaufgaben beim Absatz konfrontiert sind, mit hoher Wahrscheinlichkeit logistische Organisationseinheiten in diesem Bereich bilden, die z.B. die Zuständigkeit für den ausgehenden Transport und den Betrieb der Lager übernehmen. Eine solche Lösung ist plausibel, wenn ein Unternehmen über viele Kunden verfügt, die weit entfernt angesiedelt sind und durch mehrstufige Lagerstrukturen bedient werden. Mögliche Bezeichnungen für eine solche Organisationseinheit wäre z.B. „**Distributionslogistik**", „Physical Distribution" oder „Absatzlogistik".

Eine Variante des dritten Typs stellt eine Organisationsstruktur dar, die sowohl im Beschaffungs- als auch im Absatzbereich über jeweils eine logistische Organisationseinheit verfügt (Abbildung 15). *Bowersox et al.* haben für eine solche Situation das Schlagwort „**the great divide**" eingeführt,[797] denn es liegen zwei separierte logistische Organisationseinheiten vor, die zwar innerhalb der Funktionen eingebunden sind, zueinander jedoch nur geringe Verbindungen aufweisen. Hierdurch wird die Koordination zwischen der Logistik und den jeweiligen Funktionen erleichtert. Ebenso wirkt sich dieses Organisationsmodell positiv auf die Abstimmung mit Lieferanten bzw. Kunden aus. Problematisch dagegen ist die Koordination von logistischen Handlungen, sofern diese in beiden logistischen Organisationseinheiten vollzogen werden. Beispielsweise bleiben Möglichkeiten der Nutzung von Lagerhäusern für die Lagerung von Material und von Endprodukten ungenutzt, weil die Zuständigkeit für diese bei unterschiedlichen Organisationseinheiten liegt.

---

[795] Zur Aufbauorganisation der Materialwirtschaft siehe grundlegend Grochla (1978), S. 171–193.

[796] Johnson/Leenders/Fearon (2006), S. 38.

[797] Vgl. Bowersox et al. (2013), S. 365.

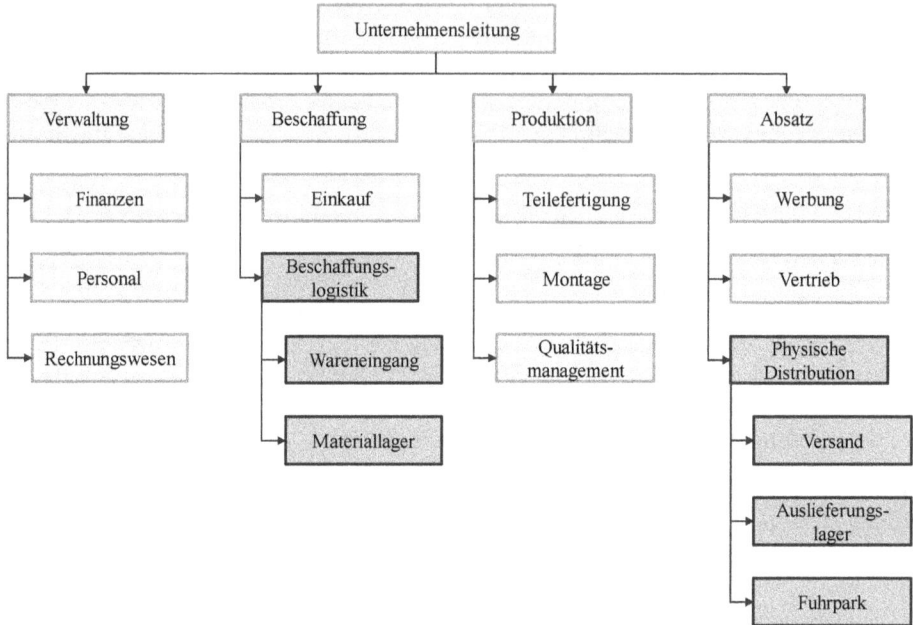

*Abbildung 15: Logistische Organisationseinheiten innerhalb funktionaler Organisationseinheiten*

**Zu 4:** Soll diese Trennung vermieden werden, müssten in einer einzelnen logistischen Organisationseinheit viele Aufgaben zusammengefasst werden, die zudem Bezüge zu mehreren betrieblichen Funktionen aufweisen würden, z.B. der Betrieb des Fertigwarenlagers und des Materiallagers. Die Eingliederung innerhalb der Funktionen ist deshalb nicht mehr angemessen. In diesem Fall kann die Logistik als **funktionale Organisationseinheit** selbst direkt der Unternehmensleitung unterstellt werden. Neben der Produktion, dem Absatz und weiteren betrieblichen Funktionen bildet die Logistik einen eigenständigen und gleichberechtigten Funktionsbereich, in welchem alle oder zumindest ein Großteil der logistischen Aufgaben vereint sind. Vorteil dieses Typus ist somit die interne Koordination der logistischen Teilfunktionen sowie der Handlungen innerhalb der Teilfunktionen innerhalb einer Organisationseinheit. Aufgrund der Eingliederung als Funktionsbereich wird zudem eine hohe hierarchische Einordnung erreicht, d.h. die Leiterin bzw. der Leiter der Logistik berichtet direkt an die Unternehmensleitung oder gehört dieser in Personalunion sogar an. Die Koordination logistischer Handlungen mit jenen anderer Funktionsbereiche muss jedoch über die bzw. in der Unternehmensleitung erfolgen.

**Zu 5:** Vor allem größere Unternehmen, die in unterschiedlichen Branchen tätig sind, oder solche, die abgegrenzte Märkte in unterschiedlichen Regionen bedienen, weisen häufig eine divisionale Organisationsstruktur als Grundmodell auf (Spartenorganisation). Das Unternehmen ist in diesem Fall zunächst nach strategischen Geschäftsfeldern (Branchen, Regionen) gegliedert. Die einzelnen Divisionen (Sparten) sind in der Regel intern wiederum funktional gegliedert. Entsprechend lassen sich **innerhalb einer Sparte** prinzipiell alle bisher beschriebenen Typen, insbesondere jedoch die Typen 3 und 4, analog und entsprechend der jeweiligen Erfordernisse realisieren.

Zusätzlich zu diesen dezentralen Organisationseinheiten in den Sparten kann eine logistische **Zentraleinheit auf Ebene des Gesamtunternehmens** geschaffen werden. Der fünfte Typus ist somit durch eine Verteilung logistischer Aufgaben auf eine zentrale und mehrere dezentrale Organisationseinheiten der Logistik charakterisiert (Abbildung 16). Die verschiedenen Aufgaben der Logistikausführung obliegen in aller Regel den logistischen Organisationseinheiten der Sparten während jene des Logistikmanagements verteilt werden, um die Koordination logistischer Handlungen über die Sparten hinweg zu erreichen. In der Typologie von *Daugherty* und *Dröge* entspricht dieser Typ dem Modell „staff only corporate consolidation", da den sogenannten „line responsibilities" dezentral in den Sparten nachgekommen wird.[798] Mit dem aus deutscher Sicht sehr missverständlichen Begriff "line/staff corporate consolidation"[799] bezeichnen diese dagegen eine Organisationsstruktur, bei der alle logistischen Aufgaben, d.h. auch solche die traditionell einem Funktionsbereich oder einer Sparte zugeordnet sind, in einer zentralen Organisationseinheit zusammengefasst werden.[800]

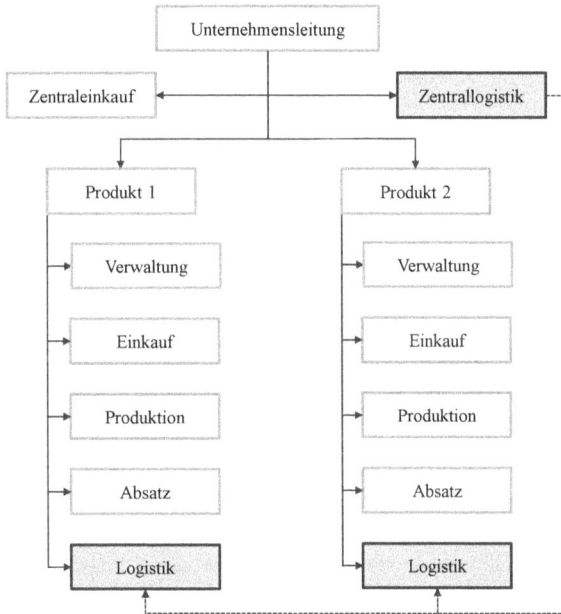

*Abbildung 16: Logistische Organisationseinheiten als Zentraleinheit und als dezentrale Einheiten.*

[798] Vgl. Daugherty/Dröge (1997), S. 339–341.

[799] Üblicherweise weist die Kombination der Begriffe „Stab" und „Linie" gerade auf eine Arbeitsteilung zwischen zentralen und dezentralen Organisationseinheiten hin. Siehe z.B. Neuwirth (2004), Sp. 1351.

[800] Dieses Modell vermengt aufgrund des weiten Stabsbegriffs im angelsächsischen Sprachraum Merkmale des fünften, sechsten und siebten Typs und wird deshalb nicht weiter betrachtet.

Verbunden mit der Zuweisung logistischer Aufgaben ist die Delegation von Entscheidungs-rechten an die zentralen und dezentralen Organisationseinheiten. Prinzipiell erhält die Zent-raleinheit lediglich fachlich begrenzte Kompetenzen, die jedoch zu **fachlichen Unterstel-lungsverhältnissen** führen können.[801] Diese sind in Abbildung 16 als gestrichelte Linie dargestellt.

Bei genauerer Betrachtung lassen sich diesbezüglich **zwei Subtypen** unterscheiden.[802] Wer-den der zentralen Organisationseinheit umfangreiche Entscheidungsrechte hinsichtlich der Erfüllung logistischer Aufgaben übertragen, so liegt der Fall einer Zentraleinheit mit Sach-kompetenz vor. In diesem Fall kann die Zentraleinheit selbst Entscheidungen treffen und entsprechende Handlungen durchführen. Ebenso kann diese im Rahmen ihrer Befugnisse Regeln für andere Organisationseinheiten erlassen, die zwingend einzuhalten sind. Davon zu unterscheiden ist eine Zentraleinheit, die lediglich Richtlinienkompetenz erhält. Eine Richt-linie gibt nur einen Handlungsrahmen vor, der ggf. weitreichende Spielräume für die Empfän-ger in den Sparten eröffnet. Die Unterscheidung der beiden Subtypen ist jedoch eher graduel-ler als prinzipieller Natur, da die Verbindlichkeit zentral vorgegebener Richtlinien unter-schiedlich stark ausgeprägt sein kann.

Damit wird das grundlegende **Dilemma dieses Typs** deutlich: Einerseits soll die Verantwor-tung – auch die Ergebnisverantwortung – für die Logistik und ebenso für andere Funktionen in den Sparten liegen. Andererseits erfordert die Koordination der Handlungen in den Spar-ten die Vorgabe von verbindlichen Regeln und sogar von persönlichen Weisungen. Mit der Verlagerung von Weisungsrechten an zentrale Bereiche geht jedoch auch die Verantwortung für daraus resultierende Handlungen an diese über.

**Zu 6:** Auf den ersten Blick ähnlich scheint der sechste Typus aufgebaut zu sein, bei dem die **logistische Organisationseinheit als Serviceeinheit** fungiert. Dieser Eindruck ist jedoch trügerisch, denn der fünfte und der sechste Typus unterscheiden sich fundamental. Während im Fall von Zentraleinheiten die Logistikausführung und viele Handlungen des Logistikma-nagements den Sparten obliegen, übernimmt die logistische Serviceeinheit gerade diese Auf-gaben für die Sparten. Serviceeinheiten, wie beispielsweise IT-Services oder Logistikser-vices sind dienstleistende Stellen für andere Bereiche (Abbildung 17).[803]

In der betrieblichen Anwendung wird deshalb häufig von „**internen Dienstleistern**" gespro-chen, bei welchen die Sparten die erforderlichen Leistungen „beschaffen". Bei diesem Typus sind deshalb innerhalb der Sparten zusätzliche Organisationseinheiten erforderlich, welche diese Aufgabe übernehmen, also beispielsweise Bedarfe definieren, Verhandlungen führen, die langfristige Beziehung zu der Serviceeinheit gestalten und kurzfristig die erforderlichen Leistungen abrufen. Eine solche Aufgabe kann prinzipiell von einer dort angesiedelten klei-neren logistischen Organisationseinheit oder auch durch eine Beschaffungsabteilung wahr-genommen werden. Letzteres erscheint vor allem dann sinnvoll, wenn zusätzlich an den Logistikmärkten andere logistische Leistungen, z.B. Transportleistungen, beschafft werden, welche die logistische Serviceeinheit nicht anbieten kann oder möchte.

---

[801] Vgl. Kieser/Walgenbach (2010), S. 133–134.

[802] Vgl. Pfohl (2010), S. 244–245.

[803] Vgl. Kieser/Walgenbach (2010), S. 137.

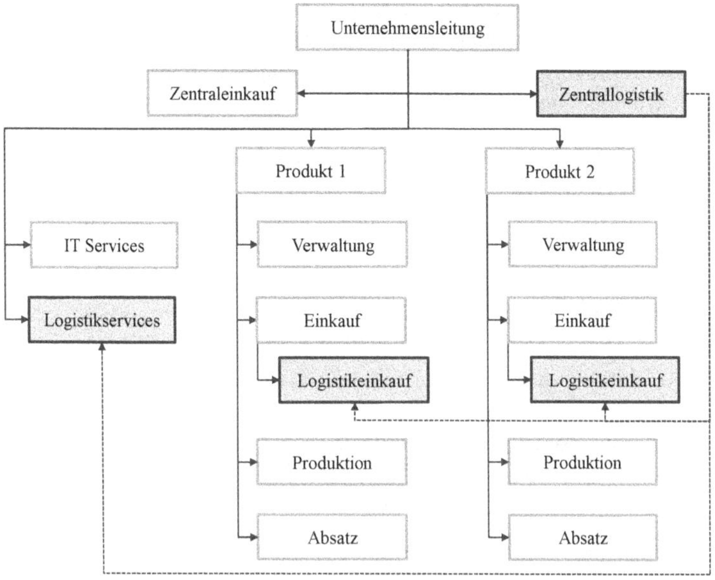

*Abbildung 17: Logistische Organisationseinheit als Serviceeinheit und Kombination mit einer zusätzlichen Zentraleinheit mit Richtlinienkompetenz.*

Zwischen der logistischen Serviceeinheit und den dezentralen logistischen Organisationseinheiten in den Sparten besteht somit keine hierarchische organisationale Beziehung, sondern lediglich eine interne Leistungsbeziehung. Die Koordination der Handlungen dieser logistischen Organisationseinheiten basiert grundlegend auf dem Instrument des **organisationsinternen Marktes.**[804] Wesentlich ist dabei, über welche Entscheidungsfreiheit die beiden Organisationseinheiten – die logistische Serviceeinheit und die jeweilige logistische Organisationseinheit in der Sparte – verfügen. Da in aller Regel nur eine logistische Serviceeinheit existiert und die Sparten nicht über das Recht verfügen, die betreffenden Leistungen alternativ bei einem externen Logistikunternehmen zu beziehen, bestehen geringe Handlungsspielräume. Ebenso haben die Sparten keine Möglichkeit auf den Bezug der logistischen Leistung gänzlich zu verzichten, wie diese beispielsweise bei einer internen Beratungsleistung möglich ist. Denn das logistische Leistungsprogramm der Sparte wird durch deren Beschaffungs-, Produktions- und Absatzhandlungen determiniert und umfasst die quantitativen und qualitativen Logistikleistungen, die in einem festgelegten Zeitraum zu erbringen sind. Ebenso wird die logistische Serviceeinheit bestrebt sein, alle Sparten als Kunden zu gewinnen, um die vorhandenen Ressourcen effizient zu nutzen. Die Verhandlungen zwischen den Organisationseinheiten haben deshalb eher den Charakter einer gemeinsamen Planung, bei der die Leistungsbedarfe durch die Sparten vorgegeben werden. Die Bewertung der Leistung erfolgt mit Hilfe von Verrechnungspreisen, die sich deshalb nur bedingt an Marktpreisen orientieren werden. Erst wenn die logistische Serviceeinheit in tatsächlicher Konkurrenz zu Logistikunternehmen steht, d.h. die Sparten sich auch für externe Angebote entscheiden können, wird

---

[804] Vgl. Kieser/Walgenbach (2010), S. 114–116.

sich der Verrechnungspreis zumindest dem Marktpreis annähern. Dies erfordert jedoch eine entsprechende strategische Entscheidung der Unternehmensleitung hinsichtlich des gewünschten Grads der Fremdvergabe der logistischen Leistungserstellung im Rahmen der Formulierung der Funktionalstrategie der Logistik.[805]

Da die Serviceeinheit als Auftragnehmer der Sparten fungiert, kann sie nur eingeschränkt die Koordination logistischer Handlungen über Sparten hinweg bewirken. Sicherlich ergeben sich Standardisierungseffekte, wenn die logischen Leistungen für alle Sparten von nur einer einzigen ausführenden Organisationseinheit erbracht werden. Die Sparten können jedoch als Auftraggeber den Handlungsvollzug wesentlich beeinflussen, insbesondere dann, wenn diese über das Recht verfügen, alternativ auf externe Logistikunternehmen zurückzugreifen. Um die daraus resultierenden Probleme einer unkoordinierten Aufgabenerfüllung zu reduzieren, kann der sechste Typus durch eine **Zentraleinheit mit Richtlinienkompetenz ergänzt** werden (Abbildung 17). Diese kann beispielsweise Abläufe definieren oder Kriterien für die Beschaffung und Erbringung logistischer Leistungen festlegen. Das Recht, Richtlinien zu formulieren, besteht damit gegenüber der logistischen Serviceeinheit und den jeweiligen logistischen Organisationseinheiten in den Sparten.

**Zu 7:** Verfügt eine logistische Serviceeinheit über umfangreiche Fähigkeiten und ist hierdurch in der Lage, Logistikdienstleistungen auch am Markt erfolgreich anzubieten, kann das Unternehmen diese als eigenständigen Geschäftsbereich führen. In diesem Fall ist eine **organisatorische Eingliederung als Sparte** angemessen. Diese kann zur Umsatzerzielung Logistikleistungen für andere Sparten erbringen und ebenso am Logistikmarkt als Anbieter auftreten. Auch bei Bildung einer eigenständigen Logistiksparte sind in den anderen Sparten dezentrale logistische Organisationseinheiten erforderlich, die wiederum die Aufgabe der Beschaffung der Logistikleistungen erfüllen und ggf. spartenspezifische Logistikhandlungen vollziehen. Typischerweise trägt der neue Geschäftsbereich „Logistik" als eigenständige Sparte Ergebnisverantwortung und wird dazu als sogenanntes Profitcenter abgegrenzt. Rechtlich bleibt er jedoch Teil des Unternehmens.

**Zu 8:** Dagegen existiert beim folgenden Logistikaufbauorganisationstyp diese rechtliche Integration des Geschäftsbereichs „Logistik" in das Unternehmen nicht. Die **logistische Organisationseinheit wird als Tochterunternehmen** geführt. Es liegt somit eine Konzernstruktur vor.[806] Neben Risikoerwägungen, die für eine solche Lösung sprechen, eröffnet ein Tochterunternehmen die Chance, am Markt als Logistikunternehmen und nicht nur als Geschäftsbereich eines Industrie- oder Handelsunternehmens wahrgenommen zu werden. Dies trifft insbesondere dann zu, wenn das Tochterunternehmen unter einem anderen Namen auftritt. Oft geht der achte Typus aus dem sechsten oder siebten hervor. Es findet also eine Ausgründung der Serviceeinheit oder Sparte „Logistik" statt. Ein Beispiel dafür ist die Avato AG, welche aus dem Unternehmen Bertelsmann ausgegliedert wurde. Neben der Ausgründung bilden die Neugründung sowie der Zukauf bestehender Logistikunternehmen weitere Möglichkeiten, ein logistisches Tochterunternehmen aufzubauen.

---

[805]  Siehe dazu Abschnitt 2.1.4.
[806]  Zum Konzernbegriff siehe §18 AktG.

**Zu 9:** Die Fremdvergabe einzelner logistischer Leistungen bis hin zur Nutzung der Kontraktlogistik für bestimmte Teilaufgaben, z.B. den Betrieb eines Regionallagers, kann bei allen Typen der Logistikaufbauorganisation auftreten und wurde deshalb bereits angesprochen. Der neunte Typus ist jedoch durch die **völlige Fremdvergabe der Logistik** gekennzeichnet. In dieser ausgeprägten Form werden alle logistischen Aufgaben im Unternehmen durch externe Logistikunternehmen, insbesondere durch Kontraktlogistikunternehmen, erfüllt. Trotzdem muss es auch bei diesem Typus Organisationseinheiten im Unternehmen geben, welche die Aufgabe der Logistikdienstleistungsbeschaffung erfüllen. Dahingehend sind unterschiedliche Lösungen denkbar. Wesentlich ist dabei die grundlegende Einschätzung der Unternehmensleitung, ob die Logistikdienstleistungsbeschaffung eher als Aufgabe des Logistikmanagements oder des Beschaffungsmanagements betrachtet wird.

Im Fall der **Dominanz des Logistikmanagements** könnte ein auf die Beschaffung von Logistikdienstleistungen spezialisierter Zentralbereich der Logistik oder eine logistische Serviceeinheit, die über keine eigene Einrichtungen für die Logistikausführung verfügt, die Aufgaben der Bedarfsbündelung, der Ausschreibung, der Vertragsgestaltung, der Verhandlungen mit den Logistikunternehmen sowie das nachfolgende Management der Dienstleister-Abnehmer-Beziehung übernehmen. An der Finalentscheidung über die Zusammenarbeit mit einem Kontraktlogistikunternehmen dürfte in vielen Fällen die Unternehmensleitung oder sogar die Konzernleitung mitwirken.[807]

Anderseits stellt bei diesem Typus der Logistikaufbauorganisation die Übertragung der Aufgabe der Beschaffung von Logistikdienstleistungen an **Organisationseinheiten der Beschaffung** eine überlegenswerte Alternative dar. Logistikdienstleistungen werden in diesem Fall, zusammen mit anderen Dienstleistungen, z.B. IT-, Entwicklungs- oder Fertigungsdienstleistungen, beschafft. Eine solche Lösung erscheint plausibel, wenn das Unternehmen generell auf einen hohen Anteil fremdbezogener Leistungen setzt und über qualifizierte Dienstleistungseinkäufer verfügt. Gerade bei völliger Fremdvergabe könnte deshalb ein Zentraleinkauf Aufgaben des strategischen Beschaffungsmanagements von Logistikdienstleistungen übernehmen.[808] Die Aufgabe der tagtäglichen Disposition ließe sich ggf. vorhandenen dezentralen Beschaffungsorganisationseinheiten in den Sparten zuordnen.

## 4.2.4  Erklärung formaler Organisationsstrukturen der Logistik

Warum haben nicht alle Unternehmen die gleiche Logistikaufbauorganisation? Und wie wirkt sich die jeweilige Logistikaufbauorganisation auf die Erreichung der individuellen Unternehmensziele aus? Diese beiden Fragen sind auf die Begründung unterschiedlicher formaler Organisationsstrukturen der Logistik und auf die Wirkung dieser Strukturen gerichtet. Aus einer handlungsorientierten Perspektive – die in diesem Buch verfolgt wird – lassen sie sich in der Frage zusammenfassen, warum Logistikmanagerinnen und -manager bestimmte Handlungen der Logistikaufbauorganisation ergreifen und andere nicht und wie sich diese Handlungen auswirken. Die Logistikaufbauorganisation rückt damit in das Blickfeld der **Logistik als Wissenschaft**, insbesondere dann, wenn diese die Erklärung von Zusammen-

---

[807]  Vgl. Large/Kovács (2001), S. 48.

[808]  Vgl. Large/Kovács (2001), S. 48.

hängen zwischen den verschiedenen Handlungen der Logistik, der Wirkungen von externen Bedingungen auf diese Handlungen sowie der Wirkungen dieser Handlungen auf andere Größen anstrebt.[809]

Bereits Ende der 70er Jahre des letzten Jahrhunderts hat *Persson* vorliegende Beiträge der Logistikliteratur drei unterschiedlichen **Ansätzen zur Erklärung** formaler Organisationsstrukturen der Logistik zugeordnet und diese als „one-way approach", „life-cycle approach" und „contingency approach" bezeichnet.[810] Verfolgt ein Autor den **„one-way approach"**, so propagiert er eine bestimmte Form der Logistikaufbauorganisation als generell richtig. Folglich wäre diese zwingend zu realisieren, um eine „gute" Logistik zu gewährleisten. Auf den ersten Blick könnte man die in Abschnitt 4.2.2 mit Bezug auf das sogenannte Autonomieprinzip aufgestellte These, nach der zur Reduktion der Koordinationsbedarfe logistische Aufgaben in einer umfassenden Organisationseinheit zusammengefasst werden sollten, in diesem Sinne interpretieren. In der Tat fand in den Anfangstagen der Logistik eine derartige Sicht durchaus Anhänger.[811] Schließt man sich dieser Denkweise an, wären die im vorangegangenen Abschnitt eingeführten Typen 4, 6,7 und 8 den anderen generell überlegen. Schon *Pfohl* weist jedoch in seiner Dissertation darauf hin, dass die Notwendigkeit der Zusammenfassung aller logistischen Aufgaben in einer Organisationseinheit keineswegs immer gegeben ist.[812] Auch *Kirsch et al.* bezweifeln die Existenz einer generell optimalen Logistikaufbauorganisation. Schließlich zerstreut schon ein Blick auf die Realität diese Idee, da existierende Unternehmen sehr unterschiedliche formale Organisationsstrukturen aufweisen und dennoch in der Lage sind, ihre logistischen Aufgaben effizient zu erfüllen.

Ein Versuch, das Phänomen unterschiedlicher formaler Organisationsstrukturen zu erklären, stellt der sogenannte **„life-cycle approach"** dar. Danach befinden sich Unternehmen auf unterscheidbaren Entwicklungsstufen der Logistik und sind deshalb mit unterschiedlichen logistischen Aufgaben konfrontiert, die andersartige aufbauorganisatorische Lösungen zulassen. Stufenmodelle finden sich bereits in der frühen Literatur zur sogenannten Physical Distribution.[813] *Heskett* hat auf Basis einer empirischen Untersuchung ein Modell mit vier **Entwicklungsstufen der Physical Distribution** entworfen, welches durch die Zunahme der Anzahl der innerhalb einer entsprechenden Organisationseinheit vereinigten logistischen Aufgaben gekennzeichnet ist.[814] Ähnlich beschreibt *Lancioni* die sequenzielle Entwicklung sowohl von Stabs- als auch von Linieneinheiten, die durch eine schrittweise Aufnahme von weiteren logistischen Aufgaben gekennzeichnet ist.[815]

*Beier* unterscheidet nach dem Grad des **Einsatzes von IT-Systemen** fünf Entwicklungsstufen, beginnend mit einer „Vorlogistik", die zunächst in eine Stufe der beginnenden Koordination übergeht.[816] Danach folgen verschiedene Formen der Bildung logistischer Organisati-

---

[809]  Zu den wissenschaftlichen „Logistikschulen" und deren Ansatz siehe ausführlich Large (2012), S. 20–21.

[810]  Vgl. Persson (1978), S. 288–292.

[811]  Vgl. Persson (1978), S. 288.

[812]  Vgl. Pfohl (1972), S. 62.

[813]  Zur Physical Distribution als Vorgängerlehre der Logistik siehe Large (2012), S. 8.

[814]  Vgl. Heskett (1962), S. 42.

[815]  Vgl. Lancioni (1974), S. 187–190 (identisch Lancioni (1975), S. 47–49).

[816]  Vgl. Beier (1973), S. 313–319.

onseinheiten. Die vierte Stufe ist durch einen zunehmenden Einsatz von Informationstechno-logien geprägt. Abgeschlossen wird die Entwicklung danach durch eine weitgehend automa-tisierte Logistik, die keine eigenständige logistische Organisationseinheit, sondern lediglich eine Abteilung zu Entwicklung und Pflege der IT-Systeme erfordert. Obwohl dieser Ansatz aufgrund des starken Bezugs auf IT-Systeme auf den ersten Blick überraschend modern anmutet, ist er doch weitgehend in Vergessenheit geraten. Ursächlich ist dafür sicherlich die Fehleinschätzung der Natur vieler Logistikaufgaben, insbesondere jener des Logistikmana-gements. Vor allem Aufgaben der strategischen Logistikplanung oder der Logistikführung lassen sich nicht automatisieren.

Weite Verbreitung auch in der Lehrbuchliteratur hat dagegen bis heute insbesondere das **Stufenmodell der Logistik** von *Bowersox* gefunden.[817] Dieses postuliert drei organisationa-le Stufen der Logistik, welche als typisch für bestimmte Zeiträume gekennzeichnet wer-den.[818] Die daraus resultierenden Organisationstypen unterscheiden sich durch den anwach-senden Umfang der integrierten logistischen Aufgaben sowie durch eine zunehmend höhere hierarchische Eingliederung. In jüngeren Veröffentlichungen stellt *Bowersox* die Notwen-digkeit der aufbauorganisatorischen Zusammenfassung von logistischen Aufgaben zuneh-mend in Frage und propagiert stattdessen eine stärkere Prozessorientierung und ein entspre-chendes aufbauorganisatorisches Modell, welches die Verantwortung für einzelne Prozesse funktionsübergreifenden Gruppen zuweist.[819] Allerdings wirkt dieses Modell wenig durch-dacht, da die „Logistik" als Mitglied dieser Gruppen genannt wird, ohne jedoch darauf ein-zugehen, wie eine solche Logistik organisational abgegrenzt und strukturiert sein soll.

In der jüngeren Literatur finden sich vor allem konzeptionelle Stufenmodelle, welche das **Supply Chain Management als (finale) Entwicklungsstufe** der Logistik zu rechtfertigen suchen. Als Beispiel sei das bereits in Abschnitt 1.3.2 dargelegte Phasenkonzept der Logis-tikentwicklung nach *Weber* und *Dehler* genannt, welches eine zunehmende Flussorientie-rung der Logistik postuliert.[820] Die funktionale Spezialisierung stellt in diesem Modell ledig-lich die erste Stufe der Logistikentwicklung dar. Den Schlusspunkt der Entwicklung setzt – so die Autoren – das Supply Chain Management. Verbunden damit ist aus organisationaler Sicht eine fortschreitende „Prozessorientierung der Organisation".[821]

Bereits *Heskett* weist darauf hin, dass **Stufenmodelle keine generelle Gültigkeit** beanspru-chen können, da einzelne Phasen ggf. übersprungen werden, Rückschritte möglich sind und sich erfahrungsgemäß die formalen Strukturen von zwei Organisationen nie genau glei-chen.[822] Der „life-cycle approach" findet seine Grenze jedoch insbesondere im Rahmen der empirischen Überprüfung.[823] *Weber* und *Dehler* konnten beispielsweise nur einen ver-gleichsweise geringen Anteil von Unternehmen feststellen, die sich den beiden als höher

---

[817]  Siehe z.B. Pfohl (2010), S. 238–242.

[818]  Vgl. Bowersox/Daugherty (1987), S. 46–50.

[819]  Vgl. Bowersox et al. (2013), S. 347–351.

[820]  Vgl. Weber/Dehler (2000), S. 48–53, Dehler (2001), S. 12–18, Weber (2008), S. 46–53, Weber (2012), S. 3–26.

[821]  Zur Messung dieser Prozessorientierung siehe Dehler (2001), S. 143.

[822]  Vgl. Heskett (1962), S. 43.

[823]  Vgl. Pfohl (2004), S. 22–23.

angenommenen Entwicklungsstufen zurechnen.[824] Auch aus theoretischer Sicht befriedigen diese Stufenmodelle nicht, denn sie bleiben eine Erklärung schuldig, warum Unternehmen die vorausgesetzte Entwicklung durchlaufen. Letztlich folgt auch dieser Ansatz prinzipiell der Logik des „one-way approach", denn für jede Stufe wird eine angemessene und stimmige Form der Logistikaufbauorganisation angenommen.

Diese Kritik greift der dritte Ansatz, der sogenannte „**contingency approach**" der Logistikaufbauorganisation, auf.[825] Dieser basiert auf dem sogenannten **Situativen Ansatz** (Kontingenzansatz),[826] dessen Erklärungsmuster in den 60er- und 70er-Jahren des letzten Jahrhunderts zum bestimmenden Paradigma innerhalb der Organisationstheorie avancierte. Vereinfacht gesprochen, geht der Situative Ansatz von einer messbaren Wirkung situativer Faktoren auf formale Organisationsstrukturen aus. Diese wiederum beeinflussen die Handlungen der Organisationsmitglieder und damit den Erfolg einer Organisation.[827] Wesentliche Voraussetzung für die Ermittlung dieser Zusammenhänge mit Hilfe statistischer Methoden ist die Operationalisierung von Situationen, Strukturen und Handlungen mit Hilfe von geeigneten Messmodellen.[828] Der Situative Ansatz verspricht somit aus einer anwendungsbezogenen Perspektive empirisch fundierte Aussagen über die in einer bestimmten Situation zielführenden formalen Organisationsstrukturen. Entsprechend wurde und wird diese Sichtweise auch zur Erklärung der Logistikaufbauorganisation realer Organisationen, insbesondere von Unternehmen, herangezogen.

In der Logistikliteratur des vergangenen Jahrhunderts finden sich deshalb nicht selten Aussagen über **potenzielle Einflussgrößen sowie darauf aufbauende Hypothesen** zu den Wirkungen dieser Faktoren.[829] Neben *Persson*, welcher drei potentielle Einflussfaktoren der Koordination betrachtet, nämlich den Grad der Vorhersagbarkeit logistischer Aufgaben, die Anzahl der Entscheidungsobjekte und die Anzahl autonomer logistischer Entscheidungsfelder,[830] haben insbesondere deutschsprachige Autoren bereits früh die Bedeutung der internen und externen Situation für die Erklärung formaler Organisationsstrukturen der Logistik betont. *Kirsch* und *Gabele* konstatieren, „dass auch die Überlegungen der neuen situations- und kontingenztheoretischen Ansätze in die Organisation der Logistik einbezogen werden sollten"[831] und formulieren vier Thesen zum Zusammenhang zwischen situativen Faktoren und aufbauorganisatorischen Lösungen.[832] Beispielsweise wird die These aufgestellt: „Je homogener die Güter der einzelnen Sparten hinsichtlich des Transports oder ihrer Lagerung sind und je mehr Produkte oder Produktgruppen über die gleichen Kanäle distribuiert werden, desto mehr wächst die Zentralisation der Logistik."[833] Dieses Beispiel zeigt jedoch die inhalt-

---

[824]   Vgl. Weber/Dehler (2000), S. 57, Weber (2012), S. 23–24.

[825]   Vgl. Persson (1978), S. 288–292.

[826]   Siehe dazu z.B. die grundlegenden Beiträge Pugh et al. (1963), Lawrence/Lorsch (1967), Pugh et al. (1968), Pugh et al. (1969), Blau (1970).

[827]   Vgl. Kieser (2014), S. 167–168.

[828]   Siehe dazu ausführlich Kieser/Walgenbach (2010).

[829]   Siehe dazu die Übersicht in Pfohl/Large (1998), S. 97–98.

[830]   Vgl. Persson (1978), S. 292–293.

[831]   Kirsch/Gabele (1980), S. 6.

[832]   Vgl. Kirsch/Gabele (1980), S. 7 sowie bereits Kirsch et al. (1973), S. 349.

[833]   Kirsch/Gabele (1980), S. 7.

lichen Grenzen derartiger Aussagen. Zum einen wäre es sehr überraschend, wenn diese These zumindest bei einer Vielzahl von divisionalisierten Unternehmen nicht zutreffen würde. Andererseits steht der Nachweis eines statistisch signifikanten Zusammenhangs selbst dieses sehr plausiblen Zusammenhangs aus. In ähnlicher Weise relativiert auch *Pfohl* seine prinzipielle Forderung nach der Zusammenfassung logistischer Aufgaben in einer Organisationseinheit durch die Nennung von Faktoren, welche die Notwendigkeit einer derartigen Integration untermauern.[834] Einen wichtigen Beitrag zum Situativen Ansatz in der Logistik haben *Pfohl* und *Zöllner* vorgelegt.[835] Auch in dieser Veröffentlichung finden sich zahlreiche potenzielle Einflussgrößen sowie mehrere Thesen, beispielsweise zum Zusammenhang zwischen der Komplexität und der Dynamik der Umweltbeziehungen und der Tendenz zur organisatorischen Zusammenfassung logistischer Aufgaben. Allerdings findet wiederum keine empirische Überprüfung statt.

In der jüngeren Logistikliteratur wird der „contingency approach" nicht mehr ausdrücklich verfolgt. Ursächlich dafür könnte die mittlerweile weit verbreitete **Ernüchterung über den Situativen Ansatz** der Organisationtheorie im Allgemeinen sein.[836] Eine bestimmte Organisationsstruktur ist keine zwingende Folge einer vorliegenden Situation. Managerinnen und Manager nehmen diese unterschiedlich wahr und reagieren realiter weniger rational auf situative Faktoren als angenommen. Formale Organisationsstrukturen – nicht nur der Logistik – erscheinen in diesem Licht eher von individuellen Überzeugungen, Konzepten und sogar von Managementmoden geprägt.[837] Trotz dieser skeptischen Gesamtsicht sollen im Folgenden zwei wesentliche Entwicklungen auf strategischer Ebene diskutiert werden, von denen eine deutliche Wirkung auf die Logistikaufbauorganisation erwartet werden kann.

Erfolgt die **Fremdvergabe logistischer Leistungen**, die bisher innerhalb der Organisation erbracht wurden, wird sich die formale Organisationsstruktur zwangsläufig ändern, denn logistische Aufgaben werden nun außerhalb der Organisation erfüllt, d.h. die Spezialisierung ist von dieser strategischen Entscheidung unmittelbar betroffen.[838] In Abhängigkeit von dem bisher vorliegendem Typus der Logistikaufbauorganisation entfallen hierdurch zumindest logistische Ausführungsstellen beispielsweise innerhalb funktionaler Organisationseinheiten oder in einer logistischen Serviceeinheit. Diese Veränderung schlägt sich auf die Konfiguration nieder. Als Folge davon werden sich Koordinationsbedarfe verändern und Entscheidungskompetenzen verlagern.

Bei **Fremdvergabe an Kontraktlogistikunternehmen** sind darüber hinaus Stellen mit Managementaufgaben oder sogar logistische Instanzen betroffen. Mit zunehmendem Grad der Fremdvergabe erhöht sich somit die Anzahl der entfallenden Stellen und die Unternehmensgröße – d.h. eine traditionelle situative Einflussgröße – sinkt. Bereits *Pfohl* und *Zöllner* haben darauf hingewiesen, dass diese Einflussgröße für die Logistikaufbauorganisation insbesondere dann an Relevanz gewinnt, wenn sich die Anzahl logistischer Knoten, wie z.B.

---

[834]  Vgl. Pfohl (1972), S. 62–63, Pfohl (1972), S. 1220–1221. Siehe dazu ähnlich Bowersox (1968), S. 54–55.

[835]  Vgl. Pfohl/Zöllner (1987).

[836]  Vgl. Kieser (2014), S. 179–194.

[837]  Zum Begriff und zur Wirkungsweise von Managementmoden siehe Kieser (1996), Kieser (1997).

[838]  Siehe dazu Abschnitt 2.1.4.

Lagerhäuser, verändert.[839] Deren Betrieb ist jedoch häufig Gegenstand der Kontraktlogistik. Bei weitreichender Fremdvergabe komplexer logistischer Leistungen können nicht nur einzelne Stellen, sondern sogar vollständige logistische Organisationseinheiten ihre Berechtigung verlieren. Denkbar ist deshalb ein organisatorischer Wandel hin zu vergleichsweise kleinen Logistikzentralbereichen mit geringer Gliederungstiefe, welche die Aufgabe des Aufbaus und des Managements der Kontraktlogistikbeziehungen übernehmen.[840] Bei umfassender Fremdvergabe kann sogar, wie in Abschnitt 4.2.3 unter Typ 9 beschrieben, eine Eingliederung dieser Aufgaben in die Beschaffungsaufbauorganisation erfolgen.

Die zweite Entwicklung, die an dieser Stelle diskutiert werden soll, ist das Aufkommen des **Supply Chain Managements**. Die Umsetzung dieses Managementkonzepts bewirkt sicherlich nicht zwingend einen bestimmten (neuen) Typ der Logistikaufbauorganisation. Eher kann die Auseinandersetzung mit dem Supply Chain Management als Anlass gesehen werden, eine Reorganisation der Logistik anzudenken und ggf. anzugehen. *Bowersox et al.* betonen, dass eine zunehmende Integration von Handlungsfolgen – wie dies im Rahmen des Supply-Chain-Managementkonzepts gefordert wird, nicht zwangsläufig zu einer Reorganisation führen muss.[841] Andererseits wird in der konzeptionellen Literatur gefordert, Strukturen zu schaffen, welche der Supply Chain Orientierung eines Unternehmens gerecht werden. So stellen *Esper*, *Defee* und *Mentzer* fest: „a supply chain-oriented firm not only places strategic emphasis on systemic, integrated SCM, but also aligns this strategic thrust with an organizational structure that capitalizes on this strategy."[842]

Bereits im Kontext der Stufenmodelle, die zu Beginn dieses Abschnitts diskutiert wurden, fand das **Supply Chain Management als mögliche „Entwicklungsstufe"** der Logistik Beachtung. Ebenso wurde in Abschnitt 4.2.2 auf existierende Organisationseinheiten hingewiesen, welche die Bezeichnung „Supply Chain Management" tragen. Dabei ist oft auf den ersten Blick nicht zu erkennen, ob es sich um eine reine Umbenennung von logistischen Organisationseinheiten handelt, mit der diesem Konzept zumindest dem Namen nach gefolgt werden soll, oder ob tatsächlich Aufgaben des Supply Chain Managements einbezogen wurden, die nicht logistischer Natur sind. Diese Unterscheidung vorzunehmen, ist jedoch aufgrund der äußerst heterogenen Sichtweisen des Supply Chain Managements keineswegs trivial.[843] *Kim* präsentiert eine Typologie der Aufbauorganisation des Supply Chain Managements, welche der in Abschnitt dargestellten Typologie der Logistikaufbauorganisation sehr ähnlich ist.[844] Die SCM-Organisationseinheiten der einzelnen Typen umfassen jedoch alle auch Aufgaben der Produktion oder erfüllen zumindest auch Koordinationsaufgaben hinsichtlich der Produktion. Eine Entwicklung der Logistikaufbauorganisation zu einer Aufbauorganisation des Supply Chain Managements zeichnet diese Typologie somit nicht nach.

---

[839]   Vgl. Pfohl/Zöllner (1987), S. 7.

[840]   Vgl. Large (2010a), S. 71.

[841]   Vgl. Bowersox et al. (2013), S. 348.

[842]   Esper/Defee/Mentzer (2010), S. 164.

[843]   Siehe dazu Abschnitt 1.3.5,

[844]   Vgl. Kim (2007), S. 329.

# 5 Logistikkontrolle

In Abschnitt 1.1.2 wurde die Logistikkontrolle als Phänomen eingeführt, welches alle Handlungen der Überwachung von Handlungen der Planung, Steuerung und Ausführung des Transfers von Gütern und Abfällen sowie der Überwachung der Wirkungen und Bedingungen dieser Handlungen umfasst. Dabei offenbarte sich bereits die Problematik der direkten Handlungskontrolle. Prinzipiell könnte der in Abschnitt 2.3.4 geplante Arbeitseinsatz direkt kontrolliert werden. Eine solche unmittelbare Kontrolle würde jedoch schnell an **rechtliche und moralische Grenzen** stoßen. Außerdem wäre nicht sichergestellt, dass als Folge durchgeführter Handlungen tatsächlich die gewünschten Wirkungen eingetreten sind. Ebenso wurde bereits auf Messprobleme bei sogenannten Hidden Actions hingewiesen.[845]

Stattdessen bietet sich an, eher die beobachtbaren und messbaren **Wirkungen und Bedingungen logistischer Handlungen** zu überwachen. Diese sind jedoch ausgesprochen vielfältig und können nicht in ihrer gesamten Breite dargestellt werden. Im Folgenden stehen deshalb die Überwachung von Flüssen und Beständen (5.1) sowie die Kosten- und Erlösüberwachung und die Kontrolle von Logistikleistungsquanten und -qualitäten (5.2) als zentrale Bereiche der Logistikkontrolle im Mittelpunkt. Kern der Logistikkontrolle als Managementhandlung stellt die Durchführung und die Auswertung von Vergleichen dar. Voraussetzung dafür ist die Erfassung der relevanten Daten. Darüber hinaus bezwecken Handlungen der Kontrolle in der Regel auch die Verhaltensbeeinflussung der betroffenen Akteure, zumindest die Beeinflussung der von ihnen vollzogenen logistischen Handlungen. Die Logistikkontrolle kann deshalb berechtigter Weise als Teil der Logistiksteuerung betrachtet werden, selbst wenn – wie hier vertreten – keine direkte Handlungskontrolle erfolgt.

## 5.1 Überwachung von Flüssen und Beständen

### 5.1.1 Wesen und Fragestellungen der Überwachung von Flüssen und Beständen

Mit den einführenden Aussagen zu den Handlungen der Logistikausführung und des Logistikmanagements wurde bereits im ersten Kapitel der Versuch unternommen, das Wesen der Kontrolle als Managementhandlung zu beleuchten. Die Kontrolle bezweckt, Handlungen selbst und die Wirkungen dieser Handlungen zu überwachen. Der **Zweck der Überwachung** wird durch die Erfassung von Daten und den nachfolgenden Vergleich dieser Ist-Daten mit anderen Ist-Daten, vorgegebenen Soll-Daten oder prognostizierten Wird-Daten erfüllt.

---

[845] Vgl. Alchian/Woodward (1987), S. 117.

Im Sinne von „Kontrolle über etwas oder jemanden haben" steht Kontrolle als Teil der Steuerung darüber hinaus für die Einwirkung auf Dinge und Menschen. Kontrolle verfolgt somit stets auch den **Zweck der Beeinflussung** von Handelnden. Diese Absicht der Kontrolle im Allgemeinen besteht ebenso in der Logistik, denn auch hier gilt wie in allen Bereichen gegenwärtiger Wirtschaft: Der Kapitalist hat die Arbeitskraft von Arbeitnehmerinnen und Arbeitnehmern vorab erworben, die nun unter seiner Kontrolle arbeiten müssen.[846] *Saldanha*, *Hunt* und *Mello* unterscheiden am Beispiel von Berufskraftfahrern die Steuerung von Handlungen durch die Vorgabe von Abläufen (activity controls) und die Steuerung durch die Kontrolle von Handlungsergebnissen (output controls).[847] Beiden Formen sprechen sie eine positive Wirkung auf die Erreichung logistischer Leistungsziele eines Transportunternehmens zu.[848] Es ist darüber hinaus plausibel, dass nicht nur die durchgeführte Kontrolle zu einer Beeinflussung führt, sondern bereits die Erwartung der Überwachung der eigenen Handlungen und ihrer Wirkungen die Aktivitäten von Handelnden beeinflusst. Schon die Ankündigung bzw. Androhung von Kontrollen erhält somit den Charakter einer Führungshandlung. Der Effekt der Beeinflussung durch Kontrolle kann zudem nicht nur bei Arbeitnehmerinnen und Arbeitnehmern beobachtet werden. Diese Form der Steuerung lässt sich analog auf andere Vertragspartner, wie z.B. eingebundene Logistikunternehmen oder Lieferanten, übertragen. Beispielsweise können die Handlungen von Arbeitnehmerinnen und Arbeitnehmern eines Lieferanten durch entsprechende Kontrollen, z.B. der Termintreue, zumindest indirekt beeinflusst werden.

In diesem Kapitel steht der Zweck der Überwachung von Flüssen und Beständen von Gütern und Abfällen im Vordergrund. Es soll also überprüft werden, ob und ggf. welche Abweichungen zwischen den beobachteten Flüssen und Beständen und den relevanten Vergleichsgrößen bestehen. Verbunden damit ist eine Entscheidung über die Tolerierbarkeit der ermittelten Abweichungen. Die **Notwendigkeit der Überwachung** von Flüssen und Beständen folgt zunächst aus der Bedeutung, die diesen für die Erfüllung der einzelnen logistischen Teilfunktionen zukommt. Sind Abweichungen nicht tolerierbar müssen Führungshandlungen ergriffen und ggf. Planungen überdacht werden, um die Erfüllung der betroffenen Teilfunktion zu gewährleisten. Nicht tolerierbare Abweichungen können jedoch ebenso ein Zeichen unzureichender Koordination sein. Der Kontrolle kommt deshalb eine zentrale Bedeutung für die Korrekturkoordination zu. Deuten im Rahmen der Kontrolle erkannte Abweichungen auf eine unzureichende Koordination von Handlungen und Handlungsfolgen hin, müssen Korrekturhandlungen vollzogen werden, die für eine angemessene Abstimmung sorgen.

Bei der Kontrolle von Flüssen und Beständen handelt sich in erster Linie um die **Überwachung der Wirkungen von Handlungen** im Sinne von Handlungsergebnissen. Eine direkte Kontrolle der Handlungen, die zu Flüssen und Beständen führen, kann zum einen aus den in Abschnitt 1.1.2 beschriebenen Gründen problematisch sein. Zum anderen ist die Überwachung einzelner Handlungen in der Regel nicht ausreichend, da viele sich gegenseitig beeinflussende Handlungen zur Realisation eines Flusses oder zum Entstehen eines Bestands beitragen und somit eine direkte Zuordnung nicht möglich ist. Zudem werden sich Zustände

---

[846] Vgl. Marx (2008), S. 199.

[847] Vgl. Saldanha/Hunt/Mello (2013), S. 16–17.

[848] Vgl. Saldanha/Hunt/Mello (2013), S. 24.

einfinden, die sich nicht immer auf konkrete Handlungen zurückführen lassen, sondern eher Zufallscharakter tragen. Allerdings können bestimmte Eigenschaften von Gütern und Abfällen auch eine direkte Kontrolle von Handlungen erfordern. Dies trifft insbesondere für solche Objekte der Logistik zu, die einen sehr großen Wert oder ein hohes Gefährdungspotenzial für Mensch und Umwelt aufweisen.

Sollen Flüsse und Bestände umfassend überwacht werden, müssen mehrere Fragen beantwortet werden. Insgesamt lassen sich vier interdependente **Fragestellungen der Überwachung von Flüssen und Beständen** und damit mehrere Handlungsfelder unterscheiden (Abbildung 18). Die Frage nach dem Was führt zu den grundlegenden Handlungen der Identifizierung von Gütern und Abfällen, deren Flüsse und Bestände kontrolliert werden sollen (5.1.2). Sodann wird in Abschnitt 5.1.3 die Frage gestellt, wo sich diese Güter oder Abfälle zu einem bestimmten Zeitpunkt befinden bzw. befanden. In Abhängigkeit von der Bezugsgröße resultiert diese Frage in Handlungen der Sendungs- bzw. der Fahrzeugverfolgung. Die Kontrolle der Bestände lässt sich zumindest gedanklich in die beiden Teilbereiche der Überwachung der Bestandshöhe (wie viel) und der Bestandsdauer (wie lange) aufspalten. Beide Fragestellungen sind allerdings eng miteinander verwoben. Sie werden deshalb in Abschnitt 5.1.4 gemeinsam behandelt. Schließlich ist von Bedeutung, in welchem Zustand sich bewegende oder ruhende Güter und Abfälle befinden. Die Beantwortung dieser Frage erfordert als weiteres Handlungsfeld die Zustandskontrolle, welche den Gegenstand des Abschnitts 5.1.5 darstellt.

| Was? | Identifikation von Gütern und Abfällen |
| Wo und wann? | Sendungs- und Fahrzeugverfolgung |
| Wie viel und wie lange? | Kontrolle der Bestandshöhe und -dauer |
| In welchem Zustand? | Zustandskontrolle |

*Abbildung 18: Fragestellungen und Handlungen der Überwachung von Flüssen und Beständen*

## 5.1.2 Identifizierung von Gütern und Abfällen

Voraussetzung für die Realisation der Überwachung von Flüssen und Beständen sind **Handlungen des Identifizierens** jener Güter und Abfälle, die einen Fluss oder einen Bestand bilden. „Identifizieren ist das eindeutige und unverwechselbare Erkennen eines Gegenstandes anhand von Merkmalen (Identifizierungsmerkmalen) mit der für den jeweiligen Zweck festgelegten Genauigkeit."[849] Solche Merkmale können für Handelnde der Logistik oder auch für technische Systeme sehr einfach zu erkennen sein. Beispielsweise lässt sich eine auf einem Bandförderer transportierte Menge Kies aufgrund der groben Körnung auf den ersten Blick als solche identifizieren und von einer Menge Sand abgrenzen. Schwieriger wird es, wenn unterschiedliche Sorten von Kiesen Verwendung finden, die sich nach Farbe, Härte oder anderen Eigenschaften unterscheiden lassen. In diesem Fall müssen die Ausprägungen der relevanten Merkmale eines Kieses genau erfasst werden, um diesen zu identifizieren. Befindet sich darüber hinaus Kies in einem geschlossenen und undurchsichtigen Behälter, kann dieser nicht durch Betrachtung von außen als solcher identifiziert oder gar einer bestimmten Sorte zugeordnet werden. Erweitert man diese Gedanken auf komplexe Güter und Abfälle, die vielfältige Merkmale mit einem großen Spektrum an Ausprägungen aufweisen und ggf. zu umschließenden Logistikeinheiten zusammengefasst sind, wird die Schwierigkeit der Identifikation logistischer Objekte offensichtlich.

Es liegt also nahe, Güter und Abfälle möglichst schon bei ihrer Entstehung zu identifizieren und diese bzw. die Logistikeinheit, in welcher sie transferiert werden, mit einem leicht wahrnehmbaren und eindeutigen Symbol zu versehen, welches im Nachhinein ein einfaches Wiedererkennen zulässt. Prinzipiell denkbar wäre beispielsweise die Verwendung von einzelnen **graphischen Symbolen oder von sprachlichen Benennungen**. Soll deren Komplexität überschaubar bleiben, ist deren unterscheidbare Anzahl jedoch begrenzt. In der Regel sind sie somit für die Logistik ungeeignet, da diese sehr viele unterschiedliche Güter und Abfälle bzw. Logistikeinheiten transferiert und deshalb sehr viele unterschiedliche Graphiken bzw. Benennungen erforderlich wären.

Als Symbol eignen sich deshalb insbesondere Kennungen. Diese bestehen aus einzelnen Nummernzeichen.[850] Durch deren Kombination lässt sich eine Vielzahl unterschiedlicher Nummern bilden. Eine solche Nummer kann dem Bezeichnen von Gegenständen dienen und wird dazu nach bestimmten Regeln generiert.[851] Durch **Handlungen des Benummerns**, wird sodann eine generierte Nummer einem bestimmten Objekt zugeordnet.[852] Erst dann kann die Nummer auf das Objekt selbst, auf eine Verpackung oder auf einen Behälter, in welchem sich das Objekt befindet, aufgebracht werden. Handelt es sich dabei um eine sogenannte Identnummer, so ist zu jedem späteren Zeitpunkt ein eindeutiges Erkennen möglich, da „zu einem Nummerungsobjekt nur eine Identnummer und zu einer Identnummer nur ein Nummerungsobjekt gehört."[853]

Nummerungsobjekte im Sinne der bereits zitierten Norm können einzelne Gegenstände oder auch Gruppen von Gegenständen sein.[854] In der Regel ergibt sich in einem Unternehmen die Notwendigkeit, Gegenstände auf unterschiedlichen Ebenen zu benummern. Individuelle **Güter und Abfälle** erhalten Identnummern, die entsprechend als Sachnummern bezeichnet

---

[849]  DIN 6763, S. 2. Im weiteren Verlauf wird der Begriff Identifikation synonym zu Identifizierung gebraucht.
[850]  Vgl. DIN 6763, S. 3.
[851]  DIN 6763, S. 4.
[852]  Vgl. DIN 6763, S. 1.
[853]  DIN 6763, S. 2.
[854]  Vgl. DIN 6763, S. 6.

werden.[855] Sofern erforderlich, können diese durch Chargennummern ergänzt werden, um die Zuordenbarkeit zu bestimmten Herstellungsprozessen und verwendeten Materialien zu gewährleisten. Mehrere ähnliche Gegenstände, die in bestimmten Merkmalen übereinstimmen, lassen sich mit Hilfe einer gemeinsamen Klassifikationsnummer sichtbar zu einer **Güter- oder Abfallklasse** zusammenfassen.[856] Aus Sicht der Logistik sind solche Güter- und Abfallklassifikationen von Bedeutung, die eine einheitliche logistische Behandlung einer Klasse erlauben.

Liegen **Güter- und Abfälle in unterschiedlichen Einheiten**, z.B. Verkaufseinheiten, vor, so können hierfür jeweils eigene Identnummern vergeben werden. Entsprechend würde beispielsweise ein bestimmtes Gut, welches jedoch in drei Packgrößen zu 6, 12 oder 36 Stück vertrieben wird, drei unterschiedliche Artikelnummern erhalten. Alternativ dazu kann eine gemeinsame Sachnummer jeweils durch eine weitere Nummer, welche die Art und Größe der Einheit abbildet, ergänzt werden. Ebenso wäre es möglich, das Nummernschema derart zu definieren, dass eine Artikelnummer aus Kennungen für das Gut und für die Packgröße aufgebaut wird. In diesem Fall verfügt zwar jede Verkaufseinheit über eine eigene Identnummer, es wäre jedoch möglich, das Gut als solches mit Hilfe der gemeinsamen Teilnummer zu identifizieren.

Besonderheiten sind hinsichtlich der **Identifizierung von Logistikeinheiten** zu beachten. Diese entstehen definitionsgemäß „durch die Zusammenfassung von definierten Güter- oder Abfallmengen zu räumlich und zeitlich transferierbaren Objekten, an denen als geschlossene Einheit logistische Handlungen vollzogen werden".[857] Im einfachsten Fall besteht eine Logistikeinheit aus einer bestimmten Menge eines einzigen Gutes oder Abfalls und ist durch die entsprechende Sachnummer und ggf. die Mengenangabe hinreichend definiert. Derartige Logistikeinheiten sind mit solchen, welche dasselbe Objekt in der gleichen Menge umfassen, beliebig austauschbar. Befinden sich in einem Lager beispielsweise mehrere Paletten, die jeweils mit 500kg eines identischen Gutes beladen sind, ist es einerlei, welche dieser Paletten bei einem entstehenden Bedarf ausgelagert und versendet wird.[858]

Durch die Zuordnung von weiteren Informationen, z.B. hinsichtlich des Zielorts oder der Art des Transports, erhält eine solche Logistikeinheit den Charakter einer **individuellen Sendung**, wodurch eine eindeutige Benummerung mit einer entsprechenden Identnummer erforderlich ist. Diese Sendungsnummer kann im Fall von artikelreinen Logistikeinheiten die Sach- bzw. Artikelnummer einschließen. Allerdings kann die Sendung auch aus einer Logistikeinheit bestehen, die unterschiedliche Güter oder Abfälle vereinigt. Beispiele dafür sind sogenannte Mischpaletten sowie Rollbehälter, die mit mehr als einem Artikel beladen sind. Möglich sind darüber hinaus Sendungen, die aus mehreren Logistikeinheiten, z.B. Packstücken, bestehen, die sich wiederum aus unterschiedlichen Artikeln zusammensetzen können. Im Bereich des Stückgutverkehrs findet sich zur Bezeichnung einzelner Packstücke der Begriff „Kollo". Eine Sendung kann entsprechend aus mehreren Kolli bestehen. In diesem Fall

---

[855] Vgl. DIN 6763, S.6.

[856] Vgl. DIN 6763, S.3.

[857] Large (2012), S. 44.

[858] Diese generelle Aussage trifft jedoch nur dann zu, wenn keine weiteren Differenzierungsmerkmale, z.B. unterschiedliche Haltbarkeitsdauern, vorliegen.

ist zusätzlich zur Sendungsnummer noch eine darauf aufbauende Nummer für die einzelnen Kolli sinnvoll.

Mit Hilfe von einmal vergebenen Identnummern und deren Verwendung ist somit eine eindeutige Identifizierung von Gütern und Abfällen, einzelnen Logistikeinheiten sowie von individuellen Sendungen möglich. Dies ist jedoch nur dann der Fall, solange sich diese Objekte in einem Bereich befinden, in dem diese Nummern und somit die Regeln zu ihrer Bildung Gültigkeit besitzen. Die bereits mehrfach herangezogene DIN 6763 definiert zur Beschreibung dieses Sachverhalts den **Begriff des Nummernsystems**. „Ein Nummernsystem ist die Gesamtheit der für einen abgegrenzten Bereich festgelegten Gesetzmäßigkeiten für das Bilden von Nummern."[859] Außerhalb dieses Bereichs können andere Regeln existieren, die zu abweichenden Nummern für identische Objekte führen.

Die Folge davon sind mehrere sogenannte **Parallelnummern**.[860] Eine Parallelnummer ist eine weitere Identnummer für ein Objekt. Beispielsweise verwenden ein Lieferant und einer seiner Abnehmer unterschiedliche Sachnummern für dasselbe Zulieferteil. Um in einem solchen Fall eine für alle Beteiligten eindeutige Bestellung auszulösen und logistisch abzuwickeln, muss das Abnehmerunternehmen neben der eigenen Sachnummer auch die Sachnummer des Lieferanten speichern und beide miteinander verknüpfen. Die Ineffizienz dieses Vorgehens ist offensichtlich, insbesondere dann, wenn ein Objekt von mehreren Lieferanten bezogen werden kann, die wiederum eigene Nummernsysteme einsetzen. Selbst innerhalb von Konzernen ist das beschriebene Problem anzutreffen, z.B. weil die Tochterunternehmen hinsichtlich ihrer Nummernsysteme unterschiedliche Entwicklungen durchlaufen haben und eine Standardisierung im Nachhinein mit hohem Aufwand verbunden wäre.

Wünschenswert ist deshalb ein **einheitliches Nummernsystem**, welches einen möglichst großen Bereich und damit eine möglichst große Anzahl von Unternehmen im In- und Ausland umfasst. Diese Anforderung erfüllt das standardisierte Nummernsystem der Global Standards One (GS1), einer internationalen Organisation, die derzeit in über 100 Ländern vertreten ist und dort diesen Standard sowie begleitende Dienstleistungen vertreibt.[861] In Deutschland wird die GS1 durch das Unternehmen GS1 Germany repräsentiert.[862]

Ausgangspunkt des Nummernsystems der GS1 ist die **Globale Lokationsnummer** (Global Location Number, GLN), die nach einem festgelegten Nummernschema gebildet wird.[863] Die 13-stellige GLN ermöglicht die Benummerung eines Unternehmens, eines einzelnen Betriebs dieses Unternehmens oder sogar eines einzelnen Lagerplatzes. Die GLN wird zentral durch die GS1 Organisation gegen gestaffelte Nutzungsentgelte zugeteilt. Jede Landesgesellschaft der GS1 verfügt dazu über einen bestimmten Nummernbereich. Globale Lokationsnummern, die in Deutschland vergeben wurden, beginnen beispielsweise mit Ziffern im Bereich 400 bis 440. Soll lediglich die GLN verwendet werden, erfolgt die Zuweisung einer festen GLN

---

[859] DIN 6763, S. 5.

[860] Vgl. DIN 6763, S. 6.

[861] Siehe http://www.gs1.org.

[862] Siehe zu den folgenden Ausführungen https://www.gs1-germany.de. Die GS 1 Germany wurde bereits 1974 von Verbänden des Handels und der Markenhersteller als Centrale für Coorganisation gegründet.

[863] Vgl. GS1 Germany GmbH (2009).

(Typ 1). Möchte ein Unternehmen die GLN zur Abbildung von Teilen des Unternehmens oder zur Bildung der nachfolgend beschriebenen Nummern verwenden, vergibt die GS1 lediglich eine Basisnummer mit 7 bis 9 Stellen (Typ 2). Da eine Stelle der GLN für eine Prüfziffer benötigt wird, können die Unternehmen 5 bis 3 Nummernstellen zur spezifischen Benummerung verwenden.

Die Basisnummer ist zudem Grundlage für die Bildung von eindeutigen **Globalen Artikelnummern** (Global Trade Item Number, GTIN) durch den Lizenznehmer. Die Globale Artikelnummer wird mit einer unterschiedlichen Anzahl von Nummernstellen verwendet. Üblich ist die GTIN-13 mit 13 Stellen.[864] Diese beginnt mit der zugeteilten 7-, 8- oder 9-stelligen Basisnummer und ermöglicht somit die Benummerung von 100000, 10000 bzw. 1000 Artikeln. Ferner existiert eine Kurzform der Globalen Artikelnummer mit nur 8 Nummernstellen (GTIN-8).

Zur Benummerung von Sendungen dient die 18-stellige **Nummer der Versandeinheit** (NVE), die international als Serial Shipping Container Code (SSCC) bezeichnet wird. Diese umfasst neben einer führenden Reserveziffer, einer Prüfziffer am Ende und der Basisnummer 7 bis 9 weitere Nummernstellen. Entsprechend lassen sich in Abhängigkeit von der Stellenzahl der Basisnummer 10 Mio. bis 1 Mrd. Sendungsnummern generieren.

Sollen Verpackungen nach Gebrauch zum gleichen Zweck wiederverwendet werden (Mehrwegverpackungen),[865] so kann auch deren Identifikation zweckdienlich sein, um ihren Rückfluss zu überwachen und zu steuern. Dies trifft vor allem auf **Mehrwegtransportverpackungen** zu. Hierfür steht im Rahmen des GS1-Nummernsystems eine weitere Identifikationsnummer, der sogenannte Global Returnable Asset Identifier (GRAI) zur Verfügung.

Grundlage der Benummerung von **ISO-Containern** bildet die DIN EN ISO 6346. Danach wird ein ISO-Container eindeutig durch eine alphanummerische Identnummer identifiziert, die sich aus vier Nummernteilen – dem Eigentümerschlüssel (drei Buchstaben), dem Produktgruppenschlüssel (ein Buchstabe), einer Registriernummer (6 Ziffern) und einer Prüfziffer – zusammensetzt.[866] Der Eigentümerschlüssel wird zentral durch das Bureau International des Containers (BIC) oder, sofern in einem Land vorhanden, durch seine nationalen Registrierungsorganisationen zugeteilt.[867] Die Vergabe der Registriernummer erfolgt sodann in Eigenverantwortung durch den Eigentümer.

Logistische Objekte können jedoch nur dann mit Hilfe von Nummern identifiziert werden, wenn diese mit der jeweiligen Identnummer versehen sind. Nach der Benummerung sind deshalb **Handlungen der Kennzeichnung** der zu transferierenden Objekte erforderlich. Die technologischen Möglichkeiten für eine solche Kennzeichnung sind vielfältig.

---

[864] Diese wurde früher als European Article Number (EAN) bezeichnet. In den USA wird eine 12-stellige Artikelnummer verwendet (GTIN-12), die dem früheren Universal Product Code (UPC) entspricht. Vgl. http://ocp.gs1.org/sites/glossary/en-gb/Pages/GTIN-12.aspx.

[865] Vgl. §3 Abs. 3 VerpackV.

[866] Vgl. DIN EN ISO 6346, S. 3.

[867] Siehe dazu http://www.bic-code.org/presentation-of-the-bic-codes.html.

Im einfachsten Fall erfolgt das Kennzeichnen durch die **Beschriftung mit der relevanten Nummer**, indem diese auf die jeweilige Menge eines Gutes oder Abfalls aufgebracht wird. Ebenso lassen sich Verpackungen, Ladungsträger und Behälter beschriften. Auf eine Verkaufsverpackung wird die Artikelnummer i.d.R. bereits bei deren Herstellung aufgedruckt. Ebenso trägt ein ISO-Container die beschriebene Identnummer nach DIN EN ISO 6346 als Schriftzug. Die Verwendung von Etiketten, die vorab gedruckt und nachfolgend an den Objekten oder an Ladungsträgern fixiert werden, vereinfacht die Beschriftung.

Beschriftungen mit Hilfe von alphanumerischen Zeichen können von Menschen und von Lesegeräten erkannt und gedeutet werden. Darin besteht ihr großer Vorteil. Die **maschinelle optische Zeichenerkennung** (Optical Character Recognition) wird durch die Verwendung spezieller Schriften, sogenannte OCR-Schriften, erleichtert.[868] Ihre Verwendung ist jedoch heute nicht mehr zwingend, da auch übliche gedruckte Zeichen und sogar handschriftlich aufgebrachte Nummern durch Lesegeräte prinzipiell erkannt werden können.

Um das maschinelle Lesen zu beschleunigen und die Wahrscheinlichkeit der korrekten Erkennung zu erhöhen werden **Strichcodes** (Barcodes) und andere Formen optischer Codes zur Abbildung von Identnummern verwendet. Ein Strichcode ist eine „Anordnung von parallelen rechteckigen Strichen und Lücken, die den Regeln einer bestimmten Symbolspezifikation entspricht und Daten in einer bestimmten maschinenlesbaren Form repräsentiert."[869] Im Gegensatz zu Beschriftungen, welche aus alphanumerischen Zeichen bestehen, können Strichcodes nicht von Menschen gelesen und interpretiert werden. Sie setzen deshalb technische Einrichtungen voraus, die als automatische Strichcodelesegeräte an markanten Punkten im Güter- und Abfallfluss (Identifikationspunkte) fest installiert sind und alle passierenden Objekte erfassen oder als mobile Strichcodelesegeräte nur bei Bedarf eingesetzt werden.[870] Die Verwendung von optischen Codes setzt zudem ein entsprechendes Regelwerk zur Verschlüsselung und Entschlüsselung voraus. Für Anwendungen in der Logistik empfiehlt sich dabei eine weitgehende Standardisierung, um einem möglichst großen Kreis von Akteuren die Nutzung einer bestimmten Symbolspezifikation zu ermöglichen.

Ein weit verbreiteter Standard zur Verschlüsselung einer 13-stelligen Globalen Artikelnummer (GTIN) in einen optischen Code stellt der Barcode **EAN-13** dar. Analog dient der Strichcode **EAN-8** zur Abbildung der Kurzform der Globalen Artikelnummer. Diese Strichcodes sind heute auf nahezu allen Artikeln anzutreffen, die über den Einzelhandel vertrieben werden. Zur Verschlüsselung der Nummer der Versandeinheit (NVE) dient der Strichcodestandard **GS1-128**. Er bildet damit die Grundlage für das einheitliche GS1-Transportetikett.[871] Der GS1-128 findet zudem Anwendung, wenn neben der Artikelnummer weitere Informationen, z.B. das Mindesthaltbarkeitsdatum,[872] verschlüsselt werden soll. Ferner existieren weitere Spezialtypen von Strichcodes oder zweidimensionale Codes, z.B.

---

[868]   Siehe dazu DIN 66008.

[869]   DIN EN 1556, S. 14.

[870]   Vgl. Arnold/Furmans (2009), S. 345. Zu den verschiedenen technischen Lösungen siehe z.B. Arnold/Furmans (2009), S. 345–354.

[871]   Vgl. https://www.gs1-germany.de/gs1-standards/barcodesrfid/gs1-128/.

[872]   Siehe dazu §7 LMKV.

die GS1 DataMatrix, mit deren Hilfe Zusatzinformationen auf kleinem Raum abgebildet werden sollen.

Obwohl Strichcodes eine kostengünstige und zuverlässige Möglichkeit der Kennzeichnung darstellen, weisen auch sie unter bestimmten Rahmenbedingungen **Schwächen** auf. Probleme der Lesbarkeit von Strichcodes treten bei Verschmutzungen und hoher Feuchtigkeit auf. Generell muss eine Sichtverbindung über kurze Distanz zwischen einem Strichcode und dem eingesetzten Lesegerät bestehen. Die unterschiedlichen Artikel, die auf einer Mischpalette gestapelt sind, lassen sich beispielsweise nur dann einzeln identifizieren, wenn die jeweiligen Barcodes von außen zugänglich sind. Dies ist jedoch häufig nicht der Fall. Ebenso ist die Datenmenge, die über aufgebrachte Nummern und optische Codes verschlüsselt werden kann, trotz Entwicklung neuer kompakter Codes begrenzt. Letzteres gilt vor allem für Güter und Abfälle, die auf Grund ihrer Größe oder anderer Eigenschaften wenig Raum zur Anbringung von Barcodes bieten.

Abhilfe versprechen elektronische und elektromagnetische Identifikationssysteme.[873] Kern dieser Technologie bilden Datenträger, die Identnummern und andere Daten in elektronischer Form speichern und mit logistischen Objekten fest verbunden sind. Zur Identifikation der Objekte werden diese Informationen mit Hilfe von elektromagnetischen Wellen an Lesegeräte übertragen. Besondere Bedeutung kommt dabei der **Radio Frequency Identification** (RFID) zu. Die Rolle des Datenträgers übernimmt ein sogenannter Transmitter, der im Wesentlichen aus einer Antenne und einem Datenspeicher besteht. Der Speicher kann je nach Bauart einmalig fest belegt oder beliebig oft neu beschrieben werden. Die Übertragung der Daten erfolgt im Fall von RFID mit Hilfe von Radiowellen. Obwohl die zugrundeliegende Technologie bereits seit mehr als einem halben Jahrhundert verfügbar ist, wurde diese erst durch die Verkleinerung der Transmitter und deren Massenproduktion etwa zur Jahrtausendwende auch breiteren Anwendungen zugänglich.

In der Literatur zur Logistik und zum Supply Chain Management werden vor allem die **Vorteile der RFID-Technologie** dargestellt. Angeführt werden beispielsweise die Verbesserung der Rückverfolgbarkeit und Transparenz, die Steigerung der Wirtschaftlichkeit von Prozessen, die Erhöhung der Informationsgenauigkeit, die Verringerung von Inventurdifferenzen und insbesondere von Schwund, die Vermeidung von Fehlmengen, geringere Bestände sowie die Verfügbarkeit von Echtzeit-Informationen.[874] Bei derart grundsätzlichen Verbesserungen stellt sich jedoch die Frage, mit welchem bisherigen Zustand die Nutzung von RFID verglichen wird. Viele der angeführten „Vorteile" lassen sich auch mit konventionellen Verfahren der automatisierten Identifikation, insbesondere durch Nutzung von optischen Codes, erreichen. Werden die Erfolge von einzelnen Fällen der RFID-Anwendung in der Logistik präsentiert, lässt sich zudem nicht eindeutig klären, ob der beobachtete Nutzen der Technologie selbst oder der mit der Implementierung einhergehenden Reorganisation der Prozesse zuzuschreiben ist.[875]

---

[873] Vgl. Arnold/Furmans (2009), S. 338.

[874] Vgl. Sarac/Absi/Dauzère-Pérès (2010), S. 92, Tajima (2007), S. 265–267.

[875] Vgl. Sarac/Absi/Dauzère-Pérès (2010), S. 79.

## 5.1.3 Sendungs- und Fahrzeugverfolgung

In Abschnitt 5.1.1 wurde als zweite wesentliche Frage im Rahmen der Überwachung von Güter- und Abfallflüssen, jene nach dem Ort, an dem sich ein Gut oder ein Abfall zu einem bestimmten Zeitpunkt befindet, gestellt. Diese Frage ergibt sich aus der Absicht, den räumlichen Fluss eines Gutes oder Abfalls im Zeitverlauf zu verfolgen. Im Wesentlichen werden hierdurch Handlungen des räumlichen Transfers von Gütern und Abfällen, genauer deren Wirkungen, kontrolliert. Erforderlich dafür sind Kontrollhandlungen der **Lokalisierung identifizierter Güter oder Abfälle** und darauf aufbauend der Gegenüberstellung des ermittelten Orts und des für einen vorgegebenen Zeitpunkt beabsichtigten Orts.

Ähnlich wie beim Identifizieren können auch bei der Ortsbestimmung **verschiedene Objekte** Gegenstand dieser Handlungen sein. Lokalisieren lassen sich Mengen von Gütern und Abfällen, einzelne Artikel, definierte Logistikeinheiten sowie individuell zusammengestellte Sendungen, die ggf. aus mehreren Artikeln bestehen. In Abhängigkeit von der Art des Güter- oder Abfallflusses ergeben sich **unterschiedlich weit abgegrenzte Räume**, in denen sich diese Objekte aufhalten können. Beispielsweise kann sich ein Fertigungslos nur an einem Ort innerhalb eines Werkstattgebäudes befinden, ein ISO-Container oder eine Luftfrachtsendung prinzipiell jedoch an jedem beliebigen Ort der Erde. Grundlegend kann deshalb zwischen der Überwachung von innerbetrieblichen und von außerbetrieblichen Güter- oder Abfallflüssen unterschieden werden. Insbesondere im Kontext außerbetrieblicher Flüsse von individuellen Sendungen wird deshalb der Begriff der Sendungsverfolgung verwendet.

Genauer betrachtet lassen sich Handlungen der Sendungsverfolgung in zwei Gruppen aufteilen. Im angelsächsischen Sprachraum wird deshalb das Begriffspaar „**Tracking und Tracing**" verwendet, um diese beiden Gruppen zu kennzeichnen.[876] Zunächst werden im Rahmen des Trackings die Identität und die momentane Position logistischer Objekte, an denen ein zeitlicher und räumlicher Transfer vollzogen wird, erfasst und dokumentiert. Liegen mehrere erfasste Punkte vor, die ein Objekt im Zeitverlauf passiert hat, lässt sich dessen Weg („Spur") ex ante nachzeichnen. Hierfür steht der Begriff „Tracing". Das Tracing stellt somit im Wesentlichen eine Aufbereitung vorliegender Daten dar. Diese Informationen erlauben dem Versender sowie dem potenziellen Empfänger die Überwachung des Verlaufs einer bestimmten individuellen Sendung. Viele Logistikunternehmen, insbesondere die internationalen Paketdienste, bieten heute die einfache Verfolgung von Sendungen mit Hilfe eines Browsers oder einer App für Mobilgeräte als Standard an. Erforderlich ist hierzu lediglich die Kenntnis der Sendungsnummer.

Die Grundlage der Sendungsverfolgung bildet somit das Tracking, denn dieses generiert die erforderlichen Lokalisierungsdaten. Prinzipiell lassen sich zwei unterschiedliche Vorgehensweisen zur Durchführung des Trackings unterscheiden.[877] Beim **diskreten Tracking** werden Güter und Abfälle beim Passieren wesentlicher vorab definierter Knoten eines logistischen Netzwerks identifiziert. Da der Ort eines solchen Knotens bekannt ist, kann die Position der identifizierten Sendung zu diesem Zeitpunkt mit jener des Knotens gleichgesetzt werden. In der Regel werden solche Knoten als Identifikationspunkte ausgewählt, die eine

---

[876]  Vgl. Dodel/Häupler (2010), S. 418–419.
[877]  Vgl. Kärkkäinen/Ala-Risku/Främling (2004), S. 547, Schöch/Hillbrand (2006), S. 91.

besondere Bedeutung im Güter- oder Abfallfluss aufweisen, Eigentumsübergänge darstellen oder an denen aus Gründen der Güterflusssteuerung ohnehin eine Identifikation stattfinden muss. Beispielsweise erfassen Paketdienste in der Regel die Abholung einer Sendung beim Versender, den Eingang in das Depot, den Abgang von dort, die Ankunft im Hub, die Weiterleitung an das Zieldepot, die Ankunft im Zieldepot, den Beginn der Zustellung im Rahmen einer Tour und die Ankunft am Zielort. Die Spur einer Sendung ergibt sich sodann durch die Verbindung dieser Orte in der richtigen zeitlichen Reihenfolge und durch entsprechende Ausweisung der Zeitpunkte, an denen die Identifikation stattfand. Die Aktualisierung erfolgt – wenngleich mit einem gewissen zeitlichen Verzug – sobald der nächste Punkt erreicht ist. Entsprechend lässt sich erst dann beurteilen, ob die verfolgte Sendung den richtigen Ort zum richtigen Zeitpunkt durchlaufen hat.

Welche **Methode der Identifizierung** herangezogen wird, ist zunächst völlig unerheblich. Prinzipiell könnte ein Gut auch aufgrund natürlicher Merkmale oder aufgrund einer handschriftlichen Kennzeichnung durch eine Person ohne technische Hilfsmittel erkannt und somit einem Ort und Zeitpunkt zugeordnet werden. Geht man jedoch davon aus, dass sehr viele Objekte innerhalb eines Zeitraums einen Identifikationspunkt durchlaufen, so ist die Notwendigkeit einer schnellen, sicheren und automatischen Erkennung offensichtlich. Das diskrete Tracking wird deshalb in aller Regel mit Hilfe optischer Codes, z.B. Strichcodes, oder unter Nutzung von der RFID durchgeführt.[878]

Das diskrete Tracking ist für die Überwachung von Güter- und Abfallflüssen in den meisten Fällen ausreichend. Es lässt jedoch nur dann die Rekonstruktion des Weges zu, solange zumindest irgendein Identifikationspunkt – ggf. auch ein nicht beabsichtigter – erreicht wird. Ist dies jedoch nicht der Fall, kann das betreffende logistische Objekt nicht mehr lokalisiert werden. Die möglichen Gründe für das **Abreißen der Spur** sind vielfältig. Neben menschlichen und technischen Fehlern, z.B. dem Vergessen von Ladung an einem Umschlagpunkt oder dem Herabfallen von einem Sortierer, stellt vor allem Diebstahl eine wesentliche Ursache dar.

Gerade für wertvolle oder einzigartige Güter, aber auch für Güter und Abfälle, von denen eine Gefahr für Mensch und Umwelt ausgeht, kann eine Form des Trackings angebracht sein, welche die Positionsbestimmung unabhängig von festen Identifikationspunkten ermöglicht. Eine solche Vorgehensweise liegt dem sogenannten **stetigen Tracking** zugrunde. Im Gegensatz zum diskreten Tracking wird der Ort, an dem sich ein logistisches Objekt befindet, permanent oder zumindest in definierten Zeitabständen bestimmt und an eine überwachende Station zurückgemeldet. Als Technologien kommen für die Lokalisierung derzeit die Satellitennavigation, z.B. das Global Positioning System (GPS), oder die Positionsbestimmung in Mobilfunknetzen, z.B. auf Basis des Global System for Mobile Communications (GMS), in Betracht.[879]

In der Regel werden diese Verfahren der Positionsbestimmung und -übermittlung jedoch aufgrund der entstehenden Kosten und dem Umfang der zu übermittelnden Datenmengen auf die Überwachung von größeren Logistikeinheiten, insbesondere von Containern, sowie auf

---

[878] Siehe dazu Abschnitt 5.1.2.
[879] Vgl. Schöch/Hillbrand (2006), S. 93–96.

die Verfolgung von ganzen Transportmitteln, wie Schiffe, Flugzeuge, Züge und Lastkraftwagen, beschränkt.[880] Insbesondere im Fall von Straßenfahrzeugen ist der Begriff „**Fahrzeugverfolgung**" üblich. Die Lokalisierung von Transportmitteln eröffnet zudem Möglichkeiten, die weit über die Sendungsverfolgung im engeren Sinne hinausgehen. Durch den
permanenten Zugriff auf die Positionsdaten eines Fahrzeugs können beispielsweise Transportdisponenten kurzfristig eine Tour ändern oder beim Abweichen von der geplanten Route
dem Fahrer entsprechende Anweisungen geben.[881]

Die Verfolgung von einzelnen Sendungen ist allerdings auf Basis der Fahrzeugverfolgung
nur dann zuverlässig möglich, wenn sich diese mit Sicherheit in diesem Transportmittel
befinden. Mit anderen Worten, es muss eine feste **Verknüpfung zwischen Sendung und
dem Fahrzeug** vorliegen. Besteht eine Sendung aus mehreren Kolli muss diese Bedingung
für jeden einzelnen Kollo eingehalten werden. In diesem Fall kann das Fahrzeug als mobiler
Identifikationspunkt betrachtet werden.[882] Werden jedoch Sendungen oder einzelne Packstücke davon in einer Station vergessen, unbemerkt in ein falsches Fahrzeug verladen oder bei
einem Zwischenhalt aus dem Fahrzeug entwendet,[883] gibt die Position des Fahrzeugs keinen
Aufschluss über den Ort, an dem sich eine zu verfolgende Sendung aktuell befindet.

## 5.1.4 Kontrolle der Bestandshöhen und Bestandsdauern

Die bisher bearbeiteten Fragestellungen lassen einen Rückschluss zu, welche Güter- und
Abfälle sich zu bestimmten Zeiten an bestimmten Orten befinden bzw. befanden. Obwohl
beispielsweise Artikelnummern auch einen Rückschluss auf Packungsgrößen und damit
Mengen zulassen, kann auf Basis dieser Informationen noch keine zuverlässige **Überwachung der Bestände** erfolgen. Vielmehr müssen die Güter- und Abfallmengen explizit erfasst und ihre zeitliche Veränderung dokumentiert werden.

In Abschnitt 2.3.3 wurde die operative Planung von Beständen an Gütern und Abfällen behandelt und dabei bereits grundlegend zwischen gewollten und ungewollten Beständen sowie
der Bestandshöhe und der Bestandsdauer unterschieden. Legt man die bisher verwendete
Definition der Logistikkontrolle zu Grunde, kann damit der **Gegenstand der Bestandskontrolle** umrissen werden.

> Die Bestandskontrolle umfasst als Teilgebiet der Logistikkontrolle alle Handlungen der
> Überwachung der Höhe und der Dauer von gewollten und ungewollten Beständen an Gü-
> tern und Abfällen.

Aus Sicht der Logistikkontrolle steht die Frage in Vordergrund, ob ein Bestand aus einem
gewollten oder einem ungewollten zeitlichen Transfer resultiert. **Gewollte Bestände** sind das

---

[880]  Vgl. Dodel/Häupler (2010), S. 418–424.

[881]  Siehe zu diesen sogenannten Online-Problemen der Tourenplanung Large (2012), S. 117. Allerdings kann sich
diese Form der engen Überwachung negativ auf die Arbeitszufriedenheit der Berufskraftfahrerinnen und Berufskraftfahrer auswirken. Siehe dazu Abschnitt 1.2.4.

[882]  Vgl. Kärkkäinen/Ala-Risku/Främling (2004), S. 547.

[883]  Vgl. Ekwall (2009), S. 57.

beabsichtigte Resultat gewollter zeitlicher Transferprozesse an gewollten Mengen und bedingen eine entsprechende Willensbildung, d.h. Entscheidungen über logistische Handlungen, die bestimmte Bestandshöhen und Bestandsdauern zur Folge haben. „Gewollt" ist dabei nicht im Sinne von „erwünscht" zu interpretieren. Wie im weiteren Verlauf noch zu zeigen ist, sind Bestände stets mit Kosten verbunden, weisen jedoch zuweilen nur einen geringen oder sogar keinen unmittelbaren Nutzen auf. Trotzdem können selbst diese eigentlich unerwünschten Bestände gewollt sein. Werden beispielsweise bei der Transportplanung das Transportmittel und die Transportstrecke bewusst ausgewählt und die dabei entstehenden positiven und negativen Effekte berücksichtigt, so ist der damit verbundene zeitliche Transfer (Transportzeit) gewollt und damit auch die daraus resultierende Transportbestandshöhe und -dauer. Wäre dieser Transportbestand nicht gewollt, müsste im Extremfall ein Leertransport durchgeführt werden. Dies würde jedoch dem Zweck des Transports widersprechen und wäre unsinnig.

Neben diesen gewollten Beständen entstehen realiter auch ungewollte Bestände. Ungewollt sind jene Bestände, bei denen die auftretenden Güter- und Abfallmengen nicht oder zumindest nicht in der vorliegenden Bestandshöhe beabsichtigt sind oder bei denen die angestrebte Bestandsdauer durch ungewollte zeitliche Transfers überschritten wird. **Ungewollte hohe Bestände** entstehen häufig durch Abweichungen von den Planungsprämissen, insbesondere von den zukünftigen eigenen Bedarfen an Werk- und Betriebsstoffen sowie den kundenseitigen Bedarfen an Erzeugnissen und Handelswaren. Unterschreiten beispielsweise die kundenseitigen Bedarfe die prognostizierten Werte, können sich in Abhängigkeit von den verfolgten Lagerhaltungspolitiken ungewollt große Bestandshöhen und zu lange Bestandsdauern in einem Distributionslager ergeben. Dieses Problem tritt vor allem dann auf, wenn die Produktionsmenge nicht oder zumindest nicht rechtzeitig an die geringeren Bedarfsmengen angepasst wird. Beispielsweise ist – wie in Fallbeispiel 2 deutlich wird – von elementarer Bedeutung, ob neue Fertigungsaufträge aus einer Bestandsunterschreitung resultieren oder ob diese auf Basis von Prognosen rein bedarfsorientiert geplant und realisiert werden.[884] Die im ersten Band eingeführte Lagerhaltungspolitik „1a/2a/3b" hat eine Selbstregulation des Lagerbestands zur Folge und begrenzt das Bestandsrisiko auf den maximalen Wert der Summe von Meldebestand $b_m$ und der Bestellmenge $Q$. Die Höhe ungewollter Bestände bleibt somit überschaubar. Ungewollt hohe Bestände sind möglicherweise auch eine Folge von nicht korrekten logistischen Handlungen, wie beispielsweise zu frühen oder zu hohen Bestellungen.

Güterbestände können andererseits zu klein sein, um entstehende Bedarfe zu decken oder um angestrebte logistische Handlungen, z.B. Transporte, an ihnen auszuführen. Wird ein Gut benötigt, welches zu einem bestimmten Zeitpunkt nicht oder nicht in der erforderlichen Menge verfügbar ist, liegt ein Fehlmengenereignis vor. Verbunden damit sind Fehlmengenkosten, z.B. in Form von Umsatzeinbußen und Produktionsstillständen. Hinzu kommen Kosten für Ausgleichsmaßnahmen, wie beispielsweise Eiltransporte.[885] Gewisse Fehlmengen bzw. gewisse Fehlmengenereignisse werden zur Vermeidung zu großer Sicherheitsbestände

---

[884] Siehe Abschnitt 2.3.2.

[885] Vgl. Silver (1981), S. 633, Pfohl (2010), S. 97.

üblicherweise akzeptiert und ihr Anteil mit sogenannten Servicegraden vorgegeben.[886] Wird jedoch ein solcher Servicegrad unterschritten, liegen **ungewollt niedrige Bestände** vor. Als Folge davon entstehen zusätzliche Fehlmengenkosten.

**Abfallbestände** sind häufig als gewollt einzustufen, obwohl diese selbstverständlich unerwünscht sind. Abfallbestände ergeben sich in der Regel als Folge bewusster Entscheidungen, z.B. darüber, bestimmte Produktionsverfahren anzuwenden oder bestimmte Verpackungsmaterialien einzusetzen. Ungewollte Bestände liegen vor, wenn Abfälle in unbeabsichtigter Höhe auftreten oder die angestrebte Bestandsdauer überschritten wird. Eine Ursache für ungewollte Bestände liegt im unbeabsichtigten Entstehen von Abfällen, z.B. durch Ausschuss bei der Produktion oder durch den Verderb von Güterbeständen. Längere Bestandsdauern als geplant folgen vor allem aus Problemen bei der Beseitigung oder Verwertung von Abfällen. Der Besitzer ist also nicht in der Lage, sich bestimmter Abfälle in der angestrebten Zeit zu entledigen. Die Beseitigung erfolgt beispielsweise durch Ablagerungen in oder auf dem Boden (Deponien), durch Einleitung in ein Gewässer oder durch Verbrennung.[887] Durch Verwertung werden Abfälle „einem sinnvollen Zweck zugeführt …, indem sie entweder andere Materialien ersetzen, die sonst zur Erfüllung einer bestimmten Funktion verwendet worden wären, oder indem die Abfälle so vorbereitet werden, dass sie diese Funktion erfüllen."[888] Die dafür einsetzbaren Verfahren sind vielfältig und umfassen unterschiedliche Verwertungen, wie z.B. die Verwendung als Brennstoff, die Rückgewinnung, die Regenerierung und das Recycling. Zur Verwertung zählt auch die Lagerung von Abfällen bis diese einer Verwertung zugeführt werden können.[889] Haben Abfälle ein Verwertungsverfahren durchlaufen und besteht wieder eine Nachfrage nach ihnen, so verlieren sie ihre Abfalleigenschaft und sind wieder Güter.[890] In diesem Fall wandeln sich Abfallbestände in entsprechende Güterbestände.

Die Bestandskontrolle versucht deshalb **zwei unterschiedliche Probleme** zu erkennen. Zunächst wird überprüft, ob sich gewollte Bestände in der beabsichtigten Höhe und Dauer eingestellt haben. Dabei stehen jene Abweichungen im Vordergrund, die auf unangemessene oder fehlerhafte Handlungen der Logistik oder anderer Funktionsbereiche zurückzuführen sind. Hierzu zählen auch unterlassene oder unzureichende Handlungen zur Vermeidung oder Korrektur von Abweichungen. Zum Zweiten sollte die Bestandskontrolle auch ungewollte Bestände erkennen. Diese können beispielsweise, durch Störungen im Güterfluss oder durch einen unerwarteten Rückgang der Nachfrage, verursacht werden. Ein besonderes Augenmerk sollte in beiden Fällen den Abfallbeständen gewidmet werden, insbesondere dann, wenn von diesen Gefahren für Mensch und Umwelt ausgehen.

Zu den Handlungen der Logistikkontrolle gehören neben vergleichenden Handlungen im engeren Sinne auch vorbereitende Handlungen zur Generierung von Daten, Handlungen der Dokumentation und die abschließenden Entscheidungen über die Tolerierbarkeit von Abweichungen. In ähnlicher Weise unterscheiden *Pfohl*, *Stölzle* und *Schneider* drei Teilgebiete der

---

[886]   Siehe dazu Large (2012), S. 205–207.

[887]   Zu den möglichen Verfahren der Beseitigung siehe KrWG Anhang 1.

[888]   §3 Abs. 23 KrWG.

[889]   Verfahren der Verwertung von Abfällen werden im Anhang 2 des KrWG exemplarisch angeführt.

[890]   Vgl. §5 Abs. 1 KrWG.

Bestandskontrolle: die Bestandsführung (Erfassung der Ist-Daten), die Bestandsrechnung (Soll-Ist-Vergleich) und die Bestandsanalyse (Abweichungsanalyse).[891] Letztere hat allerdings auch die Ermittlung von Ursachen identifizierter Abweichungen zum Gegenstand, und trägt damit bereits Züge der Bestandsplanung. Im weiteren Verlauf dieses Abschnittes sollen deshalb **drei Handlungsbereiche der Bestandskontrolle** zugrunde gelegt werden:

1. die Erfassung und Dokumentation von Bestandshöhen und -dauern,
2. deren Vergleich mit im Rahmen der Planung bestimmten Sollgrößen oder anderen Größen und
3. die Entscheidung über die Tolerierbarkeit von Abweichungen unter Beachtung der Ursachen dieser Abweichungen.

**Zu 1:** Die Erfassung und Dokumentation von Bestandshöhen und -dauern in Lagern hängt sehr stark von der verfolgten **Lagerhaltungspolitik** ab. Im ersten Band der Betriebswirtschaftlichen Logistik wurden die möglichen Lagerhaltungspolitiken mit Hilfe eines morphologischen Kastens entwickelt.[892] Von den drei dazu verwendeten Merkmalen kommt im Rahmen der Bestandskontrolle naturgemäß der Art der Überwachung besondere Bedeutung zu.

Bei **kontinuierlicher Überwachung** erfolgt bei jedem Lagerabgang und bei jeder Lageraufüllung die Neubestimmung des aktuellen Lagerbestands eines Artikels. Derartige Lager sind deshalb in aller Regel mit Identifikationspunkten beim Eingang und beim Ausgang ausgestattet. An einem solchen Identifikationspunkt erfolgt beispielsweise beim Eingang in das Lager die Erfassung der Artikelnummer mit Hilfe eines Strichcodelesers. Diese gibt Aufschluss über die Art des Gutes und ggf. über die Anzahl der eingegangenen Einheiten. Wird beispielsweise zweimal eine Packung mit Hilfe der Artikelnummer identifiziert, die 25kg eines bestimmten Gutes enthält, so sind insgesamt 50kg davon eingegangen. Ist im Rahmen der Identifikation keine automatische Mengenbestimmung möglich, dann können im Identifikationspunkt weitere technische Einrichtungen vorgesehen werden, welche das Objekt wiegen oder vermessen und auf diese Weise die eingehende Menge ermitteln. Ebenso ist ein manuelles oder automatisiertes Auszählen möglich. Werden Mischpaletten oder andere Logistikeinheiten angeliefert, die mehrere Güter umfassen, so müssen die Identität und die Menge jedes einzelnen Artikels bestimmt werden. Ausgehend von einem zuvor bestimmten Ist-Bestand ergibt sich auf diese Weise mit jedem Zu- oder Abgang sofort ein neuer Ist-Bestand des Artikels.

Bei **periodischer Bestandsüberwachung** wird der neue Ist-Bestand dagegen erst nach Ablauf eines Zeitraums oder zu festen Zeitpunkten bestimmt. Wurden alle Zu- und Abgänge seit der letzten Überwachung dokumentiert, kann der neue Ist-Bestand wie bereits aufgezeigt berechnet werden. Erfolgt dagegen die Erfassung der Flüsse nur sporadisch, fehlerhaft oder überhaupt nicht oder ist ein Schwund, z.B. durch Diebstähle, zu befürchten, so muss die laufende Bestandsrechnung im Rahmen der Kontrolle durch eine direkte Bestandserfassung ergänzt oder sogar vollständig ersetzt werden. Im Fall von Lagerbeständen handelt es sich dabei im weitesten Sinne um Inventuren. Dabei werden die vorhandenen Güter und Abfälle

---

[891]  Vgl. Pfohl/Stölzle/Schneider (1993), S. 535.
[892]  Siehe dazu Large (2012), S. 198.

identifiziert und die tatsächlichen Bestandshöhen, z.B. durch Zählen oder Wiegen, exakt bestimmt oder zumindest durch Abschätzen der Anzahl oder Menge grob ermittelt. Offensichtlich ist damit ein erheblicher Aufwand verbunden, selbst wenn die Bestandsermittlung automatisiert werden kann.

**Zeitpunktbezogene Ist-Bestände**, die aufgrund eines Zu- oder Abgangs berechnet oder an einem bestimmten Stichtag erfasst werden, zeigen in ihrem Verlauf eine stark veränderliche Höhe. Die aktuelle Bestandshöhe wird durch den verfügbaren Anfangsbestand, die Entnahmen innerhalb der Periode und durch Nachlieferungen verursacht. Letztere basieren auf Nachbestellungen und sind deshalb eine Folge einer logistischen Handlung. Als solche eröffnen sie Spielräume zur Manipulation des Ist-Bestands zu einem bestimmten Zeitpunkt. Nachbestellungen können absichtlich bis nach dem Stichtag verschoben werden, um zu hohe Bestände zu verschleiern. Zeitpunktbezogene Betrachtungen bergen deshalb die Gefahr in sich, ein verzerrtes Bild der tatsächlichen Bestandssituation zu geben.

Deshalb sollten Logistikmanagerinnen und -manager, durch die Glättung dieser Schwankungen versuchen, eine realistische Einschätzung des Bestandsniveaus zu gewinnen. Dazu eignet sich der **mittlere Ist-Bestand** eines Gutes oder Abfalls in einem Bezugzeitraum $\tau_b$. Dieser lässt sich grob als arithmetisches Mittel des Anfangs- und Endbestands bestimmen. Diese beiden Werte könnten jedoch – zufälligerweise oder absichtlich – außerordentlich hoch oder klein sein. Besser geeignet erscheint deshalb eine Mittelwertbildung über alle Ist-Bestände der Periode. Um auch dabei Verzerrungen zu vermeiden, müssen die Ist-Bestände an jedem Tag erfasst bzw. fortgeschrieben werden und nicht nur an jenen Tagen, an denen Bestandsbewegungen vorkamen. Alternativ lässt sich ein gewichtetes arithmetisches Mittel des Ist-Bestands bestimmen, bei dem die unterschiedlichen Bestandshöhen $b^I_{l_i}$ eines Gutes l mit der Zeitdauer $t_i$, über die sie unverändert bleiben, also der jeweiligen Bestandsdauer, gewichtet werden.[893]

$$(13) \quad b^I_l = \frac{\sum_{i=1}^{n} b^I_{l_i} \cdot t_i}{\sum_{i=1}^{n} t_i}$$

Die auf Basis dieser unterschiedlichen Berechnungsvorschriften erhaltenen mittleren Ist-Bestände eines gelagerten Objektes können deutlich voneinander abweichen. Dies lässt sich anhand des folgenden Beispiels belegen. Tabelle 4 zeigt den Bestandsverlauf eines bestimmten Artikels über einen Zeitraum von 2 Wochen.

---

[893] Vgl. Grochla (1978), S. 153.

*Tabelle 4: Bestandsverlauf eines Artikels über 14 Tage.*

| Tag | Höhe des Anfangsbestand | Zu- / Abgang | Höhe des Endbestand | Bestandsdauer |
|-----|------------------------|--------------|---------------------|---------------|
| 1 | 235 | | 235 | |
| 2 | 235 | | 235 | 2 |
| 3 | 235 | -128 | 107 | |
| 4 | 107 | | 107 | 2 |
| 5 | 107 | -56 | 51 | |
| 6 | 51 | | 51 | 2 |
| 7 | 51 | -45 | 6 | 1 |
| 8 | 6 | 300 | 306 | |
| 9 | 306 | | 306 | 3 |
| 10 | 306 | | 306 | |
| 11 | 306 | -73 | 233 | |
| 12 | 233 | | 233 | |
| 13 | 233 | | 233 | 4 |
| 14 | 233 | | 233 | |

Wird lediglich das Mittel zwischen dem tatsächlichen Anfangs- und Endbestand der Gesamtperiode von zwei Wochen gebildet, ergibt sich in diesem Beispiel ein mittlerer Lagerbestand des Artikel 1 von 234 Stück. Zieht man dagegen den Anfangsbestand und die Bestände der fünf Teilperioden heran, in denen eine Bestandsveränderung erfolgte, so resultiert daraus ein mittlerer Lagerbestand von etwa 156 Stück. Wird das gewichtete arithmetisches Mittel gemäß Formel (13) zugrunde gelegt, so beträgt der mittlere Lagerbestand 189 Stück. Das gleiche Ergebnis folgt natürlich bei Bildung des Mittelwerts aus allen 14 Endbeständen. Da bei kontinuierlicher Überwachung die Daten der Teilperioden verfügbar sind, stellt die Bestimmung des mittleren Ist-Bestands nach Formel (13) oder die Mittelwertbildung über alle Teilperioden kein Problem dar und sollte den anderen Verfahren vorgezogen werden. Ebenso ist eine rollierende Bestimmung des mittleren Ist-Bestands bei dieser Datenlage einfach zu bewerkstelligen.

Dieses einfache Beispiel zeigt, dass neben der Erfassung der Bestandshöhen auch die Registrierung der **Bestandsdauern** erfolgen sollte. Dies ist insbesondere dann ratsam, wenn wie im obigen Beispiel kein kontinuierlicher Abbau von Lagerbeständen durch Entnahmen erfolgt. Die Dokumentation von Bestandsdauern ermöglicht darüber hinaus die Identifikation von Lagerhütern.[894] Als Lagerhüter werden gelagerte Güter bezeichnet, die über einen längeren Zeitraum hinweg nicht entnommen werden und damit eine vergleichsweise hohe Bestandsdauer aufweisen. Die Länge des Zeitraums, ab welchem von einem Lagerhüter gesprochen werden kann, lässt sich nicht generell festlegen. Bei modischen oder verderblichen Artikeln kann dies schon nach wenigen Tagen oder Wochen der Fall sein, bei Ersatzteilen ggf. erst nach Jahren.

Aus den mittleren Ist-Beständen der einzelnen Lagerobjekte kann sodann durch monetäre Bewertung und Aggregation der mittlere Ist-Bestand des gesamten Lagers analog zu Formel

---

[894] Vgl. Pfohl/Zöllner (1991), S. 330.

(6) bestimmt werden. Im Gegensatz zur Planungsrechnung kann dabei jedoch nicht ein konstanter Wert pro Mengeneinheit vorausgesetzt werden, da sich möglicherweise der Wert des gesamten Bestandes oder der von Teilmengen im Zeitverlauf, z.B. durch Alterung oder Marktpreisschwankungen, verändert. Erforderlich ist deshalb neben der Mengenkontrolle auch eine Wertkontrolle der gelagerten Objekte.[895] Im Folgenden wird jedoch im Sinne einer Vereinfachung von einem im Bezugszeitraum $\tau_b$ konstanten Wert ausgegangen. Daraus folgt der in monetären Einheiten gemessene tatsächliche **mittlere Lagerbestand des gesamten Lagers**:

$$(14) \quad b_{Lm}^I = \sum_{l=1}^{L} b_l^I \cdot p_l$$

Absolute Bestandsgrößen sind häufig hinsichtlich ihrer Bedeutung schwer zu interpretieren. Welche Information beinhaltet beispielsweise die Aussage, der Bestand eines Lagers beträgt im Monatsdurchschnitt eine Million Euro? Aus diesem Grund werden in Unternehmen häufig **Bestandskennzahlen** verwendet, die den gesamten Lagerbestand oder Teile davon zu einer anderen Größe in Relation setzt.[896] Die wohl bekannteste Kennzahl stellt die **Umschlaghäufigkeit** dar, die auf das gesamte Lager, eine Objektgruppe in diesem Lager oder ein einzelnes gelagertes Objekt bezogen sein kann. Soll die Umschlaghäufigkeit für einen einzelnen Artikel bestimmt werden, eignen sich zur Berechnung der Verbrauch an diesem Objekt im Bezugszeitraum sowie der mittlere Bestand (beides gemessen in physikalischen Größen). Werden mehrere Objekte oder sogar das ganze Lager betrachtet scheidet der Bezug auf eine physikalische Größe natürlich aus. Formel (15) zeigt die absolute Umschlaghäufigkeit $h_L^I$ in einer Periode bezogen auf das gesamte Lager. In diesem Fall werden zur Bestimmung dieser Größe der gesamte monetäre Lagerabgang $v_{Lm}^I$ des betrachteten Bezugszeitraums und der mittlere Ist-Bestand $b_{Lm}^I$ des gesamten Lagers gemessen in monetären Einheiten herangezogen.

$$(15) \quad h_L^I = \frac{v_{Lm}^I}{b_{Lm}^I}$$

Die Umschlagshäufigkeit gibt sinnbildlich an, wie oft das betrachtete Lager im Bezugszeitraum $\tau_b$ vollständig entleert und wieder aufgefüllt wird. Dies entspricht natürlich nicht der tatsächlichen physischen Güterbewegung, zumal die einzelnen Artikel sehr unterschiedliche Umschlaghäufigkeiten aufweisen können. Der Kehrwert der Umschlaghäufigkeit wird in der materialwirtschaftlichen Literatur häufig als mittlere Verweildauer bezeichnet. Diese entspricht in der in diesem Buch verwendeten Terminologie der **mittleren Bestandsdauer der gelagerten L Objekte eines Lagers**.

$$(16) \quad t_L^I = \frac{1}{h_L^I} = \frac{b_{Lm}^I}{v_{Lm}^I}$$

---

[895]   Siehe grundlegend Grochla (1978), S. 159.

[896]   Siehe dazu z.B. Grochla (1978), S. 151–154.

Steht beispielsweise im Monat November dem erwähnten Bestand eines Lagers von einer Million Euro ein Lagerabgang von 5 Millionen (30 Tage) gegenüber, so ergibt sich eine Umschlaghäufigkeit von 5 pro Monat und eine mittlere Bestandsdauer von 6 Kalendertagen.

Neben Lagerbeständen sollten auch **Transport- und Produktionsbestände** einer Bestandsüberwachung unterzogen und dokumentiert werden. Der Ist-Transportbestand lässt sich im Nachhinein durch Erfassung der vollzogenen Transporte und der dabei transportierten Gütermengen analog zu Formel (10) bestimmen. Abweichungen ergeben sich insbesondere durch störungsbedingte Verzögerungen in der Transport- und Umschlagsausführung sowie durch den Einsatz nicht geplanter Verkehrsträger und Transportwege. Auch die realisierten Produktionsbestände können durch entsprechende Identifikation der Lose erfasst werden. Allerdings werden diese im Wesentlichen durch Entscheidungen in der Produktion, insbesondere durch die Freigabe von Fertigungsaufträgen beeinflusst. Hohe Produktionsbestände sind in der Regel die Folge einer zu hohen Kapazitätsauslastung der Fertigungsmaschinen oder der Handarbeitsplätze, wodurch sich lange Warteschlangen bilden, die zu einer Ausweitung der Bestandsdauer führen.[897]

**Zu 2:** Prinzipiell hinterfragt die Bestandskontrolle, ob sich die gewollten Bestände in der beabsichtigten Höhe über die beabsichtigte Zeitdauer realisiert haben und ob ungewollte Bestände entstanden sind. Die Erfassung von Ist-Beständen und die Berechnung von Bestandskennzahlen stellen deshalb nur erste Schritte der Bestandskontrolle dar. Erforderlich ist darüber hinaus ein Vergleich dieser Ist-Daten mit Referenzgrößen. Hierfür kommen zunächst die im Rahmen der Planung bestimmten Größen als Sollgrößen in Betracht. So kann beispielsweise im Sinne eines **Soll-Ist-Vergleichs** die tatsächliche mittlere Lagerbestandshöhe $b^I_{Lm}$ (Formel (14)) der geplanten mittleren Lagerbestandshöhe $b_{Lm}$ (Formel (6)) gegenüber gestellt werden. Die Differenz der beiden Größen ergibt die Bestandsabweichung $\Delta b_{Lm}$ in der betrachteten Periode.

$$(17) \quad \Delta b_{Lm} = b^I_{Lm} - b_{Lm} = \sum_{l=1}^{L} b^I_l \cdot p_l - \sum_{l=1}^{L} \left( \frac{Q_l}{2} + b_{s_l} \right) \cdot p_l$$

Analog lassen sich Bestandsabweichungen für einzelne Lagerobjekte sowie die Abweichungen der Umschlagshäufigkeit oder der mittleren Bestandsdauer ermitteln.

Neben den Planbeständen können andere Größen für einen Vergleich herangezogen werden. Sinnvoll sind häufig zusätzliche **Ist-Ist-Vergleiche**. So können Ist-Bestände eines Lagers in unterschiedlichen Bezugszeiträumen verglichen werden, beispielsweise mit dem Bestand des Vormonats oder mit jenem des gleichen Monats des Vorjahres. Auf diese Weise können Informationen über die zeitliche Veränderung der mittleren Bestandshöhen gesammelt werden. Auch ein Ist-Ist-Vergleich mehrerer Lager untereinander ist möglich. Hierfür eignen sich vor allem die Umschlaghäufigkeit oder die mittlere Bestandsdauer. So lässt sich beispielsweise die oben ermittelte mittlere Bestandsdauer von 6 Kalendertagen mit jener eines anderen Lagers, in welchem ähnliche Güter gelagert werden, vergleichen.

---

[897] Siehe dazu Abschnitt 2.3.3.

Alle bisher angeführten Vergleiche beziehen sich auf Zeiträume, die in der Vergangenheit liegen. Soll eine in die Zukunft gerichtete Aussage getroffen werden, so ist ein **Soll-Wird-Vergleich** anzustreben. Erforderlich ist hierfür eine Prognose des mittleren Bestands oder einer Bestandskennzahl für einen zukünftigen Zeitraum (Wird). Grundlage dafür bildet eine Zeitreihe von Bestandswerten der Vergangenheit auf deren Basis beispielsweise eine Regressionsrechnung oder anspruchsvollere Prognoseverfahren durchgeführt werden. Ist auf eine solche Weise ein Prognosewert ermittelt, erfolgt dessen Vergleich mit einem Soll-Wert, z.B. der geplanten Bestandshöhe. Mit Soll-Wird-Vergleichen können somit zu erwartende Abweichungen frühzeitig erkannt werden.

**Zu 3:** Nicht jede Abweichung muss unmittelbar Korrekturhandlungen auslösen. Vielmehr muss eine **Entscheidung über die Tolerierbarkeit** der ermittelten Abweichungen getroffen werden. Sinnvoll ist es deshalb, nicht nur Vergleichswerte, sondern auch entsprechende Toleranzen für die Bestandskontrolle vorzugeben.

Allerdings dürfen derartige Toleranzen nicht als feste Grenzwerte missverstanden werden. Ergeben sich Differenzen zwischen den Ist- und den Vergleichswerten, sollten zunächst die **Ursachen für diese Abweichungen** untersucht werden. Sind die Ursachen für zu hohe oder zu niedrige Bestände bei allgemeinen Entwicklungen zu finden, welche die gesamte Branche oder sogar die gesamte Wirtschaft betreffen, können diese eher toleriert werden als wenn unzureichende, verspätete oder falsche Handlungen der Logistik oder anderer Funktionsbereiche zugrunde liegen. Ebenso empfiehlt es sich, z.B. auf Basis eines Soll-Wird-Vergleichs, abzuschätzen, ob es sich voraussichtlich um eine dauerhafte oder lediglich um eine temporäre Abweichung handelt. Auch temporäre Bestandsabweichungen sowie solche, die das Unternehmen nicht kausal zu verantworten hat, dürfen jedoch bestimmte Grenzen nicht überschreiten. Den Maßstab dieser Entscheidung bilden die Auswirkungen der Abweichungen, z.B. auf die Liquidität oder den Erfolg des Unternehmens.

## 5.1.5  Zustandskontrolle

Logistische Handlungen sind auf den räumlichen und zeitlichen Transfer von Gütern und Abfällen ausgerichtet. Transformationsprozesse zur Hervorbringung der Eignung von Gütern fallen somit nicht in den originären Aufgabenbereich der Logistik. Dessen ungeachtet dürfen während des Transfers keine Ereignisse auftreten, die zur **Reduktion einer bestehenden Eignung von Gütern** führen oder sogar Gefahren für Mensch und Umwelt hervorrufen. Treten solche Ereignisse trotzdem auf, müssen diese möglichst umgehend erkannt werden, um entsprechende Gegenmaßnahmen einzuleiten. Ist eine sofortige Reaktion nicht möglich, z.B. weil diese Güter während des Transports nicht zugänglich sind, sollte zumindest das Auftreten dieser Ereignisse dokumentiert werden, um im Nachhinein adäquat zu handeln. Gleiches gilt für das zeitversetzte Erkennen von Schäden an Logistikeinheiten. Auch in diesem Fall sollten Maßnahmen, z.B. die genauere Überprüfung dieser Objekte, unmittelbar ergriffen werden. Führen Schäden zur Aussonderung oder zumindest zum Wertverlust von Gütern, so hat dies auch Relevanz für die Bestandsüberwachung.[898] Die aufgezeigten Aufga-

---

[898]   Siehe dazu Formel (14) in Abschnitt 5.1.4.

ben führen somit zum letzten der vier in Abschnitt 5.1.1 umrissenen Handlungsfelder der Überwachung von Flüssen und Beständen, der Zustandskontrolle.

Die Zustandskontrolle umfasst als Teilgebiet der Logistikkontrolle alle Handlungen der Überwachung des Zustands von Gütern und Abfällen oder von deren Verpackungen während an diesen räumliche oder zeitliche Transfers vollzogen werden.

**Gefahren für Menschen und die Umwelt** können vor allem durch Beschädigen an Verpackungen oder Behältnissen entstehen, welche die Funktionen des Abschlusses eines Gutes oder Abfalls gegenüber seiner Umwelt und des Schutzes der Umgebung vor einem Gut oder Abfall beeinträchtigen.[899] Zudem können Güter und Abfälle gerade bei längeren Transporten oder Lagerungen sowie durch Einwirkungen von außen ihren Zustand derart verändern, dass zusätzliche Gefährdungen entstehen können. Ein Beispiel stellt die Selbstentzündung von Stoffen dar. Gerade die Lagerung und der Transport gefährlicher Güter und Abfälle erfordern deshalb eine umfassende Zustandskontrolle.

Sind mehrere Unternehmen an der Ausführung von Transferprozessen beteiligt, kommt der Zustandskontrolle eine weitere Funktion zu. Eine lückenlose Zustandskontrolle ermöglicht die **Zuweisung der Verantwortlichkeit** für auftretende Schäden. Insbesondere für internationale Transportketten, an denen sehr viele Akteure mitwirken können, empfiehlt es sich deshalb, den Zeitpunkt und Ort eines Schadens möglichst genau zu erfassen und zweifelsfrei zu dokumentieren.

Wann immer möglich sollte deshalb mit logistischen Handlungen auch die Zustandskontrolle einhergehen. Im einfachsten Fall wird diese in Form einer **Sichtkontrolle durch Logistikausführende** vollzogen. Eine solche ist immer dann möglich, wenn eine direkte Sichtverbindung mit einem Gut oder Abfall bzw. mit dessen Verpackung besteht. Beispielsweise kann ein Beschäftigter bei der Einlagerung oder Verladung einer Logistikeinheit darauf achten, ob diese mechanische oder sonstige Beschädigungen aufweist. Durch Sichtkontrolle lassen sich auch Anzeichen für einen Schädlingsbefall erkennen. Neben der optischen können auch andere Sinneswahrnehmungen hilfreich sein. So lassen sich möglicherweise ungewöhnliche Geräusche oder Gerüche feststellen, die auf eine Zustandsveränderung hinweisen.

Kann der Zustand der Güter und Abfälle nicht beurteilt werden, lässt sich ggf. durch die **Wahrnehmung von ungewöhnlichen Umgebungsbedingungen** auf eine mögliche Schädigung schließen. Steigt beispielsweise die Temperatur in einem Lager oder einem Kühlcontainer über den vorgesehenen Wert an, kann davon ausgegangen werden, dass die darin befindlichen Güter verdorben sind oder zumindest nicht mehr verwendet werden dürfen. Zu den Umgebungsbedingungen, die ein Gut schädigen können, zählt auch eine zu hohe oder zu geringe Luftfeuchtigkeit oder das Eindringen von Regenwasser in Lager oder Fahrzeuge.

Wird die Zustandskontrolle durch Menschen durchgeführt, sollten klare Vorgaben existieren, wie mit unerwarteten Zuständen oder Beschädigungen umgegangen werden soll. Abweichungen von den normalen Vorgängen erzeugen für die Handelnden zusätzlichen Arbeitsaufwand. Durch entsprechende **Ablauforganisation und Schulungsmaßnahmen** kann die

---

[899] Vgl. Robertson (1990), S. 38–39.

Bereitschaft von Arbeitnehmerinnen und Arbeitnehmern gefördert werden, erkannte Probleme zu dokumentieren und über dafür vorgesehene Kommunikationskanäle zu melden. Selbstverständlich müssen für diese Zusatzarbeiten die zeitlichen Freiräume gewährt werden.

Die Sichtkontrolle durch Logistikausführende leistet einen wesentlichen Beitrag zur Zustandskontrolle, hat jedoch eher den Charakter einer Stichprobenkontrolle. Zudem scheidet sie immer dann aus, wenn zeitliche oder räumliche Transfers nicht unmittelbar durch Personen begleitet werden. Soll eine lückenlose Erfassung des Zustands logistischer Objekte erfolgten bieten sich deshalb unterschiedliche **technische Lösungen** an.[900]

Bei **Indikatoren** handelt es sich überwiegend um einmalig verwendbare Produkte, die das Auftreten eines Ereignisses anzeigen. Sie können beispielsweise auf ein Packstück geklebt werden und zeigen durch eine Farbveränderung das Überschreiten eines bestimmten Grenzwertes an. Angeboten werden unterschiedliche Formen von Stoß-, Kipp-, Temperatur- und Feuchteindikatoren. Der Einsatz von Indikatoren setzt deshalb die Definition der Arten von Einwirkungen und der jeweiligen Grenzwerte voraus, die als potenziell zustandsgefährdend eingestuft werden. Indikatoren dokumentieren jedoch lediglich das Auftreten des Ereignisses als solches. Ob durch dieses tatsächlich eine Zustandsveränderung oder gar eine Schädigung verursacht wurde, lässt sich mit Indikatoren nicht beurteilen.

Indikatoren zeigen zudem nur das Auftreten einer Einwirkung an, jedoch in aller Regel nicht wie häufig oder wie lange diese stattgefunden hat. Sind diese Informationen zur Beurteilung potenzieller Schädigungen von Bedeutung, bieten sich sogenannte **Datenlogger** an, die über den Zeitraum eines Transports oder einer Lagerung bestimmte Messwerte, wie z.B. Feuchte, Temperatur oder Beschleunigungen, aufzeichnen und dabei auch den Zeitpunkt der Messung festhalten. Durch Kombination mit einem GPS-Modul kann zusätzlich der Ort dokumentiert werden. Datenlogger werden üblicherweise im Nachhinein ausgelesen, um auf diese Weise den genauen Verlauf der Messwerte in Zeit und ggf. Raum nachzuweisen. Die Messdaten lassen sich darüber hinaus auch zeitnah nutzen, insbesondere dann, wenn sich das Gerät an einem festen Ort, z.B. in einem Lager, befindet und über ein WLAN angebunden werden kann. Prinzipiell besteht zudem die Möglichkeit, Daten per Mobilfunk während eines Transports weiterzuleiten.

Obwohl die aufgezeigten technischen Systeme verfügbar sind und angewendet werden, finden sich in der Literatur eher zurückhaltende **Aussagen über deren Verbreitung**. So führen beispielsweise *Skorna*, *Hirsbrunner* und *Bode* Bedenken hinsichtlich der Kosten sowie Verunsicherungen im Umgang mit aktivierten Indikatoren als Hemmnisse an.[901] Insbesondere die sofortige Weitergabe von Informationen, z.B. über die Temperatur in einem Fahrzeug oder an einem Kolli, scheint eher die Ausnahme zu sein.[902] Zunächst ist dazu anzumerken, dass eine derart aufwendige Überwachung nur dann gerechtfertigt ist, wenn dies aufgrund der Güter- oder Abfalleigenschaften oder aufgrund vertraglicher Vereinbarungen notwendig erscheint. Zudem liefern diese Technologien wie gezeigt nur Hinweise auf eine mögliche

[900] Vgl. Skorna/Hirsbrunner/Bode (2012), S. 265–267.
[901] Vgl. Skorna/Hirsbrunner/Bode (2012), S. 274–275.
[902] Vgl. Marchet/Perego/Perotti (2009), S.802, Perego/Perotti/Mangiaracina (2011), S. 470–471.

Beeinträchtigung der transferieren Güter. Eine Zustandskontrolle im engeren Sinne ist damit nicht möglich.

Als Grenzbereich der Zustandskontrolle kann die **Überwachung des Mindesthaltbarkeits-datums** und des Verbrauchsdatums nach der Lebensmittel-Kennzeichnungsverordnung[903] sowie anderer Verfalldaten, z.B. von technischen Produkten, eingeordnet werden. Im strengen Sinn sagt das Erreichen des Mindesthaltbarkeitsdatums eigentlich nichts über den Zustand des gelagerten oder transportierten Gutes aus. Im Gegensatz zu leicht verderblichen Lebensmitteln, die mit einem Verbrauchsdatum gekennzeichnet sind und nach dessen Ablauf nicht mehr in den Verkehr gebracht werden dürfen, kann ein Lebensmittel nach Überschreiten des Mindesthaltbarkeitsdatums bei Einhaltung angemessener Aufbewahrungsbedingungen nach wie vor über seine volle Eignung verfügen. Allerdings werden in aller Regel Lebensmittel, die keine hinreichende Restlaufzeit bis zum Mindesthaltbarkeitsdatum aufweisen, nicht mehr durch den Handel abgenommen und verlieren damit ihren Tauschwert. Ist das Mindesthaltbarkeitsdatum zusammen mit der Artikelnummer beispielsweise in einem Strichcode nach GS1-128 verschlüsselt, kann es im Rahmen der Identifikation automatisch erkannt werden. Eine reine Sichtkontrolle des Mindesthaltbarkeitsdatums führt dagegen insbesondere bei größeren Warenmengen zu keiner zuverlässigen Kontrolle.

# 5.2 Überwachung von Leistungen, Kosten und Erlösen

Im Rahmen der Logistikkontrolle werden die entstandenen Leistungen, Kosten und Erlöse im Nachhinein ermittelt. Entsprechend erfolgt vor diesem Hintergrund die Betrachtung der Kosten- und Erlösrechnung aus einer **ermittlungsorientierten Perspektive**.[904] Im Mittelpunkt stehen die Messung der entstandenen Leistungen und der eingesetzten Faktormengen sowie deren monetäre Bewertung. Diese Größen können sodann für Soll-Ist-Vergleiche sowie für Ist-Ist-Vergleiche zwischen unterschiedlichen Leistungserbringern oder zwischen mehreren Perioden verwendet werden. Die Kosten- und Erlösrechnung erhält damit im Rahmen der Logistikkontrolle den Charakter einer Nachrechnung.[905] Ausgangspunkt dafür stellt die Erfassung und Dokumentation der realisierten logistischen Leistungsquanten dar. Ähnlich wie im Fall der Überwachung von Flüssen und Beständen werden also mit den Leistungen und den Erlösen die Wirkungen und mit den Kosten die Bedingungen von Handlungen einer Kontrolle unterworfen und nicht die Handlungen logistischer Akteure selbst.

## 5.2.1 Kontrolle logistischer Leistungsquanten

Eine Logistikleistung stellt definitionsgemäß das Resultat und somit die Wirkung logistischer Handlungen dar und weist folglich eine Gebrauchswertorientierung auf. Entsprechend lassen sich diese nach der Art der zugrunde liegenden logistischen Handlungen, z.B. in außerbetriebliche und innerbetriebliche Transportleistungen, physische Lagerleistungen, La-

---

[903] Siehe §7 und 7a LMKV.

[904] Vgl. Schweitzer/Küpper (2011), S. 77.

[905] Vgl. Troßmann (2007), Sp. 970.

gerhaltungsleistungen und Leistungen der Logistikeinheitenbildung, untergliedern.[906] Kennen Logistikmanagerinnen und -manager die **erreichten Leistungsquanten**, so eröffnet dieses Wissen die Chance, eine indirekte Kontrolle der Wirksamkeit der zugrundeliegenden logistischen Handlungen vorzunehmen. Dazu gilt es, den Umfang der Leistungen zu erfassen und mit Soll- oder anderen Ist-Leistungen zu vergleichen. Der Schwerpunkt der Leistungserfassung im Rahmen der Logistikkontrolle liegt deshalb zunächst auf der mengenmäßigen Messung von Logistikleistungen.

Ein Leistungsquantum wird dabei nur dann als ein solches gezählt, wenn die Logistikleistung aus qualitativer Sicht eine **vorgegebene Mindestgüte** erreicht.[907] Fehl- oder Schlechtleistungen werden deshalb nicht bei der Leistungsmengenmessung berücksichtigt. Erforderlich ist deshalb die Festlegung und Überwachung einer akzeptablen Mindestgüte im Sinne eines Grenzwertes. Die genaue Ermittlung der Ausprägung der qualitativen Dimension der Logistikleistung und deren Bewertung sind allerdings für die Kontrolle von Leistungsquanten zunächst nicht erforderlich. Diese Handlungen erfolgen im Rahmen der Kontrolle der Qualität logistischer Leistungen.[908]

Der Messung von Leistungsquanten kommen darüber hinaus **wichtige Funktionen für die Kosten- und Erlösrechnung** zu. Die quantitative Messung logistischer Leistungen bildet die Voraussetzung der Unterscheidung von variablen, fixen und sprungfixen Logistikkosten, denn diese unterscheiden sich hinsichtlich ihrer Abhängigkeit von der erbrachten Logistikleistungsmenge. Die Kenntnis der erbrachten Leistungsquanten eröffnet ferner die Chance der verursachungsgerechten Zuordnung von Logistikgemeinkosten innerhalb der Kostenstellenrechnung sowie der Verrechnung dieser Kosten auf Kostenträger. Schließlich hängt der Umfang von Logistikerlösen sowie von logistikinduzierten Erlösen von den erbrachten Logistikleistungen ab.

> Bei der Erfassung und Dokumentation von erbrachten logistischen Leistungsquanten handelt es sich um eine zentrale Kontrollaufgabe der Logistik, deren Erfüllung zudem eine unverzichtbare Voraussetzung der Kosten- und Erlösüberwachung darstellt.

Die Messung der Leistungsquanten orientiert sich wesentlich an den bereits in Band 1 herangezogenen Kategorien des Logistikleistungsbegriffs nach *Weber*.[909] **Potenzialbezogene Logistikleistungsmengen** lassen sich mit Hilfe der Kapazitäten jener Produktionsfaktoren messen, die zur Hervorbringung einer Bereitstellungsleistung im eigenen Unternehmen oder bei Logistikunternehmen vorkombiniert werden und damit eine logistische Leistungsbereitschaft herstellen.[910] Die personelle Kapazität ergibt sich aus der Anzahl der bereitgestellten Mitarbeiter und der hierdurch verfügbaren Arbeitszeit. Diese kann beispielsweise in Mannstunden oder Manntagen gemessen werden. Da Logistikhandlungen in aller Regel Betriebsmittel voraussetzen, geht auch deren Kapazität in die Erfassung von potenzialbezogenen

---

[906]   Siehe dazu ausführlich Large (2012).

[907]   Siehe dazu Abschnitt 2.2.3.

[908]   Siehe dazu Abschnitt 5.2.4.

[909]   Vgl. Weber (1986), S. 1198–1204, Weber/Kummer (1998), S. 116–117, Weber (2012), S. 137–150.

[910]   Zum Prozess der Vorkombination siehe z.B. Maleri/Frietzsche (2008), S. 85.

Logistikleistungsmengen ein. Beispiele dafür sind die Transportkapazitäten von Verkehrsmitteln (in Tonnen oder Lademetern), die Aufnahmekapazität von Lagern (in $m^3$ oder Palettenstellplätzen) und der Grenzdurchsatz[911] von fördertechnischen Einrichtungen (in Fördereinheiten). Hinzu kommen Betriebsstoffe (z.B. Treibstoffe), die für eine vorgesehene Nutzung vorab bereitgestellt werden, sowie die Kapazitäten erforderlicher Ladungsträger (in Anzahl Paletten oder Anzahl Kleinladungsträger). Die Mindestgüte einer potenzialbezogenen Logistikleistung, d.h. der gerade noch akzeptablen Kapazität, ist nicht allgemein bestimmbar und muss sich nach den betrieblichen Anforderungen richten.

Bei **prozessbezogenen Logistikleistungen** steht der Logistikprozess als solcher im Mittelpunkt und noch nicht das Ergebnis. Diese Gruppe von Leistungen ist vor allem im Zusammenhang mit Transporten anzutreffen. Beispielsweise vollzieht ein Bandförderer, welcher während einer Schicht permanent betrieben wird, einen logistischen Prozess und zwar im Prinzip unabhängig davon, wie viele Fördergüter in diesem Zeitraum bewegt werden. Ebenso stellt ein fahrplanmäßig durchgeführter Linienverkehr in einem Sammelgutnetzwerk einer Spedition eine Leistung dar, abgesehen davon, welche Gütermenge dabei transferiert wurde. Im Extremfall können sogar keine Güter auf einer Förderstrecke (Leerlauf) bzw. mit dem LKW (Leerfahrten) bewegt werden. Ein prozessbezogenes Leistungsquantum lässt sich z.B. in gefahrenen Kilometern oder in Betriebsstunden messen. Als Maß einer Mindestgüte kann entsprechend z.B. die Ausfallzeit pro Periode dienen, die nicht überschritten werden darf. Die Prozessausführung stellt eine Kapazitätsbelegung dar, wenn hierdurch das Betriebsmittel nicht mehr für alternative Handlungen verwendet werden kann. Ein Beispiel dafür ist eine begonnene Fahrt mit einem Lastkraftwagen, die nicht mehr unterbrochen oder umgeleitet werden kann. Prozessbezogene Logistikleistungen nehmen damit eine Mittelstellung zwischen reiner Bereitstellung von Kapazitäten und der an einem Objekt vollzogenen Logistikleistung ein.

Die Quantität **ergebnisbezogener Logistikleistungen** wird vor allem durch die Messung der zeitlichen und räumlichen Transferleistung an Gütern oder Abfällen bestimmt. Diese setzen damit stets einen Bezug zu einem Objekt voraus.[912] *Weber* betont dabei die Notwendigkeit der genauen Leistungsspezifikation durch den Leistungsnachfrager, die vor allem den Anfangs- und den Endwert des zeitlichen und räumlichen Transfers einschließen muss.[913] Die Orts- oder Zeitveränderung kann beispielsweise durch eine erbrachte Beförderungsleistung (in tkm), einen erreichten Durchsatz auf einer Förderstrecke[914] oder durch eine an einem bestimmten Artikel vollzogene Lagerzeit gemessen werden. Kommissionierungen lassen sich zunächst lediglich als räumliche Transfers aus einem Lager zu einem Bereitstellungspunkt interpretieren. Möglich wäre somit eine Messung z.B. in kgm. Ein solcher Wert vernachlässigt jedoch z.B. Handlungen des Entpackens und der Entnahme der gewünschten Gütermenge. Eine gebräuchliche Messgröße ist deshalb die Anzahl kommissionierter Positionen pro Zeiteinheit. Ähnlich lassen sich Verpackungsleistungen durch die Anzahl erstellter Logistikeinheiten pro Zeiteinheit quantitativ bewerten. Ist das erzielte Ergebnis nicht akzeptabel,

---

[911]  Siehe dazu z.B. Arnold/Furmans (2009), S. 13.

[912]  Vgl. Weber (2012), S. 143.

[913]  Vgl. Weber (1986), S. 1202, Weber (2012), S. 143–145.

[914]  Siehe dazu z.B. Arnold/Furmans (2009), S. 11.

wird beispielsweise ein Transport aufgrund einer Störung des Fahrzeugs abgebrochen, so wird die bisher erbrachte Beförderungsleistung nicht gezählt. Gleiches gilt z.B. für eine Verpackungsleistung, welche zu viele Fehler aufweist und deshalb wiederholt werden muss. Schwierig ist die ergebnisorientierte Messung von Managementleistungen der Logistik insbesondere dann, wenn diese ein rein administratives Wesen aufweisen und nicht in unmittelbarem Zusammenhang mit einer bestimmten Transferleistung stehen. *Weber* schlägt als Beispiel die Ermittlung der Anzahl disponierter Teile in einer Periode vor.[915]

Die Messung des quantitativen Umfangs **wirkungsbezogener Logistikleistung** setzt an der Verfügbarkeit eines zeitlich oder räumlich transferierten Gutes aus Sicht eines Leistungsempfängers an. Eine **zeitliche Transferleistung** gilt als erbracht, wenn das betreffende Gut im Bedarfsfall, d.h. zum Ende der Lagerzeit, verfügbar ist. Prinzipiell sind dabei zwei Zustände möglich: Ein Gut ist verfügbar oder es ist nicht verfügbar. Ist das betreffende Gut nicht oder nicht in ausreichender Menge verfügbar, liegt der Fall der Fehlmenge vor. Entsprechend wird als Mindestgüte die Verfügbarkeit eines Gutes zumindest in der gewünschten Menge gefordert. Werden diese beiden möglichen Zustände eines Artikels über einen bestimmten Zeitraum ausgezählt, lassen sich im Nachhinein Aussagen über die periodenbezogene Verfügbarkeit eines Gutes gewinnen. Als Kenngröße dafür eignet sich der sogenannte $\alpha$-Servicegrad.[916] Dieser lässt sich beispielsweise als Quotient der Anzahl Tage, an denen kein Fehlmengenereignis eintritt, zu der Gesamtzahl der Tage einer Periode bestimmen.[917]

Eine **räumliche Transferleistung** gilt aus wirkungsbezogener Perspektive als erbracht und wird entsprechend als „gute" Leistung gezählt, wenn das betreffende Gut zum Ende der vorgesehenen Lieferzeit an dem festgelegten Ort in der gewünschten Menge verfügbar ist. Wiederum sind dabei zwei Zustände möglich: das Gut ist verfügbar oder es ist nicht verfügbar. Ist ein Gut nicht verfügbar, so kann dies vier mögliche Ursachen haben:[918] das Gut wurde fälschlicherweise zu einem anderen Ort transportiert (Fehllieferung), das Gut befindet sich noch auf dem Transportweg (Terminabweichung), das Gut ist eingetroffen, liegt jedoch nicht in der erforderlichen Menge (Mengenabweichung) oder Qualität vor (Qualitätsabweichung). Die Fehllieferung kann unter den Fall der Terminabweichung subsumiert werden, da diese zwar durch einen zusätzlichen Transport ausgeglichen werden kann, der jedoch zwangsläufig zu einer Terminabweichung führt. Ebenso kann eine Qualitätsabweichung als Spezialfall der Mengenabweichung interpretiert werden, da keine geeigneten Objekte geliefert wurden und somit ebenfalls eine Fehlmenge auftritt. Werden die Terminabweichungen und Mengenabweichungen im Nachhinein über einen Zeitraum ausgezählt, ergeben sich Kenngrößen der Termineinhaltung (Termintreue) und der Mengeneinhaltung (Mengentreue). Somit können auch Servicegrade, Termintreuen und Mengentreuen als periodenbezogene quantitative Messgrößen wirkungsbezogener Logistikleistungen verstanden werden.[919]

Ähnlich wie die in Hauptabschnitt 5.1 ermittelten Größen zur Überwachung von Güterflüssen, werden Leistungsquanten durch entsprechende **Messung, Beobachtung oder Befra-**

---

[915]   Vgl. Weber (2012), S. 151.

[916]   Siehe dazu Large (2012), S. 206.

[917]   Siehe z.B. Günther/Tempelmeier (2014), S. 246.

[918]   Siehe ähnlich Weber (2012), S. 147–148.

[919]   Gleichzeitig haben diese Größen jedoch auch qualitativen Charakter. Siehe dazu Abschnitt 5.2.4.

**gung** erfasst und sodann dokumentiert. Da alle Handlungen der Logistik zur Entstehung logistischer Leistungsquanten führen oder diese zumindest beeinflussen, stellt die Erfassung logistischer Leistungen ein komplexes und aufwendiges Unterfangen dar.[920] Sofern technisch möglich und wirtschaftlich vertretbar, sollte eine objektive und weitgehend automatisierte Messung durchgeführt werden. Hierzu lassen sich die in Hauptabschnitt 5.1 beschriebenen Methoden und Technologien zur Überwachung von Flüssen und Beständen nutzen. Ebenso können aus vorhandenen Steuerungssystemen der Produktion oder der Beschaffung Daten über erbrachte Logistikleistungen mit vertretbarem Aufwand generiert werden.[921]

Wie in den bisherigen Ausführungen gezeigt, bieten sich hierfür eine große Zahl unterschiedlicher Leistungsmaße an. Bei der **Auswahl der tatsächlich erfassten Maßgrößen** sollten sich Logistikmanagerinnen und -manager an den Zielen orientieren, die mit logistischen Handlungen erreicht werden sollen.[922] Scheidet eine objektive Messung aus den genannten Gründen aus, sollten Logistikleistungen durch Beobachtung realer Handlungsfolgen oder durch Befragung von Leistungserbringern oder Leistungsempfängern erfasst werden. Gerade wirkungsbezogene Logistikleistungen, welche für andere Unternehmen oder Haushalte erbracht werden, lassen sich nicht selten nur durch die Befragung der Leistungsempfänger quantifizieren, sofern hierzu nicht Daten der Sendungsverfolgung herangezogen werden können.[923]

Die auf diese Weise bestimmten Leistungsmengen ermöglichen zunächst eine quantitative Übersicht der in einer Periode von bestimmten Akteuren oder Organisationseinheiten vollzogenen potenzial-, prozess-, ergebnis- und wirkungsorientierten Leistungen. Diese weist zwar einen grundsätzlichen Informationscharakter auf, stellt jedoch noch keine Kontrolle dar. Erforderlich für die Logistikkontrolle im eigentlichen Sinn sind darüber hinaus **problemadäquate Vergleichsrechnungen**. Die Entscheidung, welche Vergleichsrechnungen durchgeführt werden und welche (zunächst) nicht, richtet sich an vorliegenden oder zumindest befürchteten Problemen aus. Neben den Kosten, die durch die Anfertigung von Vergleichsrechnungen entstehen, stellt die Vermeidung der Informationsüberflutung von Entscheidungsträgern den Hauptgrund für dieses selektive Vorgehen dar. Mit anderen Worten werden nicht alle denkbaren Vergleichsrechnungen durchgeführt, sondern nur solche, die für nachfolgende Managementhandlungen voraussichtlich von Belang sind. Zeigt sich im Nachhinein ein Bedarf an zusätzlichen Vergleichen, so können diese aufgrund der erfassten Daten jederzeit durchgeführt werden.

Steht die Kontrolle der Abweichung gegenüber einer geplanten Leistung im Vordergrund, so werden **Soll-Ist-Vergleiche** durchgeführt, bei denen entsprechend geplante Logistikleistungsquanten als Soll-Werte dienen. Soll-Ist-Vergleiche sind auf sehr unterschiedlichen Ebenen möglich. Zunächst kann das tatsächliche Leistungsquantum einer einzelnen Logistikhandlung, z.B. eines Transports, mit dem für diese Handlung geplanten verglichen werden. Dabei lassen sich aus ergebnisbezogener Perspektive ggf. Abweichungen hinsichtlich der Beförderungsleistung aufgrund zu geringer Auslastung des Fahrzeugs erkennen.

---

[920]  Vgl. Pfohl (1996), Sp. 1133, Siepermann (2003b), S. 1017.

[921]  Vgl. Weber (2012), S. 131–132.

[922]  Vgl. Pfohl (1996), Sp. 1132.

[923]  Siehe zur Sendungsverfolgung Abschnitt 5.1.3.

Eine solche Abweichung kann jedoch zufällig entstanden sein. Wichtig sind deshalb auch periodenbezogene Vergleiche, z.B. für ein einzelnes Fahrzeug oder für den gesamten Fuhrpark. Werden längere Zeiträume betrachtet, kann das im Rahmen der taktischen Planung ermittelte mittelfristige logistische Leistungsprogramm die entsprechenden Vergleichswerte liefern. Solche Vergleiche können auch für potenzial- und prozessbezogene Logistikleistungen durchgeführt werden, sofern entsprechende Ist- und Soll-Daten vorliegen. Auf wirkungsbezogener Ebene bieten sich Soll-Ist-Vergleiche von Servicegraden sowie von Mengen- und Termintreuen an, die wiederum auf unterschiedlichen Aggregationsniveaus vollzogen werden können. Liegt eine ausreichende Zahl von Ist-Werten aus der Vergangenheit vor, können diese für Prognosen und damit zur Durchführung von **Soll-Wird-Vergleichen** vorgegebener und erwarteter Logistikleistungen verwendet werden.

Auch **Ist-Ist-Vergleiche** können sich auf alle Kategorien und Aggregationsebenen beziehen. Periodenvergleiche erlauben Aussagen über die Entwicklung logistischer Leistungen im Zeitverlauf. Ebenso kann es sinnvoll sein, ermittelte Leistungsgrößen mit jenen anderer Organisationseinheiten oder sogar anderer Unternehmen zu vergleichen. Dieses Vorgehen wird häufig mit dem Begriff des Benchmarkings belegt.[924] Voraussetzung dafür ist der Zugriff auf entsprechende Vergleichsdaten. Zweck des Benchmarkings ist die Identifikation von sogenannten Leistungslücken.[925] Ist-Ist-Vergleiche sind jedoch generell nicht unproblematisch, da implizit ein Ist-Wert einer anderen Periode oder einer anderen Organisationseinheit als anzustrebender Soll-Wert interpretiert wird. Erfolgt eine solche Gleichsetzung ohne kritisches Hinterfragen, können Fehlschlüsse und Ressourcenverschwendung die Konsequenz sein. Das Übertreffen von Leistungen der Vergangenheit oder von jenen eines Konkurrenten ist kein Selbstzweck. Deshalb sollte auch bei Ist-Ist-Vergleichen logistischer Leistungen stets die Notwendigkeit einer Verbesserung begründet werden. Wenn beispielsweise ein anderes Lager des Konzerns oder ein Wettbewerber einen höheren Servicegrad bei bestimmten Gütergruppen hervorbringt, bedeutet dies nicht notwendigerweise, dass ein solches Serviceniveau erforderlich ist, um die eigenen Kunden zufriedenzustellen. Andererseits ist eine Erhöhung des Servicegrades stets mit steigenden Kosten verbunden.

## 5.2.2  Kontrolle der Logistikkosten

Jedes Unternehmen verfügt über ein mehr oder weniger ausgefeiltes Rechnungswesen. Es liegt deshalb nahe, die hierdurch verfügbaren Kostendaten auch zur Kontrolle der Logistik einzusetzen. Logistikkosten stellen den monetär bewerteten Faktoreinsatz dar, der zur Erstellung von Logistikleistungen erforderlich ist.[926] Da Logistikkosten somit den Charakter von Inputgrößen der Leistungserstellung tragen, können diese aus Sicht der Logistikkontrolle als Bedingungen logistischer Handlungen interpretiert werden.[927] Analog zur Kontrolle logistischer Leistungsquanten stellt die **verursachungsgerechte Erfassung** der tatsächlich entstandenen Kosten den ersten Schritt der Logistikkostenkontrolle dar.

---

[924]  Siehe dazu Fischer/Becker/Gerke (2003), S. 685.

[925]  Vgl. Ester (1997), S. 36–37.

[926]  Siehe dazu Large (2012), S. 26.

[927]  Ebenso könnten diese jedoch als Wirkung verstanden werden, da erst eine vollzogene logistische Handlung zu einem Ressourcenverbrauch führt.

Die Erfassung der Logistikkosten erfolgt gemeinsam mit allen anderen Kosten eines Unternehmens im Rahmen der **Kostenartenrechnung**. Logistikkosten werden dabei entsprechend der Art der verbrauchten Faktoren in logistische Kostenarten, wie z.B. Arbeitskosten, Versicherungskosten oder Abschreibungen für logistische Anlagen unterteilt. Aus Sicht der Kostenerfassung ist dabei zunächst die Herkunft der Daten und damit die Vorgehensweise der Erfassung von Bedeutung. Nach diesem Kriterium lassen sich Grundkosten und kalkulatorische Kosten unterscheiden.[928]

Beinahe alle Kosten werden nicht durch Messung der verbrauchten Faktormengen und deren Bewertung mit Preisen pro Faktoreinheit im Rahmen der Kostenrechnung eigenständig bestimmt, sondern als Grundkosten unverändert oder lediglich verdichtet aus der Finanzbuchhaltung übernommen, denn dort erfolgt die erste Erfassung aller Aufwendungen im Sinne erfolgswirksamer Auszahlungen. Die Grundkosten entsprechen damit dem Zweckaufwand des externen Rechnungswesens. Diese Vorgehensweise betrifft somit auch die Logistik. Die Überführung logistischer Aufwendungen in die Kostenrechnung ist deshalb ohne nennenswerten Erfassungsaufwand möglich. Beispiele für **Grundkosten der Logistik** sind periodenbezogene Kosten logistischer Arbeitskraft, Treibstoffkosten oder Kosten extern bezogener Logistikdienstleistungen. Allen diesen logistischen Grundkosten liegen somit früher oder später erfolgswirksame Auszahlungen zugrunde, die durch entsprechende Belege dokumentiert sind.

Werden logistische Leistungen von einem Unternehmen selbst erstellt und hierfür Produktionsfaktoren beschafft,[929] so werden die Aufwendungen dafür in der Finanzbuchhaltung erfasst und wie gezeigt als Grundkosten in die Kostenrechnung übernommen. In diesem Fall lassen sich die daraus resultierenden **Logistikkosten entsprechend der Faktoren** in einzelne Logistikkostenarten untergliedern. Hieraus folgen zunächst in grober Abgrenzung Arbeitskosten, Betriebsmittelkosten und Betriebsstoffkosten sowie aufgrund des Dienstleistungscharakters der Logistik in vergleichsweise geringem Umfang Werkstoffkosten für Verpackungsmaterial. Hinsichtlich der Systematik unterscheidet sich die Unterteilung der Logistikkosten deshalb nicht wesentlich von der generell im jeweiligen Unternehmen eingesetzten Kostenartengliederung.[930] Innerhalb dieser Kostenarten müssen die erfassten Kosten jedoch hinreichend fein differenziert werden, um zumindest die Logistikkosten gegenüber anderen Kosten abzugrenzen und so deren Überwachung zu ermöglichen. Beispielsweise ist es sinnvoll, für logistische Löhne eine eigene Kostenart vorzusehen, um diese von Produktionslöhnen zu trennen. Die Gliederung der Grundkosten und damit der meisten Logistikkostenarten wird durch die in der Finanzbuchhaltung vorgenommene Strukturierung des Aufwands bestimmt. *Weber* weist allerdings berechtigter Weise darauf hin, dass Überlegungen zur Definition von Logistikkostenarten im Fall von Grundkosten bereits an der Gliederung der Aufwandsarten in der Finanzbuchhaltung ansetzen müssen.[931]

Neben den Produktionsfaktoren im engeren Sinn beziehen Unternehmen vielfältige **Dienstleistungen** und setzen diese u.a. bei der logistischen Leistungserstellung ein. Die dafür ent-

---

[928]  Siehe dazu z.B. Schweitzer/Küpper (2011), S. 17–18, Weber (2012), S. 195–196.

[929]  Siehe dazu die produktionstheoretische Abbildung von Transporthandlungen in Large (2012), S. 79–84.

[930]  Vgl. Weber (2012), S. 203.

[931]  Vgl. Weber (2012), S. 196.

stehenden Aufwendungen werden in der Finanzbuchhaltung auf Grundlage der Rechnungen der Dienstleistungsunternehmen erfasst und als Grundkosten in die Kostenrechnung übertragen. Als Beispiele dafür können Leistungen von Transport- und Gebäudeversicherungen angeführt werden. Folge davon sind entsprechende Transport- und Gebäudeversicherungskosten.

Als Besonderheit der Logistik kommt hinzu, dass auch logistische Leistungen selbst fremd bezogen werden können. Bei Fremdvergabe logistischer Leistungen müssen deshalb mannigfache **logistische Fremdleistungskosten** in der Kostenartenrechnung differenziert erfasst werden.[932] Dies betrifft beispielsweise Eingangs- und Ausgangsfrachten, Vergütungen für Speditions-, Lager- und Umschlagsleistungen sowie Provisionen für Makler und Agenten. Zu den logistischen Fremdleistungen zählen auch jene Logistikleistungen, die ein rechtlich selbständiges Logistiktochterunternehmen für die beauftragende Mutter erstellt.[933]

Der **Grad der Differenzierung** von Fremdleistungskosten hängt von der Qualität der Rechnungsstellung und vor allem von der Art des abgeschlossenen Rechtsgeschäfts ab. Deutlich wird dies am Beispiel von Speditionsleistungen. Beim klassischen Speditionsgeschäft weist der Spediteur seine Auslagen, z.B. für Frachten oder Lagergelder, getrennt aus, wodurch eine Zuordnung zu verschiedenen Kostenarten möglich wird. Bei der Spedition zu festen Kosten entfällt jedoch der Ausweis von Auslagen, da die vereinbarte Vergütung die Kosten der Beförderung bereits einschließt.[934] Werden Kontraktlogistikleistungen bezogen, werden die Möglichkeiten der differenzierten Erfassung vor allem durch das vereinbarte Vergütungsmodell bestimmt.

Neben den Grundkosten werden im internen Rechnungswesen kalkulatorische Kosten betrachtet. Diese teilen sich nochmals in Zusatzkosten und in Anderskosten auf. **Anderskosten** können ebenfalls aus dem Zweckaufwand der Finanzbuchhaltung übernommen werden, erfordern jedoch eine Umbewertung. Klassisches Beispiel für Anderskosten stellen kalkulatorische Abschreibungen dar, die auch für logistische Anlagen vorgenommen werden können. Dies ist beispielsweise sinnvoll, wenn der tatsächliche Wertverzehr einer Anlage nicht den rechtlich zulässigen Abschreibungsverläufen entspricht. Im Rahmen der Logistik wird darüber hinaus bei der Bestimmung von Lagerhaltungskostensätzen mit kalkulatorischen Zinssätzen gearbeitet,[935] die nicht notwendigerweise die am Markt tatsächlich entstanden Zinsaufwendungen abbilden.

Den **Zusatzkosten** stehen keinerlei Aufwendungen und entsprechend keine Auszahlungen gegenüber. Sie können deshalb nicht aus der Finanzbuchhaltung übernommen werden. Zusatzkosten existieren nur im Bereich des internen Rechnungswesens, sind jedoch aus Sicht des Logistikmanagements oft unentbehrlich, um rationale Entscheidungen treffen zu können. Ein wichtiges Beispiel logistischer Zusatzkosten stellen **Kapitalbindungskosten für eigenkapitalfinanzierte Bestände** dar. Bei der Finanzierung dieser Bestände entstehen somit keine Zinsaufwendungen. Um trotzdem realistische Lagerhaltungskostensätze zu bestimmen,

---

[932]  Vgl. Weber (2012), S. 204–205.
[933]  Siehe zu diesem Organisationstyp Abschnitt 4.2.3.
[934]  Siehe dazu § 459 HGB.
[935]  Siehe dazu Large (2012), S. 208.

müssen kalkulatorische Zinssätze für das gebundene Eigenkapital definiert werden, die sich im Wesentlichen an den alternativen Verwendungen des Eigenkapitals orientieren.[936]

Erreicht eine Logistikleistung die vorgegebene Mindestgüte nicht, treten also **Fehl- oder Schlechtleistungen** auf,[937] können daraus ebenfalls Zusatzkosten resultieren. Diese Folge ist jedoch nicht zwingend. Die möglichen Konsequenzen von Fehl- oder Schlechtleistungen auf die Logistikkosten sind vielmehr ausgesprochen vielfältig.[938] Akzeptiert beispielsweise – wie in vielen Lagerhaltungsmodellen angenommen[939] – ein Besteller eine Vormerkung von Rückständen („Backorder") und damit eine Nachlieferung, so entstehen hierdurch keine oder lediglich geringfügige Kosten. Andererseits können Fehlmengen oder zeitliche Verzögerungen zu Vertragsstrafen führen, welche konkrete Auszahlungen zur Folge haben. Wird eine Fehl- oder Schlechtleistung durch adäquate Handlungen der Logistik vermieden oder beseitigt, z.B. ein zusätzlicher Eiltransport durchgeführt, so sind auch diese Kosten manifest und finden ihre Entsprechung in Aufwendungen sowie in entsprechenden Auszahlungen, z.B. an Logistikunternehmen. Sie sind also bereits in den Grundkosten enthalten. Eine völlig andere Situation ergibt sich im Fall von Umsatzausfällen aufgrund eines aktuell vorliegenden Lieferproblems („Lost Sales"). Diese können im Rahmen der Erlöskontrolle als entgangene Erlöse berücksichtigt werden. Ebenso ist es möglich, entsprechende kalkulatorische **Fehlmengenkosten** anzusetzen. Am schwierigsten ist die Festsetzung angemessener kalkulatorischer Fehlmengenkosten, wenn ein negativer Einfluss auf die Zufriedenheit eines Leistungsempfängers erwartet wird und hierdurch dauerhafte Umsatzeinbußen oder sogar Effekte auf andere Kunden befürchtet werden.

Für die weitere Behandlung der in der Kostenartenrechnung erfassten Logistikkosten ist deren Zurechenbarkeit zu Kostenträgern von zentraler Bedeutung.[940] **Logistische Einzelkosten** sind einem bestimmten Kostenträger zuordenbar. Hierdurch ist ein direkter Bezug dieser Kosten zu Erlösen möglich. Diese Zuordenbarkeit ist beispielsweise bei solchen Verpackungen oder Packmitteln gegeben, die speziell für ein bestimmtes Erzeugnis beschafft werden. Gleiches gilt für Transportkosten, die für die Auslieferung eines bestimmten Erzeugnisses durch einen Ganzladungstransport entstanden sind. Die Höhe dieser Kosten ist bei Fremdvergabe durch die Rechnung des ausführenden Frachtführers belegt. Solche Logistikkosten können als Materialeinzelkosten bzw. als Sondereinzelkosten des Vertriebs dem Erzeugnis direkt zugerechnet werden. Erfolgt die Auslieferung mehrerer unterschiedlicher Erzeugnisse durch einen Sammeltransport, so ist eine direkte Zuordnung der Kosten nicht mehr möglich, da die entstehenden Kosten zwischen diesen Erzeugnissen aufgeschlüsselt werden müssten. Ebenso lassen sich für die Logistik – im Gegensatz zur Produktion – in der Regel keine Lohneinzelkosten bestimmen. Die direkte Zuordnung Kosten logistischer Arbeitskraft zu einem Kostenträger würde die Aufnahme von Logistikhandlungen in die Arbeitspläne für das Erzeugnis erfordern.

---

[936]  Vgl. Siepermann (2003a), S. 881, Vahrenkamp/Siepermann (2009), S. 828–829, Weber (2012), S. 168–169.

[937]  Siehe Abschnitt 5.2.1.

[938]  Siehe dazu ausführlich Weber (2012), S. 170–176.

[939]  Vgl. Bijvank/Vis (2011), S. 1–2.

[940]  Vgl. Weber (2012), S. 199.

Logistikkosten, die nicht direkt einem Kostenträger zugeordnet werden können, sind definitionsgemäß **Logistikgemeinkosten**. Zu den Logistikgemeinkosten zählen die meisten Logistikkosten, beispielsweise die Energiekosten eines Lagers, Abschreibungen für Transport- und Arbeitsmittel, fast alle Entgelte für logistische Arbeitskraft sowie viele Fremdleistungskosten. Logistikgemeinkosten werden zunächst jenen Akteuren zugeordnet, welche durch ihre Handlungen der Logistikausführung oder des Logistikmanagements den entsprechenden Faktorverbrauch oder die Beauftragung von Fremdleistungen verursachen. Zudem werden nicht selten Logistikeinzelkosten wie Gemeinkosten behandelt (unechte Gemeinkosten), da ihre getrennte Erfassung und Verrechnung auf Kostenträger als zu aufwendig betrachtet wird.[941] Dies betrifft beispielsweise Eingangsfrachten, die in vielen Fällen einzelnen Materialbezügen als Beschaffungsnebenkosten prinzipiell zuordenbar wären.

Zum Zweck der Zuordnung von Gemeinkosten zu Akteuren erfolgt die Bildung von Kostenstellen. Neben Kostenstellen, z.B. Fertigungs- und Vertriebskostenstellen, in denen logistische und andere Handlungen neben- und miteinander vollzogen werden, besteht die Möglichkeit, **spezielle Logistikkostenstellen** abzugrenzen.[942] Eigenständige Logistikkostenstellen weisen wesentliche Vorteile für die Logistikkostenrechnung auf.[943] Aus Sicht der Logistikkontrolle sind dies vor allem die erhöhte Sichtbarkeit der Logistikkosten, die Möglichkeit kostenstellenbezogener Vergleichsrechnungen und die klare Zuständigkeit des Kostenstellenverantwortlichen für die entstehenden Logistikkosten. Wird beispielsweise eine Kostenstelle „Produktionslager" gebildet, erfolgt die Zuweisung der Arbeitsentgelte und Sozialversicherungsbeiträge der Logistikbeschäftigten, der Abschreibungen für Lagereinrichtungen und der Energiekosten der Fördermittel an diese Kostenstelle. Würde dagegen die Zuordnung auf eine allgemeine Fertigungskostenstelle erfolgen, gingen diese Kosten in den gesamten Arbeitskosten, Abschreibungen und Energiekosten der Produktion unter. Voraussetzung für eine derartige Zuordnung zu speziellen Logistikkostenstellen ist selbstverständlich eine entsprechend differenzierte Erfassung der Logistikkosten in der Kostenartenrechnung. Die in logistischen Kostenstellen angesammelten Kosten können sodann auf Basis erbrachter Logistikleistungsquanten anderer Kostenstellen, z.B. Fertigungskostenstellen, belastet oder mit Hilfe von Zuschlägen auf Kostenträger verrechnet werden.[944]

Analog zur Kontrolle von Logistikleistungen erfordert auch die Kontrolle von Logistikkosten die Durchführung von Vergleichen. Wiederum lassen sich die üblichen Arten des Vergleichs unter Nutzung von Soll-, Ist- und Wird-Daten anwenden. *Schweitzer* und *Küpper* führen beispielsweise den Zeitvergleich, den Soll-Ist-Vergleich, den Betriebsvergleich sowie Vergleiche unter Einbeziehung von Prognosewerten an.[945] Wichtiger als diese allgemeinen Kontrollarten ist aus Sicht der Logistikkostenkontrolle die Unterscheidung der **Ebenen logistischer Kostenvergleichsrechnungen**, da diese vielfältige Erkenntnisgewinne ermöglichen.

---

[941]  Vgl. Siepermann (2003a), S. 880, Weber (2012), S. 199.

[942]  Diese Möglichkeiten werden vor allem durch die gewählte Form der Logistikaufbauorganisation bestimmt, da sich die Bildung von Kostenstellen aufgrund der Zuweisung von Kostenstellenverantwortung i.d.R. an den aufbauorganisatorischen Strukturen orientiert. Siehe dazu Hauptabschnitt 4.2.

[943]  Vgl. Weber (2012), S. 211–212.

[944]  Vgl. Weber (2012), S. 200.

[945]  Vgl. Schweitzer/Küpper (2011), S. 34–36.

Entsprechend der zur Verfügung stehenden Daten können drei Kontrollebenen unterschieden werden:

1. Kostenkontrolle auf Ebene der Kostenarten
2. Kostenkontrolle auf Ebene der Kostenstellen
3. Kostenkontrolle auf Ebene der Kostenträger

**Zu 1:** Auf **Ebene der Kostenarten** können vor allem als entscheidungsrelevant betrachtete Logistikkostenarten problembezogen überwacht werden. Von Bedeutung sind dabei insbesondere Zeitvergleiche, d.h. Vergleiche von Ist-Daten und ggf. Wird-Daten mehrerer Perioden um hieraus Erkenntnisse über erfolgte bzw. erwartete Veränderungen zu gewinnen. Gegenstand solcher Vergleiche können beispielsweise logistische Arbeitskosten, Energiekosten oder die Kosten logistischer Fremdleistungen sein. Werden für diese Kostenarten Soll-Größen geplant, sind zudem Soll-Ist-Vergleiche möglich. Die Differenzierung zwischen Mengen- und Preiseffekten ermöglicht die Untersuchung von Veränderungen der Faktorverbräuche und der Preise pro Einheit. Schließlich ist auch ein Betriebsvergleich prinzipiell durchführbar, wobei auf unterschiedliche Definitionen und Abgrenzungen der Kostenarten zu achten ist. Dies betrifft vor allem Vergleiche der Kapitalbindungskosten. *Weber* spricht dabei von „erheblichen Erfassungs- und Bewertungsproblemen"[946], deren Handhabung die Höhe der Kapitalbindungskosten in den einzelnen Unternehmen wesentlich bestimmt.

**Zu 2:** Auch auf **Ebene der Kostenstellen** können einzelne Logistikkostenarten auf diese Weise überwacht werden. Durch den **Bezug auf die in einer Kostenstelle erbrachten Logistikleistungsquanten** ist darüber hinaus die Bestimmung und damit Überwachung von Logistikkosten pro Leistungseinheit möglich. Wesentlich für derartige Berechnungen ist die Beachtung vorliegender Kostenabhängigkeiten. Insbesondere erfordern diese die Unterscheidung von variablen und fixen Logistikkosten, da definitionsgemäß nur die variablen Kosten von der erbrachten Leistungsmenge abhängig sind.[947] Sehr leicht gelingt ein Leistungsbezug der in der Kostenstelle entstandenen Logistikkosten, wenn nur eine Leistungsart, z.B. nur interne Transportleistungen, von einer Kostenstelle erbracht wird und sich diese Leistung eindeutig einer Leistungskategorie, z.B. den prozessbezogenen Leistungen, zuordnen lässt. Schwieriger ist die Herstellung eines solchen Bezugs, wenn in einer Kostenstelle mit identischen Faktoren unterschiedliche Leistungsarten, erzeugt werden. Beispiel dafür ist der Einsatz derselben Arbeitnehmerinnen und Arbeitnehmer für Verpackungs- und für Transportarbeiten. In diesem Fall muss eine verursachungsgerechte Aufteilung der Arbeitskosten pro Leistungsart, z.B. durch Erfassung der Arbeitszeiten, gewährleistet werden.[948] Wie die Ausführungen in Abschnitt 5.2.1 zeigen, können zudem die Leistungen einer Kostenstelle unterschiedlichen Leistungskategorien zugehören. Eine Kostenstelle „Innerbetrieblicher Transport" kann beispielsweise potenzialbezogene, prozessbezogene und ergebnisbezogene Leistungen erbringen. Die Zuordnung der entstandenen Logistikkosten zu diesen unterschiedlichen Leistungskategorien ist jedoch nicht leicht zu bewerkstelligen und erfordert eine entsprechend differenzierte Erfassung.

---

[946] Weber (2012), S. 170.

[947] Vgl. Siepermann (2003a), S. 880.

[948] Vgl. Weber (2012), S. 213.

Durch den Bezug auf die erbrachten Logistikleistungen lassen sich nicht nur die Logistikkosten pro Leistungseinheit als Kenngrößen berechnen, sondern es wird auch die Möglichkeit der **Berücksichtigung von Beschäftigungsschwankungen** im Rahmen von Zeitvergleichen eröffnet.[949] Beispielsweise kann auf dieser Basis untersucht werden, inwieweit ein Anstieg der Frachten gegenüber den Vorperioden auf eine Steigerung der Beförderungsleistung (in tkm) zurückzuführen ist oder ob die Zunahme teurer Eiltransporte eine Steigerung der Frachten bewirkt hat.

Werden einer Kostenstelle für die einzelnen Kostenarten jeweils Kostenbudgets vorgegeben, können diese für Soll-Ist-Vergleiche verwendet werden. Die **Budgetierung** dient somit als Instrument der Kontrolle der Einhaltung vorgegebener Kostenobergrenzen.[950] Zudem eröffnet sie Chancen der Partizipation, sofern die Kostenverantwortlichen bei Budgetentscheidungen einbezogen werden.[951] Die Entscheidungen über einen angemessenen Grad der Partizipation sowie der eingesetzten Budgetierungsverfahren werden üblicherweise jedoch außerhalb des Verantwortungsbereichs der Logistik getroffen. Um eine Koordination zwischen den Funktionsbereichen zu gewährleisten, erfolgt zudem eine Abstimmung der Budgets mit der Beschaffung, Produktion und des Absatzes.[952] Bereits in einer frühen Veröffentlichung berichtet *Küpper* über eine vergleichsweise weite Verbreitung bereichsbezogener Budgets für Transport und Lager.[953] Hinsichtlich der Budgetvorgabe kann zwischen starren und flexiblen Budgets unterschieden werden.[954] Letztere geben keinen festen Grenzwert für die einzelnen Logistikkostenarten vor, sondern richten diese an den tatsächlichen Leistungen der Kostenstelle aus. Hierdurch kann der aktuellen Beschäftigung Rechnung getragen werden. Müssen beispielsweise aufgrund einer guten Auftragslage eine größere Anzahl von Kommissionierpositionen bearbeitet werden als erwartet, so passt sich das Kostenbudget daran an. Voraussetzung hierfür sind jedoch wiederum klare Vorstellungen darüber, welche Anteile der Kosten sich bei einer Leistungssteigerung erhöhen und welche unverändert bleiben. Budgetierung kann allerdings hinsichtlich der Verhaltensbeeinflussung dysfunktional wirken.[955] Dies ist insbesondere dann der Fall, wenn ein vorgegebenes Budget von den Handelnden als Anspruch auf Ressourcen fehlinterpretiert wird.

**Zu 3:** Auf der **Ebene der Kostenträger** ist vor allem die Überwachung von logistischen Einzelkosten im Rahmen der Nachkalkulation sinnvoll. Während für die im Vorhinein durchgeführte Preiskalkulation Planwerte oder Kosten der Vergangenheit herangezogen werden, nutzt die Nachkalkulation tatsächlich angefallene Kosten. Hierdurch kann beispielsweise überprüft werden, ob diese Annahmen der Realität entsprechen und ob der für ein Produkt angesetzte Stückerlös ausreicht, auch die tatsächlich angefallenen Auslieferungskosten zu decken. Mit diesen Überlegungen ist jedoch bereits die Überwachung von Erlösen angesprochen, die im folgenden Abschnitt behandelt wird.

---

[949]  Vgl. Weber (2012), S. 214.

[950]  Vgl. Streitferdt/Eberhardt (2004), Sp. 107.

[951]  Vgl. Friedl (2007), Sp. 191. Zur Partizipation siehe Abschnitt 3.3.

[952]  Vgl. Küpper et al. (2013), S. 598.

[953]  Vgl. Küpper (1992), S. 128–129.

[954]  Vgl. Friedl (2007), Sp. 187.

[955]  Vgl. Streitferdt/Eberhardt (2004), Sp. 111.

## 5.2.3 Kontrolle der Logistikerlöse

Logistikerlöse sind **bewertete Logistikleistungsmengen**. Die Bewertung der jeweiligen Leistungsquanten erfolgt mit Hilfe von realisierten Marktpreisen (Logistikumsatzerlöse) oder mit internen Verrechnungspreisen.[956] Logistikerlöse beruhen damit auf realisierten oder simulierten Tauschwerten. Logistikerlöse, insbesondere Umsatzerlöse, sind zentrale Beurteilungsgrößen der Effektivität der Logistik beim Vorliegen kapitalistischer Produktionsverhältnisse. Entsprechend wurde im Rahmen der strategischen und operativen Logistikplanung mehrfach auf die Bedeutung von Logistikumsatzerlösen hingewiesen. Entsprechend stellt die Kontrolle dieser Erlöse eine wesentliche Aufgabe der Logistikkontrolle dar. Wie bereits die grundlegenden Überlegungen im ersten Band erkennen lassen, sind die Bestimmung und damit auch die Überwachung dieser Erlöse jedoch keineswegs als trivial einzustufen.

Aus Sicht der Logistikkontrolle vergleichsweise unproblematisch ist die Erfassung von **Logistikumsatzerlösen**, da diese auf realisierten Markttransaktionen basieren. Diese werden in der Finanzbuchhaltung als Erträge erfasst und analog zu den Kosten in die Erlösrechnung übernommen.[957] Logistikumsatzerlöse entstehen vor allem dann, wenn ein Industrie- oder Handelsunternehmen über eine logistische Serviceeinheit verfügt, die aufbauorganisatorisch als Sparte eingegliedert ist und einen eigenständigen Geschäftsbereich „Logistik" darstellt.[958] Diese Organisationseinheit tritt am Logistikmarkt als Anbieter auf und das Unternehmen stellt für die eigenständige Erbringung von Logistikleistungen Rechnungen, welche die Höhe der Erträge ausweisen und als Grundlage der Erfassung in der Finanzbuchhaltung dienen. Werden dagegen logistische Leistungen nur zusammen mit Sachleistungen oder anderen Dienstleistungen erstellt, so können Logistikumsatzerlöse nur dann als solche erfasst werden, wenn sie separat bei der Rechnungsstellung ausgewiesen werden. Dies ist beispielsweise bei Zuschlägen für Verpackung und Versand oder bei expliziter Berechnung von Transportleistungen der Fall.

Selbst wenn der Ausweis einiger Logistikleistungen in Rechnungen erfolgt, werden viele Logistikleistungen nicht explizit angeführt. Dies betrifft z.B. innerbetriebliche Transportleistungen oder Lagerleistungen, die nicht direkt für den Kunden erbracht werden. Entsprechend entstehen dafür keine zurechenbaren Logistikerlöse. Hierdurch erfolgt eine **Unterbewertung des Effekts der Logistik**, denn auch diese Transferprozesse bilden die Grundlage für den Gebrauchs- und den Tauschwert eines Erzeugnisses. Diesen Sachverhalt haben die Ausführungen im ersten Abschnitt des ersten Bands eindrücklich belegt. Da die Logistikkosten in voller Höhe erfasst werden, die monetären Effekte der Logistikleistungen jedoch nicht, entsteht eine wesentliche Verzerrung hinsichtlich des Erfolgs und der Wirtschaftlichkeit logistischer Handlungen. Logistik wird deshalb leider nur zu oft als reiner Kostenverursacher wahrgenommen.

Weiterhin wurde im Rahmen der strategischen Logistikplanung der Zusammenhang von Logistik und Wettbewerbsstrategie diskutiert. Dabei wurde deutlich, dass Logistikleistungen die **Grundlage einer Differenzierungsstrategie** darstellen können, wenn diese branchen-

---

[956] Siehe Large (2012), S. 27.

[957] Vgl. Siepermann (2003b), S. 1015.

[958] Siehe dazu Abschnitt 4.2.3.

weit als einzigartig wahrgenommen werden und damit potenziell außerordentliche Erlöse hervorbringen.[959] Diese Aussage ist jedoch nur dann zu rechtfertigen, wenn solche Erlöse im Rahmen der Erlösrechnung sichtbar werden.

Aus diesem Grund wurde im ersten Band bereits das Konstrukt des **logistikinduzieren Erlöses** eingeführt. Diese stellen zwar keine manifesten Logistikerlöse dar. Sie sind jedoch durch logistische Handlungen bedingt oder werden durch diese zumindest in ihrer Entstehung gefördert. Im Gegenzug können diese, wie bereits angemerkt, durch entgangene Umsatzerlöse („Lost Sales") aufgrund von Fehlmengen oder anderen Schlechtleistungen vermindert werden. Aus Sicht der Kosten- und Erlösrechnung handelt es sich somit bei logistikinduzierten Erlösen um kalkulatorische Umsatzerlöse. Sie entstehen rechnerisch durch die Zuordnung von Teilen der in der Finanzbuchhaltung erfassten Erträge zu logistischen Leistungen. Reale Logistikumsatzerlöse und logistikinduzierte kalkulatorische Umsatzerlöse können – sofern eine adäquate Erfassung gelingt – zur **Erfolgsbestimmung der Logistik** den in einer Periode entstandenen Logistikkosten gegenübergestellt werden.

Die quantitative **Bestimmung von logistikinduzierten Erlösen** ist jedoch ein außerordentlich schwieriges Unterfangen, da Unternehmen über keine fundierten Informationen verfügen, welcher Teil der Erträge den Handlungen der Forschung und Entwicklung, der Beschaffung, der Produktion und dem Absatz und welche jenen der Logistik zu verdanken sind. Zudem bestimmt gerade das Zusammenwirken der Funktionsbereiche den Markterfolg eines Unternehmens. Die im ersten Band angeführte und diskutierte Marktreaktionsfunktion[960] betont lediglich den Sachverhalt eines Einflusses der Logistik auf die Erlöse eines Unternehmens und hat daher eher didaktischen Wert. Eine Quantifizierung logistikinduzierter Erlöse zum Zweck der Logistikkontrolle ist damit nicht zu leisten. Es wäre lediglich möglich, auf Grundlage von Marktforschungen die Zahlungsbereitschaft der Kunden für bestimmte Logistikleistungsniveaus abzuschätzen. Dies wäre jedoch wiederum nur für solche möglich, die unmittelbar durch den Kunden wahrnehmbar sind.

Ein entstehungsorientierter Ansatz zur Bestimmung logistikinduzierter Erlöse ist die **Bewertung der im Unternehmen erstellten Logistikleistungsquanten** mit internen Verrechnungspreisen.[961] Diese basieren jedoch i.d.R. auf den in den Kostenstellen entstandenen Logistikkosten je Leistungsmengeneinheit (Kostenpreise). Abgesehen von den in Abschnitt 5.2.2 dargestellten vielschichtigen Problemen der Bestimmung der Kosten pro Leistungsmengeneinheit besteht bei dieser Vorgehensweise lediglich die Annahme eines monetären Effekts für den Empfänger der Logistikleistung, welcher der Höhe der entstandenen Kosten entspricht. Werden die Preise pro Leistungsmengeneinheit zudem höher oder niedriger als diese Kosten angesetzt, um beispielsweise interne Steuerungseffekte zu erzielen, verlieren sie gänzlich ihre Eignung, ein realistisches Abbild der erzielten Erlöse abzugeben. Besser geeignet zur Bewertung von erstellten Logistikleistungsquanten sind Marktpreise. Diese lassen sich jedoch nur für marktgängige Logistikleistungen gewinnen, für welche Angebote von Logistikunternehmen eingeholt werden können. Preise für Logistikleistungen hoher

---

[959] Siehe dazu Abschnitt 2.1.3.
[960] Vgl. Pfohl (1977), S. 249–251, Pfohl (2004), S. 95–96, Pfohl (2010), S. 40–41, Stock/Lambert (2001), S. 106–107, Weber/Kummer (1998), S. 179–180.
[961] Vgl. Küpper et al. (2013), S. 601.

Spezifität, z.B. interne Transporte, oder vergleichsweise unattraktive Leistungen, wie beispielsweise Bereitstellungsleistungen, sind auf diese Weise kaum zu generieren.

Reale Logistikumsatzerlöse und logistikinduzierte kalkulatorische Umsatzerlöse können analog zu Kosten und Leistungen durch angemessene **Vergleichsrechnungen** überwacht werden. Wiederum bieten sich Ist-Ist-Vergleiche im Sinne von Zeitvergleichen an, da diese Daten verwenden, die auf identische Art und Weise ermittelt und erfasst wurden. Soll-Ist-Vergleiche sind vor allem für Logistikumsatzerlöse anwendbar, sofern vorab entsprechende Soll-Werte geplant wurden. Das unternehmensübergreifende Benchmarking ist jedoch aufgrund der aufgezeigten Probleme der Erfassung bzw. Bestimmung der Erlöse als äußerst problematisch einzuordnen. Kritisch einzuschätzen sind auch Erfolgsrechnungen der Logistik. Diese können zwar bei Konstanz der Erfassungsmethodik im Sinne eines Zeitvergleichs Veränderungen des Logistikerfolgs aufzeigen. Die ermittelte Höhe des Logistikerfolgs hängt jedoch, wie gezeigt, wesentlich von der Detaillierung der Rechnungsstellung sowie vom Umfang berücksichtigter logistikinduzierter Umsatzerlöse ab.

## 5.2.4 Kontrolle der Qualität logistischer Leistungen

Im Rahmen der Erfassung von Logistikleistungsquanten in Abschnitt 5.2.1 wurde das Vorhandensein einer Mindestgüte logistischer Leistungen vorausgesetzt, ohne diese jedoch genau zu definieren. Bereits dabei wurde deutlich: Logistikleistungen lassen sich nicht auf Leistungsquanten reduzieren, sondern erfordern zusätzlich eine **qualitative Betrachtung**, um ihren Gebrauchswert umfassend zu bestimmen. Beispielsweise erfolgt ein Transport über eine bestimmte Strecke schnell oder langsam und führt zu einem bestimmten Maß an Pünktlichkeit. Da die Gesamtqualität von komplexen Logistikleistungen bereits durch einzelne Leistungsmängel negativ beeinflusst werden kann, z.B. durch eine verspätete Umladung oder eine mangelhafte Verpackung, kommt der Koordination von logistischen Handlungen im Rahmen einer qualitativen Betrachtung besondere Bedeutung zu.

Neben der Überwachung von logistischen Leistungsquanten stellt die Überwachung der Qualität logistischer Leistungen ein unerlässliches Teilgebiet der Logistikkontrolle und damit des koordinierenden Logistikmanagements dar.

Der **Begriff „Qualität"** wurde bereits in Abschnitt 1.2.4 allgemein eingeführt als „Grad, in dem ein Satz inhärenter Merkmale eines Objekts Anforderungen erfüllt."[962] Im Gegensatz zu nur zugeordneten Merkmalen bezeichnet die Norm solche als inhärent, welche dem betrachteten Objekt innewohnend sind. An die Ausprägung dieser Merkmale als Messgrößen der Qualität werden bestimmte Anforderungen gestellt. Primäre Aufgabe der Qualitätsüberwachung ist somit die Kontrolle der Abweichungen zwischen diesen Anforderungen und den erreichten Ausprägungen der relevanten Merkmale. Hinzu tritt die Dokumentation dieser Abweichungen, welche durch die Erfassung der ergriffenen Maßnahmen und der Qualitätskosten ergänzt werden kann.[963]

---

[962] DIN EN ISO 9000:2014, S. 25.

[963] Vgl. Houtman (2001), S. 924.

Prinzipiell ist die Bestimmung der Qualität von Logistikleistungen mit Hilfe **allgemeiner Ansätze zur Messung der Qualität von Dienstleistungen** möglich. So können zur Qualitätsbewertung von Logistikleistungen die Dimensionen der Dienstleistungsqualität, die sogenannte SERVQUAL-Skala, verwendet werden – unabhängig davon, ob diese Leistungen intern durch eine Logistikabteilung oder extern durch ein Logistikunternehmen bereitgestellt werden.[964] *Parasuraman, Zeithaml* und *Berry* unterscheiden dabei fünf Dimensionen der Dienstleistungsqualität, die jeweils durch mehrere Indikatoren gemessen werden:[965]

- Reliability (Zuverlässigkeit): Fähigkeit, die versprochenen Leistungen gründlich und zuverlässig zu erbringen.
- Responsiveness (Reaktionsfähigkeit): Fähigkeit und Bereitschaft auf die Bedürfnisse der Kunden zeitnah zu reagieren.
- Assurance (Leistungsfähigkeit): Das Fachwissen, die Höflichkeit und die Fähigkeit der Mitarbeiter, Vertrauen zu erwecken.
- Empathy (Einfühlungsvermögen): Bereitschaft und Fähigkeit, sich in einzelne Kunden hineinzuversetzen und deren Wünsche zu verstehen.
- Tangibles (Erscheinungsbild): Das materielle Umfeld, in dem die Leistung erstellt wird.

Da die SERVQUAL für konsumentennahe Dienstleistungen entwickelt wurde, ergeben sich jedoch aus deren **Anwendung in der Logistik** nicht zu vernachlässigende Probleme. Insbesondere erfolgt keine Berücksichtigung spezieller logistischer Leistungsanforderungen. So können spezielle Anforderungen externer Kunden oder interner Leistungsempfänger, z.B. an die Termintreue, nur allgemein im Rahmen der Dimension Zuverlässigkeit berücksichtigt werden. Weiterhin setzen die meisten der Indikatoren einen persönlichen Kontakt zwischen dem Leistungserbringer und dem Leistungsempfänger voraus. Diese für konsumentennahe Dienstleistungen zutreffende Voraussetzung ist jedoch im Bereich der Leistungsbeziehungen innerhalb oder zwischen Unternehmen nicht notwendigerweise erfüllt.[966] Der Empfänger einer Lagerleistung hat beispielsweise in der Regel keinen direkten Kontakt mit den operativen Mitarbeitern im Lager und kann deshalb deren Leistungsfähigkeit oder deren Erscheinungsbild nicht beurteilen. Zudem lassen sich – wie *Benkenstein* betont[967] – die fünf Dimensionen nicht eindeutig den drei Sichtweisen von Dienstleistungen (Dienstleistungen als Potenziale, als Prozesse und als Ergebnisse)[968] und folglich ebenso nicht den vier Kategorien des Logistikleistungsbegriffs nach *Weber* zuordnen.[969]

Neben allgemeinen Verfahren zur Messung der Dienstleistungsqualität finden sich in der Marketing- und Logistikliteratur auch **spezielle Ansätze zur Messung der Qualität logistischer Leistungen**. *Perreault* und *Russ* haben bereits in den 70er Jahren neun Komponenten des Lieferservice aufgestellt und auf Basis einer Befragung von Einkäufern gemessen, die einerseits klassische Logistikziele, z.B. die durchschnittliche Lieferzeit, die Schwankung der Lieferzeit oder die Genauigkeit der Auftragserfüllung, enthalten, jedoch auch umfassende

---

[964]   Siehe dazu Large (2012), S. 23–24.

[965]   Vgl. Parasuraman/Zeithaml/Berry (1988).

[966]   Vgl. Gounaris (2005).

[967]   Vgl. Benkenstein (1993), S. 1106.

[968]   Siehe z.B. Corsten/Gössinger (2007), S. 21–23.

[969]   Vgl. Weber (1986), S. 1198–1204, Weber/Kummer (1998), S. 116–117, Weber (2012), S. 137–150.

Qualitätselemente, wie z.B. das Beschwerdemanagement, abdecken.[970] Die sogenannte „Physical Distribution Service Quality" Skala (PDSQ) von *Bienstock, Mentzer* und *Bird* umfasst 15 einzelne Messgrößen, die mit Hilfe einer Faktorenanalyse drei Dimensionen zugeordnet wurden: die Pünktlichkeit von Lieferungen (timeliness), die Verfügbarkeit von Beständen (availability) und der Zustand gelieferter Güter (condition).[971] Befragt wurden dazu Mitglieder des US-amerikanischen Einkäuferverbands NAPM zu den Leistungen eines ausgewählten Lieferanten. Basierend auf der SERVQUAL und der PDSQ entwickelten *Mentzer*, *Flint* und *Kent* die „Logistics Service Quality" Skala (LSQ), welche sich aus 25 Indikatoren zusammensetzt.[972] Grundlage dafür waren umfangreiche Daten, die durch eine Befragung von Abnehmern der amerikanischen Defense Logistics Agency (DLA) gewonnen wurden. Mit Hilfe einer Konfirmatorischen Faktorenanalyse konnte die Vermutung von neun Dimensionen bekräftigt werden. Zu diesen zählen u.a. die Informationsqualität, der Bestellablauf, die Pünktlichkeit und die Qualität persönlicher Kontakte. Ebenso wie die PDSQ bezieht sich die LSQ auf die spezielle Situation der Erstellung von Logistikleistungen als Sekundärleistungen eines Lieferanten für einen externen Kunden. *Rafiq* und *Jaafar* konnten allerdings die prinzipielle Eignung der LSQ auch für die Qualitätsüberwachung der Leistungen von Logistikunternehmen zeigen.[973]

Kritisch muss jedoch angemerkt werden, dass sowohl die SERVQUAL als auch die angeführten speziellen Ansätze innerhalb der Logistik sehr stark in der Tradition der Lieferantenbewertung stehen. Erfasst wird damit die Qualität der logistischen Leistungen einzelner Lieferanten in einem Zeitraum. Sie sind deshalb für die qualitative Bewertung einzelner logistischer Leistungen **nur bedingt geeignet**, insbesondere dann, wenn es sich um Logistikleistungen einer logistischen Organisationseinheit für eine andere interne Organisationseinheit handelt. Zudem erscheinen die Merkmalskataloge trotz einer Zusammenfassung zu Dimensionen unstrukturiert, da Merkmale des Leistungserbringers, des Leistungsprozesses und der Leistungsergebnisse nicht deutlich voneinander getrennt werden. Ein wesentlicher Grund dafür dürfte in der explorativen Ermittlung und Verdichtung mit Hilfe von Faktorenanalysen zu finden sein. An dieser Stelle wird deshalb eine davon abweichende Vorgehensweise gewählt, bei der zur systematischen Ableitung qualitativer Messgrößen die Merkmale potenzialbezogener, prozessbezogener, ergebnisbezogener und wirkungsbezogener Logistikleistungen und damit die vier Kategorien der Logistikleistung nach *Weber* betrachtet werden.[974] Hierdurch können die abgeleiteten Qualitätsmerkmale den bereits in Abschnitt 5.2.1 diskutierten Messgrößen der Leistungsquanten gegenüber gestellt werden.

Die **Qualität potenzialbezogener Logistikleistungen** lässt sich mit Hilfe der Qualitätsmerkmale jener Produktionsfaktoren abschätzen, die zu einer Bereitstellungsleistung vor-

---

[970]  Vgl. Perreault/Russ (1976), S. 8.

[971]  Vgl. Bienstock/Mentzer/Bird (1997), S. 32.

[972]  Vgl. Mentzer/Flint/Kent (1999), S. 16–18.

[973]  Vgl. Rafiq/Jaafar (2007).

[974]  Vgl. Weber (1986), S. 1198–1204, Weber/Kummer (1998), S. 116–117, Weber (2012), S. 137–150. Auch Kersten und Koch haben einen Versuch unternommen, die in der Literatur beschriebenen Messgrößen der Qualität logistischer Dienstleistungen den drei Dimensionen Potenzial, Prozess und Ergebnis zuzuordnen, ohne jedoch aufgrund der Unterschiedlichkeit dieser Größen eine überzeugende Systematik zu erreichen. Vgl. Kersten/Koch (2009), S. 104–105.

kombiniert werden. Zu diesen Produktionsfaktoren zählt zunächst die menschliche Arbeitskraft. Die Eignung der Arbeitskraft für bestimmte logistische Handlungen wird vor allem
durch die Fähigkeiten und Fertigkeiten der Arbeitnehmerinnen und Arbeitnehmer bestimmt.[975] Diese lassen sich durch die Betrachtung des Stands der Aus- und Weiterbildung
dieser Personen sowie durch deren Berufserfahrung abschätzen. Weiterhin können die SER-
VQUAL-Merkmale der Dimensionen Leistungsfähigkeit und Erscheinungsbild zur Beurteilung der logistischen Arbeitskraft genutzt werden.[976] Als Qualitätsmerkmale dienen in diesem Fall die Vertrauenswürdigkeit und die Freundlichkeit des Personals. Ebenso lässt das
Erscheinungsbild der Logistikmanagerinnen und -manager sowie der Logistikausführenden
eine zumindest vorläufige Einschätzung des Leistungspotenzials zu. Da die genannten
Merkmale der SERVQUAL eine direkte Beobachtung durch den Leistungsempfänger erfordern, sind diese vor allem dann von Bedeutung, wenn der Leistungsempfänger in persönlichen Kontakt mit den Handelnden der Logistik tritt bzw. die Betriebsmittel direkt begutach-
ten kann. Analog erfolgt die Qualitätsbewertung der bereitgestellten Betriebsmittel. Beispiele
für Einzelmerkmale sind die technische Zuverlässigkeit, die Bedienungsfreundlichkeit, die
Schadstoffklasse und die Flexibilität von Nutzfahrzeugen oder die Standfestigkeit, Belast-
barkeit und Sauberkeit von Lagereinrichtungen. Desgleichen lässt sich das Erscheinungsbild
logistischer Betriebsmittel als genereller Indikator anführen. Die Ausprägungen der angesprochenen Merkmale können durch Befragung, Beobachtung und Dokumentenanalyse, z.B.
von Personalakten oder von technischen Datenblättern der Betriebsmittel, erhoben werden.
Hierfür bieten sich systematische Qualitätsaudits an.

Die **Qualität prozessbezogener Logistikleistungen** wird durch die Merkmale der Prozess-
abwicklung beschrieben. Mögliche Messgrößen beziehen sich deshalb zunächst auf die Re-
gelmäßigkeit und Verlässlichkeit der Prozesse. Die Qualität eines Linientransports bestimmt
sich beispielsweise danach, ob dieser mehrmals täglich, täglich oder vielleicht nur wöchent-
lich angeboten wird. Die Verlässlichkeit eines solchen Transports ergibt sich aus der Einhaltung der abgegebenen Fahrtgarantie. Die Verlässlichkeit eines solchen Prozesses ist hoch,
wenn dieser auch bei sehr geringer Auslastung angeboten wird. Als weitere Messgrößen
lassen sich die physikalischen Eigenschaften der Leistung nutzen. So ist für eine prozessbezogene Logistikleistung nicht nur die Leistungsmenge in km sondern vor allem das qualitative Merkmal der Geschwindigkeit in km/h von Bedeutung. Nicht zu vernachlässigen sind
auch die Qualitätsmerkmale der Umweltfreundlichkeit und der Sozialverträglichkeit eines
Prozesses. Die Ausprägung dieser Qualitätsmerkmale lassen sich häufig automatisch, z.B. im
Rahmen der Fahrzeugverfolgung, erfassen. Ebenso stellt die Selbstaufschreibung durch die
Logistikausführenden eine mögliche Vorgehensweise dar.

Im Gegensatz zu den bisher beschriebenen Leistungen sollen **ergebnisbezogene Logistikleistungen** ein konkretes Ergebnis an einem bestimmten logistischen Objekt erbringen.
Relevante Qualitätsmerkmale von Transport- und Lagerleistungen beziehen sich somit direkt
auf den ausgeführten Transfer von Gütern oder Abfällen. Beispiele für Merkmale zur Beurteilung der Transportqualität sind die Pünktlichkeit mit der die Güter eintreffen, die Berücksichtigung von Anlieferungszeitfenstern, die Beschädigungsfreiheit des Gutes, die Einhal-

---

[975]   Siehe dazu Abschnitt 2.2.4.

[976]   Vgl. Benkenstein (1993), S. 1106.

tung von Temperaturen und sonstigen speziellen Güteranforderungen. Zeitliche Transfers erfordern z.B. die schonende Behandlung der Lagergüter, deren Wiederauffindbarkeit im Lager und den Schutz gegen Diebstahl und Verderb. Ein übliches Qualitätsmerkmal zur qualitativen Bewertung des Ergebnisses von Kommissionierungen ist die Fehlerrate. Das Ergebnis von Managementhandlungen der Logistik kann durch die Bestimmung der Anzahl von Planungs- oder Dispositionsfehlern qualitativ bewertet werden. Wie im Fall der prozess-bezogenen Logistikleistung kann zur Erfassung der Ausprägungen häufig auf bereits zur Verfügung stehende Daten zurückgegriffen werden, die beispielsweise im Rahmen der Sendungsverfolgung oder der Zustandskontrolle erfasst wurden. Ansonsten bietet sich der Einsatz der Selbstaufschreibung an.

Auf der **wirkungsbezogenen Ebene** ist die Abgrenzung von Leistungsquanten und qualitativen Leistungsmerkmalen kaum zu bewerkstelligen, da ein bewertendes Subjekt beide Aspekte gemeinsam beurteilen wird. Deshalb können die in Abschnitt 5.2.1 abgeleiteten Messgrößen wirkungsbezogener Logistikleistungsquanten (Servicegrad, Termintreue und Mengentreue) auch als Größen interpretiert werden, welche Leistungsempfängern als Indikatoren der Qualität logistischer Leistungen dienen. In diesem Sinne verstehen beispielsweise, wie oben bereits angesprochen, *Bienstock*, *Mentzer* und *Bird* die Pünktlichkeit von Lieferungen (timeliness), die Verfügbarkeit von Beständen (availability) und den Zustand der gelieferten Güter (condition) als Dimensionen der Qualität von Leistungen der physischen Distribution.[977] Im Gegensatz zur rein quantitativen Betrachtung wird jedoch bei qualitativer Perspektive die subjektiv empfundene Wirkung und damit die Zufriedenheit mit der Leistung stärker berücksichtigt. Die Wirkung einer unzureichenden Leistung wird sicherlich durch die persönliche Einstellung des Leistungsempfängers bestimmt, beispielsweise durch dessen Haltung zu Werten wie Pünktlichkeit und Vertrauenswürdigkeit. Darüber hinaus beeinflusst die konkrete Situation die empfundene Wirkung. Ein Leistungsempfänger wird beispielsweise eine Termin- oder Mengenabweichung als dramatischer empfinden, wenn bereits eine Knappheits- oder gar Fehlmengensituation eingetreten ist. Ein wesentlicher Aspekt der Qualität ist deshalb der Zeitpunkt zu dem Schlechtleistungen auftreten.[978] Die Erhebung der Ausprägungen der qualitativen Merkmale wirkungsbezogener Logistikleistungen erfolgt deshalb bevorzugt durch Befragung der Leistungsempfänger. Auf diese Weise sollen ihre Wahrnehmungen sowie ihre Zufriedenheit hinsichtlich dieser Merkmale erfasst werden.

Die Erhebung und Dokumentation der Ausprägungen von Qualitätsmerkmalen schafft eine wesentliche Grundlage für die Kontrolle der Qualität einer logistischen Leistung. Das weitere Vorgehen wird sodann durch den **gewählten Vergleichsansatz** bestimmt. Bereits die frühe Literatur zur Qualitätsmessung von Dienstleistungen war durch die Frage geprägt, ob sich die Qualität von Leistungen alleine durch die wahrgenommene Ausprägung von Qualitätsmerkmalen bestimmen lässt oder ob diesen die Erwartungen der Leistungsempfänger gegenübergestellt werden müssen.[979] Diese Diskussion setzt sich insbesondere in Spezialbe-

---

[977] Vgl. Bienstock/Mentzer/Bird (1997), S. 32.

[978] Vgl. Weber (2012), S. 149.

[979] Siehe dazu vor allem die Kontroverse in Parasuraman/Zeithaml/Berry (1994) und Cronin/Taylor (1994). Benkenstein (1993), S. 1103–1104, fügt als dritte Möglichkeit die Ereignismessung hinzu, die auf einer Erfassung von kritischen Ereignissen im Laufe einer Dienstleistungsbeziehung beruht. Dieser Ansatz wird hier nicht weiter betrachtet.

reichen bis in die Gegenwart fort[980] und erstaunt insofern, da der Begriff der Qualität stets untrennbar mit solchen Erwartungen verknüpft ist. Dies zeigt auch die zu Beginn des Abschnittes angeführte Definition nach der die Merkmale eines Objekts bestimmte Anforderungen erfüllen müssen. Als Anforderung definiert die Norm ein „Erfordernis oder [eine] Erwartung, das oder die festgelegt, üblicherweise vorausgesetzt oder verpflichtend ist."[981] Qualitative Anforderungen können prinzipiell durch den Leistungsempfänger, den Leistungserbringer oder auch durch Dritte, z.B. den Gesetzgeber, festgelegt werden.[982] Mit anderen Worten führt die Kontrolle der Qualität logistischer Leistungen nur dann zu einem aussagekräftigen Ergebnis, wenn der wahrgenommenen Ausprägung eines Qualitätsmerkmals ein Vergleichsmaßstab gegenüber gestellt wird.

Die Qualität einer logistischen Leistung wird damit als **Ausmaß der „Lücke"** zwischen diesen beiden Größen bestimmt. Eine optimale Qualität ist erreicht, wenn diese Lücke den Wert Null annimmt. Eine zu große Lücke kann zwei Ursachen aufweisen. Die aktuelle Ausprägung eines Qualitätsmerkmals kann zu niedrig und die gestellte Anforderung kann zu hoch sein. Das Verständnis der Qualität als Lücke eröffnet hierdurch die Möglichkeit der Ursachenanalyse einer zu geringen Qualität.[983]

Dieses Verständnis der Qualität liegt auch dem sogenannten **Gap-Modell der Dienstleistungsqualität** von *Parasuraman*, *Zeithaml* und *Berry* zugrunde.[984] Durch die Einbeziehung der Wahrnehmungen und der Anforderungen sowohl der Kunden als auch der Leistungsanbieter eröffnet das Gap-Modell zusätzliche Ansatzpunkte der Analyse einer unzureichenden Qualität. Die sogenannte Servicelücke entsteht in diesem Modell als Differenz zwischen der erwarteten und der wahrgenommenen Dienstleistungsqualität aus Sicht der Kunden (Gap 5).[985] Zur Messung der Erwartungen und der Wahrnehmungen werden in angepasster Form die Dimensionen und Indikatoren der SERVQUAL verwendet. Dieser Lücke entspricht auf Seite der Anbieter der Summe der Abweichung zwischen der Wahrnehmung der Kundenerwartungen und den Zielvorgaben für die Dienstleistungserstellung (Gap 2) und zwischen den Zielvorgaben und der erstellten Dienstleistungsqualität (Gap 3). Gap 1 steht für eine mögliche Abweichung zwischen den Kundenerwartungen und den durch das Management des Dienstleistungsunternehmens wahrgenommenen Kundenerwartungen. Differenzen zwischen Werbeaussagen und der tatsächlichen Leistung werden schließlich durch das Gap 4 erfasst. Das Gap-Modell wurde für konsumtive Dienstleistungen entworfen und ist deshalb für die Kontrolle der Qualität logistischer Leistungen nicht unmittelbar geeignet. Außerdem erscheint die Annahme einer objektiven „actual service delivery"[986] nicht angemessen, da dieses Konstrukt letztlich auch nur eine Wahrnehmung der Dienstleistung aus Sicht des Dienstleistungsunternehmen darstellt. Abbildung 19 zeigt deshalb ein modifiziertes Lückenmodell.

---

[980]  Siehe Large/König (2009) und Brandon-Jones/Silvestro (2010).

[981]  DIN EN ISO 9000:2014, S. 25.

[982]  Vgl. Benkenstein (1993), S. 1099.

[983]  Vgl. Large/König (2009), S. 25.

[984]  Vgl. Parasuraman/Zeithaml/Berry (1985).

[985]  Siehe dazu die Übersicht bei Parasuraman/Zeithaml/Berry (1985), S. 44.

[986]  Parasuraman/Zeithaml/Berry (1985), S. 45.

Notwendige Logistikleistungsqualität

Erfahrungen aus der Vergangenheit

A

① Erwartete Logistikleistungsqualität

D

② Wahrgenommene Logistikleistungsqualität

Leistungsempfänger

Leistungserbringer

③ Wahrgenommene Logistikleistungsqualität

F

Wirkungsbezogene Logistikleistungsqualität

Zugesicherte Logistikleistungsqualität

C

Ergebnisbezogene Logistikleistungsqualität

E

Prozessbezogene Logistikleistungsqualität

Potenzialbezogene Logistikleistungsqualität

④ Vorgegebene Logistik- leistungsqualitätsanforderungen

B

Wahrgenommene Logistik- leistungsqualitätserwartungen

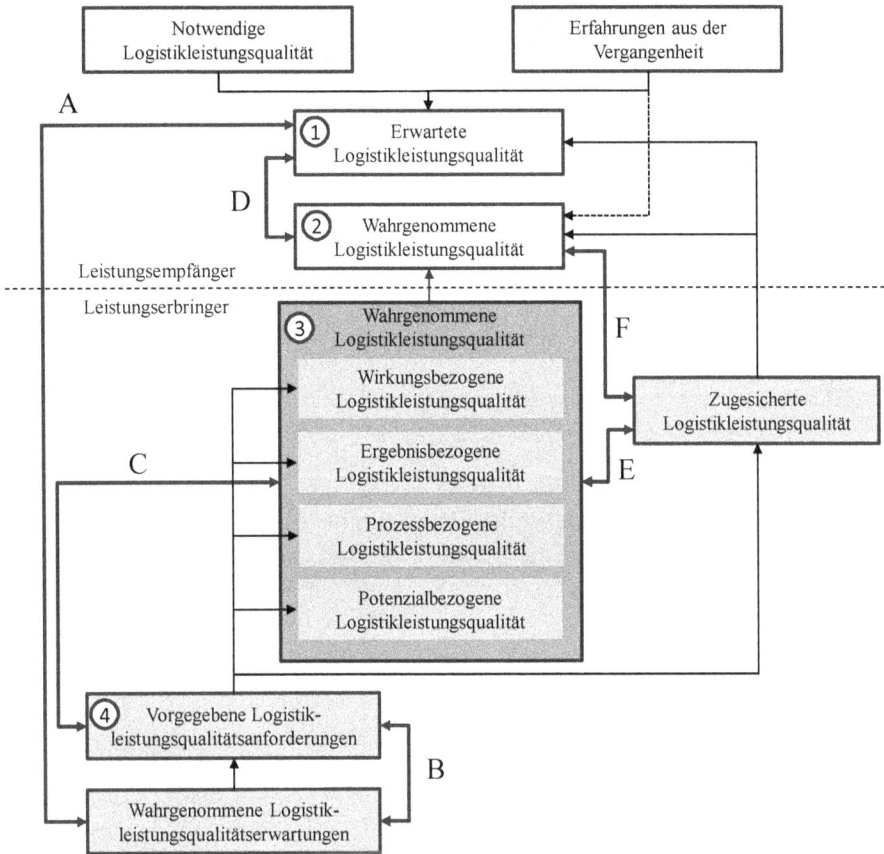

*Abbildung 19: Lückenmodell der Logistikqualität.*

Dieses **Lückenmodell der Logistikqualität** basiert auf dem vorgestellten Gap-Modell der Dienstleistungsqualität, enthält jedoch wesentliche Anpassungen bzw. Erweiterungen:

- Zur Messung der Wahrnehmungen und Anforderungen werden nicht die allgemeinen Indikatoren der SERVQUAL, sondern je nach Art der Logistikleistung **angemessene qualitative Messgrößen** auf potenzialbezogener, prozessbezogener, ergebnisbezogener oder wirkungsbezogener Ebene verwendet. Um die Berechnung der Lücken zu ermögli-chen, werden einheitliche Skalen für die Messgrößen verwendet.[987]
- Eine „tatsächlich" erbrachte Qualität bildet das Modell nicht ab, da auch im Fall der Leis-tungserbringer lediglich **Wahrnehmungen der Akteure** berücksichtigt werden, die auf mehr oder weniger objektiven Messungen und Einschätzungen beruhen.

---

[987] Beispielsweise können alle Messgrößen auf einer Skala von 1 bis 7 gemessen werden. Liegen einzelne Mess-werte, z.B. eine Termintreue, bereits in einer anderen Form vor, erfolgt eine entsprechende Transformation.

- Zusicherungen beruhen im Bereich der Logistik in der Regel nicht auf Werbeaussagen, sondern auf konkreten **vertraglichen Vereinbarungen**.

Die Lücke A und die Lücke B ergeben zusammen die **Anforderungslücke**, d.h. die Differenz zwischen den Anforderungen des Leistungserbringers an die eigene Leistungserstellung und den Erwartungen des Leistungsempfängers. Die Anforderungslücke nimmt negative Werte an, wenn die Erwartungen der Leistungsempfänger größer sind als die vorgegebenen Logistikqualitätsanforderungen der Leistungserbringer. Im Idealfall ist die Anforderungslücke sehr klein.

Lücke C kennzeichnet die **Leistungslücke aus Sicht des Leistungserbringers**. Diese ist negativ, wenn die vorgegebene Logistikleistungsqualität die wahrgenommene übersteigt, d.h. die eigenen Ziele nicht erfüllt werden. Ebenso ist die **Leistungslücke aus Sicht des Leistungsempfängers** negativ, wenn die wahrgenommene Qualität der Logistikleistung das Niveau der Erwartungen nicht erreicht (Lücke D). Auch diese Leistungslücke darf dauerhaft keine negativen Werte annehmen. Ebenso sind prinzipiell größere positive Werte zu vermeiden, weil dies ein Übertreffen der Erwartungen anzeigt, d.h. eine Verschwendung von Ressourcen gegeben sein kann. Beispielsweise sollte eine Belieferung nicht schneller erfolgen als von dem Empfänger erwartet. Eine Ausnahme davon stellen Situationen dar, in denen durch eine bewusste Übererfüllung der Erwartungen die Zufriedenheit des Leistungsempfängers gesteigert werden soll. Dies wäre der Fall, wenn der Leistungsempfänger nur deshalb geringe Erwartungen an die Qualität einer Logistikleistung hat, weil er in der Vergangenheit bereits oft enttäuscht wurde. Dazu wären entsprechend die vorgegebenen Leistungsanforderungen durch den Leistungserbringer zu erhöhen.

Die Summe der beiden Lücken E und F ergeben die **Wahrnehmungslücke**. Diese umfasst die Differenz zwischen der wahrgenommenen Logistikleistungsqualität aus Sicht des Leistungsempfängers und des Leistungserbringers und sollte möglichst klein, keinesfalls jedoch negativ sein. Letzteres ist gegeben, wenn die wahrgenommene Logistikleistungsqualität aus Sicht des Leistungserbringers jene aus Sicht des Leistungsempfängers übersteigt. Kritisch ist vor allem ein negativer Wert der Lücke F, da in diesem Fall der Leistungsempfänger eine Qualität der Logistikleistung wahrnimmt, die nicht den Zusicherungen des Leistungserbringers genügt.

Fasst man diese Überlegungen zusammen, entspricht die Größe der Leistungslücke aus Sicht des Leistungsempfängers (D = ② – ①) formal der Summe der Leistungslücke aus Sicht des Leistungserbringers (C = ③ – ④), der Wahrnehmungslücke (E + F = ② – ③) und der Anforderungslücke (A + B = ④ – ①). In inhaltlicher Interpretation bedeutet dies, dass eine Abweichung zwischen den Qualitätserwartungen und -wahrnehmungen eines Leistungsempfängers auf **drei mögliche Ursachen** zurückgeführt werden kann.

1. Der Leistungserbringer erkennt selbst Abweichungen zwischen seinen Qualitätsanforderungen und seiner Leistungserbringung.
2. Der Empfänger und der Erbringer einer Logistikleistung gehen von unterschiedlichen qualitativen Anforderungen aus.
3. Empfänger und Erbringer nehmen die Qualität der erbrachten Logistikleistung unterschiedlich wahr.

Jede dieser drei Sachverhalte erfordert **unterschiedliche Maßnahmen**. Es ist deshalb von Bedeutung im Rahmen der Kontrolle der Qualität logistischer Leistungen möglichst jede der definierten Lücken quantitativ zu erfassen und somit die Ursache zu klären. Im ersten Fall sollten Logistikmanagerinnen und -manager sowie Logistikausführende versuchen, die Leistungserstellung zu verbessern, um die definierten Anforderungen zu erreichen. Im zweiten Fall ist zu klären, warum eine Anforderungslücke besteht. Ursache einer Anforderungslücke können einerseits unzutreffende Wahrnehmungen der Leistungserwartungen des Leistungsempfängers sein (Lücke A). Liegt diese Situation vor, ist ein verstärkter Informationsaustausch zwischen den Akteuren erforderlich. Negative Werte können sich jedoch auch ergeben, wenn der Leistungserbringer – beispielweise aus Kostengründen – die Anforderungen an die eigene Leistung bewusst zu niedrig angesetzt hat (Lücke B). Am schwierigsten sind die Probleme im dritten Fall zu lösen. Einerseits kann Selbstüberschätzung des Leistungserbringers ausschlaggebend für die identifizierte Lücke sein. Andererseits kann auch eine Unterschätzung der Leistung durch den Empfänger vorliegen. Anlass dafür kann ein Imageproblem sein, d.h. der Leistungsempfänger bewertet aufgrund seiner bisherigen Erfahrungen die Qualität einer Logistikleistung schlechter als sachlich gerechtfertigt.

Wird das Lückenmodell der Logistikqualität auf Logistikleistungen für einen **internen Leistungsempfänger**, z.B. eine Produktionsabteilung, angewendet, kann es ggf. vereinfacht werden, da keine expliziten Zusicherungen hinsichtlich einer bestimmten Logistikleistungsqualität gegeben werden.[988] Prinzipiell ist es jedoch auch für interne Leistungsbeziehungen in der vorliegenden Form anwendbar. Andererseits bedarf das Modell einer Erweiterung, wenn **externe Logistikunternehmen** in die Leistungserstellung eingebunden sind. Da das beauftragte Unternehmen wiederum eigene Leistungsanforderungen definiert und Wahrnehmungen der Leistungsqualität generiert, resultiert daraus ein Modell mit drei unterschiedlichen Akteuren. Dies betrifft insbesondere den Fall, in dem Logistikunternehmen für ein anderes Unternehmen, insbesondere einen Kunden, z.B. eine Transportleistung erstellen.

---

[988]  Siehe zu einem vereinfachten Modell im Fall interner Leistungen von Beschaffungsabteilungen Large/König (2009), S. 26.

# Schlussbemerkungen zum zweiten Band

Ausgehend von der Notwendigkeit der Koordination logistischer Handlungen grenzen die Ausführungen des zweiten Bands vier Koordinationsebenen der Logistik ab und zeigen auf, wie Handlungen der Logistikplanung, der Logistikführung, der Logistikorganisation und der Logistikkontrolle einen Beitrag zur Deckung der Koordinationsbedarfe leisten können. Da diese Überlegungen auf einem Verständnis der Logistik beruhen, welches der Arbeit einen besonderen Stellenwert einräumt, werden auch Ansätze der Partizipation und Selbstabstimmung einbezogen.

In den nun vorliegenden beiden Bänden der Betriebswirtschaftlichen Logistik findet sich überwiegend die Perspektive der „Eigenerstellung", die davon ausgeht, dass die erforderlichen Handlungen der Logistik von Arbeitnehmerinnen und Arbeitnehmern des betrachteten Unternehmens selbst ausgeführt werden. Dies ist jedoch nicht notwendigerweise der Fall. Bereits heute wird ein großer Teil der erforderlichen Logistikleistungen von Arbeitnehmerinnen und Arbeitnehmern der spezialisierten Logistikunternehmen erbracht. Hierdurch entfallen logistische Handlungen, neue werden erforderlich und es findet ein Wandel der Berufsbilder insbesondere von Logistikmanagerinnen und -managern statt. Die öffentliche Diskussion um Scheinselbständigkeit und missbräuchliche Verwendung von Werkverträgen zeigt zudem ein gesellschaftliches Konfliktpotenzial auf, welches durch eine umfängliche Fremdvergabe logistischer Leistungen entstehen kann. Auch diesen Fragen muss sich die Logistik als Lehre und Wissenschaft der Logistik stellen.

Mit den beiden Bänden „Logistikfunktionen" und „Logistikmanagement" ist deshalb die Gesamtdarstellung der betriebswirtschaftlichen Logistik noch nicht abgeschlossen.

# Verzeichnis der Variablen

| | |
|---|---|
| $a_i$ | Verfügbare Gütermenge in Abgangspunkt i |
| $b_f$ | Geplanter Transportbestand eines Stetigförderers |
| $b_{fm}$ | Geplanter Transportbestand eines Stetigförderers in monetären Einheiten |
| $b^t_l$ | Tatsächlicher mittlerer Lagerbestand des Objektes l |
| $b^t_{li}$ | Tatsächlicher Lagerbestand des Objektes l in der Teilperiode $t_i$ |
| $b^t_{Lm}$ | Tatsächlicher mittlerer Lagerbestand eines gesamten Lagers in monetären Einheiten |
| $b_l$ | Geplanter mittlerer Lagerbestand des Objektes l |
| $b_{Lm}$ | Geplanter mittlerer Lagerbestand des gesamten Lagers in monetären Einheiten |
| $b_m$ | Meldebestand |
| $b_s$ | Sicherheitsbestand |
| $b_{sl}$ | Sicherheitsbestand des Objektes l |
| $b_t$ | Geplanter Bestand eines Transports |
| $b_{tm}$ | Geplanter Bestand eines Transports in monetären Einheiten |
| $b_U$ | Durchschnittlicher Gesamtbestand eines Unternehmens |
| $d$ | Intensität der Leistungserstellung / Fahrgeschwindigkeit |
| $d_{max}$ | Maximale Intensität der Leistungserstellung / maximale Fahrgeschwindigkeit |
| $d_{min}$ | Minimale Intensität der Leistungserstellung / minimale Fahrgeschwindigkeit |
| $d_{opt}$ | Optimale Intensität der Leistungserstellung / optimale Fahrgeschwindigkeit |
| $f_U$ | Durchschnittliche Forderungen aufgrund von Lieferungen |
| $h^t_L$ | Tatsächliche Umschlaghäufigkeit eines Lagers mit L Objekten |
| $p$ | Preis |
| $p_l$ | Wert eines gelagerten Gutes l pro Mengeneinheit |
| $t$ | Zeit, Zeitpunkt oder Periode |
| $t_{BU}$ | Mittlere Bestandsdauer im Unternehmen |
| $t_i$ | Teilperiode |
| $t^t_L$ | Mittlere tatsächliche Bestandsdauer der gelagerten L Objekte eines Lagers |
| $t_t$ | Zeitdauer des räumlichen Transfers |
| $t_u$ | Umschlagzeit |
| $t_{ZK}$ | Zahlungsfrist der Kunden |
| $t_{ZL}$ | Zahlungsfrist der Lieferanten |
| $v^t_{Lm}$ | Tatsächlicher monetärer Lagerabgang eines Lagers in einer Periode |

| | |
|---|---|
| $v_U$ | Durchschnittliche Verbindlichkeiten eines Unternehmens aufgrund von Lieferungen |
| w | Zurückgelegte Strecke, Länge einer Förderstrecke |
| $z_j$ | Erforderliche Gütermenge in Zielpunkt j |
| $A_i$ | Abgangspunkt i |
| CCC | Cash-to-Cash-Cycle |
| $HK_U$ | Herstellkosten der verkauften Erzeugnisse eines Unternehmens pro Jahr |
| Q | Bestellmenge |
| $Q_l$ | Bestellmenge des Objektes l |
| $U_U$ | Umsatzerlöse eines Unternehmens pro Jahr |
| X | Mengenmatrix |
| $Z_j$ | Zielpunkt j |
| $\Delta b_{Lm}$ | Abweichung des mittleren Lagerbestands eines gesamten Lagers in monetären Einheiten |
| $\kappa^l$ | Ladekapazität eines Transportmittels |
| $\lambda$ | Durchsatz eines stetigen Fördermittels |
| $\lambda^l$ | Anzahl der in bzw. auf einem Transportmittel geladenen Logistikeinheiten |
| $\tau_b$ | Bezugszeitraum |

# Verzeichnis der Fallbeispiele

# Literatur- und Quellenverzeichnis

## Literatur

Abrahamson, Eric (1991): Managerial Fads and Fashions: The Diffusion and Rejection of Innovations. In: Academy of Management Review 16(1991)3, S. 586–612.

Abrahamson, Eric (1996): Management fashion. In: Academy of Management Review 21(1996)1, S. 254–285.

Alchian, Armen A/Woodward, Susan (1987): Reflections on the Theory of the Firm. In: Journal of Institutional and Theoretical Economics 143(1987)1, S. 110–136.

Amonn, Alfred (1927): Objekt und Grundbegriffe der Theoretischen Nationalökonomie. 2., erw. Aufl. Leipzig, Wien 1927.

Antoni, Conny H. (2004): Gruppen und Gruppenarbeit. In: Schreyögg, Georg/Werder, Axel von (Hrsg.): Handwörterbuch Unternehmensführung und Organisation. 4., völl. neu bearb. Aufl. Stuttgart 2004, Sp. 380–388.

Arnold, Dieter/Furmans, Kai (2009): Materialfluss in Logistiksystemen. 6., erweiterte Aufl. Berlin et al. 2009.

Autry, Chad W./Daugherty, Patricia J. (2003): Warehouse Operations Employees: Linking Person-Organization Fit, Job Satisfaction, and Coping Responses. In: Journal of Business Logistics 24(2003)1, S. 171–198.

Autry, Chad W./Zacharia, Zach G./Lamb, Charles W. (2008): A logistics strategy taxonomy. In: Journal of Business Logistics 29(2008)2, S. 27–51.

Babin, Barry J./Boles, James S. (1998): Employee Behavior in a Service Environment: A Model and Test of Potential Differences between Men and Women. In: Journal of Marketing 62(1998)2, S. 77–91.

Backhaus, Claus/Baars, Stefan/Jubt, Karl-Heinz/Felten, Christian/Hedtmann, Jörg (2010): Analyse von Hebe- und Tragetätigkeiten im Möbelspeditionsgewerbe unter besonderer Berücksichtigung der Belastung der Lendenwirbelsäule. In: Zeitschrift für Arbeitswissenschaft 64(2010)4, S. 305–319.

Baker, Peter (2007): An exploratory framework of the role of inventory and warehousing in international supply chains. In: The International Journal of Logistics Management 18(2007)1, S. 64–80.

Ballou, Ronald H./Burnetas, Apostolos (2003): Planning Multiple Location Inventories. In: Journal of Business Logistics 24(2003)2, S. 65–89.

Ballou, Ronald H./Gilbert, Stephen M./Mukherjee, Ashok (2000): New Managerial Challenges from Supply Chain Opportunities. In: Industrial Marketing Management 29(2000)1, S. 7–18.

Bamberger, Ingolf/Wrona, Thomas (1996): Der Ressourcenansatz und seine Bedeutung für die Strategische Unternehmensführung. In: Zeitschrift für betriebswirtschaftliche Forschung 48(1996)2, S. 130–153.

Barney, Jay B. (1991): Firm Resources and Sustained Competitive Advantage. In: Journal of Management 17(1991)1, S. 99–120.

Barreto, Ilídio (2010): Dynamic Capabilities: A Review of Past Research and an Agenda for the Future. In: Journal of Management 36(2010)1, S. 256–280.

Becker, Fred G. (2004): Karrieren und Laufbahnen. In: Schreyögg, Georg/Werder, Axel von (Hrsg.): Handwörterbuch Unternehmensführung und Organisation. 4., völl. neu bearb. Aufl. Stuttgart 2004, Sp. 579–586.

Beermann, B./Schmidt, Karl-Heinz/Rutenfranz, J. (1990): Zur Wirkung verschiedener Schichttypen auf das gesundheitliche Befinden und das Schlaf- und Freizeitverhalten. In: Zeitschrift für Arbeitswissenschaft 44(1990)1, S. 14–17.

Beier, Frederick J. (1973): Information systems and the life cycle of logistics departments. In: International Journal of Physical Distribution 3(1973)5, S. 312–321.

Benkenstein, Martin (1993): Dienstleistungsqualität. Ansätze zur Messung und Implikationen für die Steuerung. In: Zeitschrift für Betriebswirtschaft 63(1993)11, S. 1095–1116.

Bester, Helmut (2012): Theorie der Industrieökonomik. 6., korr. u. erg. Aufl. Berlin et al. 2012.

Bienstock, Carol C./Mentzer, John T./Bird, Monroe Murphey (1997): Measuring physical distribution service quality. In: Journal of the Academy of Marketing Science 25(1997)1, S. 31–44.

Bijvank, Marco/Vis, Iris F.A. (2011): Lost-sales inventory theory: A review. In: European Journal of Operational Research 215(2011)1, S. 1–13.

Blau, Peter M. (1970): A Formal Theory of Differentiation in Organizations. In: American Sociological Review 35(1970)2, S. 201–218.

Bloech, Jürgen/Bogaschewsky, Ronald/Buscher, Udo/Daub, Anke/Götze, Uwe/Roland, Folker (2014): Einführung in die Produktion. 7., korr. u. akt. Aufl. Berlin et al. 2014.

Boerner, Sabine (2004): Führungsstile und -konzepte. In: Schreyögg, Georg/Werder, Axel von (Hrsg.): Handwörterbuch Unternehmensführung und Organisation. 4., völl. neu bearb. Aufl. Stuttgart 2004, Sp. 316–323.

Bontrup, Heinz-J. (2000): Methoden der Personalbedarfsermittlung. In: Das Wirtschaftsstudium 29(2000)4, S. 500–510.

Boshuizen, Hendriek C./Bongers, Paulien M./Hulshof, Carel T. J. (1992): Self-Reported Back Pain in Fork-Lift Truck and Freight-Container Tractor Drivers Exposed to Whole-Body Vibration. In: Spine 17(1992)1, S. 59–65.

Bourgeois, L.J. III (1981): On the Measurement of Organizational Slack. In: Academy of Management Review 6(1981)1, S. 29–39.

Bowersox, Donald J. (1968): Emerging Patterns of Physical Distribution Organization. In: Transportation and Distribution Management (1968)May, S. 53–56.

Bowersox, Donald J./Closs, David J./Cooper, M. Bixby/Bowersox, John C. (2013): Supply Chain Logistics Management. International Edition. 4. Aufl. New York 2013.

Bowersox, Donald J./Daugherty, Patricia (1987): Emerging Patterns of Logistical Organization. In: Journal of Business Logistics 8(1987)1, S. 46–60.

Bowersox, Donald J./Smykay, Edward/LaLonde, Bernard J. (1968): Physical Distribution Management: Logistics Problems of the Firm. New York 1968.

Boysen, Nils (2008): Über die Synchronisierung von Güterströmen in der Umschlaglogistik. In: Zeitschrift für Betriebswirtschaft 78(2008)12, S. 1285–1315.

Braam, Ingrid Th. J./van Dormolen, Max/Frings-Dresen, Monique H. W. (1996): The work load of warehouse workers in three different working systems. In: International Journal of Industrial Ergonomics 17(1996)6, S. 445–523.

Braczyk, Hans-Joachim (2001): Wandel des Unternehmensregimes. In: Fuchs, Gerhard/Töpsch, Karin (Hrsg.): Baden-Württemberg – Erneuerung einer Industrieregion. Kolloquium zum Andenken an Prof. Dr. Hans-Joachim Braczyk. Stuttgart 2001, S. 39–59.

Brandon-Jones, Alistair/Silvestro, Rhian (2010): Measuring internal service quality: comparing the gap-based and perceptions-only approaches. In: International Journal of Operations and Production Management 30(2010)12, S. 1291–1318.

Breitling, Tobias/Large, Rudolf O. (2013): Mangel und Fluktuation von Berufskraftfahrern. Arbeitssituation von Berufskraftfahrern und die Bindung an Beruf und Arbeitgeber. Kurzbericht 2/2013. Kooperationsstelle Arbeitswelt und Wissenschaft Universität Stuttgart. Stuttgart 2013.

Breitling, Tobias/Lohaus, Daniela/Large, Rudolf/Trost, Claudius (2015): Gesundheitsmanagement im Güterverkehr. Arbeitgebermaßnahmen zum Erhalt der Gesundheit und Arbeitsfähigkeit von Berufskraftfahrern. Kurzbericht 1/2015. Kooperationsstelle Arbeitswelt und Wissenschaft Universität Stuttgart. Stuttgart 2015.

Bruder, Ralph/Rademacher, Holger (2009): Abgleich von Anforderungs- und Fähigkeitsanalysen für menschengerechte Arbeitssysteme in der Logistik. In: Pfohl, Hans-Christian (Hrsg.): Personalführung in der Logistik. Hamburg 2009, S. 216–243.

Bucklin, Louis P. (1965): Postponement, Speculation and the Structure of Distribution Channels. In: Journal of Marketing Research 2(1965)1, S. 26–31.

Burcher, Peter G/Lee, Gloria L./Sohal, Amrik S. (2005): A cross country comparison of careers in logistics management in Australia and Britain. In: The International Journal of Logistics Management 16(2005)2, S. 205–217.

Coase, Ronald H. (1937): The Nature of the Firm. In: Economica 4(1937)16, S. 386–405.

Cohen, Michael/March, James/Olsen, Johan (1972): A Garbage Can Model of Organizational Choice. In: Administrative Science Quarterly 17(1972)1, S. 1–25.

Cooper, Martha C./Ellram, Lisa M. (1993): Characteristics of Supply Chain Management and the Implications for Purchasing and Logistics Strategy. In: The International Journal of Logistics Management 4(1993)2, S. 13–24.

Cooper, Martha C./Lambert, Douglas M./Pagh, Janus D. (1997): Supply Chain Management: More Than a New Name for Logistics. In: The International Journal of Logistics Management 8(1997)1, S. 1–14.

Corbett, Charles J. (2001): Stochastic Inventory Systems in a Supply Chain with Asymmetric Information: Cycle Stocks, Safety Stocks, and Consignment Stock. In: Operations Research 49(2001)4, S. 487–500.

Corsten, Hans/Gössinger, Ralf (2007): Dienstleistungsmanagement. 5. Aufl. München, Wien 2007.

Cronin, J. Joseph/Taylor, Steven A. (1994): SERVPERF Versus SERVQUAL: Reconciling Performance-Based and Perceptions-Minus-Expectations Measurement of Service Quality. In: Journal of Marketing 58(1994)1, S. 125–131.

Daft, Richard L./Lengel, Robert H./Trevino, Linda Klebe (1987): Message Equivocality, Media Selection, and Manager Performance: Implications for Information Systems. In: Management Information Systems Quarterly 11(1987)3, S. 355–364.

Daugherty, Patricia/Dröge, Cornelia (1997): Organizational structure in divisionalized manufacturers: the potential for outsourcing logistical services. In: International Journal of Physical Distribution and Logistics Management 27(1997)5/6, S. 337–349.

Daugherty, Patricia/Stank, Theodore/Ellinger, Alexander E. (1998): Leveraging Logistics / Distribution Capabilities: The Effect of Logistics Service on Market Share. In: Journal of Business Logistics 19(1998)2, S. 35–51.

Dehler, Markus (2001): Entwicklungsstand der Logistik. Messung – Determinanten – Erfolgswirkungen. Wiesbaden 2001.

Demerouti, Evangelia/Bakker, Arnold/Nachreiner, Friedhelm/Ebbinghaus, Margit (2002): From mental strain to burnout. In: European Journal of Work and Organizational Psychology 11(2002)4, S. 423–441.

Dodel, Hans/Häupler, Dieter (2010): Satellitennavigation. Berlin et al. 2010.

Domschke, Wolfgang (2007): Logistik: Transport. Grundlagen, lineare Transport- und Umladeprobleme. 5., überarb. Aufl. München u.a. 2007.

Domschke, Wolfgang/Drexl, Andreas (2011): Einführung in das Operations Research. 8. Aufl. Berlin u.a. 2011.

Domschke, Wolfgang/Scholl, Armin (2010): Logistik. Rundreisen und Touren. 5., überarb. und akt. Aufl. München et al. 2010.

Donaldson, Bill (1995): Customer Service as a Competitive Strategy. In: Journal of Strategic Marketing 3(1995)2, S. 113–126.

Dörre, Klaus (1996): Die "demokratische Frage" im Betrieb - Zu den Auswirkungen partizipativer Managementkonzepte auf die Arbeitsbeziehungen in deutschen Industrieunternehmen. In: SOFI-Mitteilungen 23(1996), S. 7–23.

Drumm, Hans Jürgen (2008): Personalwirtschaft. 6., überarb. Aufl. Berlin et al. 2008.

Dubbert, Michael Christian (1991): Strategische Managemententwicklungsplanung. Konzeption und empirische Ergebnisse für den Bereich der Logistik. Frankfurt a. M. 1991.

Eitelwein, Oliver/Wohlthat, Andreas (2005): Steuerung des Working Capital im Supply Chain Management über die Cash-to-Cash Cycle Time. In: Controlling & Management 49(2005)6, S. 416–425.

Ekwall, Daniel (2009): The displacement effect in cargo theft. In: International Journal of Physical Distribution and Logistics Management 39(2009)1, S. 47–62.

Ellinger, Alexander E./Ellinger, Andrea D./Keller, Scott B. (2005): Supervisory coaching in a logistics context. In: International Journal of Physical Distribution and Logistics Management 35(2005)9, S. 620–636.

Ellram, Lisa M. (1991): Supply Chain Management. The Industrial Organisation Perspective. In: International Journal of Physical Distribution and Logistics Management 21(1991)1, S. 13–22.

Ellram, Lisa M. (1993): A Framework for Total Cost of Ownership. In: The International Journal of Logistics Management 4(1993)2, S. 49–60.

Ellram, Lisa M./Perrott Siferd, Sue (1993): Purchasing: The Cornerstone of the Total Cost of Ownership Concept. In: Journal of Business Logistics 14(1993)1, S. 163–184.

Engelhardt-Nowitzki, Corinna (2006): Anforderungen an die Logistikausbildung - fachlich, methodisch und didaktisch. In: Engelhardt-Nowitzki, Corinna (Hrsg.): Ausbildung in der Logistik. Wiesbaden 2006, S. 3–19.

Ernst, A.T./Jiang, H./Krishnamoorthy, M./Sier, D. (2004): Staff scheduling and rostering: A review of applications, methods and models. In: European Journal of Operational Research 153(2004)1, S. 3–27.

Esper, Terry L./Defee, Clifford/Mentzer, John T. (2010): A framework of supply chain orientation. In: The International Journal of Logistics Management 21(2010)2, S. 161–179.

Esser, Hartmut (1999): Soziologie. Allgemeine Grundlagen. 3. Aufl. Frankfurt a .M. et al. 1999.

Ester, Birgit (1997): Benchmarks für die Ersatzteillogistik. Berlin 1997.

Fallgatter, Michael J. (2004): Kontrolle. In: Schreyögg, Georg/Werder, Axel von (Hrsg.): Handwörterbuch Unternehmensführung und Organisation. 4., völl. neu bearb. Aufl. Stuttgart 2004, Sp. 668–679.

Farris, M. Theodore/Hutchison, Paul D. (2003): Measuring Cash-to-Cash Performance. In: The International Journal of Logistics Management 14(2003)2, S. 83–92.

Fayol, Henri (1950): Administration Industrielle et Générale. Prévoyance, Organisation, Commandement, Coordination, Contrôle. Paris 1950.

Feierabend, Ralf (1987): Beitrag zur Abstimmung und Gestaltung unternehmungsübergreifender logistischer Schnittstellen. 2. Aufl. Berlin 1987.

Ferreira, Yvonne (2007): Evaluation von Instrumenten zur Erhebung der Arbeitszufriedenheit. In: Zeitschrift für Arbeitswissenschaft 61(2007)2, S. 87–94.

Fettke, Peter (2007): Supply Chain Management: Stand der empirischen Forschung. In: Zeitschrift für Betriebswirtschaft 77(2007)4, S. 417–461.

Fischer, Thomas M./Becker, Sabrina/Gerke, Sebastian (2003): Benchmarking. In: Die Betriebswirtschaft 63(2003)6, S. 684–701.

Fleming, Peter/Spicer, André (2014): Power in Management and Organization Science. In: The Academy of Management Annals 8(2014)1, S. 237–298.

Freiling, Jörg (2007): Erfolgspotentiale. In: Köhler, Richard/Küpper, Hans-Ulrich/Pfingsten, Andreas (Hrsg.): Handwörterbuch der Betriebswirtschaft. 6., völl. neu gest. Aufl. Stuttgart 2007, Sp. 402–414.

French, John R. P./Raven, Bertram H. (1959): The Bases of Social Power. In: Cartwright, Dorwin (Hrsg.): Studies in Social Power. Ann Arbor 1959, S. 150–167.

Frese, Erich/Graumann, Matthias/Theuvsen, Ludwig (2012): Grundlagen der Organisation. Entscheidungsorientiertes Konzept der Organisationsgestaltung. 10., überarb. u. erw. Aufl. Wiesbaden 2012.

Frey, Bruno S./Benz, Matthias (2004): Anreizsysteme, ökonomische und verhaltenswissenschaftliche Dimension. In: Schreyögg, Georg/Werder, Axel von (Hrsg.): Handwörterbuch Unternehmensführung und Organisation. 4., völl. neu bearb. Aufl. Stuttgart 2004, Sp. 21–26.

Friedl, Gunter (2007): Budgetierung. In: Köhler, Richard/Küpper, Hans-Ulrich/Pfingsten, Andreas (Hrsg.): Handwörterbuch der Betriebswirtschaft. 6., völl. neu gest. Aufl. Stuttgart 2007, Sp. 185–194.

Fritz, Martin (2001): Simulation der Druckkräfte in den Beingelenken und der Wirbelsäule bei Praxisnahen Schwingungsbelastungen mit Hilfe eines biomechanischen Modells. In: Zeitschrift für Arbeitswissenschaft 55(2001)3, S. 155–161.

Fugate, Brian S./Mentzer, John T./Stank, Theodore P. (2010): Logistics Performance: Efficiency, effectiveness, and differentiation. In: Journal of Business Logistics 31(2010)1, S. 43–62.

Gaitanides, Michael (2004): Prozessorganisation. In: Schreyögg, Georg/Werder, Axel von (Hrsg.): Handwörterbuch Unternehmensführung und Organisation. 4., völl. neu bearb. Aufl. Stuttgart 2004, Sp. 1208–1218.

Gaitanides, Michael (2012): Prozessorganisation. Entwicklung, Ansätze und Programme des Managements von Geschäftsprozessen. 3., vollst. überarb. Aufl. München 2012.

Gälweiler, Aloys (1976): Unternehmenssicherung und strategische Planung. In: Zeitschrift für betriebswirtschaftliche Forschung 28(1976)6, S. 362–379.

Gammelgaard, Britta/Larson, Paul D. (2001): Logistics Skills and Competencies for Supply Chain Management. In: Journal of Business Logistics 22(2001)2, S. 27–50.

García-Arca, Jesús/Prado-Prado, J. C. (2011): Systematic Personnel Participation for Logistics Improvement: A Case Study. In: Human Factors and Ergonomics in Manufacturing and Service Industries 21(2011)2, S. 209–223.

Gibson, Brian J./Cook, Robert Lorin (2003): Entry-Level Logistics Management Hiring Issues. In: The International Journal of Logistics Management 14(2003)1, S. 121–134.

Giunipero, Larry C./Hooker, Robert E./Joseph-Matthews, Sacha/Yoon, Tom E./Brudvig, Susan (2008): A Decade of SCM Literature: Past, Present and Future Implications. In: Journal of Supply Chain Management 44(2008)4, S. 66–86.

Glaser, Horst (1992): Prozesskostenrechnung: Darstellung und Kritik. In: Zeitschrift für betriebswirtschaftliche Forschung 44(1992)3, S. 275–288.

Göbel, Elisabeth (2004): Selbstorganisation. In: Schreyögg, Georg/Werder, Axel von (Hrsg.): Handwörterbuch Unternehmensführung und Organisation. 4., völl. neu bearb. Aufl. Stuttgart 2004, Sp. 1312–1318.

Goldscheid, Christian (2008): Ermittlung der Wirbelsäulenbelastung in manuellen Kommissioniersystemen. Aachen 2008.

Göpfert, Ingrid (1999): Stand und Entwicklung der Logistik. Herausbildung einer betriebswirtschaftlichen Teildisziplin. In: Logistik Management 1(1999)1, S. 19–33.

Göpfert, Ingrid (2013): Logistik. Führungskonzeption und Management von Supply Chains. 3., akt. u. erw. Aufl. München 2013.

Gounaris, Spiros (2005): Measuring service quality in b2b services: an evaluation of the SERVQUAL scale vis-à-vis the INDSERV scale. In: The Journal of Service Marketing 19(2005)6, S. 421–435.

Grochla, Erwin (1972): Unternehmensorganisation. Reinbek bei Hamburg 1972.

Grochla, Erwin (1978): Grundlagen der Materialwirtschaft. Das materialwirtschaftliche Optimum im Betrieb. 3., gründl. durchges. Aufl. Wiesbaden 1978.

Grzech-Sukalo, Hiltraud/Jaeger, Corinna (2002): Schichtplangestaltung am Beispiel eines 24–Stunden-Betriebes in der Logistik. In: Zeitschrift für Arbeitswissenschaft 56(2002)1–2, S. 106–111.

Gulick, Luther (1937): Notes on the Theory of Organization. In: Gulick, Luther/Urwick, L. (Hrsg.): Papers on the Science of Administration. New York 1937, S. 1–45.

Günther, Hans-Otto/Tempelmeier, Horst (2014): Produktion und Logistik. Supply Chain und Operations Management. 11., verb. Aufl. Norderstedt 2014.

Gutenberg, Erich (1958): Einführung in die Betriebswirtschaftslehre. Wiesbaden 1958.

Gutenberg, Erich (1983): Grundlagen der Betriebswirtschaftslehre. Erster Band: Die Produktion. 24., unveränd. Aufl. Berlin u.a. 1983.

Hall, Anja et al. (2010): BIBB/BAuA-Erwerbstätigenbefragung 2006. Arbeit und Beruf im Wandel, Erwerb und Verwertung beruflicher Qualifikationen. Abschlussbericht Bundesinstitut für Berufsbildung. Bonn 2010.

Handfield, Robert/Straube, Frank/Pfohl, Hans-Christian/Wieland, Andreas (2013): Trends und Strategien in Logistik und Supply Chain Management – Vorteile im Wettbewerb durch Beherrschung von Komplexität. Bremen 2013.

Hauff, Sven/Kirchner, Stefan (2013): Wandel der Arbeitsqualität. Arbeits- und Beschäftigungsbedingungen zwischen 1989 und 2006 in einer evaluativ-relationalen Perspektive. In: Zeitschrift für Soziologie 42(2013)4, S. 337–355.

Haug, Wolfgang Fritz (2013): Vorlesungen zur Einführung ins Kapital. 7. Aufl. Hamburg 2013.

Hausman, Angela/Johnston, Wesley J. (2010): The impact of coercive and non-coercive forms of influence on trust, commitment, and compliance in supply chains. In: Industrial Marketing Management 39(2010)3, S. 519–526.

Hayes, John D. (1954): Logistics - The Word. In: Naval Research Logistics Quarterly 1(1954)3, S. 200–202.

Hazen, Benjamin T./Byrd, Terry Anthony (2012): Toward creating competitive advantage with logistics information technology. In: International Journal of Physical Distribution and Logistics Management 42(2012)1, S. 8–35.

Hecktor, Klaus/Jäger, Matthias (2005): Analyse von muskulären Belastungen und deren Auswirkungen. In: Zeitschrift für Arbeitswissenschaft 59(2005)3, S. 233–247.

Heinen, Edmund (1969): Zum Wissenschaftsprogramm der entscheidungsorientierten Betriebswirtschaftslehre. In: Zeitschrift für Betriebswirtschaft - Repetitorium 39(1969)4, S. 207–220.

Heskett, James L. (1962): Ferment in Marketing's Oldest Area. In: Journal of Marketing 26(1962)4, S. 40–45.

Heskett, James L./Ivie, Robert M./Glaskowsky, Nicolas A. (1964): Business Logistics. Management of Physical Supply and Distribution. New York 1964.

Hofmann, Erik (2009): Inventory financing in supply chains. A logistics service provider-approach. In: International Journal of Physical Distribution and Logistics Management 39(2009)9, S. 716–740.

Hofmann, Erik (2010): Linking corporate strategy and supply chain management. In: International Journal of Physical Distribution and Logistics Management 40(2010)4, S. 256–276.

Hofmann, Erik/Kotzab, Herbert (2010): A Supply Chain-oriented approach of working capital management. In: Journal of Business Logistics 31(2010)2, S. 305–330.

Homburg, Christian/Stock, Ruth M. (2004): The link between salespeople's job satisfaction and customer satisfaction in a business-to-business context: A dyadic analysis. In: Journal of the Academy of Marketing Science 32(2004)2, S. 144–158.

Houlihan, John B. (1985): International Supply Chain Management. In: International Journal of Physical Distribution and Materials Management 15(1985)1, S. 22–38.

Houtman, Joachim (2001): Regelungsbasiertes Qualitätsmanagement logistischer Leistungen. In: Zeitschrift für Betriebswirtschaft 71(2001)8, S. 915–929.

Hungenberg, Harald (2014): Strategisches Management in Unternehmen. Ziele – Prozesse – Verfahren. 8., akt. Aufl. Berlin et al. 2014.

Ihde, Gösta B. (1972): Zur Behandlung logistischer Phänomene in der neueren Betriebswirtschaftslehre. In: Betriebswirtschaftliche Forschung und Praxis 24(1972)3, S. 129–145.

Ihde, Gösta B. (1985): Die organisatorische Handhabung der Logistik. Stellungnahme zum Beitrag von Lutz J. Heinrich und Elisabeth Felhofer. In: Zeitschrift für betriebswirtschaftliche Forschung 45(1985)6, S. 725–727.

Ilmarinen, Juhani E. (2001): Aging Workers. In: Occupational and Environmental Medicine 58(2001)8, S. 546–552.

Jäger, Matthias/Göllner, Rainer/Jordan, Claus/Theilmeier, Andreas/Luttmann, Alwin (2002): Belastung der Lendenwirbelsäule beim Heben und Umsetzen von Lasten. In: Zeitschrift für Arbeitswissenschaft 56(2002)1–2, S. 93–105.

Jansen, Nicole/Kant, IJmert/van Amelsvoort, Ludovic/Nijhuis, Frans/van den Brandt, Piet (2003): Need for recovery from work: evaluating short-term effects of working hours, patterns and schedules. In: Ergonomics 46(2003)7, S. 664–680.

Jensen, Michael C./Meckling, William H. (1976): Theory of the Firm, Managerial Behavior, Agency Costs and Ownership Structure. In: Journal of Financial Economics 3(1976)4, S. 305–360.

Johnson, James C./Bristow, Dennis N./McClure, Diane J./Schneider, Kenneth C. (2011): Determinants of Job Satisfaction among Long-Distance Truck Drivers: An Interview Study in the United States. In: International Journal of Management 28(2011)1, S. 203–216.

Johnson, James C./McClure, Diane J./Schneider, Kenneth C. (1999): Job Satisfaction of Logistics Managers: Female versus Male Perspectives. In: Transportation Journal 39(1999)1, S. 5–19.

Johnson, P. Fraser/Leenders, Michiel R./Fearon, Harold E. (2006): Supply's Growing Status and Influence: A Sixteen-Year Perspective. In: The Journal of Supply Chain Management - A Global Review of Purchasing and Supply 42(2006)2, S. 33–43.

Jomini, Henri von (1839): Das Wesen der Kriegskunst oder neue analytische Darstellung der Haupt-Combinationen der Strategie, der höhern Taktik und der Militär-Politik. Erster Theil. Nach der neusten Ausgabe übersetzt vom Capitain von Bilderling. Leipzig 1839.

Jonsson, Patrik/Mattsson, Stig-Arne (2013): The value of sharing planning information in supply chains. In: International Journal of Physical Distribution and Logistics Management 43(2013)4, S. 282–299.

Judge, Timothy A./Piccolo, Ronald F./Podsakoff, Nathan P./Shaw, John C./Rich, Bruce (2010): The relationship between pay and job satisfaction: A meta-analysis of the literature. In: Journal of Vocational Behavior 77(2010)2, S. 157–167.

Kadefors, Roland (2010): Human stature, health and workplace design. An ethical dilemma. In: Zeitschrift für Arbeitswissenschaft 64(2010)4, S. 281–291.

Kappler, Ekkehardt (2004): Management by Objectives. In: Schreyögg, Georg/Werder, Axel von (Hrsg.): Handwörterbuch Unternehmensführung und Organisation. 4., völl. neu bearb. Aufl. Stuttgart 2004, Sp. 772–780.

Kärkkäinen, Mikko/Ala-Risku, Timo/Främling, Kary (2004): Efficient tracking for short-term multi-company networks. In: International Journal of Physical Distribution and Logistics Management 34(2004)7, S. 545–564.

Keller, Scott B./Ozment, John (2009): Research on personnel issues published in leading logistics journals. What we know and don't know. In: The International Journal of Logistics Management 20(2009)3, S. 378–407.

Kemp, Elyria/Kopp, Steven W/Kemp, Eramus C. Jr (2013): Take This Job and Shove It: Examining the Influence of Role Stressors and Emotional Exhaustion on Organizational Commitment and Identification in Professional Truck Drivers. In: Journal of Business Logistics 34(2013)1, S. 33–45.

Kersten, Wolfgang/Koch, Jan (2009): Qualitätsmessung in der Logistikdienstleistung. In: Specht, Dieter (Hrsg.): Weiterentwicklung der Produktion. Tagungsband der Herbsttagung 2008 der Wissenschaftlichen Kommission Produktionswirtschaft im VHB. Wiesbaden 2009, S. 95–116.

Kieser, Alfred (1994): Fremdorganisation, Selbstorganisation und evolutionäres Management. In: Zeitschrift für betriebswirtschaftliche Forschung 46(1994)3, S. 199–228.

Kieser, Alfred (1996): Moden und Mythen des Organisierens. In: Die Betriebswirtschaft 56(1996)1, S. 21–39.

Kieser, Alfred (1997): Rhetoric and Myth in Management Fashion. In: Organization 4(1997)1, S. 49–74.

Kieser, Alfred (2014): Der Situative Ansatz. In: Kieser, Alfred/Ebers, Mark (Hrsg.): Organisationstheorien. 7., akt. u. überarb. Aufl. Stuttgart et al. 2014, S. 164–194.

Kieser, Alfred/Walgenbach, Peter (2010): Organisation. 6., überarb. Aufl. Stuttgart 2010.

Kille, Christian/Schwemmer, Martin (2014): Die Top 100 der Logistik: Marktgrößen, Marktsegmente und Marktführer. Ausgabe 2014/2015. Hamburg 2014.

Kim, Soo Wook (2007): Organizational structures and the performance of supply chain management. In: International Journal of Production Economics 106(2007)2, S. 323–345.

Kirchner, J.-H. (1986): Belastungen und Beanspruchungen. Einige begriffliche Klärungen zu Belastungs-Beanspruchungs-Konzept. In: Zeitschrift für Arbeitswissenschaft 40(1986)2, S. 69–74.

Kirsch, Werner (1971): Betriebswirtschaftliche Logistik. In: Zeitschrift für Betriebswirtschaft 41(1971)4, S. 221–234.

Kirsch, Werner (1993): Strategische Unternehmensführung. In: Wittmann, Waldemar et al. (Hrsg.): Handwörterbuch der Betriebswirtschaft. 5., völl. neu gest. Aufl. Stuttgart 1993, Sp. 4094–4111.

Kirsch, Werner/Bamberger, Ingolf/Gabele, Eduard/Klein, Karl (1973): Betriebswirtschaftliche Logistik. Systeme, Entscheidungen, Methoden. Wiesbaden 1973.

Kirsch, Werner/Gabele, Eduard (1980): Organisation der Logistik. Gestaltung logistischer Organisationsformen. In: Zeitschrift für Logistik 1(1980)1, S. 4–9.

Klumpp, Matthias/Bioly, Sascha/Abidi, Hella (2013): Zur Interdependenz demografischer Entwicklungen, Urbanisierung und Logistiksystemen. In: Göke, Michael/Heupel, Thomas (Hrsg.): Wirtschaftliche Implikationen des demografischen Wandels. Herausforderungen und Lösungsansätze. Wiesbaden 2013, S. 161–175.

Kluth, Karsten/Penzkofer, Mario/Strasser, Helmut (2008/2009): Physiological responses of core and skin temperature of two age groups to working in the cold at -3°C and -24°C. In: Occupational Ergonomics 8(2008/2009)4, S. 147–157.

Kluth, Karsten/Strasser, Helmut (2008): Physiological responses of heart rate and blood pressure to order-picking in deep cold. In: Zeitschrift für Arbeitswissenschaft 62(2008)4, S. 239–247.

Knemeyer, A. Michael/Murphy, Paul R. (2002): Logistics internships: Employer and student perspectives. In: International Journal of Physical Distribution and Logistics Management 32(2002)2, S. 135–152.

Konz, Stephan A./Rys, Margaret J. (2002/2003): An ergonomics approach to standing aids. In: Occupational Ergonomics 3(2002/2003)3, S. 165–172.

Kopfer, Herbert/Meyer, Christoph M./Wagenknecht, Antje (2007): Die EU-Sozialvorschriften und ihr Einfluss auf die Tourenplanung. In: Logistik Management 9(2007)2, S. 32–47.

Kopfer, Herbert/Meyer, Christoph Manuel (2010): Ein Optimierungsmodell für die wöchentliche Tourenplanung unter Einbeziehung der EU-Sozialvorschriften. In: Zeitschrift für Betriebswirtschaft 80(2010)7, S. 755–775.

Kosiol, Erich (1962): Organisation der Unternehmung. Wiesbaden 1962.

Kuorinka, Ilkka/Lortie, Monique/Gautreau, Marie (1994): Manual handling in warehouses: the illusion of correct working postures. In: Ergonomics 37(1994)4, S. 655–661.

Küpper, Hans-Ulrich (1992): Logistik-Controlling. In: Controlling 4(1992)3, S. 124–132.

Küpper, Hans-Ulrich (2004): Planung. In: Schreyögg, Georg/Werder, Axel von (Hrsg.): Handwörterbuch Unternehmensführung und Organisation. 4., völl. neu bearb. Aufl. Stuttgart 2004, Sp. 1149–1164.

Küpper, Hans-Ulrich/Friedl, Gunther/Hofmann, Christian/Hofmann, Yvette/Pedell, Burkhard (2013): Controlling. Konzeption, Aufgaben, Instrumente. 6., überarb. Aufl. Stuttgart 2013.

Küpper, Hans-Ulrich/Helber, Stefan (2004): Ablauforganisation in Produktion und Logistik. 3., überarb. u. erw. Aufl. Stuttgart 2004.

Lancioni, Richard A. (1974): The Relationship of Line and Staff Personnel in Physical Distribution Organisations. In: International Journal of Physical Distribution 4(1974)3, S. 183–195.

Lancioni, Richard A. (1975): Reorganization for Physical Distribution. In: Long Range Planning 8(1975)4, S. 46–52.

Large, Rudolf O. (1995): Unternehmerische Steuerung von Ressourceneignern. Ein verstehender Ansatz zur Theorie der Unternehmung. Wiesbaden 1995.

Large, Rudolf O. (2003): Interpersonelle Kommunikation und erfolgreiches Lieferantenmanagement. Eine Kausalanalyse des externen Kommunikationsverhaltens von Beschaffungsmanagern. Wiesbaden 2003.

Large, Rudolf O. (2007): The influence of customer-specific adaptations on the performance of third-party-logistics relationships - document studies and propositions. In: International Journal of Logistics: Research and Applications 10(2007)2, S. 123–133.

Large, Rudolf O. (2009): Steuerung in Kontraktlogistikbeziehungen. In: Controlling 21(2009)8/9, S. 446–451.

Large, Rudolf O. (2010a): Logistikfremdvergabe, Logistikorganisation und das Berufsbild des Logistikmanagers. Gedanken zum Strukturwandel der Logistik in Industrie- und Handelsunternehmen. In: Delfmann, Werner/Wimmer, Thomas (Hrsg.): Strukturwandel der Logistik. Hamburg 2010, S. 61–75.

Large, Rudolf O. (2010b): Logistikmanagement als Management von Kontraktlogistikbeziehungen: Überlegungen zur Konvergenz von Logistikdienstleistungsbeschaffung und Logistikmanagement. In: Bogaschewsky, Ronald/Eßig, Michael/Lasch, Rainer/Stölzle, Wolfgang (Hrsg.): Supply Management Research - Aktuelle Forschungsergebnisse 2010. Wiesbaden 2010, S. 197–218.

Large, Rudolf O. (2011a): Partner-specific adaptations, performance, satisfaction and loyalty in third-party logistics relationships. In: Logistics Research 3(2011)1, S. 37–47.

Large, Rudolf O. (2011b): Logistics service buying and the changing role of logistics in manufacturing and trade. In: Rozemeijer, Frank/Wetzels, Martin/Quintens, Lieven (Ed.): Proceedings of the 20th Annual IPSERA Conference. 10 - 13 April 2010 in Maastricht, The Netherlands. Maastricht 2011.

Large, Rudolf O. (2012): Logistikfunktionen. Betriebswirtschaftliche Logistik: Band 1. München und Wien 2012.

Large, Rudolf O. (2013): Strategisches Beschaffungsmanagement. Eine praxisorientierte Einführung mit Fallstudien. 5., völl. überarb. Aufl. Wiesbaden 2013.

Large, Rudolf O. (2015): Functional Stupidity in Purchasing. In: Dullaert, W./Hofstra, N./Kamann, D. J./de Leeuw, S. (Ed.): Proceedings of the 24th Annual IPSERA Conference. March 29 - April 1, 2013 in Amsterdam, The Netherlands. Amsterdam 2015.

Large, Rudolf O./Breitling, Tobias (2015): Stuttgarter Bericht zur Arbeitswelt Logistik: Arbeitssituation in der Logistik und die Effekte des demographischen Wandels. Norderstedt 2015.

Large, Rudolf O./Breitling, Tobias/Kramer, Nikolai (2014a): Driver Shortage and Fluctuation. Occupational and Organizational Commitment of Truck Drivers. In: Supply Chain Forum: an International Journal 15(2014)3, S. 66–72.

Large, Rudolf O./Breitling, Tobias/Kramer, Nikolai (2014b): Fluktuation von Berufskraftfahrern - Möglichkeiten einer aktiven Personalbindung. In: Internationales Verkehrswesen 66(2014)3, S. 60–62.

Large, Rudolf O./Kenner, Katrin (2012): Drivers and consequences of changes in logistics managers' occupational profile. In: Supply Chain Forum: An International Journal. 13(2012)2, S. 66–76.

Large, Rudolf O./König, Tatjana (2009): A Gap-Model of Purchasing's Internal Service Quality - Concept, Case Study and Internal Survey. In: Journal of Purchasing and Supply Management 15(2009)1, S. 24–32.

Large, Rudolf O./Kovács, Zoltán (2001): The Acquisition of Third-party Logistics Services: A Survey of German and Hungarian Practice. In: Supply Chain Forum: An International Journal 2(2001)1, S. 44–51.

Large, Rudolf O./Kramer, Nikolai/Hartmann, Rahel K. (2011): Customer-specific adaptation by providers and their perception of 3PL-relationship-success. In: International Journal of Physical Distribution and Logistics Management 41(2011)9, S. 822–838.

Larson, Paul D./Poist, Richard F./Halldórsson, Árni (2007): Perspectives on logistics vs. SCM: a survey of SCM professionals. In: Journal of Business Logistics 28(2007)1, S. 1–24.

Lasch, Rainer (2014): Strategisches und operatives Logistikmanagement: Prozesse. Wiesbaden 2014.

Laseter, Tim/Oliver, Keith (2003): When Will Supply Chain Management Grow Up? Answer: When companies take to heart its three underlying principles. In: Strategy+business 32(2003)3, S. 1–5.

Lawrence, Paul R./Lorsch, Jay W. (1967): Differentiation and Integration in Complex Organizations. In: Administrative Science Quarterly 12(1967)1, S. 1–47.

Lengel, Robert H./Daft, Richard L. (1988): The Selection of Communication Media as an Executive Skill. In: Academy of Management Executive 2(1988)3, S. 225–232.

Li, Mei/Choi, Thomas (2009): Triads in Services outsourcing: bridge, bridge decay and bridge transfer. In: Journal of Supply Chain Management 45(2009)3, S. 27–39.

Liebelt, Wolfgang (1992): Methoden und Techniken der Ablauforganisation. In: Frese, Erich (Hrsg.): Handwörterbuch der Organisation. 3., völl. neu gest. Aufl. Stuttgart 1992, Sp. 19–34.

Liebers, Falk/Caffier, Gustav (2009): Berufsspezifische Arbeitsunfähigkeit durch Muskel-Skelett-Erkrankungen in Deutschland. Bundesanstalt für Arbeitsschutz und Arbeitsmedizin. Dortmund, Berlin, Dresden 2009.

Linden, Michael/Muschalla, Beate/Olbrich, Dieter (2008): Die Job-Angst-Skala (JAS). Ein Fragebogen zur Erfassung arbeitsplatzbezogener Ängste. In: Zeitschrift für Arbeits- und Organisationspsychologie 52(2008)3, S. 126–134.

Locke, Edwin A. (1969): What is job satisfaction? In: Organizational Behavior and Human Performance 4(1969)4, S. 309–336.

Luczak, Holger (1983): Ermüdung. In: Rohmert, Walter/Rutenfranz, Joseph (Hrsg.): Praktische Arbeitsphysiologie. Stuttgart 1983, S. 71–86.

Lynch, Daniel F./Keller, Scott/Ozment, John R. (2000): The Effects of Logistics Capabilities and Strategy on Firm Performance. In: Journal of Business Logistics 21(2000)2, S. 47–67.

Macneil, Jan R (1978): Contracts: Adjustment of Long-Term Economic Relations under Classical, Neoclassical and Relational Contract Law. In: Northwestern University Law Review 72(1978)6, S. 854–905.

Maleri, Rudolf/Frietzsche, Ursula (2008): Grundlagen der Dienstleistungsproduktion. 5., vollst. neubearb. u. erw. Aufl. Berlin et al. 2008.

Malone, Thomas W. (1987): Modeling coordination in organizations and markets. In: Management Science 33(1987)10, S. 1317–1332.

Maloni, Michael/Benton, W.C. (2000): Power Influences in the Supply Chain. In: Journal of Business Logistics 21(2000)1, S. 49–73.

Mangan, John/Christopher, Martin (2005): Management development and the supply chain manager of the future. In: The International Journal of Logistics Management 16(2005)2, S. 178–191.

Mangan, John/Gregory, Orla/Lalwani, Chandra (2001): Education, Training and the Role of Logistics Managers in Ireland. In: International Journal of Logistics: Research and Applications 4(2001)3, S. 313–327.

Männel, Wolfgang (1998): Anlagenwirtschaft. In: Kern, Werner/Schröder, Hans-Horst/Weber, Jürgen (Hrsg.): Handwörterbuch der Produktionswirtschaft. 2., völl. neu gest. Aufl. Stuttgart 1998, Sp. 72–87.

March, James G./Simon, Herbert (1993): Organizations. 2. Ed. Cambridge 1993.

Marchet, Gino/Perego, Alessandro/Perotti, Sara (2009): An exploratory study of ICT adoption in the Italian freight transportation industry. In: International Journal of Physical Distribution and Logistics Management 39(2009)9, S. 785–812.

Martens, M. F. J./Nijhuis, F. J. N./van Boxtel, M. P. J./Knottnerus, J. A. (1999): Flexible work schedules and mental and physical health. A study of a working population with non-traditional working hours. In: Journal of Organizational Behavior 20(1999)1, S. 35–46.

Marx, Karl (2008): Das Kapital. Kritik der politischen Ökonomie. Band I: Der Produktionsprozeß des Kapitals. Band 23 der Marx und Engels Werke. 23. Aufl. Berlin 2008.

Maslach, Christina/Jackson, Susan E. (1981): The Measurement of Experienced Burnout. In: Journal of Occupational Behaviour 2(1981)2, S. 99–113.

Maslach, Christina/Schaufeli, Wilmar/Leiter, Michael P. (2001): Job burnout. In: Annual Review of Psychology 52(2001), S. 397–422.

Massaccesi, M./Pagnotta, A./Soccetti, A./Masali, M./Masiero, C./Greco, F. (2003): Investigation of work-related disorders in truck drivers using RULA method. In: Applied Ergonomics 34(2003)4, S. 303–307.

McGinnis, Michael A./Kohn, Jonathan W./Spillan, John E. (2010): A longitudinal study of logistics strategy: 1990–2008. In: Journal of Business Logistics 31(2010)1, S. 217–235.

Mensch, Gerald (2013): Investitionsrechnung: Grundlagen und statische Verfahren. In: Das Wirtschaftsstudium 42(2013)11, S. 1399–1402.

Mentzer, John T./De Witt, William/Keebler, James S./Min, Soonhong/Nix, Nancy W./Smith, Carlo D./Zacharia, Zach G. (2001): Defining Supply Chain Management. In: Journal of Business Logistics 22(2001)2, S. 1–25.

Mentzer, John T./Flint, Daniel J./Kent, John L. (1999): Developing a Logistics Service Quality Scale. In: Journal of Business Logistics 20(1999)1, S. 9–32.

Mentzer, John T./Stank, Theodore P. /Esper, Terry L. (2008): Supply Chain Management and its Relationship to Logistics, Marketing, Production and Operations Management. In: Journal of Business Logistics 29(2008)1, S. 31–46.

Meyr, Herbert (2003): Die Bedeutung von Entkopplungspunkten für die operative Planung von Supply Chains. In: Zeitschrift für Betriebswirtschaft 73(2003)9, S. 941–962.

Min, Hokey/Emam, Ahmed (2003): Developing the profiles of truck drivers for their successful recruitment and retention: A data mining approach. In: International Journal of Physical Distribution and Logistics Management 33(2003)2, S. 149–162.

Min, Soonhong/Mentzer, John T. (2004): Developing and measuring supply chain management concepts. In: Journal of Business Logistics 25(2004)1, S. 63–99.

Minssen, Heiner (2006): Arbeits- und Industriesoziologie. Eine Einführung. Frankfurt a. M. 2006.

Mulder, Martin/Wesselink, Renate/Bruijstens, Hans Chr. J. (2005): Job profile research for the purchasing profession. In: International Journal of Training and Development 9(2005)3, S. 185–204.

Muñoz de Bustillo, Rafael/Fernández-Macías, Enrique/Esteve, Fernando/Antón, José-Ignacio (2011): E pluribus unum? A critical survey of job quality indicators. In: Socio-Economic Review 9(2011)3, S. 447–475.

Murphy, Paul R./Poist, Richard (1991): Skill requirements of senior level logisticians. Practitioner perspectives. In: International Journal of Physical Distribution and Logistics Management 21(1991)3, S. 3–14.

Murphy, Paul R./Poist, Richard (1998): Skill requirements of senior-level logisticians. Practitioner perspectives. In: International Journal of Physical Distribution and Logistics Management 28(1998)4, S. 284–301.

Murphy, Paul R./Poist, Richard (2006): Skill Requirements of Contemporary Senior- and Entry-Level Logistics Managers: A Comparative Analysis. In: Transportation Journal 45(2006)3, S. 46–60.

Murphy, Paul R./Poist, Richard (2007): Skill requirements of senior-level logisticians: a longitudinal assessment. In: Supply Chain Management: An International Journal 12(2007)6, S. 423–431.

Myers, Matthew B./Griffith, David A./Daugherty, Patricia/Lusch, Robert (2004): Maximizing the human capital equation in logistics. Education, experience, and skills. In: Journal of Business Logistics 25(2004)1, S. 211–232.

Nachreiner, Friedhelm (2002): Über einige aktuelle Probleme der Erfassung, Messung und Beurteilung der psychischen Belastung und Beanspruchung. In: Zeitschrift für Arbeitswissenschaft 56(2002)1–2, S. 10–21.

Nebl, Theodor (2008): Ökonomische Relevanz von Strategien der komplexen Anlagenwirtschaft. In: Zeitschrift für wirtschaftlichen Fabrikbetrieb 103(2008)5, S. 304–310.

Neuwirth, Stefan (2004): Stäbe. In: Schreyögg, Georg/Werder, Axel von (Hrsg.): Handwörterbuch Unternehmensführung und Organisation. 4., völl. neu bearb. Aufl. Stuttgart 2004, Sp. 1349–1356.

Nickel, Peter/Eilers, Karin/Seehase, Liane/Nachreiner, Friedhelm (2002): Zur Reliabilität, Validität, Sensitivität und Diagnostizität von Herzfrequenz- und Herzfrequenzvariabilitätsmaßen als Indikatoren psychischer Beanspruchung. In: Zeitschrift für Arbeitswissenschaft 56(2002)1–3, S. 22–36.

Nordsieck, Fritz (1972): Betriebsorganisation. Betriebsaufbau und Betriebsablauf. 4. Aufl. Stuttgart.

Oechsler, Walter A. (2011): Personal und Arbeit. Grundlagen des Human Resource Management und der Arbeitgeber-Arbeitnehmer-Beziehungen. 9., akt. u. erw. Aufl. München, Wien 2011.

Österreich, Rainer (2001): Das Belastungs-Beanspruchungskonzept im Vergleich mit Arbeitspsychologischen Konzepten. In: Zeitschrift für Arbeitswissenschaft 55(2001)3, S. 162–170.

Pagh, Janus D./Cooper, Martha C. (1998): Supply Chain Postponement and Speculation Strategies: How Choose the Right Strategy. In: Journal of Business Logistics 19(1998)2, S. 13–33.

Parasuraman, A./Zeithaml, Valarie A./Berry, Leonard L. (1985): A conceptual model of service quality and its implications for future research. In: Journal of Marketing 49(1985)4, S. 41–50.

Parasuraman, A./Zeithaml, Valarie A./Berry, Leonard L. (1988): SERVQUAL: A Multiple-Item Scale for Measuring Consumer Perceptions of Service Quality. In: Journal of Retailing 64(1988)1, S. 12–40.

Parasuraman, A./Zeithaml, Valarie A./Berry, Leonard L. (1994): Reassessment of Expectations as a Comparison Standard in Measuring Service Quality: Implications for Further Research. In: Journal of Marketing 58(1994)1, S. 111–124.

Pedell, Burkhard/Pflüger, Thorsten (2011): Kosten- und Resilienzmanagement in Wertschöpfungsnetzwerken. In: Kemper, Hans-Georg/Pedell, Burkhard/Schäfer, Henry (Hrsg.): Management vernetzter Produktionssysteme. Innovation, Nachhaltigkeit und Risikomanagement. München 2011, S. 227–241.

Pedell, Burkhard/Seidenschwarz, Werner (2011): Resilienzmanagement. In: Controlling 23(2011)3, S. 150–156.

Peirowfeiz, Raheleh/Large, Rudolf O. (2013): Mangel an Berufskraftfahrern im Güterverkehr. Ursachen, Folgen und Lösungsansätze. Kurzbericht 1/2013. Kooperationsstelle Arbeitswelt und Wissenschaft Universität Stuttgart (KAWUS). Stuttgart 2013.

Penzkofer, Mario/Kluth, Karsten/Strasser, Helmut (2008/2009): Heart rate and work pulses of two age groups associated with working in the cold at +3°C and -24°C. In: Occupational Ergonomics 8(2008/2009)4, S. 135–145.

Pepels, Werner (1996): Die Kreativitätstechniken. In: Das Wirtschaftsstudium 25(1996)10, S. 871–884.

Perego, Alessandro/Perotti, Sara/Mangiaracina, Riccardo (2011): ICT for logistics and freight transportation: a literature review and research agenda. In: International Journal of Physical Distribution and Logistics Management 41(2011)5, S. 457–483.

Perreault, William D./Russ, Frederick A. (1976): Physical Distribution Service in Industrial Purchase Decisions. In: Journal of Marketing 40(1976)2, S. 3–10.

Perridon, Louis (1986): Die „Doctrine" Henri Fayols und ihr Einfluß auf die moderne Managementwissenschaft. In: Die Betriebswirtschaft 46(1986)1, S. 29–44.

Persson, Göran (1978): Organization Design Strategies for Business Logistics. In: International Journal of Physical Distribution and Materials Management 8(1978)6, S. 287–297.

Petersen, Kenneth J./Autry, Chad W. (2014): Supply Chain Management at the Crossroads: Divergent Views, Potential Impacts, and Suggested Paths Forward. In: Journal of Business Logistics 35(2014)1, S. 36–43.

Pfohl, Hans-Christian (1972): Marketing-Logistik. Gestaltung, Steuerung und Kontrolle des Warenflusses im modernen Markt. Mainz 1972.

Pfohl, Hans-Christian (1974): Die Logistik als Beispiel für Auswirkungen des Systemdenkens in der entscheidungsorientierten Betriebswirtschaftslehre. In: Management International Review 14(1974)1, S. 67–80.

Pfohl, Hans-Christian (1977): Zur Formulierung einer Lieferservicepolitik: Theoretische Aussagen zum Angebot von Sekundärleistungen als absatzpolitisches Instrument. In: Zeitschrift für betriebswirtschaftliche Forschung 29(1977)5, S. 239–255.

Pfohl, Hans-Christian (1980): Aufbauorganisation der betriebswirtschaftlichen Logistik. In: Zeitschrift für Betriebswirtschaft 50(1980)11–12, S. 1201–1228.

Pfohl, Hans-Christian (1993): The recruitment and education of tomorrow's logisticians. In: Brace, Gordon (Ed.): Logistics Technology International 1993. London 1993, S. 65–70.

Pfohl, Hans-Christian (1996): Logistikkosten und -leistungen. In: Kern, Werner/Schröder, Hans-Horst/Weber, Jürgen (Hrsg.): Handwörterbuch der Produktionswirtschaft. 2., völl. neu gest. Aufl. Stuttgart 1996, Sp. 1129–1141.

Pfohl, Hans-Christian (1999): Konzept des Supply Chain Managements und das Berufsbild des Logistikmanagers. In: Pfohl, Hans-Christian (Hrsg.): Logistikforschung. Entwicklungszüge und Gestaltungsansätze. Berlin 1999, S. 173–228.

Pfohl, Hans-Christian (2000): Supply Chain Management: Konzept, Trends, Strategien. In: Pfohl, Hans-Christian (Hrsg.): Supply Chain Management: Logistik plus? Logistikkette – Marketingkette – Finanzkette. Berlin 2000, S. 1–42.

Pfohl, Hans-Christian (2004): Logistikmanagement. Konzeption und Funktionen. 2., vollständig überarb. u. erw. Aufl. Berlin u.a. 2004.

Pfohl, Hans-Christian (2005): Erfolgreicher Einsatz von Personal in der Logistik. In: Eßig, Michael (Hrsg.): Perspektiven des Supply Management: Konzepte und Anwendungen. Festschrift für Ulli Arnold. Berlin u.a. 2005, S. 309–328.

Pfohl, Hans-Christian (2010): Logistiksysteme. Betriebswirtschaftliche Grundlagen. 8., neu bearb. u. akt. Aufl. Berlin u.a. 2010.

Pfohl, Hans-Christian/Dubbert, Michael (1988): Berufsbilder der Logistik. Teil 1: Empirische Analyse. Arbeitspapier zur Unternehmensführung und Logistik Nr. 6 Technische Universität Darmstadt. Darmstadt 1988.

Pfohl, Hans-Christian/Gomm, Moritz/Frunzke, Heiko (2009a): Der Motivations-Mix des Personalmanagements. Ein abgestimmtes System von Anreizen zur Steigerung von Mitarbeitermotivation und -leistung in der Logistik. In: Pfohl, Hans-Christian (Hrsg.): Personalführung in der Logistik. Hamburg 2009, S. 1–91.

Pfohl, Hans-Christian/Gomm, Moritz/Frunzke, Heiko (2009b): Einflussmöglichkeiten von Führungskräften auf die Mitarbeitermotivation. Ergebnisse einer Befragung unter gewerblichen Mitarbeitern in der Logistik. In: Pfohl, Hans-Christian (Hrsg.): Personalführung in der Logistik. Hamburg 2009, S. 92–140.

Pfohl, Hans-Christian/Large, Rudolf O. (1992): Gestaltung interorganisatorischer Logistiksysteme auf der Grundlage der Transaktionskostentheorie. In: Zeitschrift für Verkehrswissenschaft 63(1992)1, S. 15–51.

Pfohl, Hans-Christian/Large, Rudolf O. (1998): Eingliederung der Logistik in die Aufbauorganisation von Unternehmen. In: Isermann, Heinz (Hrsg.): Logistik. Gestaltung von Logistiksystemen. 2., überarb. u. erw. Aufl. Landsberg/Lech 1998, S. 91–105.

Pfohl, Hans-Christian/Stölzle, Wolfgang (1991): Anwendungsbedingungen, Verfahren und Beurteilung der Prozesskostenrechnung in industriellen Unternehmen. In: Zeitschrift für Betriebswirtschaft 61(1991)11, S. 1281–1305.

Pfohl, Hans-Christian/Stölzle, Wolfgang (1997): Planung und Kontrolle. Konzeption, Gestaltung, Implementierung. 2., neubearb. Aufl. München 1997.

Pfohl, Hans-Christian/Stölzle, Wolfgang/Schneider, Henning (1993): Entwicklungstrends im Bestandsmanagement. In: Betriebswirtschaftliche Forschung und Praxis 45(1993)5, S. 529–551.

Pfohl, Hans-Christian/Zöllner, Werner (1987): Organisation for Logistics: The Contingency Approach. In: International Journal of Physical Distribution and Materials Management 17(1987)1, S. 3–16.

Pfohl, Hans-Christian/Zöllner, Werner (1991): Effizienzmessung der Logistik. In: Die Betriebswirtschaft 51(1991)3, S. 323–339.

Pope, Malcolm H./Broman, Holger/Hansson, Tommy (1989): The dynamic response of a subject seated on various cushions. In: Ergonomics 32(1989)10, S. 1155–1166.

Porter, Michael E. (1980): Competitive Strategy. Techniques for Analyzing Industries and Competitors. New York 1980.

Porter, Michael E. (1985): Competitive Advantage. Creating and Sustaining Superior Performance. New York 1985.

Pugh, Derek S./Hickson, David J./Hinnings, C. Robin/Macdonald, K. M./Turner, Charles/Lupton, T. (1963): A Conceptual Scheme for Organizational Analysis. In: Administrative Science Quarterly 8(1963)3, S. 289–315.

Pugh, Derek S./Hickson, David J./Hinnings, C. Robin/Turner, Charles (1968): Dimensions of organization structure. In: Administrative Science Quarterly 13(1968)1, S. 65–105.

Pugh, Derek S./Hickson, David J./Hinnings, C. Robin/Turner, Charles (1969): The context of organization structure. In: Administrative Science Quarterly 14(1969)1, S. 91–114.

Raffée, Hans (1974): Grundprobleme der Betriebswirtschaftslehre. Betriebswirtschaftslehre im Grundstudium der Wirtschaftswissenschaft. Band 1. Göttingen 1974.

Rafiq, Mohammed/Jaafar, Harlina S. (2007): Measuring customers' perceptions of logistics service quality of 3PL Service Providers. In: Journal of Business Logistics 28(2007)2, S. 159–175.

Rasche, Christoph/Wolfrum, Bernd (1994): Ressourcenorienterte Unternehmensführung. In: Die Betriebswirtschaft 54(1994)4, S. 501–517.

Raven, Bertram H./French, John R. P. (1958): Legitimate Power, Coercive Power, and Observability in Social Influence. In: Sociometry 21(1958)2, S. 83–97.

Reiß, Michael (1982): Das Kongruenzprinzip der Organisation. In: Wirtschaftswissenschaftliches Studium 11(1982)2, S. 75–78.

Reiß, Michael (2004): Koordination und Integration. In: Schreyögg, Georg/Werder, Axel von (Hrsg.): Handwörterbuch Unternehmensführung und Organisation. 4., völl. neu bearb. Aufl. Stuttgart 2004, Sp. 688–697.

Richard, Michael D./LeMay, Stephen A./Taylor, G. Stephen/Turner, Gregory B. (1994): An Investigation of the Determinants of Extrinsic Job Satisfaction among Drivers. In: The International Journal of Logistics Management 5(1994)2, S. 95–106.

Robertson, Gordon L. (1990): Good and Bad Packaging: Who Decides? In: International Journal of Physical Distribution and Logistics Management 20(1990)8, S. 37–40.

Rohmert, Walter (1984): Das Belastungs-Beanspruchungs-Konzept. In: Zeitschrift für Arbeitswissenschaft 38(1984)4, S. 193–200.

Rösler, Ulrike/Stephan, Ute/Hoffmann, Katja/Morling, Katja/Müller, Anett/Rau, Renate (2008): Psychosoziale Merkmale der Arbeit, Überforderungserleben und Depressivität. In: Zeitschrift für Arbeits- und Organisationspsychologie 52(2008)4, S. 191–203.

Rossetti, Christian L./Dooley, Kevin J. (2010): Job Types in the Supply Chain Management Profession. In: Journal of Supply Chain Management 46(2010)3, S. 40–56.

Saldanha, John P./Hunt, C. Shane/Mello, John E. (2013): Driver Management That Drives Carrier Performance. In: Journal of Business Logistics 34(2013)1, S. 15–32.

Sarac, Aysegul/Absi, Nabil/Dauzère-Pérès, Stéphane (2010): A literature review on the impact of RFID technologies on supply chain management. In: International Journal of Production Economics 128(2010)1, S. 77–95.

Scherf, Burkhard (2009): Bedarfsorientierte Personaleinsatzplanung in der Logistik. In: Pfohl, Hans-Christian (Hrsg.): Personalführung in der Logistik. Hamburg 2009, S. 189–215.

Schlick, Christopher M./Bruder, Ralph/Luczak, Holger (2010): Arbeitswissenschaft. 3., vollst. überarb. u. erw. Aufl. Berlin u.a. 2010.

Schmid, Stefan/Kutschker, Michael (2002): Zentrale Grundbegriffe des Strategischen Managements. In: Das Wirtschaftsstudium 31(2002)10, S. 1238–1248.

Schöch, Robert/Hillbrand, Christian (2006): Ein integrierter Ansatz für diskrete und stetige Sendungsverfolgung auf Stückgutebene mittels RFID und GSM. In: Mattfeld, Dirk C./Suhl, Leena (Hrsg.): Informationssysteme in Transport und Verkehr. Norderstedt 2006, S. 89–102.

Schweer, Ralf/Krummreich, Ulf (2009): Gesundheitskompetenz und Präventionskultur. Indikatoren für Gesundheit und Erfolg in Unternehmen: Ein praktisches Handlungsmodell. In: Zeitschrift für Arbeitswissenschaft 63(2009)4, S. 293–302.

Schweitzer, Marcell/Küpper, Hans-Ulrich (2011): Systeme der Kosten- und Erlösrechnung. 10. Aufl. München 2011.

Sheffi, Yossi (2004): RFID and the Innovation Cycle. In: The International Journal of Logistics Management 15(2004)1, S. 1–10.

Shibuya, Hitomi/Cleal, Bryan/Mikkelsen, Kim Lyngby (2008): Work injuries among drivers in the goods-transport branch in Denmark. In: American Journal of Industrial Medicine 51(2008)5, S. 364–371.

Siepermann, Christoph (2003a): Logistikkosten. In: Das Wirtschaftsstudium 32(2003)7, S. 879–881.

Siepermann, Christoph (2003b): Logistikleistungen. In: Das Wirtschaftsstudium 32(2003)8–9, S. 1015–1017.

Silver, Edward A. (1981): Operations Research in Inventory Management: A Review and Critique. In: Operations Research 29(1981)4, S. 628–645.

Skorna, Alexander C. H./Hirsbrunner, Philipp/Bode, Christoph (2012): Risikomanagement in Beschaffung und Distribution - Entwicklung eines technologieorientierten Maßnahmenrasters zur Schadenverhütung im Transport. In: Bogaschewsky, Ronald/Eßig, Michael/Lasch, Rainer/Stölzle, Wolfgang (Hrsg.): Supply Management Research - Aktuelle Forschungsergebnisse 2012. Wiesbaden 2012, S. 255–279.

Sombart, Werner (1967): Die drei Nationalökonomien. Geschichte und System der Lehre von der Wirtschaft. 2., unveränderte Aufl. von 1930. Berlin 1967.

Son, Joong Y./Orchard, Ryan K. (2013): Effectiveness of policies for mitigating supply disruptions. In: International Journal of Physical Distribution and Logistics Management 43(2013)8, S. 684–706.

Stadtler, Hartmut (2005): Supply chain management and advanced planning - basics, overview and challenges. In: European Journal of Operational Research 163(2005), S. 575–588.

Stadtler, Hartmut (2009): A framework for collaborative planning and state-of-the-art. In: OR Spectrum 31(2009)1, S. 5–30.

Stank, Theodore P./Goldsby, Thomas J./Vickery, Shawnee K./Savitskie, Katrina (2003): Logistics service performance: estimating its influence on market share. In: Journal of Business Logistics 24(2003)1, S. 27–55.

Stapleton, Drew/Hanna, Joe B./Yagla, Steve/Johnson, Jay/Markussen, Dan (2002): Measuring Logistics Performance Using the Strategic Profit Model. In: The International Journal of Logistics Management 13(2002)1, S. 89–107.

Steffen, Reiner (1993): Anlagenwirtschaft. In: Wittmann, Waldemar et al. (Hrsg.): Handwörterbuch der Betriebswirtschaft. 5., völl. neu gest. Aufl. Stuttgart 1993, Sp. 84–96.

Stevens, Graham C. (1989): Integration of the Supply Chain. In: International Journal of Physical Distribution and Materials Management 19(1989)8, S. 3–8.

Stock, James R./Boyer, Stefanie L. (2009): Developing a consensus definition of supply chain management: a qualitative study. In: International Journal of Physical Distribution and Logistics Management 39(2009)8, S. 690–711.

Stock, James R./Boyer, Stefanie L./Harmon, Tracy (2010): Research opportunities in supply chain management. In: Journal of the Academy of Marketing Science 38(2010)1, S. 32–41.

Stock, James R./Lambert, Douglas M. (2001): Strategic Logistics Management. 4. Aufl. Homewood, Illinois 2001.

Stölzle, Wolfgang (2007): Planung. In: Köhler, Richard/Küpper, Hans-Ulrich/Pfingsten, Andreas (Hrsg.): Handwörterbuch der Betriebswirtschaft. 6., völl. neu gest. Aufl. Stuttgart 2007, Sp. 1382–1393.

Strasser, Helmut/Kluth, Karsten (2008): Physiological Responses of Core and Skin Temperature to Groceries Handling in Cold-Storage Depots and Sensations of Cold. In: Zeitschrift für Arbeitswissenschaft 62(2008)4, S. 249–256.

Straube, Frank/Pfohl, Hans-Christian (2008): Trends und Strategien in der Logistik – Globale Netzwerke im Wandel. Umwelt, Sicherheit, Internationalisierung, Menschen. Bremen 2008.

Streitferdt, Lothar/Eberhardt, Tim (2004): Budgetierung. In: Schreyögg, Georg/Werder, Axel von (Hrsg.): Handwörterbuch Unternehmensführung und Organisation. 4., völl. neu bearb. Aufl. Stuttgart 2004, Sp. 105–113.

Suzuki, Yoshinori/Crum, Michael R./Pautsch, Gregory R. (2009): Predicting truck driver turnover. In: Transportation Research Part E: Logistics and Transportation Review 45(2009), S. 538–550.

Sydow, Jörg/Zeichhardt, Rainer (2008): Führung in neuen Kontexten: Netzwerke und Cluster. In: Zeitschrift Führung und Organisation 77(2008)3, S. 156–162.

Tajima, May (2007): Strategic value of RFID in supply chain management. In: Journal of Purchasing and Supply Management 13(2007)4, S. 261–273.

Tallon, William J. (1993): The Impact of Inventory Centralization on Aggregate Safety Stock. The Variable Supply Lead Time Case. In: Journal of Business Logistics 14(1993)1, S. 185–203.

Teece, David J./Pisano, Gary/Shuen, Amy (1997): Dynamic capabilities and strategic management. In: Strategic Management Journal 18(1997)7, S. 509–533.

Ten Hompel, Michael/Schmidt, Thorsten/Nagel, Lars (2007): Materialflusssysteme. Förder- und Lagertechnik. 3., völlig neu bearb. Aufl. Berlin u.a. 2007.

Teunter, Ruud H./Babai, M. Zied/Syntetos, Aris A. (2010): ABC Classification: Service Levels and Inventory Costs. In: Production and Operations Management 19(2010)3, S. 343–352.

Trimpop, Rüdiger/Eigenstetter, Monika (2009): Qualitäts-, Sicherheits- und Gesundheitszirkel als Partizipationsmöglichkeit. In: Wirtschaftspsychologie (2009)4, S. 109–118.

Troßmann, Ernst (2007): Kosten- und Erlösrechnung. In: Köhler, Richard/Küpper, Hans-Ulrich/Pfingsten, Andreas (Hrsg.): Handwörterbuch der Betriebswirtschaft. 6., völl. neu gest. Aufl. Stuttgart 2007, Sp. 965–973.

Ulrich, Hans (1970): Die Unternehmung als produktives soziales System. Grundlagen der allgemeinen Unternehmenslehre. 2., überarb. Aufl. Bern, Stuttgart 1970.

Vahrenkamp, Richard/Siepermann, Christoph (2009): Kapitalbindungskosten bei Lagerbeständen. In: Das Wirtschaftsstudium 38(2009)6, S. 828–836.

Valentini, Giovanni/Zavanella, Lucio (2003): The consignment stock of inventories: industrial case and performance analysis. In: International Journal of Production Economics 81–82(2003), S. 215–224.

Van den Bergh, Jorne/Beliën, Jeroen/De Bruecker, Philippe/Demeulemeester, Erik/De Boeck, Liesje (2013): Personnel scheduling: A literature review. In: European Journal of Operational Research 226(2013)3, S. 367–385.

Wagner, Dieter (2004): Partizipation. In: Schreyögg, Georg/Werder, Axel von (Hrsg.): Handwörterbuch Unternehmensführung und Organisation. 4., völl. neu bearb. Aufl. Stuttgart 2004, Sp. 1115–1123.

Waller, Matthew A./Cassady, C. Richard/Ozment, John (2006): Impact of cross-docking on inventory in a decentralized retail supply chain. In: Transportation Research Part E: Logistics and Transportation Review 42(2006)5, S. 359–382.

Weber, Jürgen (1986): Zum Begriff Logistikleistung. In: Zeitschrift für Betriebswirtschaft 56(1986)12, S. 1197–1212.

Weber, Jürgen (1990): Thesen zum Verständnis und Selbstverständnis der Logistik. In: Zeitschrift für betriebswirtschaftliche Forschung 42(1990)11, S. 976–986.

Weber, Jürgen (1992): Logistik als Koordinationsfunktion. Zur theoretischen Fundierung der Logistik. In: Zeitschrift für Betriebswirtschaft 62(1992)8, S. 877–895.

Weber, Jürgen (2008): Überlegungen zu einer theoretischen Fundierung der Logistik in der Betriebswirtschaftslehre. In: Nyhuis, Peter (Hrsg.): Beiträge zu einer Theorie der Logistik. Berlin, Heidelberg 2008, S. 43–65.

Weber, Jürgen (2012): Logistikkostenrechnung. Kosten-, Leistungs- und Erlösinformationen zur erfolgsorientierten Steuerung der Logistik. 3. Aufl. Berlin 2012.

Weber, Jürgen/Blum, Hannes (2001): Logistik-Controlling. Konzept und empirischer Stand. In: Kostenrechnungs-Praxis 45(2001)5, S. 275–282.

Weber, Jürgen/Dehler, Markus (2000): Entwicklungsstand der Logistik. In: Pfohl, Hans-Christian (Hrsg.): Supply Chain Management: Logistik plus? Logistikkette – Marketingkette – Finanzkette. Berlin 2000, S. 45–68.

Weber, Jürgen/Kummer, Sebastian (1990): Aspekte des betriebswirtschaftlichen Managements der Logistik. In: Die Betriebswirtschaft 50(1990)6, S. 775–787.

Weber, Jürgen/Kummer, Sebastian (1998): Logistikmanagement. Führungsaufgaben zur Umsetzung des Flußprinzips im Unternehmen. 2., akt. u. erw. Aufl. Stuttgart 1998.

Weber, Max (1972): Wirtschaft und Gesellschaft. 5., revidierte Aufl., besorgt von Johannes Winckelmann. Studienausgabe. Tübingen 1972.

Weber, Wolfgang (1994): Autonome und Restriktive Gruppenarbeit in der Produktion. Anmerkungen zu einer arbeitspsychologischen Unterscheidung. In: Zeitschrift für Arbeitswissenschaft 48(1994)3, S. 147–156.

Weibler, Jürgen (2004): Führung und Führungstheorien. In: Schreyögg, Georg/Werder, Axel von (Hrsg.): Handwörterbuch Unternehmensführung und Organisation. 4., völl. neu bearb. Aufl. Stuttgart 2004, Sp. 294–308.

Wernerfelt, Birger (1984): A resource-based view of the firm. In: Strategic Management Journal 5(1984)2, S. 171–180.

Wiendieck, Gerd (2004): Gruppenverhalten und Gruppendenken. In: Schreyögg, Georg/Werder, Axel von (Hrsg.): Handwörterbuch Unternehmensführung und Organisation. 4., völl. neu bearb. Aufl. Stuttgart 2004, Sp. 388–398.

Williams, Lisa R./Esper, Terry L./Ozment, John (2002): The electronic supply chain. In: International Journal of Physical Distribution and Logistics Management 32(2002)8, S. 703–719.

Williamson, Oliver E. (1985): The Economic Institutions of Capitalism. Firms, Markets, Relational Contracting. New York 1985.

Wittig, Peter/Nöllenheidt, Christoph/Brenscheidt, Simone (2013): Grundauswertung der BIBB/BAuA-Erwerbstätigenbefragung 2012 mit den Schwerpunkten Arbeitsbedingungen, Arbeitsbelastungen und gesundheitliche Beschwerden. Dortmund, Berlin, Dresden 2013.

Wolf, Sandra/Zwingmann, Ina/Nebel-Töpfer, Claudia/Richter, Peter (2015): Gefährdungsbeurteilung psychischer Belastung. Erfolgsfaktoren und Stolpersteine aus Wissenschaft und Praxis. In: Zeitschrift Führung und Organisation 84(2015)5, S. 319–324.

Zinn, Walter/Bowersox, Donald (1988): Planning Physical Distribution with the Principle of Postponement. In: Journal of Business Logistics 9(1988)2, S. 117–136.

Zinn, Walter/Goldsby, Thomas J. (2014): Logistics Professional Identity: Strengthening the Discipline as Galaxies Collide. In: Journal of Business Logistics 35(2014)1, S. 23–28.

Zumkeller, Alexander R. (2013): LAG Baden-Württemberg: Abgrenzung zwischen Dienst- oder Werkvertrag und Arbeitnehmerüberlassung. In: Betriebs-Berater 68(2013)46, S. 2809–2815.

# Technische Normen und Richtlinien

Deutsches Institut für Normung (Hrsg.): DIN 6763: Nummerung. Grundbegriffe. Berlin 1985.

Deutsches Institut für Normung (Hrsg.): DIN 10503, Beiblatt 1. Lebensmittelhygiene: Flussdiagramme zur Verwendung im HACCP-Konzept. Symbole, Art der Darstellung. Berlin 2000.

Deutsches Institut für Normung (Hrsg.): DIN EN ISO 10075-1: Ergonomische Grundlagen bezüglich psychischer Arbeitsbelastung. Teil 1: Allgemeines und Begriffe. Berlin 2000.

Deutsches Institut für Normung (Hrsg.): DIN 15201 Teil 1: Stetigförderer. Benennungen. Berlin 1994.

Deutsches Institut für Normung (Hrsg.): DIN 30781 Teil 1: Transportkette. Grundbegriffe. Berlin 1989.

Deutsches Institut für Normung (Hrsg.): DIN 31051: Grundlagen der Instandhaltung. Berlin 2012.

Deutsches Institut für Normung (Hrsg.): DIN 33402-2: Ergonomie. Körpermaße des Menschen. Teil 2: Werte. Berlin 2005.

Deutsches Institut für Normung (Hrsg.): DIN 33402-3: Ergonomie. Körpermaße des Menschen. Teil 3: Bewegungsraum bei verschiedenen Grundstellungen und Bewegungen. Berlin 1984.

Deutsches Institut für Normung (Hrsg.): DIN 55405: Verpackung - Terminologie - Begriffe. Berlin 2014.

Deutsches Institut für Normung (Hrsg.): DIN 55510 Teil 3: Verpackung – Modulare Koordination im Verpackungswesen. Teil 3: Regeln und Maße. Berlin 2005.

Deutsches Institut für Normung (Hrsg.): DIN 66001: Informationsverarbeitung. Sinnbilder und ihre Anwendung. Berlin 1983.

Deutsches Institut für Normung (Hrsg.): DIN 66008 Teil1: Schrift A für die maschinelle optische Zeichenerkennung; Zeichen und Nennmaße. Berlin 1989.

Deutsches Institut für Normung (Hrsg.): DIN EN 1556: Strichcodierung. Terminologie. Berlin 1998.

Deutsches Institut für Normung (Hrsg.): DIN EN 13698 Teil 1: Produktspezifikation für Paletten. Teil 1: Herstellung von 800 mm × 1200 mm Flachpaletten aus Holz. Berlin 2004.

Deutsches Institut für Normung (Hrsg.): DIN EN ISO 6346: ISO-Container - Kodierung, Identifizierung und Kennzeichnung . Berlin 1996.

Deutsches Institut für Normung (Hrsg.): DIN EN ISO 6385: Grundsätze der Ergonomie für die Gestaltung von Arbeitssystemen. Berlin 2004.

Deutsches Institut für Normung (Hrsg.): DIN EN ISO 9000:2014: Qualitätsmanagementsysteme - Grundlagen und Begriffe. Entwurf. Berlin 2014.

International Standard Organization (Ed.): ISO 14617-14: Graphical symbols for diagrams - Devices for transport and handling of materials. Genf 2004.

Verein Deutscher Ingenieure (Hrsg.): VDI 2689: Leitfaden für Materialflussuntersuchungen. Entwurf. Düsseldorf 2010.

# Gesetze, Verordnungen und EU-Richtlinien

2002/15/EG: Richtlinie 2002/15/EG des Europäischen Parlaments und des Rates vom 11. März 2002 zur Regelung der Arbeitszeit von Personen, die Fahrtätigkeiten im Bereich des Straßentransports ausüben.

AktG: Aktiengesetz vom 6. September 1965 (BGBl. I S. 1089), das durch Artikel 198 der Verordnung vom 31. August 2015 (BGBl. I S. 1474) geändert worden ist.

ArbZG: Arbeitszeitgesetz vom 6. Juni 1994 (BGBl. I S. 1170, 1171), das zuletzt durch Artikel 3 Absatz 6 des Gesetzes vom 20. April 2013 (BGBl. I S. 868) geändert worden ist.

ArbSchG: Arbeitsschutzgesetz vom 7. August 1996 (BGBl. I S. 1246), das durch Artikel 427 der Verordnung vom 31. August 2015 (BGBl. I S. 1474) geändert worden ist.

AÜG: Arbeitnehmerüberlassungsgesetz in der Fassung der Bekanntmachung vom 3. Februar 1995 (BGBl. I S. 158), das zuletzt durch Artikel 7 des Gesetzes vom 11. August 2014 (BGBl. I S. 1348) geändert worden ist.

BBiG: Berufsbildungsgesetz vom 23. März 2005 (BGBl. I S. 931), das durch Artikel 436 der Verordnung vom 31. August 2015 (BGBl. I S. 1474) geändert worden ist.

BetrVG: Betriebsverfassungsgesetz in der Fassung der Bekanntmachung vom 25. September 2001 (BGBl. I S. 2518), das zuletzt durch Artikel 3 Absatz 4 des Gesetzes vom 20. April 2013 (BGBl. I S. 868) geändert worden ist.

BGB: Bürgerliches Gesetzbuch in der Fassung der Bekanntmachung vom 2. Januar 2002 (BGBl. I S. 42, 2909; 2003 I S. 738), das zuletzt durch Artikel 16 des Gesetzes vom 29. Juni 2015 (BGBl. I S. 1042) geändert worden ist.

BinSchAusbV: Verordnung über die Berufsausbildung zum Binnenschiffer/zur Binnenschifferin vom 20. Januar 2005 (BGBl. I S. 121, 925).

BKrFQG: Berufskraftfahrer-Qualifikations-Gesetz vom 14. August 2006 (BGBl. I S. 1958), das durch Artikel 478 der Verordnung vom 31. August 2015 (BGBl. I S. 1474) geändert worden ist.

BKV: Berufskraftfahrer-Ausbildungsverordnung vom 19. April 2001 (BGBl. I S. 642).

ChemG: Chemikaliengesetz in der Fassung der Bekanntmachung vom 28. August 2013 (BGBl. I S. 3498, 3991), das durch Artikel 431 der Verordnung vom 31. August 2015 (BGBl. I S. 1474) geändert worden ist.

EBBAusbV: Verordnung über die Berufsausbildung zum Eisenbahner im Betriebsdienst/zur Eisenbahnerin im Betriebsdienst vom 15. Juli 2004 (BGBl. I S. 1626).

EzHdlAusbV: Verordnung über die Berufsausbildung im Einzelhandel in den Ausbildungsberufen Verkäufer/Verkäuferin und Kaufmann im Einzelhandel/Kauffrau im Einzelhandel vom 16. Juli 2004 (BGBl. I S. 1806; 2007 I S. 2203), die durch Artikel 1 der Verordnung vom 22. März 2005 (BGBl. I S. 895) geändert worden ist.

GüLogFachwPrV: Verordnung über die Prüfung zum anerkannten Fortbildungsabschluss Geprüfter Fachwirt für Güterverkehr und Logistik und Geprüfte Fachwirtin für Güterverkehr und Logistik vom 13. Februar 2013 (BGBl. I S. 236), die durch Artikel 19 der Verordnung vom 26. März 2014 (BGBl. I S. 274) geändert worden ist.

FachkLogSystPrV: Verordnung über die Prüfung zum anerkannten Fortbildungsabschluss Geprüfter Fachkaufmann für Logistiksysteme und Geprüfte Fachkauffrau für Logistiksysteme vom 13. Februar 2013 (BGBl. I S. 241), die zuletzt durch Artikel 2 der Verordnung vom 21. August 2014 (BGBl. I S. 1459, 1600) geändert worden ist.

GefStoffV: Gefahrstoffverordnung vom 26. November 2010 (BGBl. I S. 1643, 1644), die zuletzt durch Artikel 2 der Verordnung vom 3. Februar 2015 (BGBl. I S. 49) geändert worden ist.

GewO: Gewerbeordnung in der Fassung der Bekanntmachung vom 22. Februar 1999 (BGBl. I S. 202), die zuletzt durch Artikel 2 des Gesetzes vom 28. November 2014 (BGBl. I S. 1802) geändert worden ist.

GGBefG: Gefahrgutbeförderungsgesetz vom 6. August 1975 (BGBl. I S. 2121), das durch Artikel 487 der Verordnung vom 31. August 2015 (BGBl. I S. 1474) geändert worden ist.

GrHdlKfmAusbV: Verordnung über die Berufsausbildung zum Kaufmann im Groß- und Außenhandel/zur Kauffrau im Groß- und Außenhandel vom 14. Februar 2006 (BGBl. I S. 409).

HafenlogAusbV: Verordnung über die Berufsausbildung zur Fachkraft für Hafenlogistik vom 20. Januar 2006 (BGBl. I S. 213, 330).

HafenSchAusbV: Verordnung über die Berufsausbildung zum Hafenschiffer/zur Hafenschifferin vom 20. Januar 2006 (BGBl. I S. 206).

HGB: Handelsgesetzbuch in der im Bundesgesetzblatt Teil III, Gliederungsnummer 4100-1, veröffentlichten bereinigten Fassung, das zuletzt durch Artikel 190 der Verordnung vom 31. August 2015 (BGBl. I S. 1474) geändert worden ist.

IndKfmAusbV: Verordnung über die Berufsausbildung zum Industriekaufmann/zur Industriekauffrau vom 23. Juli 2002 (BGBl. I S. 2764), die durch Artikel 1 der Verordnung vom 20. Juli 2007 (BGBl. I S. 1518) geändert worden ist.

KEPFachAusbV: Verordnung über die Berufsausbildung zur Fachkraft für Kurier-, Express- und Postdienstleistungen vom 22. März 2005 (BGBl. I S. 879).

KEPKfmAusbV: Verordnung über die Berufsausbildung zum Kaufmann für Kurier-, Express- und Postdienstleistungen/zur Kauffrau für Kurier-, Express- und Postdienstleistungen vom 22. März 2005 (BGBl. I S. 870).

KrWG: Kreislaufwirtschaftsgesetz vom 24. Februar 2012 (BGBl. I S. 212), das zuletzt durch § 44 Absatz 4 des Gesetzes vom 22. Mai 2013 (BGBl. I S. 1324) geändert worden ist.

KVMeistPrV: Verordnung über die Prüfung zum anerkannten Fortbildungsabschluss Geprüfter Meister für Kraftverkehr und Geprüfte Meisterin für Kraftverkehr vom 9. Februar 2012 (BGBl. I S. 286), die durch Artikel 41 der Verordnung vom 26. März 2014 (BGBl. I S. 274) geändert worden ist.

LärmVibrationsArbSchV: Lärm- und Vibrations-Arbeitsschutzverordnung vom 6. März 2007 (BGBl. I S. 261), die zuletzt durch Artikel 3 der Verordnung vom 19. Juli 2010 (BGBl. I S. 960) geändert worden ist.

LMKV: Lebensmittel-Kennzeichnungsverordnung in der Fassung der Bekanntmachung vom 15. Dezember 1999 (BGBl. I S. 2464), die zuletzt durch Artikel 2 der Verordnung vom 25. Februar 2014 (BGBl. I S. 218) geändert worden ist.

LogMstrV: Verordnung über die Prüfung zum anerkannten Fortbildungsabschluss Geprüfter Logistikmeister/Geprüfte Logistikmeisterin vom 25. Januar 2010 (BGBl. I S. 26), die zuletzt durch Artikel 39 der Verordnung vom 26. März 2014 (BGBl. I S. 274) geändert worden ist.

LWLogAusbV: Verordnung über die Berufsausbildung im Lagerbereich in den Ausbildungsberufen Fachlagerist/Fachlageristin und Fachkraft für Lagerlogistik vom 26. Juli 2004 (BGBl. I S. 1887).

MiLoG: Mindestlohngesetz vom 11. August 2014 (BGBl. I S. 1348).

ServicefahrerAusbV: Verordnung über die Berufsausbildung zum Servicefahrer/zur Servicefahrerin vom 22. März 2005 (BGBl. I S. 887).

SGB 7: Das Siebte Buch Sozialgesetzbuch – Gesetzliche Unfallversicherung – (Artikel 1 des Gesetzes vom 7. August 1996, BGBl. I S. 1254), das durch Artikel 451 der Verordnung vom 31. August 2015 (BGBl. I S. 1474) geändert worden ist.

SpedKfmAusbV: Verordnung über die Berufsausbildung zum Kaufmann für Spedition und Logistikdienstleistung/zur Kauffrau für Spedition und Logistikdienstleistung vom 26. Juli 2004 (BGBl. I S. 1902), die durch Artikel 1 der Verordnung vom 25. Mai 2009 (BGBl. I S. 1165) geändert worden ist.

VerpackV: Verpackungsverordnung vom 21. August 1998 (BGBl. I S. 2379), die zuletzt durch Artikel 1 der Verordnung vom 17. Juli 2014 (BGBl. I S. 1061) geändert worden ist.

# Sonstige Dokumente und Daten

Ausschuss Feuerwehrangelegenheiten, Katastrophenschutz und zivile Verteidigung (1999): Führung und Leitung im Einsatz. o.O. 1999.
http://www.bbk.bund.de/SharedDocs/Downloads/BBK/DE/FIS/DownloadsRechtundVorschriften/Volltext_Fw_Dv/FwDV%20100.pdf;jsessionid=F2F1789AF6BE13E9566F8623738B9 E32.1_cid355?__blob=publicationFile

Bundesagentur für Arbeit (2010a): Klassifikation der Berufe 2010 - Systematisches Verzeichnis der Berufsbenennungen. Nürnberg 2010. MS-Excel-Datei.
http://statistik.arbeitsagentur.de/cae/servlet/contentblob/237892/publicationFile/115769/Alphabetisches-Verzeichnis-Berufsbenennungen.xls

Bundesagentur für Arbeit (2010b): Klassifikation Berufe 2010. Entwicklung und Ergebnis. Methodenbericht. Nürnberg 2010.
http://statistik.arbeitsagentur.de/cae/servlet/contentblob/32100/publicationFile/113363/Methodenbericht-Klassifikation-Berufe-2010.pdf

Bundesagentur für Arbeit (2015): Sozialversicherungspflichtig und geringfügig Beschäftigte nach der ausgeübten Tätigkeit der KldB 2010 Deutschland. 31. Dezember 2014. Nürnberg 2015.
https://statistik.arbeitsagentur.de/Statistikdaten/Detail/201412/iiia6/beschaeftigung-sozbe-bo-heft/bo-heft-d-0-201412-xlsx.xlsx

Bundesamt für Güterverkehr (2011): Marktbeobachtung Güterverkehr. Auswirkungen des Berufskraftfahrer-Qualifikations-Gesetzes. Köln 2011.
http://www.bag.bund.de/cae/servlet/contentblob/54208/publicationFile/4326/SB_Auswirkungen_des_BKrFQG.pdf

Bundesamt für Güterverkehr (2013): Marktbeobachtung Güterverkehr: Auswertung der Arbeitsbedingungen in Güterverkehr und Logistik 2013–I. Köln 2013.
http://www.bag.bund.de/SharedDocs/Downloads/DE/Marktbeobachtung/Turnusberichte_Arbeitsbedingungen/Bericht_5D_2013.pdf?__blob=publicationFile

Bundesamt für Güterverkehr (2014a): Marktbeobachtung Güterverkehr: Auswertung der Arbeitsbedingungen in Güterverkehr und Logistik 2014-I. Köln 2014.
https://www.bag.bund.de/SharedDocs/Downloads/DE/Marktbeobachtung/Turnusberichte_Arbeitsbedingungen/Bericht_5D_2014.pdf?__blob=publicationFile

Bundesamt für Güterverkehr (2014b): Marktbeobachtung Güterverkehr: Auswertung der Arbeitsbedingungen in Güterverkehr und Logistik 2014-II Kaufmännische Berufe. Köln 2014.
https://www.bag.bund.de/SharedDocs/Downloads/DE/Marktbeobachtung/Turnusberichte_Arbeitsbedingungen/Bericht_5D_Kaufmaennische_2014.pdf?__blob=publicationFile

Bundesinstitut für Berufsbildung (2006): BIBB/BAuA-Erwerbstätigenbefragung 2006. Physische Arbeitsbedingungen. 2006.
http://www.bibb.de/dokumente/pdf/a22_bibb-baua_arbeitsanforderungen_beruf.pdf

Bundesinstitut für Berufsbildung (2015): Datenreport zum Berufsbildungsbericht 2015. Informationen und Analysen zur Entwicklung der beruflichen Bildung. Bonn 2015.
http://www.bibb.de/dokumente/pdf/bibb_datenreport_2015.pdf

Comité Européen de Normalisation (CEN) (1997): Some Occupational Profiles for Practitioners in Logistics: Final Report. Technical Committee 273 "Logistics". Brussels 1997.

Deutsche Gesetzliche Unfallversicherung (o.J.): DGUV-Statistiken für die Praxis 2012. Aktuelle Zahlen und Zeitreihen aus der Deutschen Gesetzlichen Unfallversicherung. Berlin o.J.
http://www.dguv.de/medien/inhalt/zahlen/documents/schueler/dguvstatistiken2013d.pdf

DGB-Index Gute Arbeit GmbH (2009): DGB-Index Gute Arbeit - Der Report 2009. Wie die Beschäftigten die Arbeitswelt in Deutschland beurteilen. Berlin 2009.
http://www.dgb-index-gute-arbeit.de/downloads/publikationen/data/diga_report_08_internet.pdf

DGB-Index Gute Arbeit GmbH (2014a): DGB-Index Gute Arbeit - Der Report 2014. Wie die Beschäftigten die Arbeitsbedingungen in Deutschland beurteilen. DGB-Index Gute Arbeit GmbH. Berlin 2014.
http://index-gute-arbeit.dgb.de/++co++e9e9ca56-7a41-11e4-93ae-52540023ef1a

DGB-Index Gute Arbeit GmbH (2014b): DGB-Index Gute Arbeit - Der Report 2014. Wie die Beschäftigten die Arbeitsbedingungen in Deutschland beurteilen. Supplementband. Studie DGB-Index Gute Arbeit GmbH. Berlin 2015.
http://index-gute-arbeit.dgb.de/++co++a387cf6a-7a44-11e4-80fe-52540023ef1a

Eurofound (2012): Fifth European Working Conditions Survey. Publications Office of the European Union. Luxembourg 2012.
http://www.eurofound.europa.eu/pubdocs/2011/82/en/1/EF1182EN.pdf

GS1 Germany GmbH (2009): Die GS1–Nummernsysteme. Grundlage weltweiten Daten- und Warenverkehrs. Köln 2009.
https://www.gs1germany.de/fileadmin/gs1/basis_informationen/nummernsysteme_grundlage_weltw_daten_warenverkehrs.pdf

International Labour Organization (2008a): ISCO-08. Structure. Genf 2008. MS-Excel-Datei.
http://www.ilo.org/public/english/bureau/stat/isco/docs/struct08.xls

International Labour Organization (2008b): ISCO-08. Group definitions - Final draft. Genf 2008. MS-Excel-Datei.
http://www.ilo.org/public/english/bureau/stat/isco/docs/gdstruct08.xls)

Internationales Institut für Empirische Sozialökonomie (2013): Methodenbericht zur Weiter-entwicklung des DGB-Index Gute Arbeit in der Erhebungsperiode 2011/2012. Im Auftrag des Instituts DGB-Index Gute Arbeit. Stadtbergen 2013.

http://www.dgb-index-gute-arbeit.de/downloads/publikationen/data/methodenbericht_weiterentwicklung_diga_2011_2012_final.pdf

Johannes Paul II (1981): Laborem exercens. Rom 1981.

http://www.vatican.va/holy_father/ john_paul_ii/encyclicals/documents/hf_jp-ii_enc_14091981_laborem-exercens_ge.html

Statistisches Bundesamt (2012): Qualität der Arbeit – Geld verdienen und was sonst noch zählt. Indikatorenbericht . Wiesbaden 2012.

https://www.destatis.de/DE/Publikationen/Thematisch/Arbeitsmarkt/Erwerbstaetige/BroschuereQualitaetAr-beit0010015129001.pdf;jsessionid=F26C35F9F815FE7CD498C34F09C7E594.cae1?__blob=publicationFile

Statistisches Bundesamt (2014): Statistisches Jahrbuch 2014. Deutschland und Internationa-les. Wiesbaden 2014.

https://www.destatis.de/DE/Publikationen/StatistischesJahrbuch/StatistischesJahrbuch2014.pdf?__blob=publicationFile

Statistisches Bundesamt (2015a): Bevölkerung und Erwerbstätigkeit. Beruf, Ausbildung und Arbeitsbedingungen der Erwerbstätigen in Deutschland 2014. Fachserie 1 Reihe 4.1.2. Wiesbaden 2015.

https://www.destatis.de/DE/Publikationen/Thematisch/Arbeitsmarkt/Erwerbstaetige/BerufArbeitsbedingungErwerbstaetigen2010412147004.pdf?__blob=publicationFile

Statistisches Bundesamt (2015b): Bildung und Kultur: Berufliche Bildung 2014. Fachserie 11 Reihe 3. Wiesbaden 2015.

https://www.destatis.de/DE/Publikationen/Thematisch/BildungForschungKultur/BeruflicheBildung/BeruflicheBildung2110300147004.pdf?__blob=publicationFile

# Sachverzeichnis